本书为2018年度教育部人文社会科学研究专项任务项目（高校思想政治工作）
“新时代研究生导师立德树人职责内涵及落实机制研究”
（项目批准号：18JDSZ1002）阶段性成果

新时代
研究生立德树人的
理论创新与实践发展

主　编　楚龙强
副主编　左征军　司文超

WUHAN UNIVERSITY PRESS
武汉大学出版社

图书在版编目(CIP)数据

新时代研究生立德树人的理论创新与实践发展/楚龙强主编 .—武汉：武汉大学出版社,2019.6

ISBN 978-7-307-20862-9

Ⅰ.新… Ⅱ.楚… Ⅲ.研究生—思想政治教育—研究—中国 Ⅳ.G643.1

中国版本图书馆 CIP 数据核字(2019)第 076066 号

责任编辑:齐翠红　　责任校对:李孟潇　　版式设计:马　佳

出版发行:**武汉大学出版社**　(430072　武昌　珞珈山)

(电子邮箱:cbs22@ whu.edu.cn　网址:www.wdp.com.cn)

印刷:武汉中远印务有限公司

开本:720×1000　1/16　印张:23.25　字数:466 千字　插页:1

版次:2019 年 6 月第 1 版　2019 年 6 月第 1 次印刷

ISBN 978-7-307-20862-9　定价:68.00 元

序　言

研究生教育作为国民教育的顶端，承担着“高端人才供给和科学技术创新”的双重使命。加强和改进研究生思想政治工作，是全面提高研究生培养质量、全面提升研究生教育水平、全面建设具有中国特色和国际影响力的研究生教育的生命线。

全面加强研究生思想政治工作，是深入落实习近平总书记关于教育的重要论述精神、学习贯彻全国教育大会和高校思想政治工作会议精神的内在要求，是锻造高素质拔尖创新人才、培养德智体美劳全面发展的社会主义合格建设者和可靠接班人的内在要求，是构建高水平人才培养体系、加快建设世界一流大学和一流学科的内在要求，是护佑研究生人身和财产安全、维护高校和谐稳定的内在要求。做好新时代研究生思想政治工作，需要不断加强研究生思想政治工作理论与实践研究，认真探寻研究生教育规律、思想政治工作规律、研究生成长发展规律，为进一步提升研究生思想政治工作质量提供资政建议和决策参考。

《新时代研究生立德树人的理论创新与实践发展》一书是武汉大学研究生工作系统学习宣传贯彻习近平新时代中国特色社会主义思想、党的十九大精神以及全国教育大会、全国宣传思想工作会议、全国组织工作会议、全国高校思想政治工作会议精神的最新成果，是2018年度教育部人文社会科学研究专项任务项目(高校思想政治工作课题)“新时代研究生导师立德树人职责内涵及落实机制研究”(项目批准号：18JDSZ1002)的阶段性研究成果。全书以习近平新时代中国特色社会主义思想为指引，紧紧围绕学习宣传贯彻党的十九大、全国教育大会、全国高校思想政治工作会议精神，切实把学习研究宣传阐释习近平总书记关于教育的重要论述、提升研究生思想政治工作质量作为重点内容深入研究，从理论与实践两个维度阐述了新时代研究生思想政治工作的若干重大理论与实践问题。在理论层面，论述了习近平总书记关于教育的重要论述对研究生思想政治工作的理论指导及其方法论运用，新时代研究生思想政治工作的目标、任务和趋势，研究生思想政治工作的内涵、外延及其发展，研究生思想政治工作的原则、方法和载体优化，研究生的思想特点和成长规律等；在实践层面，结合工作内容和对象，展示了“三当三联三示范”研究生党建工作特色基地建设、师生学习宣传贯彻习近平新时代中国特色社会主义思想、加强研究生思想政治工作的典型案例、导师立德树人的优秀案例以及“三全育人”“十大育人体系”等有关方面的调查研究与分析成果，以期推动研究生思想政治工作实践向纵深发展，深化研究生思想政治工作改革创新，全面提升研究生思想政治工作质量。

全书共分六章。第一章是概述，主要内容为介绍研究生立德树人的时代特征与基本内涵、研究生立德树人的实践探索与突出问题、研究生立德树人的提质工程与落实机制。第二章是教师篇，共有30篇理论和实践研究论文，主要内容涉及习近平关于思想政治工作的重要论述、习近平关于教育工作的重要论述、习近平关于青年工作的重要论述、高校辅导员队伍建设、思想政治教育有效性、理想信念教育、心理健康教育、文化自信、总体安全观、网络思想政治教育等。第三章是学生篇，共有10篇理论研究论文，主要内容涉及马克思主义青年观、青年意识形态工作、网络强国思想、革命精神、网络时代媒介话语等。第四章是基地巡礼，主要内容涉及信息管理学院、生命科学学院、电气与自动化学院、水利水电学院、电子信息学院、计算机学院等首批6家“三当三联三示范”研究生党建工作特色基地建设的举措、成效、经验和机制。第五章是典型案例，主要内容涉及新闻与传播学院、法学院、中国中部发展研究院、物理科学与技术学院、生命科学学院、资源与环境科学学院、电气与自动化学院、水利水电学院、遥感信息工程学院、测绘学院等10家单位开展习近平新时代中国特色社会主义思想集体学习、交流研讨、主题教育、课题研究、社团建设的情况；推动落实研究生导师立德树人、以文化人，宣传推广优秀研究生导师典型事迹；全面推进研究生“三全育人”综合改革，以及其他方面的新思路与新举措、好经验与好做法等。第六章是“奋进之笔”，主要内容是教育部“双百”(百个研究生样板党支部、百名研究生党员标兵)创建情况及2个样板支部、2名党员标兵的先进事迹；武汉大学学习习近平新时代中国特色社会主义思想博士生宣讲团全角度强化理想信念，重实践锻造时代新人，深入实施“珞珈弘”和“E·宣”双引擎行动计划的经验和做法；武汉大学研究生兼职辅导员队伍建设发展及相关文件办法；武汉大学“珞珈自强”发展型资助计划及实施办法；湖北省校园文化品牌特等奖——武汉大学“我心目中的好导师”八载立德树人路；武汉大学辅导员双清单考评机制及工作考评清单；武汉大学研究生谈心谈话“温馨行动季”的经验、做法及成果；武汉大学研究生工作大调研等内容。

体制机制不畅是当前制约研究生思想政治工作“打通最后一公里”的突出问题。奋进之笔是荡涤一切体制机制困境的最有效的推动力量。大学习是对理念的动员、普及和统一思想的过程；大调研是精准思政的前提，是科学数据的分析，是科学决策的依据；大谈心是深入细致的思想政治工作，也是工作系统的总调动，工作一线的生动实践；大考评是工作督导和优劣的总摸排；大落实是工作作风的集中体现，是工作成效的集中检验，是责任链条的集中夯实。这些思路和理念需要通过奋进的实践来实现、检验和丰富，构建的制度需要在实践中执行、落实和体现自由裁量的张力，体系、体制、机制也需要在实践中运行、磨合、完善。

我们将按照中央和教育部推进改革的部署和要求，以研究生教育为观察本位，找准问题、建立制度、完善机制，深化改革，全面推进研究生思想政治工作高质量发展。落实立德树人的根本任务，建立德业并举的育人体系；对标“三全育人”综合改革的思路，建立党委领导、各负其责、相互协同、运转有效的育人机制；遵循管用有效的要求，建立政治统领、重点突出、融会贯通、提升质量的思政体系；按照规范健全的要求，建立依法依规、协调统一、操作性强、系统完备的制度体系。全力推动研究生思政工作机制全新打造、质量全面升级、成效全力落实，培养一批又一批坚决拥护中国共产党领导和我国社会主义制度、真正堪当民族复兴大任、立志为中国特色社会主义奋斗终生的世界一流人才。

是为序。

楚龙强

2019 年 6 月于珞珈山

目　录

第一章　概　述

新时代研究生立德树人的内涵塑造与实践方略*

——武汉大学研究生思想政治工作新探索

楚龙强

（武汉大学党委研究生工作部）

研究生教育作为国民教育的顶端，承担着“高端人才供给和科学技术创新”的双重使命。“科技是第一生产力”、“人才是第一资源”、“创新是第一动力”、教育是“国之大计、党之大计”等著名论断在研究生教育中得到了最好的结合与体现。因此，抓好研究生教育具有至关重要的意义。

2018年是中国高等教育史上很不平凡的一年。这一年是全面贯彻落实习近平新时代中国特色社会主义思想和党的十九大精神的开局之年，是改革开放40周年，也是恢复研究生教育40周年。这一年，全国教育大会召开，吹响了加快推进教育现代化、建设教育强国、办好人民满意的教育的集结号。这一年，党中央出台了一系列文件制度措施，全国高校迎难而上，扎实工作，立德树人工作取得了突破性进展，呈现出良好的发展局面。这一年，武汉大学研究生工作系统紧跟时代节拍、直面发展难题、坚持不懈奋斗，在学校党委的正确领导下，高举旗帜、创新体系、提升质量、培育新人，积极探索新理念新模式新举措，研究生立德树人工作取得了一系列新经验新成效。本书即是理论与实践探索成果的集中反映。

一、研究生立德树人的时代特征与基本内涵

如何科学把握研究生立德树人的时代特征和基本内涵？我们认为，必须深刻学习领会习近平总书记提出的关于高校立德树人工作的一系列新思想新论断新要求，必须深刻把握十九大以来全国高校推进立德树人工作的一系列新探索新举措新动态，必须深刻总结武汉大学研究生工作系统一系列新经验新办法新成效，以党的力量凝聚和引领研究生，为伟大事业培养和锻造世界一流研究生。

---

* 本文为中央高校基本科研业务费专项资金支持的武汉大学自主科研项目（人文社会科学）“研究生导师立德树人状况与机制研究”（项目批准号：2018WT037）阶段性成果。

（一）研究生立德树人的时代特征

我们处在一个伟大的时代。党的十九大报告用三个“意味着”深刻阐明了中国特色社会主义进入新时代这一重大政治判断的重大意义，分别从中华民族复兴、社会主义发展和人类文明进步三个维度，彰显出宽阔的历史视野、强烈的责任担当和博大的人类情怀。对于高等教育、科技创新、人才培养而言，党和国家从来没有像今天这样重视凸显、需要迫切；从来没有像今天这样竞争激烈、充满挑战。研究生教育作为最高层次教育，可谓“形势逼人、挑战逼人、使命逼人”。2013 年 7 月 17 日，习近平总书记考察中科院时对研究生指出，我们处于一个伟大的时代，有着伟大的目标，可谓生逢其时、责任重大。他希望同学们珍惜宝贵的青春年华，坚持理想，脚踏实地，既勤于学习、善于学习，打牢知识功底、积蓄前进能量，又勇于探索、勇于突破，不断认识科技世界新领地，立志报效祖国、服务人民。之后，习近平总书记在多次讲话以及给青年学生寄语谈话中谈到新时代的机遇挑战和青年的使命责任担当等，为我们深刻理解把握研究生立德树人的时代特征指明了方向。基于新时代特点、党中央的要求、研究生人才培养的规律和十九大以来的实践探索，我们认为，研究生立德树人工作亟待加强、大有可为。所谓亟待加强是指相对于中央要求、阶段特点和现实状况而言，近年来高校研究生立德树人工作普遍存在观念淡化、资源弱化、措施虚化问题，呈现出热点不断、问题多发、矛盾突出现象。所谓大有可为是指研究生立德树人工作有需要、有要求、有地位、有使命，正处于响应号召、补齐短板、完善机制、乘势而上的大好形势、关键环节和重要阶段，可谓“逆水行舟，不进则退”“慢进亦退”。全体研究生工作者生逢其时、责任重大、使命崇高，抓住机遇、直面挑战、创造奇迹是研究生工作者的使命、责任和担当。

（二）研究生立德树人的根本遵循

党的十八大以来，以习近平同志为核心的党中央高度重视高校立德树人工作，出台了一系列重要文件，作出了一系列重要部署。党的十九大以来，习近平总书记先后考察北京大学、暨南大学，会见清华大学经济管理学院顾问委员会委员，致信祝贺中国科技大学、西藏民族大学建校 60 周年，给西安交通大学 15 位西迁老教授、中国劳动关系学院劳模班学员、莫斯科大学中国留学生等回信，对“胡杨精神”育人、高校思想政治理论课、辅导员队伍建设、学生会和学生社团管理作出重要批示，特别是先后在北京大学师生座谈会、中国科学院第十九次院士大会、中国工程院第十四次院士大会、全国教育大会、全国组织工作会议、全国宣传思想工作会议发表一系列重要讲话，提出一系列明确要求，主要体现在以下八个方面：

一是关于坚持和加强党对高校的全面领导。习近平总书记在全国高校思想政治工作会议上强调，高校党委对学校工作实行全面领导，承担管党治党、办学治校主体责任，把方向、管大局、作决策、保落实。在全国教育大会上，习近平总书记指出，加强党对教育工作的全面领导，是办好教育的根本保证。习近平总书记的这些重要论述，阐明了党对高校全面领导的重大意义和根本要求，是我们必须遵循的政治准绳。

二是关于培养社会主义建设者和接班人。习近平总书记在北京大学师生座谈会上指出，我国社会主义教育就是要培养社会主义建设者和接班人，就是培养社会发展、知识积累、文化传承、国家存续、制度运行所要求的人。习近平总书记在全国教育大会上强调，培养什么人，是教育的首要问题，我们的教育必须把培养社会主义建设者和接班人作为根本任务，培养一代又一代拥护中国共产党领导和社会主义制度、立志为中国特色社会主义奋斗终生的有用人才。这些重要论述，深刻阐明了高校为谁培养人、培养什么人、如何培养人的重大问题，明确了研究生教育工作的根本任务。

三是全面落实党的教育方针。习近平总书记在全国高校思想政治工作会议上指出，我国高等教育发展方向要同我国发展的现实目标和未来方向紧密联系在一起，为人民服务，为中国共产党治国理政服务，为巩固和发展中国特色社会主义制度服务，为改革开放和社会主义现代化建设服务。习近平总书记在全国教育大会上强调，要全面贯彻党的教育方针，坚持马克思主义指导地位，坚持中国特色社会主义教育发展道路，坚持社会主义办学方向，不断使教育同党和国家事业发展要求相适应、同人民群众期待相契合、同我国综合国力和国际地位相匹配。这些重要论述，阐明了高校工作必须坚持的方针原则，指明了我国研究生教育发展的正确方向。

四是关于抓好高校党的建设。习近平总书记在全国组织工作会议上强调，在高校，党委领导下的校长负责制是明确的，但把党的领导贯穿办学治校、教书育人全过程则尚待加强。习近平总书记在全国高校思想政治工作会议上强调，要加强高校党的基层组织建设，创新体制机制，改进工作方式，提高党的基层组织做思想政治工作的能力。要做好在高校教师和学生中发展党员工作，加强党员队伍教育管理，使每个师生党员都做到在党爱党、在党言党、在党为党。在全国教育大会上，他强调，各级各类学校党组织要把抓好学校党建工作作为办学治校的基本功，把党的教育方针全面贯彻到学校工作各方面。这些重要论述，深化了我们对加强高校党建工作的认识，明确了加强研究生党建工作的基本要求和着力点。

五是关于加强大学生思想政治工作。习近平总书记在全国高校思想政治工作会议上强调，高校思想政治工作关系高校培养什么样的人、如何培养人以及为谁培养人这个根本问题。要坚持把立德树人作为中心环节，把思想政治工作贯穿教育教学全过程，实现全程育人、全方位育人。思想政治工作从根本上说是做人的工作，必须围绕学生、关照学生、服务学生，不断提高学生思想水平、政治觉悟、道德品质、文化素养。在全国教育大会上，习近平总书记强调，思想政治工作是学校各项工作的生命线，各级党委、各级教育主管部门、学校党组织都必须紧紧抓在手上。要精心培养和组织一支会做思想政治工作的政工队伍，把思想政治工作做在日常、做到个人。习近平总书记在北京大学师生座谈会上指出，加强党的领导和党的建设，加强思想政治工作体系建设，是形成高水平人才培养体系的重要内容。这些重要论述，明确了思想政治工作在高校人才培养体系中的基础性地位和引领性作用，阐明了高校思想政治工作的基本思路和重点任务。

六是关于加强高校教师队伍建设。习近平总书记在北京大学师生座谈会上强调，人才培养，关键在教师。教师队伍素质直接决定着大学办学能力和水平。建设社会主义现代化强国，需要一大批各方面各领域的优秀人才。建设政治素质过硬、业务能力精湛、育人水平高超的高素质教师队伍是大学建设的基础性工作。在全国高校思想政治工作会议上，习近平总书记强调，高校教师要坚持教育者先受教育，努力成为先进思想文化的传播者、党执政的坚定支持者，更好担起学生健康成长指导者和引路人的责任。要加强师德师风建设，坚持教书和育人相统一，坚持言传和身教相统一，坚持潜心问道和关注社会相统一，坚持学术自由和学术规范相统一，引导广大教师以德立身、以德立学、以德施教。在全国教育大会上，习近平总书记强调，建设社会主义现代化强国，对教师队伍建设提出新的更高要求，也对全党全社会尊师重教提出新的更高要求。人民教师无上光荣，每个教师都要珍惜这份光荣，爱惜这份职业，严格要求自己，不断完善自己。做老师就要执着于教书育人，有热爱教育的定力、淡泊名利的坚守。这些重要论述，明确了广大高校教师的职责使命，对高校教师队伍能力和水平提出了新的更高的要求。

七是关于做好高校意识形态工作。习近平总书记在全国高校思想政治工作会议上强调，要坚持不懈促进高校和谐稳定，把高校建设成为安定团结的模范之地。要运用新媒体新技术使工作活起来，推动思想政治工作传统优势同信息技术高度融合，增强时代感和吸引力。习近平总书记在北京大学师生座谈会上强调，马克思主义是我们立党立国的根本指导思想，也是我国大学最鲜亮的底色。要抓好马克思主义理论教育，深化学生对马克思主义历史必然性和科学真理性、理论意义和现实意义的认识，教育他们学会运用马克思主义立场观点方法观察世界、分析世界，真正搞懂面临的时代课题，深刻把握世界发展走向，认清中国和世界发展大势，让学生深刻感悟马克思主义真理力量，为学生成长成才打下科学思想基础。在全国教育大会上，习近平总书记强调，要在坚定理想信念上下功夫，教育引导学生树立共产主义远大理想和中国特色社会主义共同理想，增强学生的中国特色社会主义道路自信、理论自信、制度自信、文化自信，立志肩负起民族复兴的时代重任。这些重要论述，指出了高校意识形态工作的极端重要性，是做好高校意识形态工作、维护高校和谐稳定的根本遵循。

八是关于科技创新。习近平总书记在中国科学院第十九次院士大会、中国工程院第十四次院士大会上指出，要优化和强化技术创新体系顶层设计，明确高校、科研院所创新主体在创新链不同环节的功能定位，激发各类主体的创新激情和活力。要强化战略导向和目标引导，强化科技创新体系能力，加快构筑支撑高端引领的先发优势，加强对关系根本和全局的科学问题的研究部署，在关键领域、卡脖子的地方下大功夫，集合精锐力量，作出战略性安排，尽早取得突破，力争实现我国整体科技水平从跟跑向并行、领跑的战略性转变，在重要科技领域成为领跑者，在新兴前沿交叉领域成为开拓者，创造更多竞争优势。这些重要论述，提出了新时代建设世界科技强国新的“动员令”，为教育引导广大师生肩负起历史赋予的重任、勇做新时代科技创新的排头兵，指明了前进方向，提供了行动指南。

习近平总书记的重要论述内容丰富、思想深刻，深入回答了事关高校党的建设和思想政治工作的方向性、根本性问题，深化了我们对办好中国特色社会主义大学的规律性认识，是推进落实高校研究生立德树人任务的根本遵循。我们必须认真学习领会、全面准确把握，切实贯穿到高校研究生立德树人工作的全过程、各方面、全领域，为落实立德树人根本任务、建设高等教育现代化提供坚强保证。

(三)研究生立德树人的基本内涵

立德树人是高校的根本任务，是研究生教育教学的中心环节。立什么样的德、树什么样的人是研究生教育必须回答的首要的基本的问题；谁来立德树人是研究生教育中必须明确的亟待完善的突出问题；如何实现立德树人是研究生教育多年来实践探索中狠抓落实的重要问题。三个方面相互联系、相互衔接、相互影响、相互转化，统一于研究生教育管理的实践，是研究生教育对“培养什么样的人、怎样培养人、为谁培养人”这一时代命题的具体回答。

1. 关于立什么样的德、树什么样的人的问题

该问题涉及研究生教育的政治属性。认识和把握这一问题必须坚持马克思主义立场，正确认识教育与政治的关系。习近平总书记在党的十九大报告中指出，“要培养担当民族复兴大任的时代新人”，“青年一代有理想、有本领、有担当，国家就有前途、民族就有希望”。在全国教育大会上提出，“要培养德智体美劳全面发展的社会主义的建设者和接班人”。在全国高校思想政治工作会议上指出，“青年学生要正确认识世界和中国发展大势、中国特色和国际比较、时代责任和历史使命、远大抱负和脚踏实地”。在两次视察北京大学座谈会上提出，青年要“勤学、修德、明辨、笃实”，要“爱国、励志、求真、力行”，号召青年“在党的领导下，

勇做走在时代前列的奋进者、开拓者、奉献者，以执着的信念、优良的品德、丰富的知识、过硬的本领，同全国各族人民一道，担负起历史重任”。中华人民共和国《宪法》《教育法》《高等教育法》对此也均有明确规定和要求。可见，研究生立德树人工作必须毫不动摇坚持党的领导，坚定不移走中国特色社会主义发展道路，紧紧围绕、始终贯穿为实现中国梦而奋斗的主题，让广大研究生敢于有梦、勇于追梦、勤于圆梦。

2. 关于谁来立德树人的问题

该问题涉及教育的主体和责任，涉及教育的客体和自觉。我们认为，研究生教育的主体就是研究生立德树人的主体。这些主体包括以研究生导师为主的教学科研指导队伍，以研究生辅导员为主的思想政治工作队伍，以研究生院为主的教学管理服务队伍，以学校机关学院后勤管理服务部门和研究生教务秘书为主的服务支持队伍，以政府、社会、校友为主的环境影响队伍等。研究生导师是研究生立德树人的第一责任人，是研究生培养的关键力量，肩负着培养国家高层次创新人才的使命与重任。2018 年年初颁布的《教育部关于全面落实研究生导师立德树人职责的意见》把“政治素质过硬、师德师风高尚、业务素质精湛”作为研究生导师的基本素质要求，把“提升研究生思想政治素质、培养研究生学术创新能力、培养研究生实践创新能力、增强研究生社会责任感、指导研究生恪守学术道德规范、优化研究生培养条件、注重对研究生人文关怀”七项职责作为研究生导师立德树人的职责要求。研究生辅导员应为研究生立德树人工作的核心组织者、督导协调者和忠实执行者。研究生作为受教育者，在立德树人根本任务中也不应成为被动执行者，要成为自觉参与者、主动实践者和模范执行者。当前存在的主要问题有：一些研究生导师对立德树人理解不全面，职责不落实；研究生辅导员队伍配备不足、能力不够；主体客体、教育教学、导师辅导员工作“两张皮”现象突出，各主体立德树人职责落实制度不全、机制不顺、考核不力、奖惩不到位等。

3. 关于如何实现研究生立德树人问题

该问题主要体现在通过一定的工作思路方法、落实机制实现目标任务。目前，从国家层面看，高校思想政治工作的“四梁八柱”已经初步搭建完成，整体已经进入“全面施工内部装修”阶段。但研究生思想政治工作的不平衡不充分的现象较为突出。从调研的情况来看，研究生思想政治工作仍是高校思想政治工作中相对薄弱的环节，部分高等学校重视不够，领导体制和工作体制尚不健全，条件保障还不完全到位，在推进教育教学、导师辅导员、后勤管理等各方面的协同育人，在研究生立德树人落到实处方面还缺乏有效的举措和管用的办法。特别是面对研究生规模扩大、培养模式和管理方式发生变化的新形势新情况新要求，在导学矛盾处理，网络思政，意识形态安全风险，学生非正常死亡家长“校闹”，博士生、专业学位学生和非全日制研究生教育管理，校外学生公寓矛盾处理，推荐免试研究生政审等痛点难点问题上仍没有很好的解决办法。因此，落实立德树人的关键是切实加强研究生思想政治工作，在转变观念、补齐短板、破解难题上下功夫。重点是构建完善的研究生思想政治工作体系，在推进研究生“三全育人”机制综合改革上下功夫。方法是在“融入”上下功夫，把研究生思想政治工作融入习近平新时代中国特色社会主义思想学习、融入国家战略需求、融入学校“双一流”建设、融入时代新人培育和研究生成长成才、融入研究生教育的各环节各领域各方面；在“结合”上下功夫，把研究生教育主体与客体结合起来，把研究生价值塑造、能力培养和知识传授结合起来，把普遍性“漫灌”和精准性“滴灌”有效结合起来；在“协同”上下功夫，推进研究生教育与教学协同，导师、辅导员等教育主体协同，研究生思想政治工作与研究生培养、学位管理、质量监管工作协同。决不能脱离研究生成长成才的需求和过程，把思想政治工作人为拔高起来；更不能脱离广大研究生导师的教书育人、立德树人职责落实等，把研究生思想政治工作孤立起来。也就是说，研究生思想政治工作，不是党委研究生工作部一家的“独唱”“独舞”，应是全校所有部门、研究生培养单位的“大合唱”“共舞”，共同推进研究生思想政治工作高质量发展。当然，在落实立德树人工作中，党委研究生工作部代表学校党委行使职责，是工作的核心组织者、积极发动者、督导协调者、机制完善者和忠实执行者，是集体舞的领舞者，是大合唱的领唱者，发挥着极为重要的核心作用。

二、研究生立德树人的实践探索与突出问题

(一)全国研究生立德树人的实践成果

党的十九大以来，在以习近平总书记为核心的党中央的坚强领导下，教育部和全国各地区各部门各高校主动作为、扎实工作，研究生立德树人工作呈现持续加强改进、不断向上向好态势。主要表现在：

1. 理论武装工作持续深入

采取有力措施推进党的创新理论进学术、进学科、进课程、进培训、进读本。研究生“四个意识”“四个自信”“两个维护”不断增强，听党话、跟党走自觉性及坚定性不断增强。研究生创新理论宣讲团、讲师团、研习社纷纷成立，十分活跃，繁荣发展。

2. 党的领导和党的建设更加有力

党对高校全面领导不断加强，中共中央出台了加强高校党建意见、印发了《中

国共产党支部工作条例(试行)》,教育部开展了基层党建质量提升攻坚行动,实施了高校党建对标争先建设计划、高校教师党支部书记"双带头人"培育工程,开展了党建工作示范高校、标杆学院、样板党支部(标杆)评比活动,举行了全国高校研究生百个优秀党支部、百名优秀研究生党员标兵评比活动。

3. 研究生思想政治工作成效明显

持续加强理想信念教育。加强马克思主义学科建设,培育和弘扬社会主义核心价值观,加强对研究生的思想引领、价值引领。研究生教育培养改革思想政治首位意识明显增强。教育部实施了思想政治工作质量提升工程,开展"三全育人"综合改革试点,成立了40个思想政治工作队伍培训研修中心、20个思想政治工作创新发展中心,出台了《高校学生心理健康教育指导纲要》,评选了人文社科项目思想政治工作专项、全国思想政治工作中青年骨干项目、200个学生工作精品项目,从提高思政课程质量到推进课程思政建设,大思政格局逐步形成。

4. 维护校园稳定工作不断加强

针对本年度一系列涉及研究生热点问题,境内境外、线上线下舆情炒作,建立多方协同、上下联动、运行通畅的维稳体系,全面落实意识形态责任制。

5. 研究生教育内涵发展切实加强

全面推进国家"双一流"战略。创新研究生培养机制改革,全面提升研究生教育质量。中共中央国务院印发了《关于全面深化新时代教师队伍建设改革的意见》,教育部印发了《关于全面落实研究生导师立德树人职责的意见》,强化研究生导师立德树人职责,狠抓师德师风,努力造就高素质专业化创新型教师队伍。强化科研育人,持续推进科学道德和学风建设,继续完善集教育、预防、监督、惩治于一体的学术诚信体系,对学术不端"零容忍"。

(二)武汉大学研究生立德树人的新探索

武汉大学深入学习贯彻习近平新时代中国特色社会主义思想和党的十九大精神,认真落实高校思政会、全国教育大会、第26次全国高校党建会等会议精神,推进育人体制机制改革,聚焦党建思政维稳重点任务,写好新时代担当作为"奋进之笔",全面推进研究生思想政治工作高质量发展。

1. 以问题和育人为导向,推进三个机制改革

一是推进"三全育人"机制综合改革。以改革试点为契机,强化主体责任,成立由校党委书记和校长任组长,覆盖整个研究生育人系统的领导小组、工作体系、

责任体系。做好顶层设计，制定综合改革建设方案，分解细化体系任务，强化育人动能，将研究生思政纳入党建工作责任制、双一流建设等目标责任考核范畴。健全评价机制，制定院系党委研究生党建与思政工作、书记抓党建工作、副书记抓学生工作、辅导员工作四级分层评价体系。

二是推进教育教学协同育人机制改革。强化协同育人机制。健全研工部与研究生院工作联动机制、院系副书记副院长工作研商机制，在规模较大的学院设立“研究生工作办公室”。强化协同育人体系，推进育人队伍协同、主渠道和主阵地协同、线上线下协同、理论与实践协同。强化学术实践协同创新，凝练核心价值取向，发布研究生学术道德与科研诚信誓词，举办研究生新生盛大宣誓仪式，开设学术道德 MOOC 课程，并将其纳入培养学分，建立研究生社会实践、创新创业制度体系。将导师担任德育导师、指导社会实践纳入职称评定和工作奖励体系。

三是推进“导师—辅导员—研究生”育人环境改革。落实导师立德树人职责。依托党委教师工作部，举办“导师学校”。出台《武汉大学全面落实研究生导师立德树人职责实施细则》等系列配套文件，连续 9 年举办“我心目中的好导师”活动，评选“研究生杰出导师校长奖”。打造联动育人新平台，全面推广“专家午餐会”“师生下午茶”“辅导员走访实验室、课题组”“辅导员工作室”等。改进科研环节和程序，补齐教师思政、课程思政、科研思政短板，把立德树人和思想政治要求贯穿到研究生学术科研全过程。

2. 以质量和任务为核心，聚焦三大重点工作

一是从规范党建、活力党建到质量党建。制定并实行学生党建办法，连续 10 年实施“活力创新工程”，立项支持 258 个研究生党支部建设项目，累计覆盖 712 个党支部(社团)、参与研究生党员 42600 余人次。实施“三当三联三示范”建设支持计划，培育和建设 10 家研究生党建工作特色基地。拓展研究生党建研究会的桥梁和纽带功能。创新推进“头雁训练营”“鲲鹏研习营”，促进研究生党组织全面进步、全面过硬。研究生入选全国“样板党支部”“党员标兵”数量全国第二。3 个研究生党支部作品获全国高校“两学一做”表彰。

二是从工作思政、体系思政到精准思政。落实 43 号令，高质量选聘专职辅导员，健全四级培训体系，为专职辅导员发放 1000 元/月津贴；从优秀研究生中选拔 60 名兼职辅导员。落实一体化育人体系。按照十大育人体系，构建了总分结合、相互衔接的建设方案。实行奖助全覆盖体系，推出珞珈自强发展型资助计划等。把好“总开关”，广大研究生思想向上向善向好。珞珈群星熠熠生辉，涌现出“最土博士”腾跃，全国研究生党员标兵张瑜、杨铮，“摩托博士镇长”段永杰等一大批优秀典型。抓牢“生命线”，研究生创新精神和追求卓越意识大幅提升。连续 14 年举办研究生学术科技节、连续12年举办“研究生十大学术之星”评选表彰活动。学校支持和组织研究生参加全国研究生创新实践赛事活动，荣获各类奖项超过231次。奋战“主战场”，研究生服务地方经济社会发展的能力不断提升。教育引导研究生到科技创新前沿、援疆一线、社区基层开展挂职锻炼。实施“博士服务团计划”，一批博士生到扶贫攻坚最前沿经风雨、见世面、长才干。

三是从责任维稳、全员维稳到积极维稳。坚持守牢底线。把研究生政治安全、心理危机等引发的非正常死亡、重大舆情和群体性事件等作为红线底线。建立健全机制。明确领导体制、工作机制、三级责任体系和压力传导机制。完善工作制度。严格请示汇报与信息报送制度，制订应急工作的预案，明确“八个如何”意识形态管理落实要求。防范化解风险。完善信息员队伍，全面排查风险隐患，及时沟通、疏导、化解研究生各类矛盾问题。健全五类人群档案，全面加强推免生政审管理，定期开展“一案一析”，全面提升辅导员发现力研判力处置力。多措并举加强重点学生的教育、引导、转化和稳控工作。

3. 以责任和担当为根本，写好五大奋进之笔

一是开展大学习。深化党的创新理论学习，教育引导学生用“四个意识”导航、“四个自信”筑基、“两个维护”铸魂。实施“珞珈弘”和“E·宣”双引擎行动计划。指导和组织博士生宣讲团深入基层一线宣讲，开展校内“支部巡讲”220余场，直接覆盖超过20000人次。

二是举办大调研。开展了研究生思政状况、导师立德树人、党建、宗教信仰、培养满意度、博士研究生科研绩效评价、研究生职业发展质量跟踪调查等系列调研，定期汇编《研究生思想动态清样》，呈报学校党委和上级部门决策参考。实施研工部长定期向校学位评定委员会报告研究生思想状况制度，发布年度《武汉大学研究生教育质量报告》等，为精准思政和人才培养提供坚实的数据支撑。

三是组织大谈心。每年实施为期3个月的研究生谈心谈话“温馨行动季”，2018年辅导员、导师与研究生谈心谈话30000余人次，梳理六大类问题、2000余条意见。督导各单位加大重点学生谈心谈话频次和深度，逐一对照形成针对性帮扶措施，整改到位。

四是狠抓大提质。严格研究生教育教学管理，加强研究生品行和学习过程考核，实施《武汉大学研究生“鲲鹏提质”计划》，按照“三个机制”、“六大计划”、“十大工程”，全面推进研究生思政工作换挡升级。

五是实行大考评。采用正负面双清单方式，将辅导员职责细化为76项考核指标。2018年访谈2000余名师生，系统查阅辅导员工作记录与台账，对全校专职辅导员作出定性定量考评，重奖了一批辅导员标兵和学生工作先进个人。

2019年，面对新形势新任务新要求，我们将以更加有为的责任担当，更加卓越的质量标准，更加充沛的斗争精神，更加严谨的工作作风，以党的力量凝聚和引领研究生，为伟大事业培育和锻造世界一流的研究生，为新中国70华诞增光添彩。

(三)研究生立德树人存在的问题

在充分肯定成绩的同时，也要清醒地认识到，当前高校研究生立德树人工作面临许多新情况新问题新挑战。

1. 研究生工作的体制机制还不顺畅

三全育人、协同育人、全员维稳、管理落实等机制亟待加强。党对研究生教育全面领导的体现不够有力、不够到位，研究生院等管理部门、导师在立德树人和教育教学科研上“一手软、一手硬”的问题一直得不到解决。

2. 研究生工作面临安全稳定压力增大

一是研究生工作成为高校意识形态斗争的前沿，改革攻坚期、矛盾凸显期的各种社会热点问题不可避免地映射传导到高校，一些别有用心的人利用互联网新媒体极力推进一般问题泛政治化，非意识形态问题意识形态化，煽动非理性和不满情绪。

二是高校博士生延期毕业比例高，研究生因学业、家庭矛盾、情感问题、身体疾病等导致的心理问题日益突出，家长因处理非正常死亡“校闹”现象时有发生。

三是学校后勤管理欠账较大，研究生学籍管理不够严密规范，因各类原因出现导学矛盾尖锐，个别导师师德师风失范，一些学生学风不好、学术道德失范等问题突出。

3. 研究生工作质量还不高

与“双一流”建设融合还不够，学生参与度还不够，正面宣传的传播力、影响力还不足，工作的示范性、引领性还有待加强，工作品牌仍需进一步凝练、塑造、推广、擦亮，工作队伍运用新媒体的能力不够，研究生辅导员配备不够、能力不强，辅导员影响力不够，考核不力，兑现奖惩不够。

4. 研究生教育工作不平衡不充分现象突出

研究生招生就业、人才培养、学术管理、学籍管理、学位管理、治理机制还存在不严格、不科学、不严谨问题，基层单位研究生党建与思想政治工作弱化、虚化。

5. 研究生工作信息化建设不够

研究生信息化建设顶层设计不够，数据挖掘分析不够。推进速度较慢，单位之间的协同不够，信息壁垒仍未打破，舆情搜集和信息共享机制还不够健全。辅导员完全适应信息化、全天候的能力还不够。

面对新形势新任务，我们一定要切实增强责任感和使命感，高举旗帜、引领导向，聚焦育人、服务大局，团结师生、凝聚人心，成风化人、鼓舞士气，以党的政治建设为统领，积极推进研究生"三全育人"综合改革，全力驱动"质量党建、精准思政、全员维稳"三驾马车，全面加强信息化建设管理，全新打造"导师—辅导员—研究生"育人工作微环境，实现研究生工作机制全新打造，质量全面升级，成效全力落实，着力加强党对研究生教育的全面领导，着力加强党的建设，着力推进研究生思想政治工作创新发展，着力抓好研究生意识形态和安全稳定工作，为培养德智体美劳全面发展的社会主义的建设者和接班人，为伟大事业锻造世界一流的研究生提供坚强保证。结合"三全育人"综合改革试点高校建设，武汉大学正在着手改革创新研究生立德树人体制机制，实施研究生"鲲鹏提质工程"。

三、研究生立德树人的提质工程与落实机制

(一)研究生立德树人工作的方向路径

研究生立德树人工作的落实，关键是要有清晰的路径和行之有效的举措。习近平总书记强调，要把立德树人融入思想道德教育、文化知识教育、社会实践教育各环节，贯穿基础教育、职业教育、高等教育各领域。这里面，最关键的是两个方面：一方面是作为融入研究生教育各环节的立德树人，另一方面是作为贯穿研究生教育全体系的立德树人。也就是说，核心是要实现"融入"和"贯穿"。其中"融入"对应的是"一体化"育人，"贯穿"对应的是"一公里"打通。

教育部党组印发的《高校思想政治工作质量提升工程实施纲要》，从体制机制、育人理念、教育方式、队伍建设、条件保障等方面进行系统设计，可以说从宏观层面一体化构建育人工作体系。各个省区市结合实际认真贯彻执行，也出台相应的方案、办法等文件，从中观层面一体化构建各省区市育人工作体系。各高校认真贯彻落实，制定了一系列文件、制度，积极构建微观层面的育人体系。从目前实践操作中发现的问题来看，更需要下大力气解决的问题是：如何使各个研究生育人主体突破信息壁垒，发挥协同联动作用；如何促进不同层面、不同类型的研究生育人实践相互作用，形成良性、互动、动态、循环的育人格局；如何发挥思想政治牵一发动全身的功能，产生融通作用，实现研究生育人目标、资源、策略、评价等各要素之间的相互融通等。

"一公里"的问题属于老生常谈，但一直没有得到很好的破解。研究生思想政治工作"隔着一面墙"的实质是供需矛盾、不平衡不充分的矛盾。要坚持理论与实践相结合，画好理想信念"同心圆"；坚持育德与育心相结合，筑牢意志品质的"承重墙"；坚持课内与课外相结合，构建协同育人的"立交桥"；坚持线上与线下相结合，打造网络思政的"新动能"。切实打通研究生育人的各个环节，做足研究生育人大文章，唱响研究生育人最强音，使研究生教育教学更有温度、思想引领更有力度、立德树人更有效度。

做好当前研究生立德树人工作必须深入学习贯彻习近平新时代中国特色社会主义思想，特别是总书记关于党建和思想政治工作，以及关于教育、青年、科技工作的重要论述，切实贯穿到研究生教育的全过程各方面。

做好当前研究生立德树人工作必须持续提高研究生思想政治工作的质量，要把立德树人的成效作为检验学校一切工作的根本标准，把师德师风作为评价教师队伍素质的第一标准，从抓好思政课程到抓好课程思政，推动研究生和研究生社团改革，完善学生干部的培养管理机制，以立德树人为统揽，强弱项、补短板、抓关键，加强制度设计，完善标准规范，切实提高工作科学化水平。

做好当前研究生立德树人工作必须因事而化、因时而进、因势而新，在与时俱进、改进创新上下功夫，在增强时代感和吸引力上下功夫，制定党建和思想政治工作测评指标体系，将党建和思想政治工作纳入巡视范围、融入"双一流"建设，作为领导班子考核、教育学科评估的重要内容；启动"三全育人"综合改革试点工作，形成可借鉴、可转化、可推广的制度模式。

做好当前研究生立德树人工作必须着力构建思想政治工作体系，按照德智体美劳全面发展的要求，注重系统性、整体性、协同性，促进思想政治工作与研究生人才培养全过程深度融合，形成目标清晰明确、机制科学有效、能够落实落地的工作体系，重点要构建上下贯通、指导有力的高校党建工作体系，构建一体化育人体系，按照"六个下功夫"的要求，推动知识教育、价值塑造、能力培养的有机结合，全面激活"德智体美劳"五大要素、"生师家校社"五大主体、"人财物时空"五大条件，加快构建德智体美劳全面培养的教育体系。

做好当前研究生立德树人工作必须打赢校园安全稳定和意识形态斗争的主动仗、攻坚战，要提高发现力、研判力、处置力，要强化顶层设计，建立统一领导、分工负责、系统联动、快速反应的维稳工作体系，要强化意识形态阵地管理，要头脑清醒，强化斗争意识，敢于亮剑、敢于发声，坚持综合施策、标本兼治，依法依规依纪处理，要精准发力，提升实战能力。要关心关爱学生，教育疏导、帮助转化引导学生。

做好当前研究生立德树人工作必须强化和落实主体责任，建立责任清单，做到职责明责，健全责任体系，层层压实传导责任，严肃问责。

做好当前研究生立德树人工作必须要抓住矛盾，突出重点；必须要落实落细，分解任务；必须要一鼓作气，善做善成。当前如何加强党对研究生教育的全面领导？如何做好习近平新时代中国特色社会主义思想进头脑、进课堂、进教材、进网络、进宿舍工作？如何做好研究生全国百个先进党支部、百名优秀党员标兵创建工作？如何摸清学生思想状况？如何向学位评定委员会汇报研究生思想政治状况？如何加强研究生意识形态管理？如何做好研究生招生政审？如何落实研究生导师立德树人职责？如何建设一支优秀的研究生兼职辅导员队伍？如何提升辅导员的影响力？如何做好研究生辅导员考核？如何考评党委副书记工作？如何考评学院学生工作？如何做好研究生学术道德与科研诚信教育？如何完善研究生学籍管理？如何设计并做好研究生入校前教育？如何组织研究生开学典礼？如何组织研究生毕业典礼，学位授予仪式？如何做好研究生综合素质评价？这一系列问题，从宏观、中观、微观各个层面都关乎研究生立德树人体系的构建、完善和作用发挥。

(二)推进实施研究生“鲲鹏提质工程”

为深入学习贯彻习近平总书记关于教育的重要论述，进一步落实研究生立德树人的根本任务，着力提升研究生思想政治工作质量，培养德智体美劳全面发展的社会主义建设者和接班人，武汉大学将深入推进实施研究生“鲲鹏提质工程”，全面落实研究生立德树人工作。

1. 目标原则

(1)总体目标。坚持以习近平总书记关于教育的重要论述为根本指针，不断加强党对全校研究生思想政治工作的全面领导，紧紧围绕学校的中心育人工作，教育和引导广大研究生坚定理想信念、厚植爱国主义情怀、加强品德修养、增长知识见识、培养奋斗精神、增强综合素质，着力培养红专兼备、学识卓越、爱国担当的珞珈新人。

(2)基本原则。一是坚持目标导向，突出思想引领。着力培养担当民族复兴大任的时代新人，深入推动习近平新时代中国特色社会主义思想进网络、进实践、进宿舍、进头脑，教育引导广大研究生更加坚定拥护中国共产党领导和我国社会主义制度、立志成为为中国特色社会主义奋斗终生的有用人才。二是坚持问题导向，破解瓶颈难题。着力破解研究生思想政治工作存在的不平衡不充分问题，以研究生思想政治工作阶段全覆盖、人群全覆盖、时空全覆盖为目标，打破“重两头，轻中间”的弊端，打通“三全育人”最后一公里，真正实现全员育人、全程育人、全方位育人，使思想政治工作更好地适应和满足研究生成长诉求、时代发展要求、社会进步需求。三是坚持实践导向，培育家国情怀。着力培养研究生的创新精神、实践能力和社会责任意识，促进研究生正确认识时代责任与历史使命、正确认识远大抱负和脚踏实地，引导和支持更多优秀的研究生到祖国需要的广阔天地建功立业，强化典型引领和宣传推广。四是坚持遵循规律，善于改进创新。立足新时代新形势新要求，跳出固化、僵化的工作思路，把握研究生的思想特点和成才需求，优化内容供给、改进工作方法、创新工作载体，不断提高研究生思想政治工作的亲和力和针对性。五是坚持机制牵引，强化协同联动。进一步加强党对研究生思想政治工作的领导，落实学院党委的主体责任，建立党委统一领导、部门协同联动、院系具体实施、全员协同参与的责任体系。实施负面清单制度，加强师德师风考核，优化研究生思想政治工作队伍的考核标准、量化指标和考核方式，严肃追责问责，建设高素质专业化的导师队伍和专家化、职业化的研究生辅导员队伍。

2. 主要内容

(1)“研究生党建领航计划”。建立内容完善、标准健全、运行科学、保障有力的研究生党建工作体系。扎实推进“三当三联三示范”研究生党建工作特色基地建设，培育建设一批院(系)研究生党建工作标杆，每年评选表彰一批研究生样板党支部、党支部书记年度人物、示范党员，使广大研究生学有榜样、赶有参照、争有目标。深入实施研究生党支部“活力创新工程”，立项一批重点项目和精品项目，不断增强研究生党组织的积极性、主动性、创造性。立项支持一批研究生党建理论与实践研究课题，推出一批高质量的研究生党建成果，为学校党委和上级部门决策提供资政建议。

(2)“研修攻略”入学教育计划。高度重视研究生理想信念教育，教育研究生深入学习领会、宣传阐释和贯彻落实习近平新时代中国特色社会主义思想，组织开展主题演讲、主题征文、微党课、微视频大赛等活动。深入开展“我的中国梦”主题教育，引导研究生弘扬和践行社会主义核心价值观。创新开展校史校情教育，培养研究生对学校、学科、学院的感情。着重抓好科学精神教育，引导研究生遵守学术规范和科学道德。不断加强安全法制教育，引导研究生树立安全意识和法制观念。积极开展研究生新生适应性教育，帮助研究生更好地适应学习、工作和生活，形成理性平和、健康向上的阳光心态。建立健全党团班级组织，发挥研究生新生自我教育、自我管理、自我服务、自我提升作用。

(3)“有研在先”研究生创新能力发展计划。培育支持一批研究生科研创新项目，优化研究生学术科技节的内容供给。做好“我心目中的好导师”“研究生十大学术之星”等评选表彰活动，挖掘发挥先进典型的榜样作用。加强研究生学术道德教育，办好“学术诚信月”活动，开展学术诚信知识巡展、学术诚信演讲比赛、辩论赛、征文大赛等，促进学术诚信与学术道德教育项目化、精品化。继续支持举办博士生沙龙、弘毅讲堂等品牌活动。重点支持一批研究生科技创新活动，积极引导研究生参与高水平、高质量的学科竞赛及学术科技活动，培养选拔一批研究生学术科技示范项目和示范团队。

(4)“武大研行”研究生专项实践锻炼计划。进一步推进研究生实践育人工作提档升级，提高实践育人工作实效。成立全校研究生实践育人中心，统筹推进研究生实践育人工作；建立研究生实践育人工作联动共同体，调动各研究生培养单位的积极性，形成同向同行的工作合力。加强研究生实践育人基地建设，优化实践育人基地布局，规范实践育人基地管理，举办校地共建基地洽谈会；结合学习宣传贯彻习近平新时代中国特色社会主义思想，培育支持一批实践育人精品项目。深入推进“博士服务团计划”，做好“博士服务团计划”的宣传和选派工作，制定《武汉大学博士服务团管理办法》。进一步加强研究生实践育人工作，加强研究生实践育人宣传推广，制作研究生实践育人形象片；加强研究生实践育人典型挖掘和培育工作；加强研究生实践育人制度建设；加强研究生实践育人理论研究工作。建立健全“党委统筹部署、政府扎实推动、社会广泛参与、学校着力实施”的研究生实践育人工作模式，协同打造务实、协作和共赢的人才培养基地，并不断拓展与地方交流合作的领域和方向，实现校地合作的互惠互利、共赢发展。

(5)研究生谈心谈话“温馨行动计划”。以“逐个面谈，全面覆盖”为原则，要求以“面对面，一对一”的方式开展谈心谈话，研究生导师、辅导员、管理干部等广泛参与，实现研究生谈心谈话全覆盖全记实全入档。谈思想，了解研究生思想政治状况，引导研究生树立正确的价值观；谈科研，了解研究生科研学业状况，引导研究生树立科学规范意识；谈生活，了解研究生日常生活状态，引导研究生形成积极向上的健康心态；谈发展，了解研究生职业发展规划，引导研究生树立正确的就业观念；谈建议，了解研究生关于个人、学科、学校发展的意见建议。学校每学期开展 1 次谈心谈话行动，要求导师、辅导员、管理干部等与全体研究生至少开展 1 次谈心谈话，引导导师、辅导员、管理干部对研究生深入了解，推进形成研究生谈心谈话的长效机制。

(6)“珞珈红”网络产品计划。全面加强研究生网络思想政治教育，建设研究生融媒体发展中心。以传播主旋律、弘扬正能量为原则，培育规划研究生网络产品，认真做好网络产品发布平台建设，提升网络产品质量和宣传效果。规范“湖北研工”“武大研工”“珞珈红”等“两微一端”新媒体平台建设，推进研究生思想政治工作的新媒体矩阵融合，组织开展研究生微电影大赛、微动漫大赛、红色电影配音大赛等活动，丰富研究生网络文化产品的内容供给。不断完善新媒体平台的功能，提高新媒体平台的宣传质量，扩大新媒体平台服务范围，提升新媒体运营效果。选拔研究生辅导员和研究生党员骨干，建设一支政治过硬、数量充足、结构合理的研究生网络思想政治工作队伍。

(7)“弘毅”研究生工作品牌培育支持计划。建设“博士服务团”“学术科技节”

“我心目中的好导师”“弘毅讲堂”“学术诚信月”等校级研究生工作品牌，持续加强品牌凝练和宣传推广。培育和支持研究生培养单位加强研究生工作品牌建设，形成“一院一品”的特色格局。进一步加强研究生自有组织工作品牌建设，不断扩大“博士宣讲团”“党建研究会”的思想引领力、价值传播力和社会影响力。

(8)研究生服务信息化水平提升计划。建设研究生大数据综合服务平台，有序推进研究生党建与思政、辅导员队伍建设、日常事务管理、奖助学金、心理健康、“三助”、挂职锻炼等业务信息板块建设。多部门协同推进学校宿舍信息化硬件建设，完善和强化数据平台的硬件支撑。完善学生数据分类和轨迹化模拟，校验学生个人信息数据的真实性和参考价值，建立信息推送管理规范和学生危机预警标准，逐步实现安全预警和学生日常行为管理的信息化和科学化。优化学生各类申请、意见诉求、请销假等程序和流程，提升学生事务管理和服务的效率与质量。

(9)研究生安全护佑行动计划。突出重点、严格制度、畅通渠道、完善预案，针对“五类人群”学生，实施“一人一档一策”策略。破解薄弱环节和短板弱项，聚焦落实研究生意识形态工作责任制，摸清研究生思想动态，强化研究生党员的政治纪律和政治规矩，加强研究生干部队伍管理和培养，有效管控研究生思想政治工作阵地，加强研究生正面教育引导，强化研究生辅导员的敬业精神和责任意识，落实请示汇报和信息畅通机制。结合信息化建设建立网上直接服务学生的工作机制，打通服务学生的“最后一厘米”，真正将以学生为本的理念落到实处。

(三)研究生立德树人的落实机制

千条万条，不抓好落实就是白条。如何有效构建研究生“三全育人”机制？如何科学推进研究生“三全育人”综合改革？如何将研究生立德树人的责任和要求落细落小落实？2019年是“决胜之年”，研究生立德树人必须要狠抓绩效、科学考评、再上台阶，突出策略完善、经验提升、品牌树立和成效总结。研究生工作系统要撸起袖子加油干，扑下身子抓落实，确保各项任务责任到人、落实到人。

落实立德树人的根本任务，一方面要落实导师是研究生培养第一责任人的要求，把研究生导师在提升研究生思想政治素质、培养研究生学术创新能力、培养研究生实践创新能力、增强研究生社会责任感、指导研究生恪守学术道德规范、优化研究生培养条件、注重对研究生人文关怀等七个方面的职责落到实处；另一方面，要将研究生立德树人工作放入高等教育改革发展的整体布局中统筹推进，将研究生思想政治工作体系建设纳入人才培养体系“四梁八柱”的顶层设计，从改革思路、改革目标、改革路径等方面作出制度安排，把加强和改进研究生立德树人工作纳入高校巡查巡视、“双一流”建设、教学评估范围，作为干部考核考评的重要内容，真正建立起务实管用的研究生立德树人长效机制，把研究生思想政治工作做在日常、做到个人。落实研究生立德树人工作，要重点抓好六个方面的工作：

一是强化理论武装。教育广大研究生深入学习宣传习近平新时代中国特色社会主义思想，引导广大研究生深刻理解习近平新时代中国特色社会主义思想的科学内涵和精髓要义，深刻感悟马克思主义真理力量，在全校研究生中营造善于学习、勇于实践的浓厚氛围。认真做好《习近平新时代中国特色社会主义思想三十讲》的宣传推广和应用工作。把习近平新时代中国特色社会主义思想和全国教育大会精神作为必修内容，纳入研究生各类学习研讨交流培训中，扎实推动习近平新时代中国特色社会主义思想进头脑、进学术、进讲座、进培训、进实践、进宿舍、进网络、进社团。深入推进实施博士生宣讲团“珞珈弘”和“E·宣”双引擎行动计划，进一步提升朋辈宣讲和教育实效。开展“我和我的祖国”“我爱你！中国”主题征文活动。开展“不忘初心，牢记使命”主题教育，以高标准、严要求推动思政工作队伍、研究生党员读原著、学原文、悟原理。深入开展研究生新生入学教育、毕业生离校教育。以庆祝建国70周年、纪念五四运动100周年等重要时间节点为契机，精心开展爱国主义教育、形势政策教育、民族团结教育、廉洁教育、诚信教育、学术道德教育等主题教育活动。

二是优化平台建设。组织开展好“头雁训练营”“鲲鹏研习营”。实现博士生宣讲团“支部巡讲”全覆盖。开展好2018—2019年研究生党建活力创新工程，加强项目过程管理、考核评估和质量监管。深化研究生“三当三联三示范”党建特色基地培育建设，开展第二批基地遴选和培育。成立研究生思想政治工作创新发展中心，组织力量开展研究生党建、思想和心理、成长发展、导师立德树人状况等方面的理论与实践调查研究，形成高质量的研究报告，为上级部门科学决策提供资政建议。稳步推进建设研究生信息管理与综合服务系统，加大研究生各类数据挖掘和即时信息反馈。定期汇编《研究生思想动态清样》。坚持并不断健全研工部长定期向校学位评定委员会汇报研究生思想政治状况制度。坚持党委副书记联席会议制度，定期举办研究生导师座谈会、辅导员论坛，充分发挥研究生会与研究生社团作用。组织研究生参加2019年中国研究生创新实践系列大赛。做好“我心目中的好导师”“十大学术之星”评选表彰活动。精心组织开展“博士服务团计划”，优化“博士服务团”选拔机制，促进“博士服务团计划”提档升级。科学设置“一带一路”海外实训计划、国际视野拓展、创新创业扶持等资助项目，以提升创新能力为重点，促进研究生全面发展。

三是强化创新驱动。开展研究生“三全育人”综合改革试点，建设一批“三全育人”示范院系，积极探索学校教育与家庭教育、社会教育协同协调的机制。推动研究生党团组织朋辈教育质量再提升，积极发挥研究生自我教育、自我管理、自我服务、自我提升作用，引导研究生积极参加党团组织，改变研究生党团组织功能发挥不够、应对挑战不力、职责定位不准、内驱动能不足、体制机制不畅、工作作风不严不实的问题，提升研究生党团组织对研究生的吸引力，发挥好研究生党团组织朋辈教育功能。推进实施研工机关领导、干部定点联系培养单位制度。成立研究生宣传与新媒体发展中心，进一步加强“武大研工”“珞珈红”等“两微一端”新媒体平台建设，推动网络育人工作室建设，推出一批研究生网络文化优秀作品。完善研工部工作人员学习清单、工作清单、成果清单、制度清单、问题解决清单、研究清单等六大清单考核。利用“互联网+”“人力+技术”“创新+规范”等手段激发聚合效应，使研究生组织、研究生社团的工作活起来实起来。

四是完善队伍保障。进一步加强和改进专兼职辅导员队伍建设工作。支持辅导员参与思想政治理论课、形势政策课、职业规划与就业指导课教学，促进主渠道和主阵地协同。出台《武汉大学辅导员工作考评办法》，完善《武汉大学研究生兼职辅导员管理办法》，每年评选辅导员标兵。强化辅导员理论与实践研究，立项支持一批校级人文社科项目重点研究课题（辅导员专项计划）。强化专门力量建设，设立“研究生思想政治工作骨干队伍建设项目”，支持开展理论与实践研究，建设一批研究生思想政治工作室和一批校级研究生思想政治工作精品项目。在研究生党支部和党员中开展“对标争先”活动。实施研究生党支部书记带头人工程，开展研究生党支部书记述职评议考评。制定研究生党支部工作考评办法，强化并规范研究生尤其是博士研究生党建工作。评选表彰第一届研究生党支部书记年度人物。遴选、支持研究生党员骨干参加全国、省级专题研讨和网络培训。加强研究生党建研究会工作指导。建立完善全校研究生助管队伍的聘用、培训、考核等管理机制与评优机制。开展“优秀研究生助管”“十佳助管标兵”评选活动。

五是创新体制机制。成立研究生思想政治工作委员会，健全全校研究生思想政治工作宏观统筹、决策咨询、协同共进和评估督导机制。推动科研单位成立直属党委，理顺科研机构研究生党建和思政工作体制和运行机制，在直属党委的统一领导下全面加强研究生党建和思想政治工作。把以导师为核心的学术道德引领体系、以研究生院为核心的教育培养体系、以研工部为核心的学生工作体系、以专兼职辅导员为骨干的实施体系、以研究生会和各类社团为核心的研究生自我教育体系聚合起来，协同发力。设立研究生思想政治工作专项经费，确保各项提质行动计划的落实。健全研究生思想政治工作的评价考核体系，将研究思想政治工作纳入研究生招生、绩效分配、年终考核等指标体系。推动成立研究生事务服务中心、研究生资助项目管理办公室。成立研究生教育管理研究中心，进一步深化研究生立德树人工作研究。

六是健全制度体系。研究制定《武汉大学研究生“鲲鹏提质工程”实施纲要》，实施“珞珈红”网络思想教育支持计划、“有研在先”研究生创新能力发展计划、“沉谋研虑”研究生教育管理大调研计划、“武大研行”研究生实践能力提升 2.0 计划、

“珞珈枫华”网络产品培育计划、“弘毅”研究生工作品牌推广计划等。结合破解“五唯”和校院两级综合改革，全面修订《武汉大学奖助学金体系管理暂行办法》等6个研究生奖助学金体系文件。实施“珞珈自强”研究生发展性资助计划，完善“珞珈自强”发展性资助计划的项目实施细则。完善研究生安全风险防控机制，建立健全风险研判机制、决策风险评估机制、风险防控协同机制、风险防控责任机制。进一步完善应急管理工作例会、联席会议、值守应急、信息报送、队伍管理、应急响应等工作制度，积极构建学校、部门、学院、班级(实验室)四级齐抓共管的大安全工作机制。

第二章　教师篇

新时代高校研究生思想政治工作的挑战与进路

左征军
（武汉大学党委研究生工作部）

党的十九大报告指出：“经过长期努力，中国特色社会主义进入了新时代，这是我国发展新的历史方位。”新的时代特征要求高校研究生思想政治工作要认真贯彻落实习近平新时代中国特色社会主义思想，以立德树人为根本，以理想信念为核心，以社会主义核心价值观为引领，坚持“三全育人”工作要求，协同师生合力，努力培养担当民族复兴大任的一流研究生人才，切实为实现中华民族伟大复兴提供高质量的德智体美劳全面发展的社会主义建设者和接班人。

一、新时代研究生思想政治工作面临的新挑战

改革开放以来，在中国共产党的坚强领导下，高校思想政治工作在继承中发展，在改革中创新，为研究生的成长成才和全面发展奠定了坚实基础。但不可否认，在取得巨大成绩的同时，研究生思想政治工作仍然存在着一些薄弱环节，特别是进入新时代，高校研究生思想政治工作面临极其复杂的国际国内形势，对当前进一步加强和改进研究生的思想政治工作提出了严峻的挑战。

其一，世界正处于大发展、大变革、大调整时期，伴随世界多极化、经济全球化、文化多样化、社会信息化深入发展，一些西方敌对势力打着“民主”“自由”等旗号，通过所谓的“普世价值”加大对高校研究生价值取向的侵蚀与渗透，对研究生的思想政治工作造成了一定阻力。

其二，改革开放和社会主义市场经济的深入推进，互联网等新的传播渠道的迅速发展，在有力促进社会发展进步的同时，也给社会思想文化领域带来复杂影响，不同的思想文化交流交融交锋，社会思潮多元多样多变，对高校研究生的理想信念、价值理念和道德观念给予了负面冲击。

其三，一些高校对研究生思想政治工作的认识存在偏差，对研究生思想政治工作重视不够，存在着诸如重本科生思想政治教育，轻研究生思想政治教育；重研究生学术培养，轻研究生人格培养；重研究生事务管理，轻研究生思想价值引领等现象，对研究生思想政治工作的有效开展造成了不利影响。

其四，研究生思想政治工作的亲和力与针对性方面有待进一步探索和加强，高校如何根据研究生的特点与需求，因事而化、因时而进、因势而新地拓展工作渠道、完善工作方法、健全工作机制等方面仍需进一步增强，对研究生思想政治工作质量持续提升产生了较大制约。

二、新时代对研究生思想政治工作提出的新要求

站在新时代的历史起点上，努力培养“踏踏实实修好品德，成为有大爱大德大情怀的人”的目标，对我们研究生思想政治工作提出了新的具体要求，推动着高校研究生思想政治工作只能加强不能削弱，只能前进不能停滞，只能积极作为不能被动应付。

1. 提高政治站位

新时代高校研究生思想政治工作要切实以习近平新时代中国特色社会主义思想为指导，要把立德树人作为研究生思想政治工作的首要任务。通过教育引导、实践养成、制度保障等措施，牢固树立研究生的“四个意识”，强化研究生的“四个自信”，推动研究生做到“两个维护”，在潜移默化中把社会主义核心价值观转化为研究生的情感认同和行为习惯，使其自觉成为共产主义远大理想和中国特色社会主义共同理想的坚定信仰者和忠实实践者。

2. 丰富工作内容

丰富工作内容是增强研究生思想政治工作成效的重要基础，也是培养担当民族复兴大任的新时代研究生的重要手段。在具体的思想政治工作中，高校思想政治工作者要围绕研究生的日常学习、科研和生活，根据他们的成长需要和发展需求，精确把握研究生在科研过程中的“困惑点”、在情感交流中的“触发点”、在思想碰撞中的“共鸣点”，主动增强思想政治工作的时代感与吸引力，在解疑答惑、排忧解难中不断给研究生以思想启迪和教育引导，增强思想政治工作的针对性与成效性。

3. 协同工作合力

研究生思想政治工作必须融入到研究生教育培养的全过程、全方位、全环节，才能取得良好效果。因此，在具体工作中要注重统筹兼顾、协同发力，特别要注重研究生思想政治教育的主阵地与主渠道的协同、第一课堂与第二课堂的协同、思政工作者与其他教职员工的协同；在具体方法上要凸显研究生教育与自我教育相结合、人格培养与专业培养相结合、解决思想问题与解决实际问题相结合，形成研究生思想政治工作齐抓共管、全员育人的格局。

4. 完善工作载体

开展思想政治工作应该像吃盐，但不能光吃盐，最好的方式是将盐溶解到各种食物中自然而然地吸收。良好的载体平台是保障思想政治工作效果的重要手段，也是辩证统一思想政治工作内容和形式的有效渠道。寓教于乐的校园文化活动、主题鲜明的党团日活动、形式多样的社会实践都会进一步增强研究生对国情民意的了解、对家国情怀的认同。与此同时，成立各类健康向上的研究生社团组织、打造喜闻乐见的网络思政平台、培育研究生先进典型等也会有效增强研究生思想政治工作的亲和力与吸引力。

三、新时代拓展研究生思想政治工作的新路径

研究生思想政治工作作为高校思想政治工作的重要组成部分，是高校实现人才强国战略的重要内容之一。在当前新的历史形势下，因事而化、因时而进、因势而新地拓展研究生思想政治工作方法与进路，是新时代赋予高校思想政治工作者的历史使命和责任担当。

第一，以党建为牵引，落实研究生思想政治工作立德树人的根本任务。高校党委要依据研究生的思想实际，切实将党的政治优势转化为思想政治工作优势，要充分发挥基层党组织的战斗堡垒作用，积极宣传党的路线方针政策，深入开展理想信念教育和形势政策教育，教育引导研究生自觉把思想和行动统一到中央的要求和部署上来；要充分发挥研究生党员的先锋模范作用，通过各类研究生党员在学术创新、实践创业、网络文明等方面的典型示范，用身边的事感动身边的人，用身边的榜样激励研究生成长；要充分发挥研究生党建活动的辐射带动作用，弘扬主旋律，传播正能量，引导研究生对中国特色社会主义的思想认同、理论认同、情感认同；要充分发挥党委的领导核心作用，组织动员各方力量参与研究生思想政治教育，优化配置各类资源，为全员、全方位、全过程育人奠定坚实的政治基础和制度保障。

第二，以学术科技为抓手，汇聚研究生思想政治工作的育人合力。高校研究生思想政治工作要认真落实全员、全过程、全方位育人的工作要求，紧密围绕研究生的学术科技活动，把思想价值引领贯穿于研究生科研立项、项目研究、成果运用全过程，将理想信念教育融入到研究生的学术团队构建、学术平台打造、学术能力培养等各环节，确保研究生在政治方向、价值取向和学术导向的同向同行；要通过对研究生的学术诚信教育，提升研究生的诚信意识和道德底线，增强学术道德、杜绝学术腐败，构建集教育、预防、监督、惩治于一体的学术诚信体系，培养研究生形成崇尚精品、严谨治学、注重诚信、讲求责任的学术品格和优良学风；要注重发挥导师在研究生学术科技活动中的育人作用，通过导师在日常教学科研中的传道授业、言传身教，使研究生能够在导师的学术科技活动中更加自觉地接受良好的价值

理念和道德观念，更加主动地将社会主义核心价值观内化于心、外化于行。

第三，以社会实践为助力，拓展研究生思想政治工作渠道与途径。高校加强研究生社会实践的顶层设计，建立健全实践育人的领导体制和工作机制，系统设计实践育人的教育教学体系，分类制定实践教学标准，积极探索建立高校与政府部门、科研院所、企业行业等单位之间的协同机制，积极为研究生打造形式多样、内容丰富的社会实践平台。切实把研究生参与社会实践作为人才培养的重要方式，推动研究生的专业学习与实践锻炼的无缝对接，推动研究生在社会实践中主动将问题转化为课题、将想法转化为办法、将情感转化为情怀，使得研究生在社会实践中学以致用、用以促学、学用相长。充分尊重研究生在社会实践中的主体作用，特别是要结合研究生的发展需求，依托学科特点，创新开展包括挂职锻炼、志愿服务、勤工助学、社会调查等在内的社会实践活动，并通过科学的社会实践考核激励机制，鼓励和引导研究生自我教育、自我管理、自我服务，增强研究生参与社会实践的主动性与积极性，使其在广阔的社会实践舞台上受教育、长才干。

第四，以互联网为平台，推动研究生思想政治工作传统优势与信息技术的高度融合。高校要牢固树立互联网思维，使互联网成为开展研究生思想政治教育的新平台，积极加强研究生互动社区、主题教育网站、专业学术网站和“两微一端”建设，通过创建网上党建园地、网上党校、网上论坛等互联网平台，制作传播贴近研究生特点的新媒体作品，使网络思想政治教育活起来，不断增强研究生思想政治工作的时代感和吸引力。与此同时，要加强研究生思想政治工作的信息化建设，通过网络大数据平台，准确抓取研究生的思想行为数据，即时获取研究生的思想动态、价值导向和关注热点等，有针对性地向不同类别的研究生推送有关学业辅导、心理健康、时事热点、主题微电影等融趣味性、科学性、知识性、实用性、原则性于一体的网络产品，以此增强网络思政的针对性与实效性。

参考文献

[1]关于加强和改进新形势下高校思想政治工作的意见[N]. 人民日报，2017-2-28.

[2]习近平. 把思想政治工作贯穿教育教学全过程　开创我国高等教育事业发展新局面[N]. 人民日报，2016-12-9.

[3]冯刚. 探索思想政治教育发展的内生动力[M]. 北京：人民出版社，2017.

将文化自信
融入高校思想政治工作的路径探索
——以习近平总书记在北京大学师生座谈会上重要讲话精神为指导

王 丹 李 娜
（1. 武汉大学党委研究生工作部 2. 武汉大学马克思主义学院）

文化自信是一个国家、一个民族发展中更基本、更深沉、更持久的力量，① 归根结底需要通过人来实现，思想政治教育是一门育人的学科，要塑造具有德行的人，因此文化自信与思想政治教育之间的关系不言而喻。习近平总书记在北京大学师生座谈会上的讲话中也明确指出："国势之强由于人，人材之成出于学"，② 强调了教育在培养人才中的重要作用。而在培养人才的过程中，至关重要的是对青年的培养，习近平总书记说道："中华民族伟大复兴，绝不是轻轻松松、敲锣打鼓就能实现的，我们必须准备付出更为艰巨、更为艰苦的努力。广大青年要成为实现中华民族伟大复兴的生力军，肩负起国家和民族的希望。"③"青年的价值取向决定了未来整个社会的价值取向，而青年又处在价值观形成和确立的时期，抓好这一时期的价值观养成十分重要。"④作为青年人才培养主阵地，高校思想政治教育必须将文化自信融入其中，通过一系列的教育教学，使文化自信深入人心，承担起育人与创新的历史使命。

---

① 习近平．决胜全面建成小康社会 夺取新时代中国特色社会主义伟大胜利——在中国共产党第十九次全国代表大会上的报告[N]. 人民网，2017-10-18. http：//politics. people. com. cn/n1/2017/1027/c1001-29613459. html.

② 习近平．在北京大学师生座谈会上的讲话[N]. 人民网，2018-5-3. http：//politics. people. com. cn/n1/2018/0503/c1001-29961481. html.

③ 习近平．在北京大学师生座谈会上的讲话[N]. 人民网，2018-5-3. http：//politics. people. com. cn/n1/2018/0503/c1001-29961481. html.

④ 习近平．青年要自觉践行社会主义核心价值观——在北京大学师生座谈会上的讲话[N]. 新华网，2014-5-5. http：//www. xinhuanet. com//politics/2014-05/05/c_1110528066. htm.

一、文化自信中的文化内涵

文化自信是文化认知、文化认同和自觉践行相统一的建构过程。中央党校马克思主义学院副院长牛先锋教授曾指出，谈文化自信，要搞清楚“文化自信”中的“文化”是种什么样的文化。在十九大报告中习近平指出：“中国特色社会主义文化，源自于中华民族五千多年文明历史所孕育的中华优秀传统文化，熔铸于党领导人民在革命、建设、改革中创造的革命文化和社会主义先进文化，植根于中国特色社会主义伟大实践。”①由此可知，习近平总书记所提出的文化自信包括对中华优秀传统文化、革命文化和社会主义先进文化三方面的自信。

首先，优秀传统文化是中华民族在五千多年的发展过程中创造的各具特色和价值的文化的总汇，是凝聚、提炼多种思想精华所形成的文化，是我们中华民族独具特色的精神基因和血脉，是文化软实力最深厚的部分，也是中国特色社会主义最牢固的根基，有着永不褪色的价值。例如崇仁爱、重民本、守诚信、讲辩证、尚和合、求大同等思想，自强不息、敬业乐群、扶正扬善、扶危济困、见义勇为、孝老爱亲等传统美德，②“精忠报国”的爱国情怀，“富贵不能淫，贫贱不能移，威武不能屈”的浩然正气，“鞠躬尽瘁，死而后已”的献身精神，在今天仍有巨大的时代价值，有待我们深入挖掘和弘扬。

其次，中国共产党和人民大众在艰苦革命进程中所形成的革命文化，是在中华优秀传统文化基础之上的创造和发展，是时代精神和民族特色的结晶，是马克思主义基本原理同中国实际相结合的产物，值得中华儿女共同珍视。那些认为革命传统已经过时、戏说历史、消解红色经典的行为，都是对革命文化的亵渎。革命文化随着时代的变化，内涵也在不断地丰富和发展。从革命战争时期的井冈山精神、长征精神、延安精神等，到社会主义建设时期的“两弹一星”精神、铁人精神、雷锋精神等，再到改革开放时期的抗洪精神、抗震救灾精神等，随着历史阶段的不断变化而呈现不同样貌的革命文化，深刻表现出它的与时俱进的性质。

最后，社会主义先进文化是在社会主义现代化建设的过程中应运而生的，适应我国社会主义初级阶段的基本国情，是我国建设发展的精神动力。它是以科学的马克思主义理论为指导，以培育“四有”公民为目标，面向现代化、面向世界、面向未来的，民族的、科学的、大众的文化。它反映了最广大人民群众的文化需要，是

---

① 习近平．决胜全面建成小康社会 夺取新时代中国特色社会主义伟大胜利——在中国共产党第十九次全国代表大会上的报告［N］．人民网，2017-10-27．http：//politics. people. com. cn/n1/2017/1027/c1001-29613459. html.

② 习近平．在文艺工作座谈会上的讲话［N］．人民网，2014-10-15．http：//politics. people. com. cn/n/2015/1015/c1024-27698943-2. html.

一种极具生命力且符合历史发展要求的文化。社会主义先进文化是民族与世界、理论与实践、现实和理想的有机统一。

值得注意的是，上述三种文化不是孤立的三部分，而是紧密联系起来的一个整体，中华优秀传统文化是革命文化和社会主义先进文化重要的思想根基，而革命文化和社会主义先进文化同时也丰富和发展了中华优秀传统文化，促进其创造性转化和创新性发展，永葆时代魅力。我们对上述三种文化的自信其实也就是对其精神内核的坚持和守护。

二、将文化自信贯穿高校思想政治教育工作全过程

(一)“不忘本来”，做好对自身文化的认识和了解

自身文化是文化自信的基础和力量。只有深刻了解了自身文化的内涵，才有文化自信的底气和力量，更好地树立文化自信，将中国特色社会主义文化融入高校思想政治教育课堂之中，培养学生的中国式思维，生发文化自信。

第一，坚持办学正确的政治方向。马克思主义是我们的指导思想，是建设社会主义过程中必不可少的部分。习近平总书记指出：“马克思主义是我们立党立国的根本指导思想，也是我国大学最鲜亮的底色。”①只有坚持马克思主义指导地位，抓好马克思主义理论教育，才能更好地树立文化自信心，巩固中国青年们团结奋斗的共同思想基础，凝聚思想共识，从而为实现中国梦更好地奉献自己的力量。

第二，建设高素质的教师队伍。课堂教学是开展显性思想政治教育与提升大学生文化自信最常用的，同时也是最直接的途径，而在此过程中起到至关重要作用的就是教师。习近平总书记在北京大学师生座谈会上讲道：“古人说：‘师者，人之模范也。’在学生眼里，老师是‘吐辞为经、举足为法’，一言一行都给学生以极大影响。教师思想政治状况具有很强的示范性。要坚持教育者先受教育，让教师更好担当起学生健康成长指导者和引路人的责任。”②要引导督促高校教师提高自身修养，自觉树立文化自信心，培养起弘扬中华民族文化的使命感和责任感。认真钻研传统文化、革命文化、社会主义先进文化的内涵，只有通过自身的学习才能够从知识的原点出发真正领悟到传统文化的精髓，感受文化的伟大之处，从而树立起文化自信心。同时，教育者要跟紧时代的步伐，不断学习和提升自己，改进教育和教学的方式方法，丰富课堂形式，避免照本宣科单向灌输，吸引学生自主探究。大学生

---

① 习近平．在北京大学师生座谈会上的讲话[N]．人民网，2018-5-3. http：//politics. people. com. cn/n1/2018/0503/c1001-29961481. html.

② 习近平．在北京大学师生座谈会上的讲话[N]．人民网，2018-5-3. http：//politics. people. com. cn/n1/2018/0503/c1001-29961481. html.

的认知能力较强，我们既要以理服人，也要善于结合史实事例，做到寓情于理、以理映情，让学生主动感受中国文化的魅力，增强文化自信心和自豪感。

第三，加强校园文化建设，营造传统文化氛围，加强隐形思想政治教育。在校园文化建设中要强化中国特色社会主义文化印记，让大学生时刻感受到文化的熏陶，增强其文化自信心，如在校园中放置历史名人雕像，挑选出一些内涵丰富的诗词歌赋镌刻于建筑物上等；开展丰富的文化活动，如中华诗词朗诵、参观名人故居、考察爱国教育基地、重走长征路等，吸引更多的学生关心和关注历史，关注民族文化，从而增强其文化自信。

第四，充分利用网络阵地，构建思想政治工作网络平台。当代的大学生受网络的影响日益扩大，对网络信息的依赖性也越来越强。《中共中央国务院关于进一步加强和改进大学生思想政治教育的意见》指出，要“主动占领网络思想政治教育新阵地”，掌握网络话语主导权，推动社会主流文化的发展，在一些重大的问题上要充分利用网络平台旗帜鲜明地发表评论，对学生进行积极的引导和教育，让学生进行正确的思考和判断。同时要围绕思想政治教育目标开发和建设相关网络课程，激发学生对文化更深层次的思考，通过对东西方文化的比较，找到文化自信，自觉认同并践行社会主义核心价值观。

第五，善于运用“两面提示”的原理，避免文化自卑和文化自负。“两面提示”即在进行说服或宣传时，“在提示己方观点或有利材料的同时，也以某种方式提示对立一方或不利于自己的材料”。① 对于文化自信教育来说，也应该运用“两面提示”的方式，要看到我国文化的辉煌和优势，也不能回避其自身的不足。只有辩证看待中华文化，才能真正做到文化自信，避免历史虚无主义和文化保守主义，从而有利于文化进行创造性转化和创新性发展。

（二）“吸收外来”，丰富文化自信的文明给养

中华文化五千年来绵延不绝，除了由其内在本质和生命力所决定，还有一个重要因素就是“海纳百川，有容乃大”的气度。对自身文化充满自信，也体现在对外来文化的包容学习和借鉴中。外来文化并不单单指我们通常所说的西方文化、欧美文化，还包括亚洲其他地区文化、非洲等其他各洲文化。人类的文明多种多样，世界的文化多姿多彩，每一种文明都有它的可取之处。对外来文化关注的视野越广阔，对中华文化补充的养分就越丰厚。以我为主，为我所用，集众家之长，补己家之短，并在此基础上进行转化创造，使其适用于我国发展现状，具备中华文化特有的品质，这是文化开放中包容并蓄的根本之处。自信可以促进包容，包容可以促进

① 席贯强．运用“两面提示”策略提高思想政治教育的实效性[J]．新课程研究（中旬刊），2009（10）．

开放，开放的民族文化可以增强思想政治教育的思想文化自信。

关于文化自信融入思想政治教育的研究，我国也理应借鉴其他国家的经验教训，来更好地发展文化自信教育。西方虽无名义上的文化自信教育和思想政治教育，但其在公民教育、道德教育等名称下做着大量的实质性的思想政治教育工作。美国投重金兴建社会政治活动场所和纪念馆，如美国国会大厦、华盛顿纪念馆、林肯纪念堂等，这些场所是美国宣扬本土文化、使本国大学生树立文化自信的重要途径和手段，这是比课本等理论教材更为形象和直观的现实教材。同时其也非常重视历史课程的开设，通过让学生了解历史进而树立起爱国信念，树立起民族自尊心与自信心。法国中学的公民教育，除了通过专设“公民课程”外，还十分重视将思想政治教育渗透于地理、历史、哲学、经济学、文学等人文社科课程中。韩国的思想政治教育注重从乡土教育入手，从本土特点抓起，培养其学生的爱国心和文化自信心。日本学校文化自信教育以道德课为直接途径，辅之以各种传统节日的庆祝及礼仪活动，加深民众对于传统文化的热爱与传承。德国也非常注重对学生民族精神的培养，学校不断地提倡学生要做事认真、讲究诚信、热爱劳动，对自己的理想和信念要勇于追求，具有强烈的民族自尊心。

对比国外的思想政治教育，我国在思想政治教育中关于文化自信教育方面应做的工作：

第一，注重从细微处加强教育。在落细落小上下功夫，让文化自信的影响像空气一样无所不在、无时不有。“道自微而生，德自微而立。”落细落小，更是为了落实。回归生活是解决文化自信教育中灌输和抵触困境的有效手段，抓住生活中的细微之处加以正确引导，可以使教育于无形中潜移默化地影响人民群众。

第二，加大对民族传统文化的认知教育。受我国应试教育模式的影响，众多青年在初高中时期缺乏对中国传统文化的深刻认识，加上当今各种文化思潮盛行，为避免其尚未成形的世界观受到腐朽文化和低俗文化的侵袭，同时也为培养其爱国心和文化自信心，应加大对广大高校学子民族传统文化的认知教育，要有正确的价值引领，避免其被一些不良文化误导，走入歧途。

第三，加强对我国传统文化的宣传，借助微博、微信等新媒体，并通过影视和文学艺术作品加强对中华文化的宣传。避免历史虚无主义出现，避免其他国家文化霸权主义等对青年的思想文化领域的占领。

（三）“面向未来”，在实践创新中树立文化自信

习近平同志在十九大报告中指出，“中国特色社会主义文化，植根于中国特色社会主义伟大实践”，“在实践创造中进行文化创造，在历史进步中实现文化进步”，所以除了常规的思想政治教育理论课程外，高校还应立足于校内外文化实践创新，使学生在实践中感受中国经济发展取得的伟大成就及先进文化的独特魅力，

在参与中潜移默化地接受熏陶和教育，增强其文化传承和创新能力，增强其民族自信心和文化自豪感。

实践是检验认识真理性的唯一标准，高校要重视实践育人，积极引导大学生在实践过程中联系学习过的理论知识，进而加深对理论知识的理解，强化对社会主义核心价值观的认同，自觉将社会主义核心价值体系的客观要求内化为他们的价值观念，外化为他们的共同追求和自觉行动，有效提高社会主义核心价值体系的吸引力、感染力和说服力。

高校要充分认识到，社会实践活动是对理论知识的巩固和内化，是思想政治教育的有效途径，必须高度重视、加强指导、认真组织。高校要努力构建实践育人的长效机制，一是将其融入到校园文化活动中，利用传统节日、纪念日等来普及相关知识，调动大家的参与积极性，通过舞蹈、绘画、摄影等宣传和弘扬传统文化和先进文化，让学生亲近传统文化和历史，在潜移默化中树立文化自信心和自豪感。二是组织大学生到社会中去弘扬传统美德，感悟其深刻内涵。例如到社区养老院去送温暖，或者通过一些公益项目等让学生在实践中发扬中华传统美德，把课堂上学到的民族精神、道德规范等内化为自身的信念和行动准则，进而加深对传统文化和先进文化的价值认知，逐步成为传统文化的弘扬者，成为推动中华文化传承、创新的自觉践行者。

参考文献

[1]习近平．习近平谈治国理政(第2卷)[M]．外文出版社，2017：1-313.

[2]习近平．决胜全面建成小康社会　夺取新时代中国特色社会主义伟大胜利[N]．人民日报，2017-10-18.

[3]习近平．以时不我待只争朝夕的精神投入工作　开创新时代中国特色社会主义事业新局面[N]．人民日报，2018-1-6.

[4]习近平．青年要自觉践行社会主义核心价值观——在北京大学师生座谈会上的讲话[N]．人民日报，2014-5-5.

[5]习近平．把思想政治工作贯穿教育教学全过程　开创我国高等教育事业发展新局面[N]．人民日报，2016-12-9.

[6]习近平．在文艺工作座谈会上的讲话[N]．人民日报，2014-10-15.

[7]习近平．在庆祝中国共产党成立95周年大会上的讲话[N]．人民日报，2016-7-1.

高校研究生思想政治工作方法论浅谈

艾天军　余　丽
（武汉大学生命科学学院）

党的十九大做出“中国特色社会主义进入了新时代”的重要论断，在习近平新时代中国特色社会主义思想指引下，我国高等教育也步入了新时代。研究生群体是新时代中国特色社会主义现代化建设的高层次人才，是国家繁荣发展的重要人才保障。创新研究生思想政治教育工作，将其培养成为新时代中国特色社会主义事业的合格建设者和接班人，意义重大而深远。十九大报告指出：“实践没有止境，理论创新也没有止境，世界每时每刻都在发生变化，中国也每时每刻都在发生变化，我们必须在理论上跟上时代，不断认识规律，不断推进理论创新、实践创新、制度创新、文化创新以及其他各方面创新。”这为新时代研究生思想政治教育改革创新提供了指引。党的十八大以来，以习近平同志为核心的党中央高度重视高校思想政治工作，提出了一系列新理念、新判断、新要求，构成了习近平新时代中国特色社会主义思想的“思政篇”。习近平指出，做好高校思想政治工作，要因事而化、因时而进、因势而新。要遵循思想政治工作规律，遵循教书育人规律，遵循学生成长规律，沿用好办法，改进老办法，探索新办法，不断提高工作能力和水平。① 这是以中国传统哲学为底色，运用马克思主义哲学特别是中国化的马克思主义哲学分析高校思想政治教育实际提出的科学论断，是对新时代思想政治教育方法论的丰富和发展，对提升大学生思想政治教育理论与实践的科学化水平，具有重要的方法论意义。

一、用唯物主义的观点把握研究生思想政治工作的历史背景与现实基础

科学的思想体系都根植于现实的土壤，也适应着历史发展的内在逻辑。只有深刻体现社会历史发展要求、体现时代精神发展的思想，才能形成普遍有效的社会价值认同，才能激发人民群众的积极性和创造性。同样，思想要实现从观念形态向现

① 习近平．把思想政治工作贯穿教育教学全过程　开创我国高等教育事业发展新局面［N］．人民日报，2016-12-9.

实形态的转变，又离不开对社会历史本身的改造和变革。因此，用习近平新时代中国特色社会主义思想指导高校研究生思想政治工作，内在地要求我们科学地认识近代以来的历史发展。

自鸦片战争以来，中国逐渐沦为半殖民地半封建社会，整个中华民族面临着生死存亡的历史抉择，实现民族伟大复兴成为整个中华民族的不懈追求。许多仁人志士不断探索，变技术、变政体、变政治、变文化，但他们都没有能够完成这一历史重任。中国共产党自成立之日起，就勇敢地自觉地承担起实现中华民族伟大复兴的历史重任。以毛泽东为代表的中国共产党人坚持把马列主义与中国革命的具体实际结合起来，科学地揭示中国的社会性质和基本矛盾，确立反帝反封建的革命任务，从而把中国社会发展主题中的民族独立和人民民主作为迫切任务提到了首位。

在毛泽东新民主主义革命理论的指导下，中国人民依靠共产党的领导、武装斗争和统一战线，坚持走农村包围城市的革命道路，推翻了“三座大山”，建立了中华人民共和国，真正实现了人民解放和民族独立的宏伟目标。

自中华人民共和国成立以来，中国社会的主要矛盾就已经转化为落后的社会生产力同人民群众不断增长的物质文化需要之间的矛盾。面对中华人民共和国成立前留下的一穷二白的烂摊子，虽然我们党进行了艰难曲折的探索，建立起了门类比较齐全的国民经济体系和“一大二公”的社会主义计划经济模式，但由于受“左”的错误的影响，特别是“文化大革命”的破坏，我们并没有发挥出社会主义制度的优越性，人民生活水平长期处于贫困状态，国民经济处于崩溃边缘。以邓小平为代表的中国共产党人坚持解放思想、实事求是，把全党全国的工作中心转移到以经济建设为中心，大胆探索实践，坚持改革开放，确立了中国特色社会主义的基本思路和基本原则，大胆吸收人类文明的优秀成果，建立起社会主义市场经济体制。

改革开放以来，中国经济迅猛发展，不断成长并成为世界第二大经济体，我国综合国力进入世界前列，中国人民也摆脱了贫困落后的状态，人民的生活水平有了极大提升，在改革开放实践中形成的邓小平理论、“三个代表”重要思想和科学发展观成为从站起来到富起来这一历史时期的理论表达。

党的十八大以来，以习近平同志为核心的党中央引领中国特色社会主义进入新时代，为我国社会发展确立了新的历史方位。新时代的确立立足于我国社会主要矛盾的新转化，即经过近 40 年改革开放的发展，我国社会主要矛盾已经转化为人民日益增长的美好生活需要和不平衡不充分的发展之间的矛盾。

新时代的确立源自中国特色社会主义伟大实践的变革。以习近平同志为核心的党中央，从坚持和发展中国特色社会主义的全局出发，既牢牢把握社会主义初级阶段这个最基本国情和最大实际，又准确把握我国社会主义初级阶段不断变化的特点，使党、国家和人民的基本面貌都发生了历史性变化。习近平把坚持和发展中国特色社会主义和实现中华民族伟大复兴相连接，把科学社会主义的理论逻辑和我国社会发展的历史逻辑相统一。一方面，十八大以来，中国特色社会主义的实践探索造就了习近平新时代中国特色社会主义思想；另一方面，习近平新时代中国特色社会主义思想因其对实现民族伟大复兴的战略步骤、历史任务和未来走向的科学把握，而在快速发展的中国特色社会主义事业、实现中国梦的征途中起着思想引领的作用。

中国特色社会主义进入新时代，要为人民谋幸福和为民族谋复兴，增强中国共产党的政治领导力、思想引领力、群众组织力和社会号召力，离不开思想政治工作，研究生思想政治工作更应该大有作为。做好新时代高校思想政治工作，必须坚持马克思主义唯物史观，必须坚持社会主义办学方向。办学方向反映高校特质，决定着高等教育发展，也决定了高校研究生思想政治工作的重要地位。高校作为思想政治工作的前沿阵地，肩负着学习研究宣传马克思主义、培养中国特色社会主义事业合格建设者和可靠接班人的重大任务。高校研究生思想政治工作必须运用马克思主义理论，用社会主义核心价值观开展工作、进行教育，确保新时代高校研究生思想政治工作沿着正确政治方向前进。

二、用辩证法的思维指导研究生正确看待中国与世界的关系

辩证法的总特征是“联系”和“发展”，对立统一规律是唯物辩证法的实质和核心。习近平新时代中国特色社会主义思想运用辩证唯物主义的方法论，深刻阐述了高校研究生思想政治工作的复杂性、长期性和艰巨性。要让研究生明白中国的发展不是孤立的、静止的，中国是在与外部的互动中发展起来的，让研究生形成具有世界性的全局眼光。

中国特色社会主义进入新时代的科学判断，是习近平新时代中国特色社会主义思想产生的时代背景，必须从中国与世界的联结中来准确把握习近平新时代中国特色社会主义思想的丰富内容和理论品质。

现代的世界是开放的世界，各民族的相互交往日益频繁，政治、经济和文化的联系日益密切，任何一个国家都不能游离于世界之外，它们都是世界之网的一个纽结，当代中国也始终与世界处于相互联系之中。只有从中国与世界的联结中，才能获得认识国情的客观尺度，树立科学的国情观，从而为实现马克思主义中国化的理论飞跃奠定客观基础。离开了中国与世界的联结与互动，孤立地、静止地、片面地审视当代中国的实践，就不能准确地理解习近平新时代中国特色社会主义思想重要论断的深刻含义，更谈不上去深刻理解它所具有的历史意义、时代意义和世界意义。

正是在中国共产党的正确领导下，把马克思主义基本原理同中国具体实际相结合，不断进行实践创新、理论创新和制度创新，才迎来了中华民族伟大复兴的光明前景。这充分表明，不断发展着的马克思主义具有强大的生命力，是人们认识世

界、改造世界的强大思想武器和不竭的精神源泉。只有深刻认识中国与世界互动的历史逻辑和发展逻辑，才能深刻认识习近平新时代中国特色社会主义思想的精神价值和划时代的历史意义。

中国特色社会主义发展道路及其理论的不断创新，不仅增强了我们党和人民的道路自信、理论自信、制度自信和文化自信，而且超越了自身特殊性的限制，具有更加广泛的世界历史意义。特别是习近平新时代中国特色社会主义思想倡导建构人类命运共同体的思想，超越了文明对立的旧观念，为解决当下人类共同发展的问题贡献了中国智慧和中国方案。构建人类命运共同体就是要坚持各国相互尊重、平等相待，坚持合作共赢、共同发展，坚持实现"共同、综合、合作、可持续的新安全观"，坚持不同文明兼容并蓄、交流互鉴。这就为矛盾纷繁复杂的当今世界、全球性挑战突出的人类社会构建描绘出新的蓝图，既体现了当代中国发展进步的世界性诉求，也体现了中国发展中的世界担当和人类责任。

培养时代新人是新时代赋予高校研究生思想政治工作的重要使命。随着世界多极化和经济全球化的发展，世界政治经济秩序正在大调整、大变革，世界范围内各种思想文化交流、交融、交锋更加频繁，各式各样的"中国威胁论""中国崩溃论"从来没有中断过。世情国情党情发生的深刻变化，对在高校意识形态领域巩固马克思主义指导地位提出了许多新的挑战。

引领研究生正确认识我国社会所处的历史方位，准确把握我国社会发展的主要矛盾，就要紧紧围绕高校研究生思想政治工作的目标，全面强化高校思想政治工作的功能和职责，用辩证法的思维指导研究生正确看待中国与世界的关系。

三、用系统论的思想提高研究生的综合素质

系统论的科学思想是认识世界、改造世界的重要思想方法。思想政治教育是一项复杂而综合的社会系统工程，每一个研究生都是一个复杂的个体，必须坚持系统思想，全面提高研究生的综合素质，培养德智体美劳全面发展的社会主义建设者和接班人。

新时代研究生有其自身特点，也具有鲜明的时代特性。

首先是研究生的自身特点。与本科生相比，研究生群体思想观念多元，学习科研压力大，三观相对成熟，可塑性相对变差，集体意识相对弱化。经过本科的系统训练，研究生的专业知识和实践能力有所提高，对社会的认识和思考更加深入，见解更加独立；研究生培养方式更加灵活多样，那种本科阶段统一的培养模式不复存在，研究生参与科研实践、企业实习、联合培养等情况增多；研究生群体的压力普遍较大，思想复杂而多元，研究生参与活动的积极性、实效性受到影响，也受到现实条件的制约；各学科、专业的研究生研究方向不同，培养方案也各不相同，日常生活较分散，给规范开展研究生思想政治教育工作带来一定难度。

其次是研究生规模增大带来的影响。随着我国高等教育步入大众化阶段，研究生招生人数大幅度增加，在重点高校，研究生的招生人数已经超过了本科生。就业压力从本科生延伸到研究生，在就业市场上，研究生早已不是皇帝的女儿不愁嫁了，这迫使研究生将更多精力投入到专业学习、科学研究和社会实践工作中，投入党内学习、思想汇报和组织活动的时间和精力不足，导致研究生群体党组织的影响力弱化，给研究生思想政治教育带来新的挑战。

最后是研究生面临的时代任务。作为党建重要内容的高校研究生思想政治教育工作，已经成为新时代高校党建工作的关键环节。习近平在同北京大学师生的座谈会上指出，当代青年是同新时代共同前进的一代。我们面临的新时代，既是近代以来中华民族发展的最好时代，也是实现中华民族伟大复兴的最关键时代。广大青年既是追梦者，也是圆梦人。追梦需要激情和理想，圆梦需要奋斗和奉献。广大青年应该在奋斗中释放青春激情、追逐青春理想，以青春之我、奋斗之我，为民族复兴铺路架桥，为祖国建设添砖加瓦。

要全面提高新时代研究生的综合素质，就必须运用系统论的思想做指导，就要不断在实践中探索研究生思想政治教育新模式，积极实现研究生思想政治教育工作的观念创新、载体创新和机制创新。

首先要做好理想信念教育。新时代创新高校研究生思想政治教育工作，要自觉遵循思想政治工作规律，解决好理想信念问题。理想指引人生方向，信念决定事业成败。教育和引导研究生以理想信念为核心，把共产主义远大理想和中国特色社会主义共同理想结合起来，树立正确的世界观、人生观和价值观；把道德规范和爱国主义作为基础和重点，开展弘扬民族精神和公民基本道德教育。

其次要充分发挥好研究生导师的作用。研究生培养的关键是导师。除了业务培养外，在研究生的思想政治培养方面，导师也有不可替代的优势。

研究生从入学到毕业，每一个环节都主要由导师把关。研究生能否顺利完成学业，学业上能取得多大的成就，甚至能找到什么工作都与导师息息相关。基于这种紧密联系，导师对研究生的影响远远超过其他任何组织和个人。

导师也是从学生一步一步成长起来的，对研究生的成长有感性的体验。导师往往还有丰富的阅历和人生体验，有很高的理论水平和概括能力，能从培养研究生的得失中总结经验，举一反三，因材施教，指导学生全面成长成才。

由于与研究生朝夕相处，对研究生培养的每个环节深度介入，导师的为人处世、治学态度甚至思维方式都会潜移默化地影响研究生。一个导师带出来的研究生往往会深深地打上这个导师的烙印。

另外，一个导师所带的研究生，会形成一个小群体的文化氛围，这个文化氛围一旦形成就会在一定程度上固定下来，也会对这个小群体中的每个人发挥潜移默化的影响，这个小群体中的每一个人反过来也会作用于这个群体整体，强化这个群体的特征。

最后是构建“三全育人”工作体系，促进研究生协调发展。“三全育人”，即全员育人、全程育人及全方位育人三者的结合。学校要构建“三全育人”工作体系，整合全校各种资源，形成育人合力，多管齐下，将教育渗透到研究生成长成才的方方面面，促进研究生综合素质的全面提升；全程跟进，贯穿到研究生在校学习的每个阶段，确保研究生群体的健康、主动、全面协调发展。

深刻把握习近平关于青年工作重要论述的理论蕴涵和实践要求

司文超
（武汉大学党委研究生工作部）

党的十八大以来，以习近平同志为核心的党中央高度关注、关心、关爱青年。习近平总书记在不同场合针对青年特点、青年地位与作用、青年教育、青年成长成才、青年工作等提出了一系列重要论述，形成了习近平关于青年的重要论述。作为习近平新时代中国特色社会主义思想的重要组成部分和深入学习研究习近平治国理政思想的必要基础，习近平关于青年的重要论述是以习近平为核心的党中央在开展青年工作过程中形成的一系列有关青年的新理念、新思想、新战略，蕴含丰厚的精神内涵，彰显光辉的理论品质，生动体现理论逻辑、历史逻辑和实践逻辑的有机统一。深入学习宣传贯彻习近平关于青年的重要论述，对于加强和改进新时代青年工作、培养担当民族复兴大任的时代新人具有重要意义。

一、深刻把握习近平青年重要论述的历史逻辑

习近平关于青年的重要论述来源于对马克思主义青年观的继承和发展。马克思主义青年观是马克思主义经典作家和马克思主义政党以辩证唯物主义和历史唯物主义为指导，看待青年问题、开展青年工作的基本立场、观点和方法，是马克思主义科学理论的重要组成部分。马克思深刻指出，“最先进的工人完全了解，他们阶级的未来，从而也是人类的未来，完全取决于正在成长的工人一代的教育”，① 正在成长的工人一代就是指青年。恩格斯在谈到德国工人运动时说：“实现这一变革的将是德国的青年。但是这种青年不应该在资产阶级中去寻找。德国的革命行动将从我们的工人当中开始。”②习近平关于青年的重要论述继承和发展了马克思主义青年观和中国化马克思主义青年观的基本观点，强调“青年是标志时代的最灵敏的晴雨

---

① 马克思恩格斯全集，第16卷[M]．北京：人民出版社，1957：217.

② 马克思恩格斯全集，第2卷[M]．北京：人民出版社，1957：629.

表，时代的责任赋予青年，时代的光荣属于青年”。① “青年是社会上最富活力、最具创造性的群体，理应走在创新创造前列”。② 习近平总书记全面阐述了党的青年价值观、青年发展观、青年人才观、青年工作观，是在新的历史条件下对党的马克思主义青年观的丰富和发展。

习近平关于青年的重要论述厚植于对中华优秀传统文化的传承和转化。中华优秀传统文化中关于青年的论述是习近平关于青年重要论述的重要来源。习近平总书记大量运用中华优秀传统文化中的名言、典故来勉励广大青年。他借用“国无德不兴，人无德不立”来勉励广大青年，希望广大青年积极践行社会主义核心价值观。他用“国有四维，礼义廉耻。四维不张，国乃灭亡”来强调立德树人是教育的根本任务。他以“少年辛苦终身事，莫向光阴惰寸功”向今日之青年发出“以青春之我，创青春之国家”号召。他用“学如弓弩，才如箭簇”来勉励青年树立梦想从学习开始，让勤奋学习成为青春远航的动力，让增长本领成为青春搏击的能量。这些名言、典故蕴含着中国古人对青年发展的经验总结，是习近平关于青年的重要论述形成和表达的重要历史资源。

习近平关于青年的重要论述发端于其青年时期扎根基层的艰苦奋斗历程。七年知青经历是习近平关于青年重要论述的实践起点。作为“年龄最小、去的地方最苦、插队时间最长”的知青，七年间，习近平总书记脚踏黄土地，贴近农民，下决心扎根农村，立志改变梁家河的面貌。在这七年时间里，他靠自己的苦干实干做出了一番成绩，在实干中找到人生的目标和方向。在艰苦的知青岁月中，习近平总书记以顽强的意志克服了当时的严酷考验与巨大挑战，准确把握时代际遇与历史潮流，爱学习、能吃苦、有追求、办实事、重辩证、敢担当，充分体现了强烈的历史担当精神。他青年时期的经历不仅值得今日青年学习，也成为习近平关于青年工作重要论述的实践来源。

二、深刻把握习近平青年重要论述的理论逻辑

鲜明的时代性。习近平关于青年的重要论述是将青年置于中华民族伟大复兴这个时代主题下来建构的，具有鲜明的时代性。“中国梦是我们这一代的，更是青年一代的。”毛泽东同志曾经借用“早上八九点钟的太阳”来比喻青年，认为中国广大青年将大有作为。如今世易时移，一代又一代人面临着新的使命和际遇。2013 年 3 月，习近平在莫斯科国际关系学院发表题为《顺应时代前进潮流 促进世界和平发展》的重要演讲中重提“八九点钟的太阳”，认为青年最富有朝气、最富有梦想，表示青年是国家的未来，是世界的未来。从当年的实现祖国“四个现代化”，到如今

① 习近平．习近平谈治国理政[M]．北京：外文出版社，2014：167.

② 习近平．习近平谈治国理政[M]．北京：外文出版社，2014：51.

广大青年肩负实现中华民族伟大复兴和建设富强民主文明和谐美丽的社会主义现代化强国的历史重任，这种转变，是习近平关于青年的重要论述形成的时代背景。

深厚的学理性。习近平关于青年的重要论述是马克思主义青年观的发展和创新，是中国化的马克思主义青年观的最新理论成果，是习近平新时代中国特色社会主义思想的重要组成部分。习近平同志曾经先后围绕青年和青年工作发表一系列重要论述，深刻阐述了新时代青年和青年工作的重大理论和实践问题。习近平总书记关于青年和青年工作的重要论述内容涵盖青年的历史使命、思想道德、成长成才、学习工作等方方面面，这些内容虽然是独立论述，但又彼此关联，体现了系统性和学理性，既有理论阐释又有方法指导，体现着深厚的马克思主义学理意蕴。

生动的实践性。时代是思想之母，实践是理论之源。习近平关于青年的重要论述既是“世界观”，又是“方法论”，习近平关于青年的重要论述既是青年成长成才的行动指南，同时还是青年工作的重要遵循。习近平总书记在全国高校思想政治工作会议上指出，中华民族伟大复兴终将在广大青年的接力奋斗中变为现实，思想政治工作从根本上说是做人的工作，必须围绕学生、关照学生、服务学生，不断提高学生思想水平、政治觉悟、道德品质、文化素养，让学生成为德才兼备、全面发展的人才。习近平总书记不光重视青年群体的发展，还十分注重青年工作的开展。《中长期青年发展规划(2016—2025 年)》第一次全面系统地论述了青年工作的指导思想、目标任务、方法举措，这是以习近平同志为核心的党中央从党和人民事业薪火相传的高度作出的重大战略部署，为青年营造良好成长环境、创造更多发展机会提供了有力保障，推动青年发展事业迈上了历史新起点。

三、深刻把握习近平青年重要论述的实践逻辑

习近平总书记关于青年的重要论述提出了培养什么青年、怎样培养青年、为谁培养青年的重大命题，习近平关于青年的重要论述既有理论的判断，又有方法论的指导。青年一代有理想、有本领、有担当，国家就有前途，民族就有希望，实现中华民族伟大复兴就有源源不断的强大力量。

理想信念是青年思想行动的总开关。理想是青年的行动方向，信念是青年的思想支持。习近平总书记反复强调，广大青年一定要坚定理想信念，没有理想信念就会导致精神上缺钙，① 青年一代有理想、有担当，国家就有前途，民族就有希望。② 这些重要论述都阐明了理想信念对于青年、国家和民族的重要性。理想指引人生方向，信念决定事业成败。历史和现实表明，青年的理想信念影响国家未来发展和民族复兴事业。青年是新时代的接班人和建设者，是最活泼、最有激情和力量

① 习近平．习近平谈治国理政[M]．北京：外文出版社，2014：50.

② 深入学习习近平同志中国梦重要论述[M]．北京：人民出版社，2013：92.

的群体。广大青年坚定理想信念就是要坚持实现中国梦的远大理想，坚定走中国特色社会主义道路的信念，将坚持发展中国特色社会主义事业作为自己的使命和担当，投身到伟大事业的建设中去，增强政治意识、大局意识、核心意识、看齐意识，强化道路自信、理论自信、制度自信、文化自信，自觉投身到伟大事业的建设中去，如此，中华民族伟大复兴指日可待。

爱国情怀是青年建设祖国的原动力。爱国情怀是中华民族的传统，是人世间最深层、最持久的情感，是民族精神的核心方面，更是中华文明发展的推动力。2013年，习近平总书记对留学青年说道，爱国主义精神是中华民族几千年绵延发展中激昂的主旋律，是我国各族人民自强不息的强大力量，不论留学人员身在何处，都要始终把祖国和人民放在心里。① 这些重要论述深刻阐明了爱国情怀在民族精神中的核心地位，在推动国家建设中的重要作用。广大青年要了解中华民族历史，秉承中华文化基因，有民族自豪感和文化自信心；要时时想到国家，处处想到人民；要把自己的理想同祖国的前途、把自己的人生同民族的命运紧密联系在一起，要在厚植爱国主义情怀上下功夫，让爱国主义精神在青年心中牢牢扎根，立志听党话、跟党走，立志扎根人民、奉献国家。

品德修养是青年价值取向的风向标。习近平总书记多次指出，一个民族的文明素养很大程度体现在青年一代的道德水准和精神风貌上，青年的价值取向决定了未来整个社会的价值取向。在青年品德修养和价值养成的关键时期，要引导青年扣好第一颗扣子，培养青年良好的品德修养，培养青年担当民族大任。② 这些重要论述，表达了品德修养对青年发展的重要作用，对国家社会的影响作用。品德修养是青年价值取向的标准，是青年价值选择和行为选择的体现。作为社会风气的引导力量，青年只有从一开始“扣好人生的第一粒扣子”，认真践行社会主义核心价值观，才能走上正确的发展道路，才能让社会风气弘扬正能量。广大青年要提高品德修养，就要勤学、修德、明辨、笃行不断地锤炼高尚品格，将社会主义核心价值观内化为自己的基本遵循，带头倡导良好社会风气。

知识见识是青年报效国家的基本功。人才是建设社会主义强国的资源，知识是实现伟大中国梦的引擎。习近平总书记指出，“学习是立身做人的永恒主题，也是报国为民的重要基础。”③青年的素质和本领直接影响着实现中国梦的进程。青年正处于学习的最佳时期，应该将勤学苦练、汲取知识作为一种责任和意识，为更好地报效国家不断增长见识，积累才能。一是要增长知识，要增长自身的科学文化素质，认识和学习事物的发展规律，掌握推动国家建设的本领；二是要增长见识，要

---

① 深入学习习近平同志中国梦重要论述[M]. 北京：人民出版社，2013：35.

② 习近平. 在全国宣传思想工作会议上的讲话[N]. 人民日报，2018-8-23，1版.

③ 习近平. 习近平谈治国理政[M]. 北京：外文出版社，2014：50.

不断拓宽眼界，增强国际视野，面向世界、紧跟时代地更新知识和技能；三是要坚持知行合一，重视理论与实践的转化，注重积累人生经验和社会经历。

奋斗精神是青年实现理想的精气神。艰苦奋斗是实现理想的根本途径，是人类生存和发展的必备条件。习近平总书记指出，“我们的国家，我们的民族，从积贫积弱一步一步走到今天的发展繁荣，靠的就是一代又一代人的顽强拼搏，靠的就是中华民族自强不息的奋斗精神。”①奋斗精神是民族精神的体现，是青年价值实现的支撑。奋斗的青春最美丽，继承和发扬艰苦奋斗精神是青年的责任与担当。中国特色社会主义事业不是一蹴而就、唾手可得的，是需要青年接力艰苦奋斗的。广大青年要有敢为人先的锐气，有逢山开路、遇河架桥的意志，有探索真知、求真务实的态度，勇于创新、敢拼敢干，不拘泥于陈规旧制，努力在改革开放中闯新路、创新业，不断开辟事业发展新天地，始终走在创新创造的前列。

全面发展是青年成就事业的总要求。习近平总书记反复强调，发展好中国特色社会主义这项长期任务是需要一代又一代人接续奋斗的，祖国的事业需要青年接着奋斗前进。习近平总书记在十九大报告中指出，“要培养德智体美劳全面发展的社会主义建设者和接班人。”②这都深刻地论述了中国特色社会主义事业的继承需要青年不断完善自我，锤炼自我，全面发展。中国特色社会主义事业是一项伟大的事业，对青年有全方位、多方面的要求。全面发展是广大青年完善自我、成就伟大事业的要求。广大青年要实现全面发展，要培养科学的思维能力，树立创新创造的意识，用创新能力驱动国家的发展；要提高身体素质，积极参与体育锻炼，用强大的身躯投入国家的建设；要注重艺术审美体验，健全人格品质，用美好的心灵推动国家的前进。

---

① 深入学习习近平同志中国梦重要论述[M]. 北京：人民出版社，2013：33.

② 习近平．在全国教育大会上的讲话[N]. 人民日报，2018-9-11，1版.

习近平关于国家网络安全的重要论述探析

江尧林
（武汉大学资源与环境科学学院）

党的十八大以来，以习近平同志为核心的党中央，基于中国面临的复杂的国内外网络安全形势，提出了一系列新思想、新观点和新举措，形成了系统而富有中国特色的关于网络安全的重要论述，成为其治国理政的新理念。习近平关于国家网络安全的重要论述既是对中国传统国家安全观的合理继承，又是在实现从传统安全向非传统安全转变过程中的创新。深刻把握和领会习近平关于国家网络安全的重要论述的精神实质和思想内容，对增强人们的网络安全意识，推动中国网络安全治理，实现网络强国具有重要的意义。习近平关于国家网络安全的重要论述内容十分丰富，本文从网络安全的形势与地位、网络主权、宗旨与目标、技术与人才等方面予以分析。

一、网络安全之形势与地位

从 1994 年我国首次接入互联网以来，目前我国互联网用户数量已位居世界第一。截至 2018 年 6 月，我国网民规模达 8.02 亿，互联网普及率达到 57.7%；网站访问量仅次于美国，全球访问量前 20 的网站中国占 7 个；全球市值最大的 10 家互联网企业中国占 4 席，电子信息产业全年完成销售收入达到 14 万亿，领先全国工业发展水平。我国已经发展成为世界上名副其实的网络大国。但网络大国并不意味着是网络强国，互联网发展至今，核心技术基本掌握在西方国家特别是美国手中。我国的芯片研发和制造技术、网络 IP 根地址等网络核心技术的能力与西方国家存在较大差距。美国作为互联网发源地，利用其掌控的核心技术和域名管理优势（全球共有 13 台根域名服务器，10 台部署在美国境内，另外 3 台设置在美国的盟国——英国、瑞典和日本境内），实行网络霸权主义。2013 年发生的由美国政府一手主导的“棱镜门”事件，曝光了其对其他国家的网络监视行为；对他国实施黑客入侵、网络攻击，致使网络系统瘫痪，导致巨大的经济损失，威胁国家经济安全；美国还打着“网络自由”旗号，利用其掌控的网络话语权，向他国输出其价值观，支持“颜色革命”。网络世界被誉为继海陆空天之后的“第五战场”，美国为了在网络战上占据优势，率先组建网络战部队，成立了网络战司令部，制定了国家网络安全发展战略。美国的网络霸权行径严重威胁着我国的国家安全。

以习近平同志为核心的党中央高度重视网络安全问题。习近平强调指出，网络安全和信息安全是事关国家安全和国家发展、事关广大人民群众生活的重大战略问题。① 没有网络安全就没有国家安全，没有信息化就没有现代化。② 习近平的重要讲话，揭示了网络安全是国家安全的基石，没有网络安全，国家安全就难以保障。2014 年 2 月，党中央成立了中央网络安全和信息化领导小组，习近平亲自担任组长。这是互联网在我国发展 20 年来具有划时代意义的大事，更是我国发展历史上一件足以载入史册的大事。在领导小组第一次会议上，习近平指出，网络安全和信息化是一体之双翼、驱动之双轮，必须统一谋划、统一部署、统一推进、统一实施。③ 中央网络安全和信息化领导小组的成立，将我国的网络安全和信息化工作提高到了党中央层面，充分体现出党中央对保障网络安全、维护国家利益、推动信息化发展的坚定决心，预示着我国互联网发展将进入全新的发展时期，也标志着我国正从网络大国加速向网络强国挺进。

二、网络安全之主权

互联网的飞速发展，使国家主权自然延伸到网络空间，如同海权挑战陆权、空权挑战海权和陆权一样，网络主权后来居上，已经超越实体空间主权的传统价值，成为国家主权的全新制高点，维护网络主权成为客观发展的必然。2010 年 6 月，国务院新闻办发表《中国互联网状况》白皮书，第一次就互联网与国家主权关系明确表态："互联网是国家重要基础设施，中华人民共和国境内的互联网属于中国主权管辖范围，中国的互联网主权应受到尊重和维护。"由此，网络主权的概念被首次提出。2014 年 11 月，习近平在致首届世界互联网大会贺词中进一步明确指出："尊重网络主权，维护网络安全。"其后，在 2015 年 7 月通过的《国家安全法》中，"网络主权"以法律的形式加以确认。

网络主权是一国国家主权在网络空间中的自然延伸和表现，是国家主权的重要组成部分和制高点。它包括内外两方面：对内是指国家对一国网络基础设施和网络活动的管辖，通过行政、经济、法律手段维护网络秩序，保护网民合法权益，

① 习近平．在中央网络安全和信息化领导小组第一次会议上的讲话［N］．人民日报，2014-2-28.

② 习近平．在中央网络安全和信息化领导小组第一次会议上的讲话［N］．人民日报，2014-2-28.

③ 习近平．在中央网络安全和信息化领导小组第一次会议上的讲话［N］．人民日报，2014-2-28.

确保国家网络利益不受侵犯；对外主要是指国家对网络空间国际治理活动的参与以及遭受他国政府或公民网络攻击时网络自卫权的行使。网络主权的确立意味着国家对网络空间一定程度的控制以及其他国家对其网络主权的认可，也意味着国家有义务防止本国领土被用来从事危害他国网络主权的活动。① 信息服务可以跨界，但网络空间不能没有主权。要理直气壮维护我国网络空间主权，明确宣示我们的主张。

网络主权概念的提出，不仅丰富和发展了国家主权的内涵，而且还赋予了网络安全和信息化工作更为深刻的内涵，使之成为名副其实的国家使命。网络主权概念十分契合当前的全球互联网发展形势，因此受到了很多国家的重视，也被越来越多的国家所接受，甚至连一直坚持“网络自由”的美国也在一些公开场合承认网络空间存在主权问题。事实上，通过信息网络攻击一个主权国家或通过陆海空天攻击一个主权国家，本质上都是侵略行为。习近平多次指出，中国是网络攻击的主要受害国，更是网络安全的坚定维护者。坚决反对任何形式的网络攻击行为，要像捍卫国家陆地、海洋、天空、太空主权那样捍卫国家网络主权。他在出访美国时面对媒体作出庄重承诺：“中国政府不会以任何形式参与、鼓励或支持任何人从事窃取商业秘密行为。不论是网络商业窃密，还是对政府网络发起黑客攻击，都是违法犯罪行为，都应该根据法律和相关国际公约予以打击。”②习近平这一表态向全世界宣示了中国政府维护国家主权、安全和发展利益的明确态度与对全球网络安全治理的原则立场和积极姿态。因此维护网络安全，必须坚决捍卫网络主权，世界各国要共同维护网络主权安全。

三、网络安全之宗旨与目标

习近平关于国家网络安全的重要论述作为总体国家安全观的重要组成部分，其宗旨具有一致性，这就是“以人民安全为宗旨”。习近平在主持召开国安委首次会议时强调指出，贯彻落实总体国家安全观，必须既重视国土安全，又重视国民安全，坚持以民为本、以人为本，坚持国家安全一切为了人民、一切依靠人民，真正夯实国家安全的群众基础。在网络安全和信息化工作座谈会上他也曾指出，网络空间是亿万民众共同的精神家园。网络空间天朗气清、生态良好，符合人民利益。网络空间乌烟瘴气、生态恶化，不符合人民利益。③ “以人民安全为宗旨”这一思想

---

① 周甄武，王倩茹．论习近平的网络安全观[J]．淮南师范学院学报，2016，18(6)：14-20.

② 习近平．在华盛顿州当地政府和美国友好团体联合欢迎宴会上的演讲[N]．人民日报，2015-9-24.

③ 习近平．在网络安全和信息化工作座谈会上的讲话[N]．人民日报，2016-4-26.

还通过法律将其制度化，2015 年 7 月颁布实施的《国家安全法》第三条中明确规定：“国家安全工作以人民安全为宗旨。”2017 年 6 月正式实施的《中华人民共和国网络安全法》也明确提出把“维护网络空间主权和国家安全、社会公共利益，保护公民、法人和其他组织的合法权益”作为其立法目的。习近平提出的以人民安全为宗旨的国家安全观，既是对中国传统文化中“以民为本”、亲民、爱民等价值取向和思想主张的合理继承，又是对传统安全观对人的忽视的校正和超越。

基于对网络安全形势、网络安全地位的研判，习近平提出维护网络安全应实现的目标。对此，可从两个角度审视。首先，从国内看，网络安全目标是努力把我国由一个网络大国建设成一个网络强国。互联网已融入社会生活方方面面，深刻改变了人们的生产和生活方式，日益成为创新驱动发展的先导力量，有力推动着社会发展。我国正处在这个大潮之中，受到的影响越来越深。一方面，我国已成为网络大国，网络已进入千家万户，网民数量世界第一。另一方面，我国还不是网络强国，我们在信息技术方面起步较晚，在芯片、操作系统、数据库等核心技术方面长期依赖西方，没有形成完备的信息技术创新体系和能力。而核心技术是互联网产生、发展的基础推动力，没有核心技术就随时可能处于被侵蚀和攻击的危险境地。习近平指出，要从国际国内大势出发，总体布局，统筹各方，创新发展，努力把我国建设成为网络强国。① 何谓网络强国，有何标准？习近平进一步提出实现网络强国的基本要求，包括“网络基础设施基本普及、自主创新能力显著增强、信息经济全面发展、网络安全保障有力”②等，因此大力发展、积极使用自主可控的技术和产品，是维护国家网络安全、保障人民利益的根本之道。我们只有把核心技术掌握在自己手中，才能真正掌握竞争和发展的主动权，才能从根本上保障国家经济安全、国防安全，保证我国互联网发展的长治久安。

其次，从国际上看，网络安全的目标是结成“命运共同体”，建立“多边、民主、透明的国际互联网治理体系”。习近平指出，互联网真正让世界变成了地球村，让国际社会越来越成为你中有我、我中有你的命运共同体。同时，互联网发展对国家主权安全、发展利益提出了新的挑战，迫切需要国际社会认真应对、谋求共治、实现共赢。③ 那么，“共治”的目标什么？对此，习近平先后于 2014 年 7 月在巴西国会发表演讲和 11 月在向首届世界互联网大会致的贺词中指出，中国愿意同

① 习近平．在中央网络安全和信息化领导小组第一次会议上的讲话［N］．人民日报，2014-2-28.

② 习近平．在中央网络安全和信息化领导小组第一次会议上的讲话［N］．人民日报，2014-2-28.

③ 习近平．在中央网络安全和信息化领导小组第一次会议上的讲话［N］．人民日报，2014-2-28.

世界各国携手努力，本着相互尊重、相互信任的原则，深化国际合作，尊重网络主权，维护网络安全，共同构建和平、安全、开放、合作的网络空间，建立多边、民主、透明的国际互联网治理体系。

四、网络安全之技术与人才

网络安全的维护、网络强国梦的实现需要有坚实的基础和条件，这其中技术是关键。习近平深刻指出，网络安全的本质在对抗，对抗的本质在于攻防两端能力较量……要以技术对技术，以技术管技术，做到魔高一尺、道高一丈。① 网络安全博弈，首当其冲是技术博弈。

首先，要正视我国网络技术方面取得的成就与不足。我国自 1994 年接入国际互联网以来，互联网发展取得了显著成就，包括一批技术方面的成就，但是同世界先进水平相比，同建设网络强国战略目标相比，我们在很多方面还有不小差距，特别是在互联网创新能力、基础设施建设、信息资源共享、产业实力等方面还存在不小差距，最大的差距在核心技术上，要特别重视网络核心技术的影响。习近平强调指出，建设网络强国，要有自己的技术，有过硬的技术。它包括三个方面：一是基础技术、通用技术，二是非对称技术、“杀手锏”技术，三是前沿技术、颠覆性技术。②

其次，要突破网络核心技术难题，掌握我国互联网发展主动权。互联网核心技术是我们最大的“命门”，核心技术受制于人是我们最大的隐患。习近平深刻认识到，网络核心技术决定国家网络空间安全能力，网络空间安全能力主导国家安全整体能力。加快发展网络技术产业，是推动国家安全能力创新发展的捷径。为此，他指出，既要制定全面的信息技术、网络技术研究发展战略，下大气力解决科研成果转化问题，又要出台支持企业发展的政策，培育出更多的技术创新主体、信息产业发展主体。同时，还要有决心、恒心、重心，争取在某些领域、某些方面实现“弯道超车”，实现从跟跑并跑到并跑领跑的转变。

再次，要树立强烈的人才意识。当今世界，综合国力竞争日趋激烈，综合国力竞争说到底是人才竞争。人才资源作为经济社会发展第一资源的特征和作用更加明显，人才竞争已经成为综合国力竞争的核心。网络技术的创新与发展归根到底要通过网络技术人才来推动和实现。建设网络强国，离不开高素质的网络安全和信息化人才队伍。我国网信事业欲发展，必须充分调动企业家、专家学者、科技人员的积极性、主动性、创造性。习近平强调指出，各级党委和政府要从心底里尊重知识、

---

① 习近平．在网络安全和信息化工作座谈会上的讲话[N]．人民日报，2016-4-26.

② 习近平．在中央网络安全和信息化领导小组第一次会议上的讲话[N]．人民日报，2014-2-28.

尊重人才，为人才发挥聪明才智创造良好条件，营造宽松环境，提供广阔平台。要解放思想，慧眼识才，爱才惜才。不唯地域引进人才，不拘一格用好人才，使用人才各尽其能。① 要采取特殊政策，建立适应网信事业特点的人事制度、薪酬制度，把优秀人才凝聚到技术部门、研究部门、管理部门中来，建立适应网信事业特点的人才评价机制、人才激励机制，以及网信领域科研成果、知识产权归属、利益分配机制。“千军易得，一将难求”，尤其是要培养造就世界水平的科学家、网络科技领军人才、卓越工程师、高水平创新团队。

五、结语

习近平关于国家网络安全重要论述的确立具有十分重要的意义。从理论上看，习近平关于国家网络安全的重要论述既是对几代党的核心领导人国家安全观的继承，又是实现从传统安全观向新安全观转变过程中的创新，从而把中国特色的国家安全观推进到新的阶段。从实践上看，习近平关于国家网络安全重要论述的确立，不仅有助于增强我国公民网络安全意识，推动国家网络安全战略的构建，而且还有助于加快我国信息化建设步伐，实现由网络大国向网络强国转变。

参考文献

[1]汤景泰，林如鹏．论习近平新时代网络强国思想[J]．新闻与传播研究，2018，25(01)：5-20.

[2]中国互联网络信息中心．第42次中国互联网络发展状况统计报告[R]．中国网信网，2018-08-20.

[3]张绍荣，代金平，张晓歌．习近平的网络安全治理观[J]．重庆邮电大学学报(社会科学版)，2017，29(05)：7-15.

[4]周甄武，王倩茹．论习近平的网络安全观[J]．淮南师范学院学报，2016，18(6)：14-20.

① 习近平．在网络安全和信息化工作座谈会上的讲话[N]．人民日报，2016-4-26.

学习贯彻全国教育大会精神
加强研究生廉洁教育

杨晓岚
（武汉大学纪委办公室）

习近平总书记在全国教育大会上的讲话指出，教育是民族振兴、社会进步的重要基石，是功在当代、利在千秋的德政工程，对提高人民综合素质、促进人的全面发展、增强中华民族创新创造活力、实现中华民族伟大复兴具有决定性意义；思想政治教育工作是做人的工作，要把培养担当民族复兴大任的时代新人作为重要职责。深入学习贯彻习近平总书记在教育大会上的重要讲话精神，必须充分认识加强研究生廉洁教育的重大意义，把服务中华民族伟大复兴作为重要使命，站在培养社会主义现代化建设拔尖创新人才的高度，坚持立德树人，科学设置教育内容，以文化人，充分发挥廉洁教育在研究生培养中的涵养教化作用，以廉洁文化教化人；聚焦廉洁品德塑造，改进方式方法，以廉洁品德树人，培养具有廉洁品格、德智体美劳全面发展的社会主义建设者和接班人。

一、加强研究生廉洁教育的意义

所谓廉洁教育，即通过有组织、有计划、有目的的教育活动，培养研究生清正廉洁的道德品质。廉洁品质是一个人应该具备的高尚道德品质与道德修养，是一个人安身立命的道德操守，是一个人健康成长的道德素养，更是一个国家长治久安的重要保障。高校开展廉洁教育，是党中央综合分析国际国内形势，为提高党的执政能力，巩固党的执政地位，作出的重要决策，对于促进学生健康成长，确保党和人民的事业代代相传、长治久安，都具有十分重要的战略意义。

1. 培养时代新人的需要

马克思主义认为，人的本质是“在每个时代历史地发生了变化的”。处于什么样的时代，建设什么样的社会，实现什么样的发展目标，就必然要求培养与之符合的时代新人。党的十九大提出要培养担当民族复兴大任的时代新人，这是进入新时代的迫切要求，更是实现“两个一百年”奋斗目标和中华民族伟大复兴中国梦的迫切需要。纵观历史，清正廉洁盛行，则国家昌盛；贪污腐败猖獗，则国势衰微。只有培养一大批思想水平、政治觉悟、道德品质、文化素养、精神状态等各方面与新时代要求相符合的时代新人，辐射引领社会，才能营造干部清正、政府清廉、政治清明的良好生态，实现党风廉政建设和反腐败斗争的战略目标。

2. 培养研究生健全人格的需要

高校思想政治工作是塑造人的工作。习近平总书记强调，要坚持把立德树人作为中心环节，把思想政治工作贯穿教育教学全过程，围绕学生、关照学生、服务学生，不断提高学生的思想水平、政治觉悟、道德品质、文化素养，让学生成为德才兼备、全面发展的人才。人格是灵魂的骨架，学生只有人格健全，才能正确认识自我，了解自身价值，才能培养高度的思想觉悟、高尚的道德情操和高雅的审美情趣。研究生教育是高等教育人才培养的最高层次，是我国社会主义现代化建设拔尖创新人才培养的重要渠道。研究生思想政治教育是研究生教育的重要组成部分，育人为本、德育为先，要把廉洁教育作为培养健全人格的重要内容，作为保证研究生健康成长的重要举措，充分发挥廉洁教育和校园廉洁文化的涵养教化作用，使研究生从内心深处产生文化认同，自觉追求自律、洁身、遵规、勤俭等价值理念，讲操守，重品行，提升自我品德修养，促进人格塑造。

3. 源头防腐的需要

反对腐败，重在预防。习近平总书记指出，青年要勤学、修德、明辨、笃行，扣好人生的第一颗扣子。近年来，极少数90后因经受不住物欲诱惑和腐朽思想侵蚀，走上贪污犯罪的不归路，一走入社会即“早节不保”，着实让人痛心。有专家盘点，与其他年龄段的贪腐犯罪相比，年轻贪官们具有年轻化、高学历，职位低、胆子大，智能化、高科技，无忌惮、缺底线等特点。这些年轻干部贪腐的原因，就是没有扣好人生的第一颗扣子。因此，在研究生走上工作岗位之前，对他们开展廉洁教育，显得尤为重要。研究生作为青年学生中的佼佼者，他们今后可能走向政府机关、科研机构，掌握一定的行政权力、经费使用权力或学术权力，对他们进行廉洁教育，主要是培养其自觉形成崇尚廉洁意识的价值观念，提高其廉洁自律和抵御风险的能力。从某种意义上说，人们内心的道德观念是约束人们行为的最强大和根本性的力量。反对腐败，最佳方法就是公职人员在工作、生活中用廉洁意识自我约束，自我教育。研究生廉洁教育是研究生在进入职业生涯之前的最后教育，廉洁教育开展效果直接影响着研究生工作后的职业态度和状态。加强研究生廉洁教育，在培养研究生廉洁品质的同时提高其抵御风险和诱惑的能力，强化源头预防，努力确保研究生在将来走向工作岗位后树立正确的职业观，廉洁从业，顺利完成“学校人”到“社会人”角色转换，走好人生路。

二、加强研究生廉洁教育应突出的内容

廉洁是中华民族的传统美德之一，有着独特的民族特色和历史底蕴，其基本内容和价值取向随着中国历史的演进不断地丰富和发展，具有鲜明的时代性、政治性。针对时代特征和研究生特点，加强研究生廉洁教育应突出三个内容。

1. 把价值引领放在首位

正确的理想信念和强烈的社会责任感，事关中国特色社会主义建设的兴衰成败，事关社会主义事业是否后继有人。针对研究生教育是培养我国现代化建设高级专门人才的特点，应以社会主义核心价值观为引领，加强理想信念和社会责任感教育。社会主义核心价值观建设，说到底是人的思想建设、灵魂建设，要聚焦造就具有正确的世界观、人生观、价值观的建设者和接班人，把握时代新人的标准和要求，把“培育什么样的价值观”同“培养什么样的人”紧密结合起来，不断深化和拓展社会主义核心价值观建设。重中之重是要以坚定的理想信念筑牢精神之基，解决好人生观、世界观、价值观总开关问题，坚定对马克思主义的信仰，对社会主义和共产主义的信念，增强对中国特色社会主义道路、理论、制度、文化的自信，增强社会责任感和历史使命感。积极创建生动有效的平台、载体和方式，使社会主义核心价值观融入教学、科研、社会实践等全过程各方面，使之成为研究生的思想自觉、情感认同、行为习惯、文明风尚，将个人理想融入到中华民族伟大复兴的中国梦。

2. 弘扬民族精神和时代精神

一个国家、一个民族的崛起，离不开精神力量的支撑。以爱国主义为核心的民族精神和以改革创新为核心的时代精神，是凝聚中华民族的牢固精神纽带和促进中华民族发展壮大的强大精神力量。伟大的事业需要伟大的精神，我们要实现“两个一百年”的奋斗目标，实现中华民族伟大复兴，必须大力弘扬民族精神和时代精神，激发活力、汇集智慧、鼓舞斗志。研究生廉洁教育，必须进教材、进课堂、进头脑，加强革命历史、传统文化、国情社情等教育，让研究生了解党的光荣传统和祖国悠久的历史、灿烂的文化和发展方位，树立正确的历史观、民族观、国家观、文化观，把国家的追求、民族的向往、人民的期盼融为一体，更加关心祖国的前途命运、发展战略和核心利益，更加热爱中国特色社会主义制度、中国共产党和各族人民的团结统一，以高度的历史责任感和祖国利益高于一切的思想境界，全身心地自觉投入到建设富强民主文明和谐美丽的社会主义现代化强国当中，以更加宽阔的胸怀和更加开放的心态，学好专业，练好本领，以精湛的业务能力和敬业精神报效祖国。

3. 加强学术道德和学术规范教育

尊重学术规范是科学研究和学术创新的基础，遵守学术道德是科学工作者的基本操守和道德底线。科学道德是在科学活动中应该遵守的道德准则。科学研究是以诚实守信为基础的事业，科研诚信是从事科研活动应该遵守的基本价值。杜绝学术不端行为任重而道远，除了法律法规的健全外，更多的是要依靠科研工作者的自觉遵守。研究生教育的重要目标之一就是培养科研工作者，因此，在注重专业学习和科研能力培养、提高专业素养和科研能力的同时，要注重加强学术道德和学术规范教育，将其渗透到研究生教育的各门课程和各个环节。思想层面上，反对学术不端行为，树立正确的学术道德理念和学术荣辱观。另一方面，加强制度保障，严把论文审核、课题申报、研究成果等要求和程序，保持优良的学术研究氛围，倡导严谨务实的学风，杜绝学术虚假现象，提高研究生思想素质水平和综合培养质量，培养诚实勤奋、热爱科学、求真务实、锐意创新、学风严谨、乐于奉献的高层次高素质人才。

三、加强研究生廉洁教育应把握的原则方法

相较于本科生，研究生更趋于成熟和理性，更适应学校教育和环境，三观处于进一步形成巩固阶段。对其进行廉洁教育，要充分考虑年龄、身心发展、学习方式等方面的特点，科学把握原则方法，增强廉洁教育的效果。

1. 正面引导和自我教育相结合

正面引导教育是指通过给学生讲道理，用事实说服学生，用正确的思想启迪学生，使学生受到教育，又不感到有压力。研究生虽然具备了一些分析问题的能力，但当前国际国内形势复杂多变，多元文化猛烈碰撞，加之研究生社会阅历的不足，导致他们在思想上存在着不同程度的盲目性。对于周围的环境，他们不仅具有好奇心，还有可能盲从，对于社会上的不良风气和诱惑，辨别和防御能力更是薄弱。由于这些因素的影响，在推进廉洁教育的过程中，必须借助多种方法，正面教育与启发教育相结合，提高研究生辨别社会现象的能力。习近平总书记指出，一个人能否廉洁自律，最大的诱惑是自己，最难战胜的敌人也是自己。加强研究生教育，要发挥其主观能动性，强化自我教育。研究生群体相比本科生更成熟，思维更稳定，自我安排时间更充裕，并且他们的人生观、价值观、世界观基本形成，自我教育更容易达到效果。因为研究生只有具备了自我廉洁教育的能力，才会在没有外部因素管理时，自我约束行为并时刻自我反省；才能在面对纷繁复杂的外界事物时作出正确判断；才知道应该坚持什么，抵制什么；才能在多元价值观念的冲击下保持清醒的头脑。只有坚持教育与自我教育相结合的原则，才能使研究生在内心形成牢

固的廉洁意识，对社会上的各种现象能够进行甄别，在毕业后走上工作岗位时廉洁从业。

2. 渗透性与层次性相结合

对研究生进行廉洁教育是一种集约束、矫正和养成教育为一体的综合性教育，要考虑社会影响等方方面面的因素，还要在纵向上意识到对研究生廉洁意识的培养不是一蹴而就的，必然要经历一个由量变到质变的发展过程。在对研究生进行廉洁教育的过程中遵循渗透性原则，就是要充分考虑研究生的接受程度与认知规律，选择恰当的教育方式，控制好研究生廉洁教育的阶段工作与内容，循序渐进，由浅及深。研究生的学习和生活分为不同阶段，各阶段应该借助不同载体、不同方法进行相对应的教育。比如组织学生开展研究生夏令营、研究生廉洁教育活动月、廉洁主题书画展、校园廉洁大使评选、廉洁征文比赛、廉洁主题辩论赛等主题文化活动，并占领网上思想政治教育阵地，牢牢把握正确的舆论导向，通过微博微信等网络新媒体发布与校园廉洁文化相关的新闻、视频、图片等，把廉洁理念渗透到每一位研究生的价值观念中。同时，要重视差别，正确对待差异。教育中应把握研究生年龄、身心发展特点，专业及年级等多方面的差异性，根据学生的不同层次及类别采取不同的方法。如可以按照学生所处年级的不同，采取分阶段教育的方式，如一年级采取专题性的宣传教育，二年级侧重实践活动教育，三年级侧重职业观教育。

3. 身教重于言教

所谓身教，就是以身作则，以自己的行动影响和教育他人。所谓言教，就是通过语言教育他人。身教与言教在研究生廉洁教育过程中都是重要的，但是，身教比言教有更重要的作用。孔子在《论语·子路篇》中说：“其身正，不令而行；其身不正，虽令不从。”“不能正其身，如正人何？”在现实生活中，身教比言教有不可比拟的说服力和影响力，研究生廉洁教育的过程中要坚持身教重于言教的原则。首先发挥导师的作用。导师既是学问之师，更是品行之师。作为研究生培养的首要责任人，导师理应树立全面育人观，既当“经师”，又做“人师”，既要教学生如何做学问，也要教学生如何做人，在日常学习、生活、科研中影响和带动学生。可以通过挖掘、选树和宣传研究生导师教书育人先进典型的方式，以点带面，示范引领，带动和强化整个研究生导师队伍的育人意识和育人风气。如武汉大学每年评选“我心目中的好导师”，通过选树和宣传研究生导师育人的先进典型，既强化导师教书育人的荣誉感、使命感和责任感，又能影响和感染学生。其次，发挥教职员工的示范效应。坚持全员育人、全过程育人，应重视对教职员工的教育管理，培养其高尚的职业素养，使其在生活中严格自律，以身作则，在日常一点一滴中，为研究生树立爱岗敬业、遵纪守法、清正廉洁的形象。

4. 榜样的激励与警示教育相结合

在党领导人民进行革命、建设、改革的各个时期，涌现了无数先进模范，他们身上汇聚了感人的力量，影响一代又一代人见贤思齐，向上向善，建功立业。以榜样的高尚形象、感人事迹、精神力量去教育人、影响人、塑造人，事半功倍。研究生是未来的科技生力军，应以科技创新模范的先进事迹强化激励他们。如南仁东22年扎根贵州深山，锐意创新，矢志不渝地铸造着大国重器，直到生命的最后一刻；黄旭华作为第一代核潜艇总设计师，隐姓埋名三十载，为国防建设奋斗终生，影响带动了一大批工作者默默付出，科技报国。同时，还要发掘研究生身边的科技创新先进典型，以身边榜样的精神力量去激励和感召学生积极向上。如朱英国院士，始终以"让天下苍生不再挨饿"为己任，像"水稻候鸟"一样不知疲倦地奔波在田间地头，以高度的责任感和使命感奋斗在科研教学第一线，在杂交水稻研究和推广领域取得了突出成就，为我国和世界粮食安全做出了卓越贡献，直到生命的最后一刻。在发挥先进典型的正向激励作用的同时，也要从反面进行警示，如用近年曝光的学术不端、贪污腐化等方面的反面典型，警示研究生自励自省，律己克己，大处着眼小处着手，解决好小节小事小处的问题，防微杜渐，警钟长鸣。

四、结语

实现中华民族伟大复兴，离不开一代又一代有理想、有本领、有担当的时代新人。研究生思想政治教育，要以全国教育大会和习近平总书记的重要讲话精神为遵循，坚持以德树人，以文化人，加强研究生廉洁教育，培养研究生廉洁品质，不断提高其思想觉悟、道德水准，培养担当民族复兴大任的时代新人。

参考文献

[1]习近平．坚持中国特色社会主义教育发展道路　培养德智体美劳全面发展的社会主义建设者和接班人[EB/OL]．http://www.xinhuanet.com/politics/leaders/2018-09/10/c_1123408400.htm.
[2]赵晓蓉．对研究生进行廉洁教育的思考[D]．山西财经大学，2016.
[3]刘星星．风华正茂的他们为何"早节不保"[J]．党建，2018(10).

新时代党的教育对青年学生成长的要求
——浅析习近平总书记在北京大学师生座谈会上的讲话精神

李海波
(武汉大学艺术学院)

一、习近平总书记在北京大学师生座谈会上的讲话中对青年寄予厚望，强调了青年的责任和重托。青年的成长承载着国家的前途、民族的希望和党的未来

青年兴则国家兴，青年强则国家强。青年一代有理想、有本领、有担当，国家就有前途，民族就有希望。青年是祖国的未来、民族的希望，也是我们党的未来和希望。

党的十九大报告中提出，到2020年全面建成小康社会，到2035年基本实现社会主义现代化，到本世纪中叶把我国建成富强民主文明和谐美丽的社会主义现代化强国。实现中华民族伟大复兴，必然要付出更为艰巨、更为艰苦的努力。而生长在新时代的广大青年，一定会成为实现中华民族伟大复兴的生力军，肩负起实现中国梦的重任，肩负起国家和民族的希望。而中华民族伟大复兴的中国梦也终将在一代代青年的接力奋斗中变为现实。

广大青年既是追梦者，也是圆梦人。追梦需要激情和理想，圆梦需要奋斗和奉献。广大青年应该在奋斗中释放青春激情、追逐青春理想，以青春之我、奋斗之我，为民族复兴铺路架桥，为祖国建设添砖加瓦。所以，青年的责任重大，青年的成长尤其关键。

二、青年的成长关键在教育。习近平总书记在讲话中强调教育是国之大计、党之大计

百年大计，教育为本。教育兴则国家兴，教育强则国家强。高等教育是一个国家发展水平和发展潜力的重要标志。实现中华民族伟大复兴，教育的地位和作用不可忽视。党的十九大从新时代坚持和发展中国特色社会主义的战略高度，作出了优先发展教育事业、加快教育现代化、建设教育强国的重大部署。习近平总书记强

调，教育是对中华民族伟大复兴具有决定性意义的事业，建设教育强国是中华民族伟大复兴的基础工程。

党和国家事业发展对高等教育、科学知识和优秀人才的需要极为迫切。培养什么人，是教育的首要问题。我国是中国共产党领导的社会主义国家，教育工作的根本任务是要培养德智体美劳全面发展的社会主义建设者和接班人，培养一代又一代拥护中国共产党领导和我国社会主义制度、立志为中国特色社会主义奋斗终身的有用人才。这也是教育现代化的方向目标，是我们党的教育方针，是我国各级各类学校的共同使命。

党的十八大以来，我们围绕培养什么人、怎样培养人、为谁培养人这一根本问题，全面加强党对教育工作的领导，坚持立德树人，加强学校思想政治工作，推进教育改革，加快补齐教育短板，教育事业取得丰硕成果，突出体现在中国特色更加鲜明，加速推进教育现代化，人民群众获得感明显增强，国际影响力加大，全面提升了中国人民的思想道德素质和科学文化素质。

三、习近平总书记针对大学如何落实教育的根本任务，提出大学必须做到以下三点

大学是立德树人、人才培养的摇篮，是青年人学习知识、增长才干、放飞梦想的地方，大学对青年成长成才发挥着重要作用。大学要紧紧抓住培养社会主义建设者和接班人这个根本目标，只有抓住这个根本才能办出中国特色世界一流大学，才能实现教育的目标，完成教育的任务。

第一，坚持办学正确政治方向。

方向决定目标。大学培养人才的目标是培养社会发展所需要的人，就是培养社会发展、知识积累、文化传承、国家存续、制度运行所要求的人。我国社会主义教育要保证培养社会主义建设者和接班人，必须做到四个坚持。

坚持马克思主义指导。马克思主义是我们立党立国的根本指导思想，也是我国大学最鲜亮的底色。要抓好马克思主义理论教育，深化学生对马克思主义历史必然性和科学真理性、理论意义和现实意义的认识，教育学生学会运用马克思主义立场、观点、方法观察世界、认识世界、分析世界，真正弄懂面临的时代课题，深刻把握世界发展走向，正确认识世界和中国发展大势，让学生深刻感悟马克思主义真理力量，为学生成长成才打下科学思想基础。

坚持党对教育事业的全面领导。加强党对教育工作的全面领导，是办好教育的根本保证。教育部门和各级各类学校的党组织要增强“四个意识”，坚定“四个自信”，坚定不移维护党中央权威和集中统一领导，自觉在政治立场、政治方向、政治原则、政治道路上同党中央保持高度一致。各级党委要深化教育改革，党政主要负责同志要熟悉、关心、研究教育。各级各类学校党组织要抓好学校党建工作，把

党的教育方针全面贯彻到学校工作各方面。各级党委、教育主管部门、学校党组织必须紧紧抓好思想政治工作，要精心培养和组织一支会做思想政治工作的政工队伍，把思想政治工作做细、做小、做实。

坚持不懈培育和弘扬社会主义核心价值观。青年的价值取向决定了未来整个社会的价值取向，而青年又处在价值观形成和确立的时期，抓好这一时期的价值观养成对青年成长十分重要。要引导广大师生做社会主义核心价值观的坚定信仰者、积极传播者、模范践行者。要把中国特色社会主义道路自信、理论自信、制度自信、文化自信转化为办好中国特色世界一流大学的自信。在当代中国，我们的民族、国家要倡导富强、民主、文明、和谐，倡导自由、平等、公正、法治，倡导爱国、敬业、诚信、友善，积极培育和践行社会主义核心价值观。这个概括，实际上回答了我们要建设什么样的国家、建设什么样的社会、培育什么样的公民的重大问题。要引导青年扣好人生的第一粒扣子，从现在做起，从自己做起，使社会主义核心价值观成为自己的基本遵循，并身体力行将其推广到全社会。

坚持把立德树人作为根本任务。人才培养要将育人和育才相统一，而育人是本。立德树人，德育为先，人无德不立，育人的根本在于立德。要把立德树人的成效作为检验学校一切工作的根本标准，真正做到以文化人、以德育人，不断提高学生思想水平、政治觉悟、道德品质、文化素养，做到明大德、守公德、严私德。要把立德树人内化到大学建设和管理各领域、各方面、各环节，做到以树人为核心，以立德为根本。

第二，建设高素质教师队伍。

人才培养，关键在教师。教师队伍素质直接决定着大学办学能力和水平。建设社会主义现代化强国，需要一大批各方面各领域的优秀人才。同时，随着信息化不断发展，知识获取方式和传授方式、教和学关系都发生了革命性变化。这都对教师队伍能力和水平提出了新的更高的要求。

建设政治素质过硬、业务能力精湛、育人水平高超的高素质教师队伍是大学建设的基础性工作。要从培养社会主义建设者和接班人的高度，构建大学师资队伍的素质要求、人员构成、培训体系等。大学要加强教师思想政治教育，塑造有理想信念、有道德情操、有扎实学识、有仁爱之心的高素质教师队伍。完善师德师风对于教师队伍素质的评价体系建设，引导教师把教书育人和自我修养结合起来，做到以德立身、以德立学、以德施教。每个教师都要严格要求自己，不断完善自己，要执着于教书育人，有热爱教育的定力、淡泊名利的坚守。

第三，建立高水平人才培养体系。

学生在大学里学习的内容、学习的收获、学习的效果与大学人才培养体系密切相关。人才培养体系必须立足于培养什么人、怎样培养人这个根本问题来建设，围绕中国特色，突出更高水平。

人才培养体系包括学科体系、教学体系、教材体系、管理体系等，而贯通其中的是思想政治工作体系。加强党的领导和党的建设，加强思想政治工作体系建设，是形成高水平人才培养体系的重要内容。要努力构建德智体美劳全面培养的教育体系，要把立德树人融入思想道德教育、文化知识教育、社会实践教育各环节，学科、教学、教材、管理等体系要围绕这个目标来设计，教师围绕这个目标来教，学生要围绕这个目标来学。

要构建人才培养体系的保障机制。建立科学的教育评价导向，深化办学体制和教育管理改革，提升教育服务经济社会发展能力，加快一流大学和一流学科建设，推进产学研协同创新，扩大教育开放，同世界一流资源开展高水平合作办学，为培养创新型、复合型、应用型人才创造有利条件。

四、习近平总书记明确大学教育的职能，对当代青年提出殷切希望

党的十九大郑重宣示中国特色社会主义进入了新时代，这个新时代既是近代以来中华民族发展的最好时代，也是实现中华民族伟大复兴的最关键时代。当代青年是同新时代共同前进的一代，既拥有广阔发展空间，也承载着伟大时代使命。青年是国家的希望、民族的未来，每一个青年都应成为社会主义建设者和接班人，不辱时代使命，不负人民期望。对广大青年来说，这是最大的人生际遇，也是最大的人生考验。新时代青年学生如何成人成才，习近平总书记提出了殷切希望。

坚定理想信念。青年学生应树立共产主义远大理想和中国特色社会主义共同理想，增强学生的中国特色社会主义道路自信、理论自信、制度自信、文化自信，立志肩负起民族复兴的时代重任，做到稳重自持、从容自信、坚定自励。

厚植爱国主义情怀，加强品德修养。青年学生应积极培育和践行社会主义核心价值观，让爱国主义精神在学生心中牢牢扎根，热爱和拥护中国共产党，立志听党话、跟党走，忠于祖国，忠于人民，立志扎根人民、奉献国家。加强道德修养，注重道德实践，既要立意高远，又要立足平实。要立志报效祖国、服务人民，还得做好小事、管好小节，踏踏实实修好公德、私德，学会劳动、勤俭，学会感恩、助人，学会谦让、宽容，学会自省、自律，成为有大爱大德大情怀的人。

增长知识见识，善于明辨是非。青年学生应珍惜学习时光，心无旁骛求知问学，增长见识，丰富学识，沿着求真理、悟道理、明事理的方向前进。知识是树立核心价值观的重要基础，要通过学习知识，树立正确的世界观、人生观、价值观，掌握事物发展规律，通晓天下道理，丰富学识，增长见识，学会思考、善于分析，正确判断，正确抉择真、善、美。广大青年要勤于学习、敏于求知，注重把所学知识内化于心，形成自己的见解，既要专攻博览，又要关心国家、关心人民、关心世界，学会担当社会责任。

培养奋斗精神，践行知行合一。青年学生要励志，立鸿鹄志，做奋斗者，历练

敢于担当、不懈奋斗的精神，做到理想坚定，信念执着，不怕困难，勇于开拓，顽强拼搏，永不气馁。要笃实力行，扎扎实实干事，踏踏实实做人，做实干家。学到的东西，应该落实到行动上，做到知行合一、以知促行、以行求知。学习和工作，都要面向实际，深入实践，严谨务实。

培养创新思维，增强综合能力。要树立健康第一的教育理念，积极参加体育活动，在体育锻炼中享受乐趣、增强体质、健全人格、锤炼意志。要全面加强和改进学校美育，坚持以美育人、以文化人，提高学生审美和人文素养。学生要弘扬劳动精神，学会崇尚劳动、尊重劳动，真正懂得劳动最光荣、最崇高、最伟大、最美丽的道理，做到能够辛勤劳动、诚实劳动、创造性劳动，培养学生开拓精神和创新思维。

广大青年生逢其时，全党要关心和爱护青年，为他们实现人生出彩创造条件，青年学生更要抢抓机遇，乘势而上，以社会主义建设者和接班人的使命担当，坚定理想信念，志存高远，脚踏实地，为全面建成小康社会、全面建设社会主义现代化强国而努力奋斗。

参考文献

[1]习近平．在庆祝中国共产党成立九十五周年大会上的讲话[M]．人民出版社单行本，2016：27.

[2]习近平．习近平在全国高校思想政治工作会议上的讲话[N]．人民日报，2016-12-8.

[3]习近平．习近平在全国教育大会上的讲话[N]．人民日报，2018-9-10.

习近平关于青年工作重要论述的内容及其意义

李　琦

（武汉大学动力与机械学院）

青年是国家的未来、民族的希望，党和国家历来高度重视青年、关怀青年、信任青年，始终坚持把青年作为党和国家事业发展的生力军。当前，随着网络化、全球化、市场化、城镇化叠加的影响不断深化，其对青年的影响愈发复杂，当代青年学子呈现出思想多样、需求多样、竞争压力多样的特点，在当前这种复杂的社会背景下，青年正处于世界观、人生观、价值观确立的关键时期。十八大以来，习近平先后到过中南大学、国防科学技术大学、北京大学、澳门大学、中国科技大学、中国政法大学等许多高校，多次同青年代表座谈，向青年致信，充分显示出对青年和青年工作的重视，系统回答了面对新环境、新时期、新问题，当代青年应该如何成长、成才的问题，提出了一系列引领当代中国青年发展的工作思路和工作方法，正是这些工作思路和工作方法为高校工作者更好地对青年学子进行教育引导提供了宝贵的理论指引。

一、习近平关于青年工作重要论述的主要内容

当今中国最鲜明的时代主题就是实现“两个一百年”奋斗目标、实现中华民族伟大复兴的中国梦。当代青年要树立与这个时代主题同心同向的理想信念，勇于担当这个时代赋予的历史责任，励志勤学，刻苦磨炼，在激情奋斗中绽放青春光芒，健康成长进步。习近平关于青年工作重要论述的主要内容包括以下方面：

1. 理想信念教育

2013年“五四”青年节前夕，习近平总书记寄语青年学子，中国梦是国家的梦、民族的梦，也是包括广大青年在内的每个中国人的梦。“得其大者可以兼其小。”只有把人生理想融入国家和民族的事业中，才能最终成就一番事业。

习近平关于青年工作重要论述的一个重要内容就是对广大当代青年进行理想信念教育，使广大青年学子树立正确的理想信念，真正地把实现中华民族伟大复兴作为自己肩上不可推卸的责任。同时，习近平关于青年工作的重要论述能够与

时俱进，将“中国梦”的思想加入到对青年学子的理想信念教育之中，利用“梦想”这个词，使这种理想信念教育具体到每一名青年学子身上，让他们能够从更加现实的角度出发，来找到能够实现“中国梦”的途径。这种将国家宏观发展的目标，具现化到每一名青年身上的做法，更加能够被当代的青年学子所接受，这是一种理想信念教育理念的创新。

2. 社会主义核心价值观教育

2014 年 5 月 4 日，习近平总书记在给全国青年学子的寄语中提到，青年的价值取向决定了未来整个社会的价值取向，而青年又处在价值观形成和确立的时期，抓好这一时期的价值观养成十分重要。这就像穿衣服扣扣子一样，如果第一粒扣子扣错了，剩余的扣子都会扣错。人生的扣子从一开始就要扣好。核心价值观的养成绝非一日之功，要坚持由易到难、由近及远，努力把核心价值观的要求变成日常的行为准则，进而形成自觉奉行的信念理念。广大青年树立和培育社会主义核心价值观，要在勤学、修德、明辨、笃实上下功夫，下得苦功夫、求得真学问，加强道德修养、注重道德实践，善于明辨是非、善于决断选择，扎扎实实干事、踏踏实实做人，立志报效祖国、服务人民，于实处用力，从知行合一上下功夫。

在当今这个信息高度发达的社会，价值观多元化，这已经是一个不争的事实。而在这纷繁复杂的价值观的影响下，当代青年学子如何才能够树立有益于国家、有益于人民、有益于自身的正确价值观，就是一个十分重要的问题。而习近平关于青年工作的重要论述正是看到了这一问题的所在，提出了“青年的价值取向决定了未来整个社会的价值取向”的观点。为了解决这一问题，习近平总书记提出用社会主义核心价值观来引导当代青年学子树立正确的价值观取向，这对当代青年学子走好路、走正路有极其重要的意义。

3. 扎根基层的择业、就业观教育

2014 年“五四”青年节前夕，习近平总书记给河北保定学院西部支教毕业生群体代表回信中提到，“你们响应国家号召，怀着执着的理想，奔赴条件艰苦的西部和边疆地区，扎根基层教书育人，十几年如一日，写下了充满激情和奋斗的人生历程。你们的坚守、你们的事迹，令人感动。同人民一道拼搏、同祖国一道前进，服务人民、奉献祖国，是当代中国青年的正确方向。好儿女志在四方，有志者奋斗无悔。希望越来越多的青年人以你们为榜样，到基层和人民中去建功立业，让青春之花绽放在祖国最需要的地方，在实现中国梦的伟大实践中书写别样精彩的人生。”

青年学子的就业问题，一直都是一个值得关注的问题，它直接影响着社会的发展、稳定，因此，青年学子应该树立怎么样的择业、就业观就是一个重点问题。针对这一问题，习近平关于青年工作的重要论述中提出，当代青年学子应当到基层和人民中去建功立业，让青春之花绽放在祖国最需要的地方。这无疑是为广大青年学子指明择业和就业的方向，那就是扎根基层、深入基层、服务基层，真正地使当代青年认识到，哪里才是真正需要自己的地方，哪里才是自己该去的地方，哪里才是自己应该为之而奋斗的地方。

4. 加强对外交流教育

2014 年南京青奥会，有近 2 万名志愿者为青奥会提供服务。这些志愿者们给习近平总书记写信，表达了他们在青奥会期间向世界展示中国当代青年人风采、讲好中国故事的愿望和决心。2014 年 7 月，习近平总书记给南京青奥会志愿者回信："青奥会不仅是体育竞技的舞台，也是中国青年和各国青年分享青春、交流思想、畅谈未来的舞台。作为志愿者，无论是在台前还是幕后，无论是迎来送往还是默默值守，都可以在这场青春盛会中展现自己的风采。希望志愿者们弘扬奥林匹克精神和志愿服务精神，热情参与、真情奉献，提供细致周到的服务，积极传播中华文化、讲好中国故事，用青春的激情打造最美的'中国名片'，促进中国梦和各国人民的梦相通相融，共同为人类和平与发展的崇高事业作出贡献。"

中华民族一直是热情好客的民族，因此如何平等地与世界各国人民进行友好的往来，也是一个重要问题。习近平总书记在他关于青年工作的重要论述中，为当代青年树立了一个要保持开放的心态，要以既能展示中国的特点，又能吸收外来文化的态度来和世界各国的青年开展深入而友好的交流，向世界各国展示中国风采的同时，也希望能够更好地博众家之长，为实现中国梦而奋斗。

5. 高尚道德品质教育

2016 年 4 月 26 日，习近平总书记在安徽调研期间召开座谈会，同来自安徽省和全国各地的 70 多名知识分子、劳动模范、青年代表座谈。在座谈会上，习近平总书记表示，实现中华民族伟大复兴的中国梦，需要一代又一代有志青年接续奋斗。广大青年要以国家富强、人民幸福为己任，胸怀理想、志存高远，积极投身中国特色社会主义伟大实践，并为之终生奋斗。要加强思想道德修养，自觉践行社会主义核心价值观，不断养成高尚品格。要坚持艰苦奋斗，不贪图安逸，不惧怕困难，不怨天尤人，依靠勤劳和汗水开辟人生和事业前程。

青年一代是肩负起中国未来发展的一代，是决定着中国未来高度的一代，因此青年一代本身的思想道德品质是否高尚就决定了中国未来的主流道德品质的发展趋势，道德品质与文化知识是具有同等地位的，面对时代发展的各种诱惑、面对对外交流中的各种价值观的吸引，当代青年只有坚持高尚的道德品质选择，才会在建设中国特色社会主义这条路上越走越远，越走越坚定。

二、习近平关于青年工作重要论述的意义

习近平总书记关于青年学生成长成才重要论述，闪耀着马克思主义真理的光芒，集中体现了习近平总书记对高校思想政治工作规律、学生成长规律、教书育人规律的科学把握，对高校思想政治工作具有很强的战略性、政治性、思想性和针对性，是指导新时期教育事业改革发展和青年学生成长成才的根本遵循。

1. 习近平关于青年工作的重要论述是习近平新时代中国特色社会主义思想的重要组成部分，是马克思主义中国化的最新理论成果中关于青年教育思想的新发展，是对马克思主义青年思想的继承和发展

正是因为站在前人的肩膀上，习近平才能更好地看出当代青年所存在的问题，才能更好地利用已有的思想原则来解决这些问题，进而形成自己独有的一套理论内容。习近平关于青年工作重要论述的理论来源是马克思主义，在马克思主义原著中，就曾多次提及青年对于时代发展的作用。马克思曾深刻地指出："历史不外是各个世代的依次交替，在变革社会的进程中，青年是一支重要的推动力量。"①从马克思的论断中，我们不难看出，马克思主义经典作家也是十分看重青年作为一支独立的力量，在推动人类和历史进步中，所扮演的关键性角色。因此，对青年的思想教育就是为我们国家未来的发展注入更加坚实的力量。而习近平关于青年工作的重要论述，正是在社会和国际环境风云突变的今天对青年思想引领最新的理论成果，这无疑是为中国当代青年的发展清晰地指明了方向，深刻地丰富了马克思主义青年思想的内涵。

2. 习近平关于青年工作的重要论述是党中央治国理政方略的重要组织部分

习近平治国理政方略的根本目标是，坚持和发展中国特色社会主义，最终实现中华民族伟大复兴的中国梦。当代中国青年作为中国特色社会主义事业的建设者和接班人，是实现这一宏伟目标的主体责任者。习近平总书记曾说过，当代中国青年将是中国梦实现过程的全程参与者，因此当代青年的素质决定了中国实现中国梦的品质和速度。党中央要通过完善的顶层设计、通过党的坚强领导来引导中国亿万的当代青年，向着实现中华民族伟大复兴的中国梦坚定不移地迈进。

3. 习近平关于青年工作的重要论述是高校教育工作的指导思想

高校教育工作者，是深入第一线与广大当代青年进行接触的。高校教育工作者的引导，很大程度上影响了高校青年学子的思想动向和未来发展选择，因此高校教

① 马克思，恩格斯．马克思恩格斯选集：第1卷[M]．北京：人民出版社，1995：88.

育工作的指导思想必须明确，必须要和以习近平同志为核心的党中央保持高度的一致。高校教师作为为学生传道授业解惑的引路人，本身所担负的责任就是为学生传授知识，教会他们如何做人，教会他们如何更好地为建设社会主义而贡献自己的一份力量。因此，高校教师要更好地学习和吸收习近平关于青年工作重要论述的内容，将这些内容融入到自身的工作中去，将它作为教书育人工作中最有利的武器，用实际行动引导和教育学生，更好地为建设中国特色社会主义而奋斗。

4. 习近平关于青年工作的重要论述是当代中国青年发展的行动指南

习近平关于青年工作的重要论述，本身就是为了更好地促进当代中国青年的发展而出现的。不论是总书记参加的每次的青年活动，还是总书记对青年的每次寄语，无不透露着习近平总书记对当代青年的深切期望。因此，习近平关于青年工作的重要论述中多次提到了当代青年应该如何发展、如何成才的问题，这些问题，习近平总书记都给出了自己的答案，这些答案正是当代中国青年应该遵循的个人发展的行动指南。正如习近平总书记在十九大报告中提到的，青年兴则国家兴，青年强则国家强。青年一代有理想、有本领、有担当，国家就有前途，民族就有希望。在如此重要的报告中对当代中国青年提出如此重大的要求和期望，我们可以看出习近平总书记是将当代青年时刻放在心头的，当代青年应该以此来不断激励自己，不断敦促自己，真正做到不忘初心，砥砺前行。

参考文献

[1]人民网．北大官网刊文介绍北大学子给总书记写信到收到回信过程[EB/OL]. http：//politics. people. com. cn/n/2013/0505/c70731-21369710. html，2013-05-05.

[2]新华网．习近平：青年要自觉践行社会主义核心价值观——在北京大学师生座谈会上的讲话[EB/OL]. http：//www. xinhuanet. com/politics/2014-05/05/c_1110528066. htm，2014-05-05.

[3]人民网．习近平给河北保定学院西部支教毕业生群体代表回信[EB/OL]. http://politics. people. com. cn/n/2014/0504/c1024-24968468. html，2014-05-04.

[4]新华网．习近平给“南京青奥会志愿者”回信[EB/OL]. http：//www. xinhuanet. com/politics/2014-07/16/c_1111647983. htm，2014-07-16.

[5]新华网．习近平：紧跟时代肩负使命锐意进取　为共同理想和目标团结奋斗[EB/OL]. http：//www. xinhuanet. com/politics/2016-04/29/c_1118774666. htm，2016-04-29.

习近平关于思想政治工作重要论述对于新时代高校思政工作的启示

吴泽娟　黄　强

（武汉大学药学院）

党的十八大以来，习近平总书记围绕“培养什么人、如何培养人、为谁培养人”等根本问题，在各种场合针对思想政治工作，特别是高校思想政治教育工作及青年成长成才问题作出了一系列重要论述，对高校思想政治工作的指导思想、工作对象、规律认识及队伍建设等方面作了深刻阐释，指明了未来高校思想政治工作的方向。与此同时，在全国全面推进高等院校“双一流”建设的历史时期，面对当前高校思想政治工作存在的问题和挑战，如何将总书记的重要论述融会贯通，实现当前高校思想政治教育工作新的跨越式发展，是摆在思想政治工作者面前的重要课题。

一、习近平关于思想政治工作重要论述提出的时代背景与现实需要

习近平有关思想政治工作的重要论述，是习近平同志从新时代的新起点出发，针对当前思想政治工作，特别是高校青年思想政治教育工作，从战略角度作出的系统归纳与科学判断。这一重要论述体现了党中央对思想政治工作的重视，同时也是对思想政治教育原理与方法论的进一步深化和细化。研究这一论述，首先要明晰当前思想政治工作的时代背景与现实需要。

1. 时代背景

改革开放以来，我国社会经济高速发展，科技水平飞速进步，“一带一路”发展战略的提出、亚投行成立等标志性事件表明了中国国际地位进一步攀升，与此同时，经济飞速发展也导致了我国所处的外部环境发生了深刻变化。国际竞争进一步激烈，中国与西方发达国家的冲突与摩擦进一步加剧，思想文化领域的碰撞与交锋更加激烈。西方国家对于中国崛起的忌惮某种程度上也导致了意识形态领域的斗争更加复杂。西方国家依仗经济与科技优势，通过娱乐、教育、文化等各种形式的巧妙包装，裹挟兜售西方价值观，以弱化马克思主义在我国意识形态领域的主导地位；通过夸大我国在社会主义建设过程中出现的一些“流弊”，攻击并诋毁社会主

义制度与改革开放的巨大成就，这给当前思想政治工作带来了巨大的冲击。

2. 现实需要

当前虚拟网络环境和现实社会环境给思想政治工作带来了不小的挑战，面对价值观的多元化，如何在纷繁的社会思潮中，维护马克思主义的正统地位，增强人们对于中国特色社会主义的道路自信、理论自信、制度自信、文化自信，成为当前思想政治工作队伍面临的重要课题。与此同时，当前思想政治工作，特别是高校思想政治工作，可能还存在着一些问题，如对思想政治工作的重要性与必要性认识程度不够，工作方式单一，内容相对枯燥，方式方法创新性不足等，这些都制约着高校学子对中华传统文化与中国特色社会主义道路的认同，需要当前思想政治教育工作者发挥主观能动性，找到解决问题的路径。

二、习近平关于思想政治工作重要论述的意义

习近平关于思想政治工作重要论述，回答了一系列有关思想政治工作的关键性问题，蕴含了丰富的“做人的工作”的具体内容，这一基于时代背景与现实需要作出的科学论断，既是习近平关于青年工作重要论述的重要组成，也是习近平新时代中国特色社会主义思想的重要组成，有其丰富的理论意义和现实意义。

1. 理论意义

一方面，习近平关于思想政治工作重要论述，坚持了以马克思主义为主导，是马克思主义中国化的重要成果，有力地推动了思想政治教育中国话语体系的建立和国际表达方式的形成。这一重要论述确立了思想政治工作的战略地位，巩固了党对思想政治工作的领导权，指出了思想政治工作队伍的职责使命，明确了思想政治工作的正确道路，提出了未来思想政治工作的路径方法及改革任务，内在各要素之间构成了一个逻辑严密、科学统一的整体，是马克思主义思想政治教育理论的新发展。另一方面，习近平关于思想政治工作重要论述是我国思想政治教育理论的一次系统总结，特别是2016年12月，习近平在全国高校思想政治工作会议上发表了重要讲话，提出“把思想政治工作贯穿教育教学全过程”，开展思想政治教育要“因事而化、因时而进、因势而新”等科学论断，为当前我国思想政治教育工作指明了新方向，将当代中国高校思想政治教育工作提升到了新的高度。

2. 时代意义

十九大报告指出，“中国特色社会主义进入了新时代，我国社会主要矛盾已经转化为人民日益增长的美好生活需要和不平衡不充分的发展之间的矛盾”，这是以习近平为核心的党中央对当前中国时代特点的精准概括，也是对当前中国社会环境

的整体反映。面对多元化价值观的挑战及多样化社会思潮的泛滥，习近平关于思想政治工作重要论述，站在新的历史高度，结合新时代特征，回应了中国社会主要矛盾变化给思想政治工作带来的问题，指出了当前高校思想政治工作要在党的领导下引导学生客观了解当前国内外发展大势，认识到人类社会发展规律以及社会主义建设规律，这进一步为当前我国高校思想政治教育工作指明了方向。

三、习近平关于思想政治工作重要论述指导下高校思政工作发展方向

1. 思想政治工作队伍要加强理论学习，提升思政工作者对于思政学科、思政内容自信心，能够坚持守好自己的一方责任田

由于工作特色，思政工作队伍需要比别的从业者更加了解党的基本理论、方针、路线、政策，学会厘清其内在的逻辑和价值，坚持正确的政治方向，面对一些价值多元的问题，做到不绕开，不回避。思政工作者不仅自己要有正确的政治方向，更要成为学生思想观念的教育者和引导者。唯有自己内心的认同，才能提高自身对于社会主义道路的自信，明确所从事工作的意义和价值。思政工作者需要做到“任尔东西南北风，我自岿然不动”，努力做到将学生培养成又红又专、德才兼备的社会主义事业合格建设者和可靠接班人。

2. 思想政治工作要让学生学会扩宽自己的视界，能够认清中国和世界发展大势

在“互联网+”时代，人们接触信息的途径逐渐发生改变，各种 APP 平台也逐渐影响着学生看问题的角度和方向。诚然，网络给我们浩如烟海的信息，某种程度上扩宽了信息接收渠道，但网络又让学生的眼界出现局限，某种程度上说，网络反而让学生的信息更加闭塞。各种新闻 APP，甚至是一些论坛平台，都有着精密的兴趣和喜好算法，时刻都在推送我们感兴趣的内容，通过各种各样“偏好设置”，学生大多接触的是自己感兴趣的话题和方向。因为阅读量的市场需求，各种平台让学生看到的只是自身乐意点开或者第三方乐意让学生看到的内容。在这种情况下，学生看到的往往就是局部的内容，更有甚者愿意认为自己看到的局部就是全局。基于此，当前高校思想政治教育工作更应当教育学生学会扩宽自己的眼界，正确认识世界和中国发展大势，从我们党探索中国特色社会主义历史发展和伟大实践中，把握人类社会发展的必然性，认识和把握中国特色社会主义的必然性，全面客观地认识当代中国，看待外部世界，认识自己的时代责任和历史使命，勇做走在时代前列的奋进者和开拓者。

3. 高校思想政治教育研究者要学会讲马克思主义的中国话语，引导学生正确认识国内外大事

在当前发展环境下，构建有关思想政治教育方面的中国特色话语体系十分必

要，因为这关乎如何让学生学会看待国内外大事，如何在纷繁复杂的多元声音中保持理性思考。在面对复杂问题时，需要教育学生既不做振臂一呼的狂热者，也不做人云亦云的懒惰者。当前，高校学生会对一些国内外热点问题有着多元的看法，这种多元既包括内容的多元，也包括价值观的多元，在这种状态下，需要我们坚持马克思主义的旗帜，坚守自己的原则和底线。在这个解构的时代，面对中华优秀传统价值观念的解构甚至抹黑，思政工作者如何教育学生保持理性的头脑，引导广大学子坚持客观的态度，理性地看待问题，与党和国家保持一致，是我们高校思想政治研究者亟待思考的问题。

4. 高校思想政治工作要贯彻教育教学全过程，引导学生刻苦学习专业本领，做到打铁还需自身硬

在这个“快餐文化”“碎片文化”较为盛行、社会风气略显聒噪的环境下，思想政治工作者更需要教育学子求真务实，扎根专业学习，真正在校园生活中磨练自身本领，切实提高思想水平，砥砺前行。一方面，要教育学生在学习和科研活动中都应该保持应有的精神风貌，不做低头族，不能做清谈者，而要做实干家。另一方面，也要在学习和科研活动中注重学生思想品德状况的考察，着力加强思想政治教育，引导学生树立正确的世界观、人生观和价值观，最终能够让学生真正从心里认同中国特色社会主义制度，认同集体主义的价值观，不做精致的利己主义者，真正愿意投入到中国特色社会主义建设和改革开放的伟大事业中去，在实现自我价值的同时，实现个人价值与社会价值的统一。

参考文献

[1]中共中央文献研究室．十八大以来重要文献选编(上)[M]．北京：中央文献出版社，2014.
[2]习近平．习近平谈治国理政(第二卷)[M]．北京：外文出版社，2017.
[3]杜艳艳．习近平全面依法治国新理念融入高校思政课的路径探析[J]．学校党建与思想教育，2018(17)：63-65.
[4]杨瑞，郝清杰．“高校思想政治工作和意识形态问题研究”理论研讨会综述[J]．中国高校社会科学，2018(04)：151-152.
[5]李芳．习近平新时代中国特色社会主义思想融入高校思想政治教育研究[J]．学校党建与思想教育，2018(08)：71-73.

让青春在奋斗中尽情燃烧
——试析武汉大学对习近平关于青年工作重要论述的研究和实践

余　丽
（武汉大学生命科学学院）

青少年是国家的未来和民族的希望，自中国共产党成立以来，历届国家领导人就十分关注青少年、关怀青少年，尤其是党的十八大以来，以习近平为核心的党中央高度重视对青年的培养和教育，关怀青年的健康成长，围绕青年发表了一系列重要论述，立意高远，内涵丰富，深刻论述了新形势下青年教育工作的重大理论和实践问题。

一、伟大的新时代，召唤堪当大任的新青年

习近平同志在党的十九大报告中，作出了“中国特色社会主义进入新时代”的重大战略判断，提出了“培养担当民族复兴大任的时代新人”的重大战略命题，十分突出地对一代代青年接力奋斗实现中国梦提出了重大战略要求。这些掷地有声的重要论述，昭示着一个承载历史、贯穿当下、引领未来的深刻论断——伟大的新时代，召唤堪当大任的新青年。

时代的性格就是青年的性格，时代的精神就是青年的精神。在中国共产党领导下，一代又一代中国青年奋勇投身中国革命、建设、改革大潮，为根本扭转中国和中华民族的命运，实现民族独立、人民解放和国家富强、人民幸福作出了贡献，在时代发展和历史进步的浑厚车辙中，镌刻上了“新青年”的闪亮烙印。

时代召唤青年、塑造青年、成就青年，青年感知时代、融入时代、推动时代，这就是时代与青年关系的内在逻辑，也是党领导中国青年运动历史进程中体现出来的一条重要规律。

大力发展中国特色社会主义教育事业，为中国特色社会主义事业储备青年人才，是全面建成小康社会、实现中华民族伟大复兴的必由之路，也是对全面建成小康社会、实现中华民族伟大复兴中国梦的重要考量。

在当前学习习近平总书记系列重要讲话、落细落实社会主义核心价值观、培育

全民族的创新创造素质的时代背景和现实要求下，高校教育以习近平关于青年工作的重要论述为指导，对青年教育进行更广视域、更全方位、更有深度、更富创造性的研究，是当前和今后高校研究者的努力方向。

二、加强党对青少年和共青团工作的领导

青年兴则国家兴，青年强则国家强。

青年人才是国家人才资源中十分重要的一部分，是实现中华民族伟大复兴中国梦的中坚力量，高校是青年人才的集中地，学生团员、学生党员更是青年人才的重要组成部分。

高校基层党组织扎实推进“两学一做”学习教育常态化制度化，使思想教育及理论学习工作不断深入，引导学生党员提高党性修养，牢固“四个意识”，坚定“四个自信”，发挥党员模范带头作用。在支部建设、党员教育、党员发展、树立典型、提升党员服务性和凝聚力等方面，引领学生党支部坚持“围绕教育抓党建，抓好党建促发展”的理念，在党支部工作中始终以党的科学指导思想为行动指南，传承基层党建工作中的精髓，以问题为导向，依托科学平台创新党建工作，在“新常态”下创新基层党建工作的内涵和形式，努力建设一支机制健全、组织完善、创先争优的高校学生党员队伍。

武汉大学基层党组织严格落实“三会一课”制度，推进学习教育，将党员理想信念教育、党性教育、纪律教育、道德品行教育落实在日常的各项工作中，开展“支部好案例、书记好党课、党员好故事”、研究生党支部风采大赛、研究生党支书微党课大赛等多项展评活动，积极组织各支部学生党员参加学校学院开展的各项思想政治教育工作，帮助青年树立正确的政治信仰。

常规内容扎实学。组织党员认真学习马列主义、毛泽东思想、邓小平理论、“三个代表”重要思想、科学发展观和习近平新时代中国特色社会主义理论以及党的基本知识，引导党员领会贯彻党的基本路线、方针和政策，引导党员树立正确的世界观、人生观和价值观。

自选内容深入学。围绕学理论、学党章、学《条例》《准则》等，开展与青年研究生比较贴近的主题，比如对“习近平总书记有关高校工作方面的重要讲话”进行专题讨论，引领青年党员坚定理想信念，规划人生方向，在实现中国梦的生动实践中放飞青春梦想，在为人民利益的不懈奋斗中书写人生华章。

结合实际自主学。各院系基层党组织考虑学生成员平时科研繁重、生活方式单一的实际情况，将学习形式多样化，采取微党课、微知识竞赛的形式学习党史，让政治生活不枯燥，同时又引导党员筑牢信仰之基，补足精神之钙，把稳思想之舵。

武汉大学基层党组织把学习贯彻习近平总书记重要讲话精神与学习习近平新时

代中国特色社会主义思想、党的十九大精神结合起来，把讲话精神落实到各项工作中去，推进基层党组织和党员队伍建设，从严从实抓好自身建设，进一步统一思想、凝聚力量、改革创新、锐意进取，为学校的“双一流”建设提供坚强的组织保证。

三、实现中国梦，需要依靠青年，也能成就青年

“要用中国梦打牢广大青少年的共同思想基础”。将中国梦作为青年理想信念教育的核心内容，反映了当前国际国内形势下以习近平同志为核心的党中央对青年思想政治教育的时代要求。习近平强调，中国梦是我们的，更是你们青年一代的，青年一代有理想、有担当，国家就有前途，民族就有希望，要求广大青年要努力在实现中华民族伟大复兴的中国梦的生动实践中放飞青春梦想，并希望广大青年“弘扬奉献、友爱、互助、进步的志愿精神，坚持与祖国同行、为人民奉献，以青春梦想、用实际行动为实现中国梦作出新的更大贡献”。

面对党中央的号召，武汉大学用实际行动来回答。2017 年，武汉大学组建“学习习近平新时代中国特色社会主义思想博士生宣讲团”(简称“博士宣讲团”)，博士宣讲团由 14 个学院(系)的 18 名优秀博士生党员骨干组成，用青年的视角和思维，将最新的思想和精神传递给身边的同学，用青年话语解读十九大精神。博士宣讲团成员先后到全校 6 大学部 37 个研究生培养单位，重点围绕新时代的中国特色外交、生态文明、依法治国、社会保障、青年责任与担当、建设海洋强国、健康中国、全面从严治党等主题进行宣讲，累计宣讲 90 余场次，努力把习近平新时代中国特色社会主义思想用青年的视角、青年的思维讲明白，讲透彻，聆听宣讲的研究生达到 8600 余人次。

博士宣讲团以“争做时代先锋，勇当民族脊梁”为宗旨，以“理论宣讲上出思想、理论研究出成果、骨干培养出人才、整体工作出机制”为导向，建立健全集体研讨、共同备课、试讲观摩、正式宣讲、评价反馈、品牌塑造等工作的链条体系，全力打造具有全国影响力的学生理论宣传平台。组织开展博士生宣传团建设研讨会、博士生宣讲团骨干训练营、习近平新时代中国特色社会主义思想大调研等活动。大力推进实施“E · 宣”和“珞珈弘”双引擎行动计划，全角度重实践，既深入到学院、街道、社区、科研一线进行宣讲，也充分利用“两微一端”等新媒体平台，不断推动习近平新时代中国特色社会主义思想落地生根。

这是武汉大学学习宣传贯彻党的十九大精神的创新举措，既激发博士生党员骨干的责任担当意识，充分发挥学生自我教育和朋辈教育的重要作用，引导广大学生自觉学习、宣传、践行十九大精神，也让研究生在理论与实践的结合过程中，了解和体验国情民情，在社会实践中受教育、长才干，成就青年实现自我价值。

四、引导青年树立和践行社会主义核心价值观

习近平总书记语重心长地告诉青年人，青年的价值取向决定了未来整个社会的价值取向，而青年又处于价值观形成和确立的时期，抓好这一时期的价值观养成十分重要。这就像穿衣服扣扣子一样，人生的扣子从一开始就要扣好。

武汉大学以“自强、弘毅、求是、拓新”的校训为行为准则，引导青年学子以全心全意为人民服务为宗旨，深入践行社会主义核心价值观。积极培育选树学生党员先进典型，实施“旗帜工程”，充分发挥学生党员骨干在校风学风建设、校园文化建设和学校安全稳定工作中的核心骨干作用。加强价值引领与思想引导，开展“三联三当三示范”行动，让学生党员从身边小事、学生难事做起，努力践行为人民服务的宗旨。

被教育部追授为“全国优秀教师”的朱英国院士是武汉大学的一名优秀老党员，武汉大学号召全校青年学子向朱英国院士学习，学习他心怀天下苍生和没有个人私心的奉献精神，学习共产党员只为奉献、不求索取的高尚品质，让心怀梦想、求真务实、矢志不移的精神成为照耀青年学子前进的灯塔，激励着国家水稻重点实验室的学子们坚守在烈日当头的田间科研一线，不断追求真理、服务人民。

生命科学学院党委创立的党建特色活动“烛光温暖计划”，让在读研究生党员志愿者与该院离退休教师结成“一对一”对子，形成双赢的良性互动。研究生志愿者定期探访关怀老人，为老人送去自己的温暖和学院的关怀，又从离退休教师那里了解学校、学院的发展历程，学习老一辈人对科学的奉献精神，同时听取老师对自己的学业指点，发展规划，确立定位，担当重任，通过社会实践强化青年社会责任感的形成，树立为中国梦的实现而不懈奋斗的长远目标。

五、现在，青春是用来奋斗的；将来，青春是用来回忆的

只有进行了激情奋斗的青春，只有进行了顽强拼搏的青春，只有为人民作出了奉献的青春，才会留下充实、温暖、持久、无悔的青春回忆。

习近平总书记勉励青年，要勤学，下得苦功夫，求得真学问。要修德，加强道德修养，注重道德实践。要明辨，善于明辨是非，善于决断选择。要笃实，扎扎实实干事，踏踏实实做人。

在提高党性修养的同时，青年学生党员在科研学习任务中也没有落下分毫。武汉大学的学子们艰苦卓绝，努力奋进，为自己的科研之途挥文弄墨。

他们来自武汉大学生命科学学院国家杰出青年卢欣课题组。冰川皑皑、峡谷纵横、高反难耐的青藏高原遍布了他们的足迹，“星星之火可以燎原”的信仰支撑他们专注于西藏鸟类学研究数十年，填补了人类对青藏高原鸟类认知的空白，为地球第三极鸟类的自然历史留下永恒记录。2016 年，他们团队在 *science* 上发表简讯，

2018 年在 *PNAS* 上发表对动物合作繁殖进化领域产生深远影响的文章，该项持续了 12 年的野外研究，历经多位博士研究生、硕士研究生和志愿者的接力。

他们来自武汉大学生命科学学院首批入选“全国高校黄大年式教师团队”的刘星课题组。他们克服山路的崎岖，走过泥泞沼泽，颠沛于云贵藏地区，致力于植物系统进化和谱系地理学研究。三年间，他们在期刊上发表 SCI 文章 8 篇。

他们来自我院常年在南极从事科考的彭方课题组。他们前往极地考察，获得科技部部长万钢在长城站的热情接见，南极苦寒，气候恶劣，很少有高校博士生参与考察，但我们的学子不畏艰苦，在南极顽强地进行着自己的研究。三年间，他们在 SCI 核心期刊上发表文章 26 余篇，展现了青年学生党员在学术钻研上的拼搏与奋进。

矢志艰苦奋斗，牢记“空谈误国、实干兴邦”。中华民族伟大复兴绝不是轻轻松松、敲锣打鼓就能实现的，我们必须准备付出更为艰巨、更为艰苦的努力。广大青年要肩负起国家和民族的希望，既是追梦者，也是圆梦人。追梦需要激情和理想，圆梦需要奋斗和奉献。广大青年应该在奋斗中释放青春激情、追逐青春理想，以青春之我、奋斗之我，为民族复兴铺路架桥，为祖国建设添砖加瓦。

幸福都是奋斗出来的，奋斗本身就是一种幸福。为实现中华民族伟大复兴的中国梦而奋斗，是我们当代青年人生难得的际遇。愿我们每个青年都珍惜这个伟大时代，砥砺前行，做新时代的奋斗者。

参考文献

[1]赵爱玲．党的十八大以来习近平青年思想政治教育思想研究综述[J]．学校党建与思想教育，2017(3)：12-16.
[2]习近平．习近平谈治国理政[M]．北京：外文出版社，2014.
[3]司文超．武汉大学学习习近平新时代中国特色社会主义思想博士生宣讲团多举措宣讲十九大精神[EB/OL]．http：//www.gs.whu.edu.cn/info/1054/3442.htm，2018-4-17
[4]习近平．青年要自觉践行社会主义核心价值观，2014-5-4．十八大以来重要文献选编(中)[M]．北京：中央文献出版社，2016.
[5]习近平．北京大学师生座谈会上的讲话[Z]．2018-5-2.

习近平关于青年工作重要论述的探析

余　亮　丁　秋
（1. 武汉大学党委研究生工作部　2. 武汉大学马克思主义学院）

十八大以来，以习近平总书记为核心的党中央高度关注青年群体，重视对青年的教育和培养工作，习近平同志在一系列重要讲话、指示、评论中多次提及青年教育的相关问题，亲自前往高校看望青年学生，给青年学生写贺信、写回信、做批复等行为也表明了他对广大青年的关心和牵挂。“青年兴则国家兴，青年强则国家强”，习近平总书记肯定了青年的重要地位和作用，提出了青年教育的时代要求，也表达了对青年发展的殷切期许。本文探析习近平青年教育的内容架构，突出习近平中国特色社会主义思想下青年教育的鲜明特色，为青年培养工作提供明确的价值引导和深刻启迪。

一、习近平关于青年工作重要论述的内容探析

习近平关于青年工作的重要论述是中国特色社会主义思想的重要组成部分，在理论上具有高度的概括性和凝练度，整个教育内容的架构是其内在逻辑的本质体现，既突显了时代赋予青年的责任，也立足于青年自身的发展需求，内外并塑，德行合一。

1. 精神之“钙”——理想信念教育

习近平同志曾在十八届中共中央政治局第一次集体学习时提出：“理想信念就是共产党人精神上的‘钙’，没有理想信念，理想信念不坚定，精神上就会‘缺钙’，就会得‘软骨病’。”坚持理想信念是对共产主义理想、马克思主义理论、中国特色社会主义思想的坚信、真信和笃信。青年是国家和民族的希望，理想信念是青年成长发展中必不可少的精神之“钙”，教育广大青年坚持理想信念，就是教育广大青年要自觉坚持学习、践行马克思主义理论和中国特色社会主义先进思想，要在政治立场上始终维护党和国家的意志，坚决服从党和国家的领导；要在个人发展上立志成才为贤，要“功崇惟志，业广惟勤”，以立志为前提，将勤勉作为实现志向的坚实保障，无志不足以行远，无勤则难以成事，教育青年用远大志向和勤勉行动为新

时代中国特色社会主义发展点亮光芒，奉献力量。

2. 时代之“责”——中国梦的实现与社会主义核心价值观教育

中国梦是中华民族实现伟大复兴的民族之梦，是中国实现独立富强、国力昌鸿的国家之梦，是中国人民实现美好生活期盼的人民之梦。青年是最富有朝气、最富有梦想的，我国青年在不同的历史潮流中以奋发向上、敢为人先的身姿与祖国振兴的历史进程紧密相连，在新的时代发展中，广大青年应该团结在一起，为实现中国梦的美好愿景担起时代之责，奏响时代强音。加强中国梦教育，就是要将中国梦的丰富内涵与青年自身的理想追求相结合，让中国当代青年在中国梦的指引下奋发有为、大有作为。

青年时期是一个人价值养成最关键的时期，青年一代的价值观念将决定未来整个社会的价值取向发展。青年一代鲜明的个性化以及较强的易变性、可塑性等代际特点突出，而社会主义核心价值观是在中国社会理论与实践的反复检验下凝练而成的价值概括，它的内容丰富、内涵严谨，三维结构层次分明却又紧密相连，价值逻辑严明又不失生动，坚持社会主义核心价值观教育，就是要教育广大青年面对多元的价值选择时坚持正确的价值取向，树立科学的价值观念，在思想和行动上高度践行社会主义核心价值观不同维度的价值要求。社会主义核心价值观是教育中国当代青年最生动、最深刻的理论教材，也是广大青年修身养德、立身为人的理论参考。

3. 立身之“技”——青年成长成才教育

一个人的成长和成就很大程度上取决于他在青春时期所立下的志向以及为之所付出的厚实行动。坚定的理想信念和正确的价值导向是青年成长的航向，而青年学生能够在祖国的广袤天地中有所成就，离不开自身的真才实干。青年学生正处于学习的黄金时期，习近平总书记教育广大青年成长成才，主要围绕青年的知识学习、创新创造、意志磨炼、实践探索等方面。在知识学习上，他希望广大青年学生视野开拓，眼光长远，筑牢基础知识的积淀，同时也跟紧知识更新的步伐，注重理论的刻苦钻研又不忘立身技能的培养锻炼，不断提升自己，形成与事业发展、时代要求相契合的素质和能力。在创新创造上，他希望青年学生“走在创新创造的前列”，要以求真务实的态度在立足本职工作的创新创造中不断累积经验，取得成果，同时高校和全社会应该为青年学生的创新创造营造良好的氛围并提供条件支持，要让广大青年“为了创新创造而百折不挠、勇往直前”。在意志磨炼上，习近平总书记希望青年在成长路上能够多一些摔打，历经多种挫折，经受多种考验，最终形成宠辱不惊的心理素质、百折不挠的进取意志以及乐观向上的精神状态，从而实现人生的超越和升华。在实践探索上，他希望青年学生能够将所学知识带入基层，深入群众，发挥立身本领，与改革开放和社会主义现代建设的伟大进程相结合，在“条件艰苦的基层、国家建设的一线、项目攻关的前沿”锻造自己、提升自己、奉献自己。

二、习近平关于青年工作重要论述的鲜明特色

习近平关于青年工作的重要论述是新时代中国特色社会主义理论与青年教育实践发展的生动结合，它既来源并深刻作用于青年的教育与培养实践之中，又离不开马克思、恩格斯、毛泽东、邓小平等青年观的理论支撑，在理论沿袭发展的基础上，习近平关于青年工作的重要论述体现在新的时代环境下孕育而出的鲜明特色。

1. 时代性

十八大以来，党和国家紧密推进“两个一百年”的奋斗目标，“四个全面”的战略指引以及“五位一体”的总体布局，中国特色社会主义以生机勃勃的姿态迈入了新时代的征程。新时代中国特色社会主义建设充满机遇，同时也面临诸多挑战，新时代建设伟大征程的稳步推进，需要大量高素质的人才不断投入。“每一代人都有自己的际遇和机缘”，革命战争年代，赢得国家独立是青年一代的不渝追求；改革开放时期，振兴国家经济是青年一代的重要职责；新时代的青年学生肩承民族复兴的大任，身怀党和国家发展的希望，习近平关于青年工作的重要论述在这一时代氤氲下孕育而生，全面深刻地诠释了青年教育的时代特点。面对日益翻新的时代环境，习近平总书记教育青年要从思想、行动上学习、贯彻新时代中国特色社会主义思想，把握时代赋予当代青年的发展机遇，珍惜韶华时光，立德立志立功，在新时代的广阔天地中实现自己的人生理想，奉献自己的人生价值。

2. 前瞻性

教育是国之大计，青年教育是国民教育的重要组成部分。中国共产党自成立以来就十分重视对青年群体的领导和教育，毛泽东将青年比喻成“八九点钟的太阳”，邓小平在改革开放时期非常重视青年人才的培养和青年干部的使用，江泽民希望广大青年在坚持中国共产党的领导下为祖国奉献青春，胡锦涛高度重视青年的理想信念培养。习近平关于青年工作的重要论述较之以往的青年教育在重视程度、推进进度以及落实力度等方面具有高度的前瞻性，首先他将青年教育问题与民族复兴的历史维度相结合，以青年发展促进民族发展；其次他将青年教育与中国共产党执政、国家长治久安以及中国特色社会主义事业发展的战略高度密切相关，培养、教育青年成长与推进社会主义现代化事业共同进步；最后，他将青年教育的落实与党的“四个伟大”进程紧密相连，让教育当代青年与“进行伟大斗争、建设伟大工程、推进伟大事业、实现伟大梦想”的科学路径相契合。习近平关于青年工作的重要论述

从历史维度、战略高度和科学视野层面突出当代青年的地位和作用，强调青年教育的系统性和紧迫性，具有高度的战略性和前瞻性。

3. 创新性

习近平关于青年工作重要论述的另一鲜明特色在于其具有一定的创新性。就教育内容维度而言，习近平关于青年工作的重要论述不仅只关注青年如何成为国之栋梁和一代人才，更是将青年的立德、修身、成人教育放在突出的位置，将青年的理想信念教育置于整个青年教育内容的核心篇章。从教育的逻辑层次来看，习近平总书记关于青年教育和青年工作的内容扎根于基础，凝聚在核心，致力于实践，在教育内容的深度和广度上都表现出其独特的创新之处。在教育方式上，习近平总书记对青年的谆谆教导总是以形象生动的理论比喻得以展开，使人启发深刻，铭记于心，如“扣扣子”理论、“总开关”理论等使社会主义核心价值观教育深入广大青年心中。习近平关于青年工作的重要论述将青年工作和青年发展置于民族振兴、国家发展的时代洪流之中，突出强调当代青年在新的时代际遇下的重要地位和突出作用，创造性地为新时代中国特色社会主义思想发展奠定了思想准备和人才基础。

三、习近平关于青年工作重要论述的价值意蕴

习近平关于青年工作的重要论述是中国特色社会主义思想的篇中之义，它对丰富和发展马克思主义青年理论、提高青年自身发展等方面具有重要的价值指导。

1. 开创马克思主义青年理论新境界

马克思主义青年理论在最初的工人运动中得以形成，又借助不同时代下理论和实践的反复检验得以不断发展。“中国共产党在领导中国青年运动、开展青年工作的生动实践中，继承和发展着马克思主义青年观，并不断赋予马克思主义青年观新的时代内容”,① 习近平关于青年工作的重要论述，是马克思主义思想与中国具体实践相结合的生动体现，它继承发展了马克思主义青年思想的理论基础，在青年具体问题的聚焦上又与中国特色社会主义的伟大实践密切结合，从而凝聚成其思想内核。习近平关于青年工作的重要论述不仅为中国青年教育问题提供了科学理论，更是创造性地为世界青年发展作出了理论与实践上的经验借鉴，极大地丰富了青年理论的基本内涵，开创了马克思主义青年理论发展的新境界。

2. 助推新时代中国特色社会主义思想新发展

习近平关于青年工作的重要论述是习近平新时代中国特色社会主义思想的重要

① 乔东亮，李雯．习近平青年思想工作论析[J]．北京青年研究．2017(4)．

组成部分，是焕发新时代中国特色社会主义建设发展蓬勃生机的“青春篇”。无论是对当代青年担当时代大任的高度期许，还是对青年成长成才的殷切希望，都是推动发展新时代中国特色社会主义的重要举措。社会的发展需要人的作为，而培养社会主义现代化建设急需的各类青年人才，重视青年人才潜在、持续的能量挖掘，则是最大程度地凝聚和突出人的能力和作为，进而为社会的进步和发展提供强大的创新动力和人才支撑。习近平关于青年工作的重要论述内涵丰富，逻辑严密，将为新时代的青年培养打开新的视野，也将助推新时代中国特色社会主义思想崭新发展。

3. 指导当地青年建功立业新指南

青年是最具有梦想和活力的，当代中国青年沐浴时代新风，必将以一身本领和满腔热血在祖国的各项事业中大展宏图。与此同时，青年又是容易动摇和迷茫的，由于人生经验和阅历的缺乏，青年一代在知识积累、实践挑战以及人生选择等自我价值实现方面时常陷入迷思，迫切需要科学理论的教育和指引。习近平关于青年工作的重要论述以其丰富的理论内涵、科学的行动指引、丰沛的精神财富助推新时代青年的成长与发展，为当代中国青年扎牢知识学习、练就过硬本领、奔赴艰苦基层、为祖国建功立业提供行动指南。

习近平关于青年工作的重要论述是指导当代青年发展的重要指导思想，当代中国青年应该将青年教育的谆谆教导和殷切希望铭记于心，以浩大的鸿鹄之志、饱满的精神之态、拼搏的实践行动为民族振兴、国家发展贡献自己的力量。

参考文献

[1]习近平．决胜全面建成小康社会　夺取新时代中国特色社会主义伟大胜利——在中国共产党第十九次全国代表大会上的报告[M]．北京：人民出版社，2017.
[2]习近平．致全国青联十二届全委会和全国学联二十六大的贺信[N]．人民日报，2015-7-25.
[3]中共中央文献研究室．十八大以来重要文献选编(中)[M]．北京：中央文献出版社，2016(3).
[4]习近平．青年要自觉践行社会主义核心价值观念[N]．人民日报，2014-05-04.
[5]杨晓慧．习近平青年价值观思想论要[J]．马克思主义研究，2017(11).
[6]蒲冠州，马志霞．略论习近平青年人才思想及指导意义[J]．中国化马克思主义研究，2016(12).

习近平关于党建工作的重要论述初探

宋俊杰
（武汉大学生命科学学院）

党的十八大以来，以习近平为核心的党中央高度重视党的建设工作，提出一系列重要而精辟的思想观点，在实践上进一步推动了党的建设的伟大工程，形成了习近平关于党建工作的重要论述。党的十九大提出的新时代党的建设总要求，是习近平关于党建工作重要论述的集中体现，也是全党集体智慧的集中体现。习近平关于党建工作的重要论述强调了坚持和加强党的全面领导，坚持党要管党、全面从严治党的重大政治原则；确立了以加强党的长期执政能力建设、先进性和纯洁性建设这条主线和以党的政治建设为统领，以坚定理想信念宗旨为根基，以调动全党积极性、主动性、创造性为着力点，全面推进党的政治建设、思想建设、组织建设、作风建设、纪律建设，把制度建设贯穿其中，深入推进反腐败斗争，不断提高党的建设质量的党建总体布局；明确了把党建设成为始终走在时代前列、人民衷心拥护、勇于自我革命、经得起各种风浪考验、朝气蓬勃的马克思主义执政党的新时代党建目标；回答解决了在新的历史条件下"建设什么样的党、怎样建设党"的重大时代课题，形成了马克思主义中国化党建理论体系，开创了党的建设的新局面。习近平关于党建工作的重要论述内涵十分丰富，涵盖了党的七项建设，即政治建设、思想建设、组织建设、作风建设、纪律建设、制度建设和反腐倡廉建设。

一、突出党的领导核心，强化政治建设

习近平在党的十九大报告中指出，党的政治建设是党的根本性建设，决定党的建设方向和效果，在党的建设中起根本统领性作用。党的政治建设不仅关乎我们党举什么旗、走什么路，关乎我们要建设什么样的党，更关乎我们党的发展方向，是我们党作为马克思主义政党的根本要求，我们必须要旗帜鲜明地讲政治。讲政治，是马克思主义政党的根本要求，是党补钙壮骨、强身健体的根本保证，是党培养自我革命勇气、增强自我净化能力、提高政治免疫力的根本途径。习近平强调要把党的政治建设摆在全面从严治党的首要位置，不断提高党建质量，并对全党同志提出了具体要求：第一，加强党的政治建设首要任务是保证全党服从中央，坚持党中央

权威和集中统一领导，全党要严守政治纪律和政治规矩，在政治上同党中央保持高度一致；第二，严格尊崇党章，把严格遵守党内政治生活的若干准则作为一种习惯，增强党内生活的“政治性、时代性、原则性、战斗性”，自觉抵制腐朽思想对党内生活的侵蚀；第三，完善和落实党的民主集中制各项制度；第四，弘扬忠诚老实、公道正派、实事求是、清正廉洁等价值观，坚决防止和反对个人主义、自由主义、本位主义、好人主义和宗派主义等；第五，全党同志要加强党性锻炼，在思想上深刻认同党的理论、路线、方针和政策，不断提高政治觉悟和政治能力，对党忠诚，为党分忧，为党尽职。

二、突出理想信念宗旨，加强思想建设

思想建设在党的建设中起着至关重要、不可或缺的作用，是党的建设的方向引领。习近平在十九大报告强调，思想建设是党的基础性建设。革命理想高于天。共产主义远大理想和中国特色社会主义共同理想，是中国共产党人的精神支柱和政治灵魂，也是保持党的团结统一的思想基础。① 习近平形象地把理想信念比喻为共产党人精神上的“钙”，并强调“坚定理想信念，坚守共产党人精神追求，始终是共产党人安身立命的根本”；② “要把坚定理想信念作为党的思想建设的首要任务，教育引导全党牢记党的宗旨，挺起共产党人的精神脊梁，解决好世界观、人生观、价值观这个“总开关”问题，自觉做共产主义远大理想和中国特色社会主义共同理想的坚定信仰者和忠实实践者”。③ 坚定理想信念首先要用科学理论武装头脑；其次，创新方式方法，强化理想信念宗旨教育；第三，理想与实践活动结合，做忠实的实践者。

三、突出干部队伍和基层组织建设，重视组织建设

习近平十分强调基层党组织建设、干部队伍建设、党员队伍建设等组织建设。“党的基层组织建设和党员队伍建设在党的整个组织工作中具有十分重要的地位，任何时候都必须高度重视，自觉抓紧抓好。”④政治路线确定之后，干部就是决定性因素。他多次强调，党的干部是党和国家事业的中坚力量；建设中国特色社会主义关键在于建设一支宏大的高素质干部队伍，要始终把选人用人作为关系党和人民事

① 党的十九大报告学习辅导百问[M]. 北京：党建读物出版社，学习出版社，2017：50.

② 中共中央宣传部. 习近平总书记系列重要讲话读本[M]. 北京：学习出版社，人民出版社，2016：107.

③ 党的十九大报告学习辅导百问[M]. 北京：党建读物出版社，学习出版社，2017：50.

④ 中共中央文献研究室. 十七大以来重要文献选编(下)[G]. 北京：中央文献出版社，2013：688.

业的关键性、根本性问题来抓。习近平在党的十九大报告对干部队伍建设提出了一些新要求：一是选人用人要“六个坚持”，强调干部“德才兼备、以德为先”，“事业为上、公道正派”，要“突出政治标准”等；二是“两个注重”，强调干部的能力建设和基层地方锻炼；三是“两个做好”，提出要建立激励机制和容错纠错机制；四是“一个关爱”，要关爱基层干部。另一方面习近平总书记十分强调人才战略，党要管人才，“聚天下英才而用之”。

习近平非常重视加强党的基层组织建设，对此做过许多重要指示。“基础不牢，地动山摇。贯彻党要管党、从严治党方针，必须扎实做好抓基层、打基础的工作，使每个基层党组织都成为坚强战斗堡垒。”①党的基层组织在党的社会基层中发挥着战斗堡垒的作用。习近平指出，加强党的基层组织建设，一是充分发挥党支部领导班子的先锋模范作用，提升组织力，强化基层党组织的政治功能，充分彰显党的强大组织优势；二是健全基层党组织的组织生活，推进党的基层组织设置和活动方式创新，不断激发基层党建工作的活力；三是扩大党内基层民主，加强党内激励关怀帮扶，认真倾听基层声音，服务群众。

四、突出持续整风肃纪，完善作风建设

习近平在十八届中央政治局常委与中外记者见面会时讲：“党的作风关系党的形象，关系人心向背，关系党的生死存亡”，“工作作风上的问题绝对不是小事，如果不坚决纠正不良风气，任其发展下去，就会像一座无形的墙把我们党和人民群众隔开，我们党就会失去根基、失去血脉、失去力量。”②作风建设首先要坚定理想信念，践行党的宗旨，加强道德修养；要强化问题导向，着重解决群众反应强烈的突出问题；要从领导干部抓起，领导干部率先垂范、以上率下、身体力行，形成“头雁效应”；要健全改进作风长效机制，以好的党风带动民风社风。为解决“四风”等突出问题，切实转变工作生活等作风，以习近平为核心的党中央先后制定了“八项规定”，开展党的群众路线教育实践活动、“三严三实”学习教育活动和“两学一做”学习教育活动等，这些有力措施净化了政治和工作生态，使党风、政风和社会风气为之一新。

五、突出政治纪律和政治规矩，增强纪律建设

中国共产党建党以来就重视加强党的纪律建设。习近平指出：“我们党是靠革

① 中共中央文献研究室．十八大以来重要文献选编(上)[G]．北京：中央文献出版社，2014：351.

② 习近平．习近平谈治国理政[M]．北京：外文出版社，2014：387.

命理想和铁的纪律组织起来的马克思主义政党，纪律严明是党的光荣传统和独特优势”;①“严明党的纪律，首要的就是严明政治纪律”。② 政治纪律是各级党的组织和全体党员在政治方向、政治立场、政治言论、政治行为方面所必须遵守的原则和规矩，是全党团结统一根本保证。纪律建设要重点强化政治纪律和组织纪律，带动廉洁纪律、群众纪律、工作纪律、生活纪律严起来。习近平指出，加强纪律建设，要以党章为根本遵行，从遵守、贯彻、维护党章入手，增强各级党员干部的党性修养，真正做到内化于心，外化于行，把自觉遵守党的纪律转化为一种优秀的习惯；要健全党内规则体系，实现党内法规建设与时俱进；加强遵守纪律的宣传教育、执纪监督和问责惩处，促使党员干部知敬畏、存戒惧、守底线，自觉维护中央权威，自觉同党中央保持高度一致，自觉维护党的团结统一。

六、突出党内法规体系建设，推进制度建设

“制度问题更带有根本性、全局性、稳定性、长期性。”③习近平尤为重视发挥制度建设对党的建设的保障作用。习近平同志强调，加强党内法规制度建设是全面从严治党的长远之策、根本之策。我们党要履行好执政兴国的重大历史使命、赢得具有许多新的历史特点的伟大斗争胜利、实现党和国家的长治久安，必须坚持依法治国与制度治党、依规治党统筹推进、一体建设。④ 党的十八大以来，以习近平为核心的党中央，不断推进党内法规体系建设，完善党内法规体系建设，将党的制度建设上升到战略高度，中共中央先后发布《中央党内法规制定工作五年规划纲要(2013—2017 年)》和《深化党的建设制度改革实施方案》；修订颁布《中国共产党廉洁自律准则》《中国共产党纪律处分条例》《中国共产党党内监督条例》《关于新形势下党内政治生活的若干准则》等党内法规，体现了党在立德立规方面的最新要求，完善了党内法规体系建设。

七、突出“零容忍”和预防腐败体系建设，提升反腐倡廉建设

习近平在十九大报告指出，“人民群众最痛恨腐败现象，腐败是我们党面临的最大威胁”。⑤ 习近平总书记关于反腐倡廉的重要思想，深刻分析了腐败现象的根

---

① 中共中央文献研究室．习近平关于全面从严治党论述摘编[M]．北京：中央文献出版社，2016：95.

② 习近平关于严明党的纪律和规矩论述摘编[M]．北京：中央文献出版社，2016：13.

③ 中共中央宣传部．习近平总书记系列重要讲话读本[M]．北京：学习出版社，人民出版社，2016：116.

④ 习近平．坚持依法治国与制度治党、依规治党统筹推进、一体建设[N]．人民日报，2015-12-26.

⑤ 党的十九大报告学习辅导百问[M]．北京：党建读物出版社，学习出版社，2017：53.

源和危害，提出了新形势下反腐败的任务和要求，体现了党中央的坚定意志和坚强决心，为开展反腐败斗争提供了强大思想武器。以习近平同志为核心的党中央对腐败采取“零容忍”态度和持续高压，下大力气惩治腐败。十八大以来，中央“打老虎”“灭苍蝇”“猎狐狸”的成效向全党全社会表明，反腐绝不是一句空话、假话。习近平反复强调反腐倡廉必须常抓不懈，拒腐防变必须警钟长鸣，在高压惩治腐败的同时，不断总结经验，标本兼治、综合治理，注重全面加强惩治和预防腐败体系建设，努力形成不敢腐的惩戒机制、不能腐的防范机制、不易腐的保障机制，不断推进反腐倡廉长效机制建设，以充分发挥制度反腐作用。

以上七项建设相互联系，互为促进，形成党的建设不可分割的整体。从整体来看，党的政治建设为新时代党建的核心，其与党的思想、组织、作风、纪律建设相互交叉、相互融合又相互促进，同时又在制度建设和和反腐倡廉的贯穿下，完善了新时代中国特色社会主义党建体系，共同开创了新时代党的建设的新格局，对于指导新时代中国特色社会主义党建工作意义重大。

在习近平关于青年工作重要论述指导下开展高校辅导员工作的思考

张天抒
(武汉大学健康学院)

一、引言

近代以来，我国青年不懈追求的美好梦想，始终与振兴中华的历史进程紧密相连。在革命战争年代，广大青年满怀革命理想，为争取民族独立、人民解放冲锋陷阵、抛洒热血；在社会主义革命和建设时期，广大青年响应党的号召，向困难进军，向荒原进军，保卫祖国，建设祖国，在新中国的广阔天地忘我劳动、艰苦创业；在改革开放历史新时期，广大青年发出团结起来、振兴中华的时代强音，为祖国繁荣富强开拓奋进、锐意创新。习近平指出，历史和现实都告诉我们，青年有理想、有担当，国家就有前途，民族就有希望，实现我们的发展目标就有源源不断的强大力量。展望未来，我国青年必将大有可为，也必将大有作为。这是“长江后浪推前浪”的历史规律。广大青年要肩负起时代赋予的重任，志存高远，脚踏实地，努力在实现中华民族伟大复兴的中国梦的生动实践中放飞青春梦想。

党的十八大以来，习近平总书记非常重视青年工作，利用青年节、教师节、世界青年文化交流等活动，在很多场合发表了关于青年工作的系列讲话，做出了系统的重要论述，对当代青年教育引导提出了许多创新的观点以及新时代新使命的担当要求，形成了习近平关于青年工作的重要论述，即以马克思主义为基本立场，正确认识青年、培养青年、开展青年工作的基本原则、理论观点和方法的总和。习近平关于青年工作的重要论述，是中国化的马克思主义青年观，从青年认知观、成才观、工作观等维度提出富于时代意涵的新理论，实现了理论逻辑、实践逻辑和历史逻辑的高度统一，必将成为新时代青年在“不忘初心，牢记使命，为实现中华民族伟大复兴的中国梦”的新征程中的行动指南，也是指导青年成长成才的行动纲领。

习近平关于青年工作的重要论述核心要义反映在三个方面：一是正确认识青年、相信青年，指出中国共产党人自始至终都把青年看作是国家的前途、民族的希望，青年是党和人民事业发展的生力军，鼓励支持青年在“伟大梦想、伟大斗争、伟大工程、伟大事业”中实现自己的人生理想。二是关心青年成长、重视培养青年成才。习近平特别强调青年要扣好人生的第一颗“扣子”，要做到“勤学、修德、明辨、笃实”，希望新时代中国青年要按照党和人民的要求锤炼、提高，要“志存高远、德才并重、情理兼修、勇于开拓”，做时代弄潮儿，在为人民利益的奋斗实践中谱写人生华章。三是认真开展好青年工作、创造青年成才条件。全党全社会都要关心青年成长，重视高校人才培养，扫除青年人才发展壁垒，积极推动共青团事业开创新局面，为青年营造公平公正的社会环境，创造条件激发时代青年的创新创业能力。

二、习近平关于青年工作的重要论述指导下高校辅导员工作的思考

针对高校学生群体这一我们国家重要的科技力量和建设人才，在新的历史时期，立足党和国家事业长远发展的战略高度，在习近平关于青年工作的重要论述指导下切实完善高校辅导员工作模式、创新工作方法、探索经验与规律，更显得尤为关键。下面结合个人在高校担任研究生辅导员的实践以及对习近平总书记关于青年工作重要论述的理解与思考，从内外两个方面进行阐述。

（一）辅导员落实学生工作的内化开展

思想政治工作的开展过程中，内化是外化的前提和基础，没有内化也就没有外化。在这一阶段，第一，辅导员占主导地位，要充分发挥辅导员的主导作用；第二，要重视学生的主观能动性，辅导员在开展工作时要最大限度地调动学生的积极性和自主性，使其主动接受辅导员等提出的政治思想，自觉主动严格要求自己，并不断进步，达到更高层次的思想要求。

俗话说“巧妇难为无米之炊”，为更好地发挥辅导员的主导作用，其一，辅导员要接受专门的思想政治教育，与时俱进，不断更新知识储备库，经过专业的训练和培养，全面系统地掌握党和人民要求的培养现代青年所需要的思想政治知识规范。辅导员可通过各级党支部组织的学习班或培训班，在学校的各种讲座和会议等交流场合，与同行交流，相互交换学习心得，充分全面地学习习近平关于青年工作重要论述的相关内容，在应用层面上，理解并掌握其精髓。此外，辅导员还应不断学习与思想政治教育密切相关的学科知识，如教育学、管理学、心理学等，提高自己分析观察事物能力、研究能力和表达能力，提升综合素质。其二，在开展工作时，辅导员要注意教育方式，因材施教，让学生更容易接受辅导员开展的心理辅导。要发挥微信公众号、微博等大众传播媒介的作用，利用学生 QQ 空间动态、微博和微信朋友圈，全面了解和掌握学生的思想动态，在进行心理疏导和思想政治教育时，通过图片、视频等方式，寓教于乐，增强有效性。其三，注重言传身教，辅导员要充分发挥自身的人格魅力，以身作则，以积极阳光的精神面貌对自己所传播

的政治思想，心理疏导方式身体力行，率先垂范，这种无形而强大的示范，是促使内化工作完成的强大动力。

内化工作开展的最重要一环，即辅导员要引导学生积极主动地接受并适应辅导员提出的思想要求，通过学生自我意识的同一，真正激发他们内心的学习兴趣，从而达到心理疏导和思想政治教育的内化。其一，可通过学生自己策划的主题班会、团日活动、素质拓展等集体活动，在增强凝聚力的同时，让学生学会自主探索，明白心理健康的重要性，切实化解学生的心里矛盾，积极塑造阳光温暖的大环境，为维护同学之间的心理健康添砖加瓦。其二，在辅导员的引导下，与学生一起制定公约，包括可操作性的心理健康教育执行计划和心理咨询求助途径，同时，通过同学们集体的公开承诺，使每一名同学参与到心理健康的建设中来，直接增强主观能动性。其三，鼓励同学定期组织和参与分享会，让活动可持续地进行，通过分享，坚持正面的教育灌输，同学们可切实感受到自身的变化或不足之处，提升思想政治觉悟。

（二）辅导员落实学生工作的外化开展

其一，教育工作者要相信大学生，增强大学生心理教育的主体意识。高度认可与信任青年，是新时期、新常态下习近平总书记看待青年群体的基本立场。高校心理教育也应当确立这些基本立场，在充分信任支持大学生的基础上，不断提升高校学生的自助助人的主体意识，这是高校教育管理工作者达成的共识，有利于促进心理教育中教育者与被教育者主体与客体的双向互动和转化，增强心理教育的针对性和实效性。通过专业教师指导培训的辅导员，要给予他们充分信任和尊重，这将有助于唤醒与增强大学生加强心理教育的主体意识。对受助的大学生，也要相信他们能通过心理辅导和帮助，解决自身的心理困惑，激发受助者内心自主、自觉意识，才能更好地提高自身心理健康调适技能。

其二，教育工作者要引导大学生，培育大学生互助友善的价值观。习近平关于青年工作的重要论述要求把培育社会主义核心价值观作为教育目标，只有教育引导好青年、培育培养好青年，才能赢得广大青年的认同与追随，中国梦才能在一代代青年拼搏奋进中实现，在21世纪中叶才能建成富强、民主、文明、和谐、美丽的现代化国家。因此，高校心理教育工作者要引导辅导员牢牢树立互助友善的价值观认同，在帮助他人的过程中，实现被需要、被尊重、被认同的高峰体验，也进一步增长其疏导心理困惑的能力，营造互助成长的心理教育氛围。

其三，教育工作者要砥砺青年，推动大学生心理教育科学发展。习近平关于青年工作的重要论述提出广大青年要勤奋学习、夯实建设本领，敢于创新、引领时代潮流，勇于担当、承载历史使命。高校心理教育辅导员要具备勇于担当的助人特质，一方面需要心理健康专业教师进行教育引导，另一方面更需要高校辅导员个人和团队自主自觉的自我培养和提高。高校教育工作者要注重心理健康知识普及与实践体验相结合，辅导平台软硬件建设与辅导员培训交流相结合，完善激励保障机制与助人互助校园文化建设相结合，不断提高辅导员咨询和助人的能力，涵养受助者健康美丽心灵的方式方法，积极推进心理教育工作持续、协调发展。

习近平总书记在全国高校思想政治工作会议上指出，做好高校思想政治工作，就要“因事而化、因时而进、因势而新”。一是心理辅导员和班级心理委员为全校学生开展健康知识宣传，关心帮助受助学生改变不健康的行为，参与以身示范的经验分享和监督见证。二是辅导员线上线下咨询活动。心理辅导员经过专业心理教育教师开展的专业心理咨询培训后，可独立或辅助开展咨询活动。一般可借助心理热线、心理网站留言、邮件预约咨询、QQ 与微信交流、一对一或一对多面谈咨询等活动，为那些因“学业压力、人际关系紧张、情感困惑”而求助的来访者，主动提供心理咨询服务，通过专注倾听和同理心的引导，帮助求助学生宣泄不良情绪，共同探讨解决问题的策略，促进学生心理认知的成长。三是善于发挥环境的力量，因势而新。辅导员可通过改善咨询环境，不局限于教室和办公室，可以将心理咨询地点改到公园、植物园等与学生进行沟通，用环境的改变来疏导学生情绪，使其更易敞开心扉，事半功倍，同时也在心理咨询中体现出人文关怀。四是开展公寓社区的宿舍调解活动。集中住宿的大学生在宿舍的时间一般要超过其他集体活动时间。宿舍作为一个小团体，形式相对固定，大学生出现的心理问题更为集中，因此，宿舍可以作为思想政治教育的一个小单位，辅导员通过对宿舍成员的群组思想教育，以宿舍为单位进行走访，及时发现问题，开展心理疏导活动。五是以辅导员为中心，发挥学生骨干力量，壮大心理疏导队伍。除了班级心理委员，辅导员可充分发挥班级和各党支部党员在思想政治方面的先进性，作为学生骨干，架起了学生与各级领导老师的沟通桥梁，其更能维护和代表学生的利益。辅导员可鼓励学生骨干考取心理咨询师等相关资格证书，系统地掌握并熟练应用相关心理疏导的知识和技能，同时，辅导员在日常工作中要适当引导学生，进行自我教育和同辈教育，使骨干同学积极地参与到思想政治教育上来，与辅导员一起，组成一支更加专业的心理疏导队伍。

三、结语

青年是国家的未来、民族的希望。习近平总书记准确把握新时代青年和青年工作的新特点，开创性地围绕青年和青年工作的重大理论和实践问题进行了全面系统的战略思考、战略谋划、战略决策和战略部署，形成了科学系统的习近平新时代关于青年工作的重要论述。高校辅导员是高校思政工作开展的基石，是高校思想政治教育的重要一环。本文从实践出发，从外化开展和内化开展两个角度重点论述了高校辅导员在习近平关于青年工作的重要论述指导下如何更好地落实工作、寻找规律、创新思路，为大学生的成长成才提供全方位高水平的指导，为党和国家实现中华民族伟大复兴，培养出合格的建设者和可靠的接班人。

参考文献

[1]徐志远，黄海波．内化与外化：思想政治教育学的基本范畴[J]．南京政治学院学报，2003(5)：90-92.

[2]李小彤．互联网泛娱乐化对大学生思想政治教育的影响及对策探究[J]．山西青年职业学院学报，2018(3)：26-28.

[3]徐科琼，张若石．自媒体背景下高校思想政治教育话语的有效实现[J]．西南石油大学学报(社会科学版)，2018(9)：56-60.

[4]刘歆立，李文博．在激发青年特有之主观能动性中增强大学生核心价值认同感——兼及《关于费尔巴哈的提纲》中“革命的实践”概念[J]．山西高等学校社会科学学报，2016(11)：90-93.

[5]张岩青，胡秀敏．基于班级层面构建大学生心理疏导模式[J]．黑龙江教育学院学报，2018(9)：98-100.

论新形势下互联网对高校思想政治工作的影响与挑战

张　亮
（武汉大学政治与公共管理学院）

互联网的创新和应用对当下大学生的世界观、价值观、人生观，甚至是日常生活中的思维和行为方式产生了极其重要的影响，既给高校思想政治工作带来了前所未有的发展机遇，同时也带来了一些问题。把握飞速发展的互联网时代的特征，认清问题与挑战，是提升高校思想政治工作质量，更好地适应和满足大学生成长诉求、时代发展要求、社会进步需求，不断提升工作科学化水平的前提。

一、“互联网思维”的观念冲击

“互联网思维”是近年来最常听到的一个商业概念，最早提出“互联网思维”的是百度公司创始人李彦宏，他说：“我们这些企业家们今后要有互联网思维，可能你做的事情不是互联网，但你的思维方式要逐渐像互联网的方式去想问题。”所谓互联网思维，就是在(移动)互联网+、大数据、云计算等科技不断发展的背景下，对市场、用户、产品、企业价值链乃至对整个商业生态进行重新审视的思考方式。而今，互联网思维已经不是一个单纯的商业领域的概念，伴随着互联网在社会生活各个层面的普及，它逐渐成为一种全社会性的思维。在新形势下，如何看待互联网对高校思想政治工作的影响，如何将思想政治工作者、思想政治工作的内容、思想政治工作的对象与新的技术、观念、思维方式、习惯进行创新性的融合，这些都要求高校思想政治工作要突破传统思想政治工作的观念，不断去适应、转变和创新实践。

二、“去中心化”现象的危害

去中心化的现象主要表现在两个层面：一个层面是在意识形态领域的去中心化现象。在互联网极度普及的今天，网络上充斥着各种社会思潮和政治观点，自由主义、后现代主义、虚无主义思潮等在网络空间泛滥，营造出一种怀疑一切、反中心、价值观多元的网络文化氛围，这些思潮往往是在某个网络事件或者社会事件发生时以“客观”评论、学术探讨、揭秘真相、情感表达等方式传播，传播这些思潮的人或团体的根本目的就是攻击和否定我国的政治体制，对马克思主义和中国特色社会主义理论作为我国社会主义建设指导思想的一元性提出挑战。大学生有的会主动、有的会被动地接触到这些思想和观点，受其影响，一些学生活动有意回避正确的政治方向，有的以学术自由的名义传播社会思潮，有的政治导向性和价值观取向不明确。

第二个层面是对主流文化的去中心化现象。高校校园文化是高校所期望塑造的，并且长期引导、培育和建设，逐渐发展形成的校园主流文化，其包含了社会主义优秀文化、时代精神和学校历史文化底蕴等文化元素。网络时代成长起来的大学生最显著的特点就是追求以个人为中心的个性表达、喜欢挑战、崇尚自由，不愿意被传统束缚，对一些社会文化现象有着比较浓厚兴趣，一些大学生把社团活动当成学业以外的一种生活调剂，希望在校园文化活动中满足自己挑战权威和传统、标新立异甚至是对抗的心理需求，而互联网又刚好提供了大量能够满足其心理需求的创意、素材和自我表现的机会，一些迎合这种心理需求的校园文化活动吸引了大量大学生的关注和参与，这些现象在互联网媒体的放大效应下，使校园文化活动中的主流文化内容被大学生忽视、疏远。

三、“网络公共领域”的渗透

在哈贝马斯看来，公共领域的参与者要遵循的普遍原则是平等、自由、理性，要在理性批判的基础上形成公共意见和舆论。参与到公共事务的讨论，是个人思想成熟和社会权利得到彰显的象征，平等、自由、理性的表达对于大学生来说具有天然的吸引力，从公车上书到五四运动，再到20世纪80年代关于改革的讨论，任何一个时代的大学生对于参与社会政治和参与公共事务的热情都是极高的。

随着互联网技术的发展，基于互联网平台开发的新浪微博、论坛(如强国论坛、四月社区、凯迪社区)等社交媒体中出现了大量的关于公共事务讨论的内容，逐渐形成了所谓“网络公共领域”的雏形。在信息时代，互联网技术为大学生参加公共事务讨论打开了方便之门，直接参与到社会公共事务的讨论成为大学生完成社会化的必然需求。然而，当前的网络公共领域并非如大学生理想中的具有公共性和理想性，网络公共领域存在的弊端和问题被参与其中的大学生带入到线下的校园生活、学习之中。哈贝马斯认为公共舆论是在受过教育和知情的公众有能力形成某种意见之后在公共讨论中形成的，但是在网络公共领域中，由于公共领域的开放性与互联网的匿名性同时存在，受教育程度不同和信息掌握程度不同的人都能平等地参与到网络公共领域的讨论，然而在网络公共领域演进发展的过程中，网络公共领域的话语权开始出现不平等，在公共问题的讨论中由话语权不平等所导致的谩骂、非理性批评的言论和谣言充斥其间，许多敏感和矛盾尖锐的问题根本无法在基于理性的基础上形成具有共识性的公共舆论，可是正是这些没有共识的问题在网络公共领域里的意见领袖包装和炒作之下，以及在大众传播媒介放大作用之下，成为了媒介热点，更加吸引了大学生的关注，激发了大学生参与讨论的热情。通过影响大学生个体，一些尖锐讨论的网络公共议题左右着高校的部分文化活动内容，而网络公共领域中的各种具有煽惑性的杂音直接诱发了大学生的思想和价值观的混乱。一些公益型和学术型社团文化活动也常常被带入到由网络公共领域里的意见领袖集体所设置的议程之中，部分社团在公益活动或者学术自由的护身符掩护之下开展一些内容敏感和存在尖锐矛盾的活动，加之一些专职政工干部对意识形态领域前沿问题缺乏足够的理论认识和政治警觉意识，失去了对校园文化活动议程设置权的掌控，一些校园文化活动和大学生不经意间沦为国际政治经济斗争中用来限制中国发展的舆论工具。

四、“引领力”和“原创力”的弱化

在互联网出现之前，高校是社会中的知识高地，高校里的“流行文化”往往对社会有着重要的影响力和引领作用，所谓“流行文化”不仅仅是指流行时尚，还包括在高校师生中受到追捧的思想、理论、思维模式以及行为、话语方式。进入到互联网时代，高校里的校园文化逐渐成为整个互联网文化中的一个节点，随着全社会知识水平的提升，高校校园文化对与社会文化的影响力在减弱，过去那种处于社会中心的地位和被高度关注的情况逐渐消失，反而受到互联网文化的巨大影响。互联网作为人们学习知识、了解社会的重要渠道，在虚拟空间中的流行文化往往通过人的学习、了解过程被带入到现实世界中来，虚拟空间与现实空间的文化相互影响相互融合已经难以完全区分，通常一个时期网络上流行什么文化，高校学生活动也跟着流行什么文化，高校所期待的和所希望建构的校园文化与现实呈现出来的校园文化在精神内容上存在着一定的差异，在某种程度上，互联网使高校对校园文化建设的引领能力减弱。

互联网最吸引人的特质就是它的共享性和免费性，可以毫不夸张地说，互联网发展到今天，基本上已经集中了古往今来的所有人类智慧和文明成果，同时又在不断地创造新的智慧与文明，这些都无偿的在互联网上存储，随取随用。大学生在策划校园文化活动时一般会通过互联网收集一些相关资料，学习参考一下其他高校开展类似活动的做法和经验，有的是在别人的基础上借鉴创新，有的则是在看到更好的创意和想法后就完全模仿，这使大学生本需要发挥想象力和创造力的时候，却对网络产生了严重的依赖，一些校园活动内容形式上大同小异，出现重复化的现象，特色不明显，虽然这些校园文化活动中也有不少创新性的元素，但是原创性的元素明显不足，对互联网的使用习惯在一定程度上也束缚了大学生在开展社团活动时的创造力，难以激发最本源的原创力。

五、"逆社会化"的隐忧

互联网能满足高校大学生在校园文化活动中完成社会化的需求，但是过度使用互联网也会产生逆社会化的情况。早在1996年，美国学者尼葛洛庞帝在其出版的《数字化生存》一书中提到，"人类生存于一个虚拟的、数字化的生存活动空间，在这个空间里人们应用数字技术(信息技术)从事信息传播、交流、学习、工作等活动"。当今社会已经进入到"互联网+"时代，人们的衣、食、住、行、学习、交流、工作都可以在互联网上轻松完成，互联网时代成长起来的大学生对网络的依存度更高，然而相当一部分大学生出现了网瘾和网络依赖症，与现实社会接触越来越少，沉迷于互联网中虚拟的社交关系，网上网下判若两人，越来越不会在现实中与他人交往，甚至是逃避一切现实世界中的社会关系，成为"宅男""腐女"，当互联网更加密切地接入到我们的生活之中时，这种逆社会化的问题就变得更加突出和严重。

教育部出台的《高校思想政治工作质量提升工程实施纲要》将"网络育人"列入"十大"育人体系，指出要切实构建网络育人质量提升体系，创新推动网络育人。正确认清以上五个方面的问题，对于建设好网络思想政治工作阵地，充分发挥互联网的优势，不断加强网络思想、文化引领功能，有效提升思想政治工作质量有着重要参考价值。

参考文献

[1]高校思想政治工作质量提升工程实施纲要. http://www. moe. gov. cn/srcsite/A12/s7060/201712/t20171206_320698. htm.

[2]习近平出席全国教育大会并发表重要讲话. http://www. gov. cn/xinwen/2018-09/10/content_5320835. htm.

[3]刘建军. 论高校思想政治工作的育人格局[J]. 思想理论教育，2017-3.

新时代研究生理想信念教育路径探究

张　琦　杨　頔
（武汉大学新闻与传播学院）

理想信念是人们对美好未来的追求，是一个国家不断发展的精神动力，它由这个国家的生产方式所决定，并影响着人们的生活方式。党的十八大以来，习近平总书记在不同时期、不同场合反复强调党员领导干部要坚定理想信念，在十九大报告中针对广大青年再次指出，要坚定理想信念，志存高远，脚踏实地，勇做时代的弄潮儿，在实现中国梦的生动实践中放飞青春梦想，在为人民利益的不懈奋斗中书写人生华章。因此，新时代青年的理想信念教育更加重要。高等学校是担负培养中国特色社会主义合格建设者和可靠接班人重大使命的主阵地，其中作为高水平人才的研究生群体，培养坚定的理想信念就更显得尤为重要，也更有价值。

一、新时代研究生理想信念教育

立足我国的理想信念教育现状，从根本上看，社会主义、共产主义理想信念是我国理想信念的核心，我们开展的所有理想信念教育都必须紧紧围绕着这个核心。高校研究生群体是一个充满活力与创造力的高素质、高知识的人才群体，他们是国家富强、民族振兴的动力源泉，更是国家发展的重要智力储备。面对不断发展、不断变化的新时代，各种文化思潮、思想交流的碰撞，纷繁复杂、千变万化的世界总会不可避免地对这个充满朝气、创新，具有独立思考的群体产生思想和价值观的冲击，对他们树立正确的理想信念会产生诸多的影响。面对当下的现实情况，在高校中，我们必须更加凸显研究生的理想信念教育，这样才能够培养出又红又专的研究生，才能培养出中国特色社会主义合格的建设者和可靠接班人。

1. 新时代研究生理想信念教育的内涵

为了探究新时代研究生理想信念教育的内涵，首先，我们对习近平总书记近两年来对于理想信念教育的相关要求与重要指示进行梳理：习近平总书记在中央政治局第三十三次集体学习时强调理想信念教育要面向全社会开展；在庆祝中国共产党成立 95 周年大会上的讲话也说道，“长征胜利启示我们：心中有信仰，脚下有力量；没有牢不可破的理想信念，没有崇高理想信念的有力支撑，要取得长征胜利是不可想象的”；在纪念红军长征胜利 80 周年大会上，则对理想信念的重要性进行了形象的解析，“理想信念就是共产党人精神上的‘钙’，没有理想信念，理想信念不坚定，精神上就会‘缺钙’，就会得‘软骨病’”。

从理想信念的概念看，首先，理想信念是人们在一定的认识基础上，对某种思想、理论和事业所抱的坚定不移的观念并身体力行的心理态度和精神状态，也是人们的世界观、人生观、价值观在奋斗目标上的集中体现。因此，研究生的理想信念教育就是从对研究生的信仰教育出发，做好基础认知的引导教育。其次，从我国国情来看，理想信念的内涵正是习近平总书记所说的“精神上的‘钙’”。共产党的理想信念就是为共产主义而奋斗，这是共产党人的立身之本、力量之源、正气之魂。因此，研究生的理想信念教育就是从对研究生的理论学习与实践教育出发，做好理论概念的透彻理解、理直气壮的教学教育和践行中的真学真信真用。最后，结合国情和新时代的特征，按照党的十九大报告所说，“中国特色社会主义进入了新时代”，中国共产党人的初心和使命，就是“为中国人民谋幸福，为中华民族谋复兴”，面对新时代的新特点、新要求，当下研究生理想信念教育应该是围绕实现中华民族伟大复兴来思考。引导研究生树立正确的思想认知，并结合国情加强理论学习，从而成为具有坚定理想信念的、又红又专的优秀研究生。

2. 新时代研究生理想信念教育的意义

加强研究生理想信念教育意义重大。纵观我党历史，每逢危机时刻，党员都能展现出一种不畏困难、挺身而出、力挽狂澜的品质，使党的事业转危为安。党员的这种高贵品质养成，靠的就是理想信念的培养。毛泽东同志就曾把思想政治工作称作“经济工作和其他一切工作的生命线”，而思想政治工作的核心就是理想信念教育。在新时代，习近平总书记也指出了理想信念的重要性——我们党之所以能够经受一次次挫折而又一次次奋起，归根到底是因为我们党有远大理想和崇高追求。由此，立足新时代的研究生教育，唯有在教育过程中帮助研究生树立正确的理想信念，才能培养出一大批素质过硬的建设者和接班人，在实现中国梦的道路上彰显价值。

①是我国新时代背景下研究生教育必然要求

高校是教育的主阵地，学生的教育与国家的发展息息相关，而作为高层次人才的研究生理想信念教育则是我国新时代研究生教育的时代要求。

一方面，从我国历史发展进程角度来看，理想信念教育一直以来都是我国研究生教育中的重要环节。理想信念之所以重要，就在于它是共产党人的灵魂和特质，是共产党人的精气神，是共产党人世界观、人生观、价值观的集中反映，决定每个共产党员的政治方向、政治立场和政治态度。因此，聚焦研究生教育，理想信念教育也是其中不可或缺的一个环节。

另一方面，从新时代的特点来看，理想信念教育在新时代也同样被赋予了重要地位，是当下研究生教育的必然要求。在党的十九大报告中，习近平总书记指出新时代的社会主要矛盾发生了变化，我国社会主要矛盾已经转化为人民日益增长的美好生活需要和不平衡不充分的发展之间的矛盾。面对新时代的新特征，研究生教育面临着新机遇与新挑战，研究生群体作为祖国建设的后备军，更加需要明确认识、夯实基础，更加需要从根本上理解新时代的社会发展方向与国家发展目标。为了保证目标的实现，就必须抓好理想信念教育这一根本，敦实理想信念教育符合新时代的特色，也顺应新时代所赋予青年学生的使命。

②是提升我国研究生整体素质的必经之路

随着我国教育的不断发展，研究生规模的壮大已成为了研究生群体的一个特点；同时，掌握先进的学习资源是研究生群体的又一大特点。体量大、资源多的特性决定了研究生群体将在我国社会主义建设进程中发挥着极其重要的作用。因此，提升研究生群体整体素质关系到了无产阶级接班人的整体素质。

一方面，从我国的研究生培养目标来看，理想信念教育是提升研究生素质的必经之路。他们中的有些人可能会成为中国特色社会主义事业各条战线上的骨干精英，也可能是建设有中国特色社会主义伟大事业的栋梁之才，他们是新时代宝贵的人力资源，他们的科学文化素质、思想政治素质、道德情操水平都是国家发展的重要动力。特别是研究生群体的政治素质，是否具有坚定的共产主义、社会主义理想信念，对国家、民族的政治前途有着极大的影响。新时代背景下，没有一颗抵得住外来诱惑的坚强的心，是不足以承担中华民族伟大复兴的民族使命的。

另一方面，从现阶段我国研究生教育的现状来看，理想信念教育是提升研究生素质的必经之路。值得肯定的是，研究生教育的快速发展，为中国的经济、社会、文化的高速发展提供了大量的高级人才。但是，高速发展的本身也给研究生思想政治教育，特别是理想信念教育工作带来了许多新的问题。当前高校理想信念教育的力度必须加强到足以对抗世界观、价值观多元化的冲击，才能避免成为提升研究生综合素质的短板，针对研究生群体的理想信念教育创新显得尤为紧迫。

二、研究生理想信念缺失原因分析

在新时代，研究生理想信念教育的重要性愈发凸显已是不争的事实。然而，现实情况却是，虽然大多数的研究生拥有坚定的理想信念，但是仍然存在部分研究生理想信念缺失的情况。这种情况与当今时代环境、社会发展现状、教育环境以及理论实践严重脱节等都有着各种各样的关系，与研究生个人成长环境也有着一定的关系。正如《2016 年度大学生思想政治教育状况调查分析——基于全国 35 所高校的调查》一文中的相关研究结果所证，在该项调查中的受访学生看来，大学生思想政治教育成效的主要影响原因包括教育方式(79.3%)、社会环境(61.6%)、学生自身原因(58.2%)、教育内容(54.5%)等。本文在该调查研究的基础上，结合研究生理想信念教育的特点，将研究生理想信念的缺失原因从宏观、中观、微观三个层次展开分析，分别概括为社会环境、教育环境、原生家庭与朋辈影响三个方面的影响因素。

1. 宏观——快速发展的社会大环境影响

首先，市场经济趋利性、开放性、竞争性不可避免地导致了人们价值观的功利化倾向。在市场经济发展的同时，伴随着不良思想的影响，呈现出一些唯利是图、只讲索取、不讲奉献的行为，严重败坏了社会的风气。而研究生在学业、就业、情感、经济等多重压力下，面临的各种担忧在增多、各种竞争在增强，使得这个群体的世界观、价值观、人生观也日趋务实开放。随着改革的深入和对外开放度的不断加大，政治、文化、意识形态的交流日益频繁，也使研究生群体处于一个更加开放的环境之中，一方面，开阔了眼界，为吸收西方先进文化提供了便利；另一方面，也为不良思想和生活方式的入侵提供了机会。

其次，进入新时代，科学技术在突飞猛进地发展。大批高新技术推动了人类社会的发展，科学技术的发展也点亮了人类对未来美好的梦想。生产力高度发展，社会财富奔涌而出，以人为本的社会民主发展方式，展现在人类面前的是一条通往幸福的康庄大道。然而，人类社会在科技进步下的新情况、新特点也给社会主义理想信念教育提出了新的挑战。

因此，从宏观层面来看，社会整体大环境是研究生理想信念缺失的一大背景原因，这个原因是客观存在的现实情况，需要我们充分认识社会发展的特点与方向，进行研究生理想信念教育的改善。

2. 中观——不均衡发展的教育环境影响

纵观我国高等教育的现状，一些高校对研究生理想信念教育缺乏重视，没有切实把理想信念教育贯穿于研究生培养的全过程，“走形式，走过场”的现象较为普遍，整个教育环境的不均衡发展，导致了理想信念教育的缺失。

具体来看，一方面，由于繁重的教学压力，一些高校在研究生教育中把传授专业知识、培养科研能力，作为研究生培养的首要任务的同时，严重忽视了理想信念教育，把理想信念教育放在一个可有可无的位置；另一方面，一些高校从源头上对于理想信念教育就不够重视，他们将能否出科研成果作为评判研究生成绩的唯一标准。在日常的教学中，轻视理想信念教育，忽视研究生理想信念教育与学科专业的联系，认为提高受教育者思想政治觉悟，就实现了思想道德素质的发展。其实不然，研究生理想信念教育不仅担负着思想道德素质的提高，还应该承担着激发和引导这一群体学习和掌握现代科学技术的重任。理想信念教育既要保证思想政治素质，又要实现对专业学习的激励才能算做高质量。

因此，从中观层面来看，不均衡发展的教育环境是研究生理想信念缺失的另一重要影响因素，需要教育工作者在实际工作中结合新时代的教育特点，充分思考应对策略。

3. 微观——原生家庭与朋辈影响

家庭是构成社会的最基本单位，承担着生养和教育子女的基本社会职能，在孩子理想信念的形成过程中，父母对孩子知识能力的教育、道德品质的培养、思维个性的形成都是至关重要的。父母自身的素质、知识文化程度、处事方式、理想信念状况等各个方面都对孩子具有十分重要的影响。

父母的思想和行为会潜移默化地影响孩子，父母的态度将会影响子女的观念、看法等。假如你生活在一个素质文化程度较高的原生家庭，父母的文化程度都比较高，道德素质也较好，平时与人为善，积极热情，乐于助人，那么子女当然也会受到父母这种价值观的影响，在耳濡目染中，形成了属于自己的价值观体系；相反，当父母在平时的生活中过度追求功利、重视个人利益时，孩子也会受到影响，在行为方式上也会表现为金钱至上，唯利是图，这样就会对孩子理想信念引导产生消极的作用。

新媒体对研究生的学习生活方式较之以往发生了彻底的颠覆。作为信息的传播者和接受者，研究生时时刻刻在网络中扮演着多重角色。朋辈之间由于现时生活中身份地位的平等更容易打破交流的隔阂，产生思想的共鸣。现实中，网络上某个负面信息大幅度传播时，如果及时出现基于事实调研基础上的有理有据的正面声音，会起到很快扭转局势和舆论引导的效果。而研究生党员和干部骨干作为研究生群体中的先进分子，与朋辈之间有着相似的人生经历和体验，更容易理解研究生的所思所想，具有较强的理论素养和辨别能力，在研究生中有着广泛的影响力，完全可以承担起网络意见领袖的责任。在对研究生党员和干部骨干培训的基础上，依托于他们主动、适时地开展舆论引导，打造针对不同话题、扮演不同角色的意见领袖，如理论难点意见领袖、时事热点意见领袖、学习科研意见领袖、职业发展意见领袖、心理调适意见领袖等，不断扩大正向舆论声音，消解负面舆论声音，在大家充分表达的基础上，正确引导、变堵为疏，不断提升理想信念教育的效果。

因此，从微观层面来看，研究生个体的原生家庭与朋辈影响也在一定程度上导致了研究生理想信念的缺失，在教育教学的过程中，教育工作者需要充分了解研究生的成长环境，并结合实际情况展开理想信念教育，探寻解决微观层面影响的方式方法。

三、新时代研究生理想信念教育的对策思考

“问题和解决问题的手段同时发生”，这是马克思在《资本论》中写下的经典语句。虽然时代背景、环境和研究生群体自身的特质给研究生理想信念教育带来了挑战，但我们依然需要根据问题的发生的根源，探索优化新时代研究生理想信念教育的有效途径。

1. 提升研究生理想信念教育者的综合素质

研究生是高素质、高知识的复合型人才，具有较强的独立思维和综合分析能力。要做好针对他们的理想信念教育工作，就要全面提升思想政治教育者的综合素质，努力建设一支适应研究生理想信念教育工作的队伍。

第一，提升思想政治教育者的政治素养。加强研究生理想信念教育，首先要确保思想政治教育者包括辅导员、班主任和导师要在政治上过硬，具有坚定的理想信念，扎实的政治理论功底，全面掌握建设有中国特色的社会主义理论。第二，提升思想政治教育者的道德修养。良好的道德品质和工作作风是一个合格思想政治教育者所必备的基本条件。辅导员、班主任和导师的道德修养很大程度上决定着理想信念教育的严肃性。思想政治教育者只有自身率先垂范，培养诚实正直、严于律己、作风正派、言行一致等良好道德品质，才能通过树立自身良好形象去感召人、激励人，促进理想信念教育取得扎实的实际效果。第三，提升思想政治教育者的文化素质。辅导员、班主任、导师要施教于生，要用科学文化知识武装自己，只有这样才能适应新时期思想政治教育的发展。有了辅助知识的助阵，可以扩大思想政治教育者的知识领域，开拓视野，丰富知识面，进而提高自身的分析判断能力、组织协调能力和语言表达能力，从而更好地开展理想信念教育工作。

2. 在日常管理中融入理想信念教育

新时代环境下，研究生群体展现出了独生子女多、自我意识强、个性独立等新特点，说教式的教育方式在一定程度上不再适用于现在的研究生群体，理想信念的简单灌输式教育效果不佳、实效性不强。这就要求我们转变工作模式，从直接说教向引导教育转变、从简单灌输到隐形融入转变，通过在日常管理中荣誉理想信念教育，采取侧面引导、渗透教育等方式，使研究生群体在不知不觉中接受理想信念教育。

首先，要将理想信念教育渗透到党团活动中。就目前现状而言，研究生党团活动单一化、形式化，大大影响了研究生党员、团员参与活动的积极性和主动性，影响了思想政治教育的开展。研究生的党团活动不能仅仅限于“开会”或者“上课”，而是要与社会实践相结合，创新形式，增强吸引力。其次，要把研究生理想信念教

育渗透到文体活动中。文体活动是开展研究生理想信念教育有效的活动载体，通过将理想信念教育渗透到文体活动中，使得研究生在活动中进一步凝聚，让有中国特色社会主义共同理想、集体主义精神在活动中焕发。最后，要将理想信念教育渗透到校园文化建设中。校园文化是研究生的重要成长环境背景，通过将理想信念与校园文化建设相结合，帮助研究生在日常的校园生活中理解理想信念教育的内容，更好地实现理想信念教育的效果。

3. 在研究生专业教育中融入理想信念教育

搞好理想信念教育，一个关键的问题就是选择科学合理的教育内容。要把理想信念教育与研究生本专业教育联系起来，把对经典著作的学习与基层实践联系起来，将理想信念教育的内容和形式的变化有机地统一起来，与发展同步，跟紧时代的步伐，才能突出时效性与实效性。

研究生对自己本专业的知识嗅觉相较于其他专业而言显得更加灵敏，反应更加迅速，研究也更加深入，涉猎更加广泛，如果能够将理想信念教育与研究生专业教育紧密结合起来，并且突出自身的专业性、实践性、针对性，就更有利于提高研究生群体的接受程度，也更便于理想信念教育的开展更加深入人心。与本科生相比，研究生的知识面更宽，独立思维能力更强，寻找知识、学习知识能力更快，这个时期如果仍然把课本内容作为马克思主义理论教育的主要内容对学生进行灌输，不仅不能提高他们的理论水平，反而会引起他们的反感，进而逃避理论学习，造成理论教育实际效果的削弱。研究生是研究型人才，具有较强的批评性思维，对于一种理论的观点、思想通常需要经过自己独立思考才会选择是否接受。因此重点在于加强他们对马克主义经典著作的研读，引导他们在自我学习中认识到马克思主义理论体系的科学性，对研究生理想信念教育来说就更有意义。

在研究生理想信念教育中树立教育者主体与客体的平等地位，通过多频道、多载体、多场景实现理想信念教育的柔性互动。积极发挥校园电台、网络、校报的作用，营造良好校园氛围，创造一个开放、平等、和谐的校园环境，使研究生群体在春风化雨中坚定共产主义、社会主义理想信念。要积极顺应网络时代的特点，建立网络理想信念教育平台，利用两微一端等现代网络技术将理想信念教育渗透到研究生的学习生活中、娱乐活动中。

4. 汇聚研究生理想信念教育的合力

研究生成长成才之路的教育教学环境，是影响研究生理想信念的重要因素之一，汇聚研究生教育教学中的各方力量，将理想信息教育贯穿到整个过程中，才能更好地为研究生理想信念的教育提供良好的氛围，推动我国社会主义事业的健康发展。

在新时代研究生理想信念教育的工作实际中，我们首先需要充分了解整个教育过程中方方面面的重要力量，充分了解影响研究生成长成才的重点环节，顺应新时代研究生教育教学的特点与要求。在此充分了解的基础上，将研究生理想信念教育与这些重要的影响因素进行整合，形成教育力量的汇聚，形成教书育人、科研育人、实践育人、管理育人、服务育人、文化育人、组织育人的长效机制，共同促进新时代研究生的理想信念教育的顺利开展，促进研究生理想信念教育的目标实现。

总之，新时代研究生理想信念教育是一项长期、综合、庞大的系统工程，需要社会、政府、学校、家庭等多个力量的共同参与和努力，当然也离不开学生自身修养的提升。在坚定的理想信念培养过程中，各方力量应该同心协力，增强交流联系，统一目标方向，相互配合，努力发挥政府的引导作用、学校的教育作用、家庭的感染作用，形成多方教育的合力，以增强研究生理想信念教育的立体性和长效性。

参考文献

[1]习近平．决胜全面建成小康社会 夺取新时代中国特色社会主义伟大胜利——在中国共产党第十九次全国代表大会上的报告[N]．新华社，2017-10-27.

[2]方思贤．“平语”近人——习近平谈理想信念[N]．新华网，2017-10-5.

[3]武军威．理想信念——共产党人的灵魂[N]．人民网-中国共产党新闻网，2016-10-8.

[4]沈壮海，王迎迎．2016 年度大学生思想政治教育状况调查分析——基于全国 35 所高校的调查[J]．中国高等教育，2017(11)：45-50.

[5]张东旭．当代中国研究生理想信念教育研究(硕士论文)[D]．湖南师范大学．2012.

[6]夏珊珊．研究生的理想信念状况及引导研究(硕士论文)[D]．华中师范大学．2016.

[7]陈博．新媒体环境下研究生理想信念教育面临的问题和教育路径研究[J]．长春教育学院学报．2014，30(12).

论新时代高校辅导员的角色新定位

张朝龙
（武汉大学测绘学院）

一、认清形势，把握“00”后大学生的时代特征

较“90后”大学生而言，出生于千禧年的“00后”大学生，面对经济高速发展、社会急剧变化、网络全面覆盖的新形势，呈现出“特立独行、标新立异、自信张扬”的特征，不仅给高校思政教育工作发起新挑战，更提出新要求。

独生子女的环境塑造了“00后”大学生特立独行的群体特征。“00后”大学生绝大部分是独生子女，从小到大在“6+1”的爱的环境下成长，集家庭的关注和宠爱于一身。一方面，父母家庭为他们创造了更好的物质生活条件，生活质量和品位明显提升，具有较强的优越感。另一方面，家庭的过分关注导致他们不想被摆布，以自我为中心的倾向较为突出，绝大多数“00后”从小遭遇挫折的机会较少，导致坚韧性不够，甚至有部分学生的人生追求目标模糊，存在明显的孤独感、无方向感，在处理问题、遭遇挫折时容易出现偏激的错误思想。

多元化的文化交融催生了“00后”大学生思想活跃、标新立异的群体特征。高速发展的社会环境、经济环境、文化环境共同促进了这一群体特征的形成。“00后”是伴随网络出生的一代人，他们依靠网络接触信息多，涉猎范围广，学习接受新事物快，善于捕捉对自身有用的社会信息，拥有敏锐的热点捕捉能力以及清晰的逻辑分析思路。但与此同时，由于人生阅历的不足，“00后”大学生也容易被社会舆论误导，产生错误的价值观念和政治观念认知，这一点尤其需要高校辅导员结合工作实际加以教育和引导。

激烈的社会竞争促使了“00后”大学生心理承受能力普遍偏低的群体特征。相较于少年时期，“00后”大学生进入大学后，面对来自五湖四海的优秀学子，在群体中成为优胜者的概率逐渐下降，部分同学容易出现自我颓废、丧失人生目标的消极结果，长期的挫折感往往导致抑郁症、精神分裂等心理疾病，需要辅导员观察、引导，及时疏解大学生群体的心理压力。

二、以生为本，发挥高校思想政治教育工作者的主体功能

《师说》曰："师者，传道授业解惑者也"，此句诠释了高校思想政治教育工作者在高校大学生成长成才过程中所需要发挥的主体功能。高校思想政治工作者应通过塑造自身独有的人格魅力，传播正能量，从而吸引学生、走进学生、引导学生。

"传道"。高校辅导员应坚持"育人为本、德育为先"的理念，带动学生们健康成长与发展，从情感、态度、价值观上对学生进行激励、鼓舞。辅导员的首要角色是当好大学生政治思想的引领者。当好这一角色，就是要坚定政治立场，严守政治纪律，提高政治站位。在大学生思想政治教育和日常事务服务与管理中，加强与学生的沟通和交流，用自己的良好品质与饱满精神状态去感染学生，带给学生正能量，逐渐培养学生的独立人格，引导大学生树立坚定正确的政治方向，帮助他们形成正确的人生观、价值观、世界观。

"授业"。高校辅导员应充分依托高校思想政治教育课程育人平台，守好一段渠，种好责任田。与此同时，高校辅导员应当好思政阵地的"吹号手"，积极运用网络信息化手段，通过党课、团课、形势政策课等渠道，加强"00后"大学生的思想政治教育，引导大学生在新时代中国特色社会主义的语境中实现中国梦和个人梦。与学生交心谈心，平等对话，积极听取学生建议，改善教学方法，通过第一课堂和第二课堂协同配合，使专业课程与思政理论课程同向同行，营造积极向上的校园文化氛围来进行润物无声的思想政治教育。

"解惑"。高校辅导员应根据当前新形势下的时代特点和"00后"大学生个性需求来开展答疑解惑工作，并将思想政治教育融入在答疑解惑工作中。当学生在学习科研、校园生活、职业规划等方面遇到问题时，辅导员能够在网络时代的大背景中提出针对性、建设性的意见，帮助学生化解学习和生活中的难题，并通过多媒体、网络化的手段充分调动学生的主动学习能力，进而发掘培养学生独立自主、勇于质疑的精神。在解惑的同时，也要自觉在具体的工作实践中，加强工作研究，把握思想政治教育规律和处于变化中的学生成长规律，让理论随时能够指导实践，积极推动学生独立人格的养成，引导他们成人成才。

三、与时俱进，找准高校思政教育工作者的角色新定位

思想政治工作从根本上说是做人的工作，必须围绕学生、关照学生、服务学生，不断提高学生思想水平、政治觉悟、道德品质、文化素养，让学生成为德才兼备、全面发展的人才。作为学生的引导者，辅导员必须不断学习，找准角色定位，在工作中不断的自我提升，才能获得学生的认可和尊重，才能使立德树人工作落到实效。

1. 管理者

作为高校大学生的直接管理者，必须牢记思想政治教育的目标和原则，坚持把立德树人作为中心环节，通过理论学习、业务实践，提升与学生沟通交流的层次和水平，注重引领育人方向，广泛开展育人活动，推进学生参与式管理，积极发挥共青团、学生会组织、学生社团、党团支部等基层组织的凝聚作用，通过软管理的方式将思想引领和成才服务贯穿于大学生日常学习和生活中。

2. 文教者

《孟子》曰："贤者以其昭昭使人昭昭。"源头昭昭，水才能清，方向昭昭，路才能远，高校辅导员的文教理念昭昭，高校大学生才能健康发展。辅导员应结合时代特点，深入学习中华优秀传统文化、革命文化、社会主义先进文化，提升政治文化理论水平，使自身具备推动校园文化建设的本领，进而创新文化育人的形式和载体，通过博雅通识教育来推动营造良好的校园文化氛围，充分发挥文化的浸润、感染、熏陶作用。

3. 宣传者

面对社会多元化的冲击，辅导员应坚定马克思主义信仰，当好国家政策、指导思想、校园文化的宣传者。通过网络化信息化手段，深入了解新形势下大学生群体中的意识形态变化，当好思想政治教育的领读人，将思想政治教育的宣传工作贯穿在学校教书育人的全过程，达到春风化雨、润物无声的效果。与此同时，结合网络时代的特点，不断拓展思想政治教育的空间和途径，以灵活有效的方式增强思想政治教育的亲和力、感染力和可信度。通过新媒体宣传渠道和形式，维护清朗网络空间，传播正能量，在输出理念、价值的同时，输入学生的思想动态，了解学生的需求和兴趣点，逐渐帮助学生树立正确的价值观和是非观。

4. 守护者

作为与学生接触最紧密的一线教师，辅导员有责任、有义务当好大学生健康安全的守护者。"00后"大学生大多是独生子女，虽然学习能力强、心智成熟、思维活跃，但毕竟社会经验缺乏，独立自主的意识仍处在建立和发展中，处理问题能力不够，容易受到一些不良事件的影响和伤害，辅导员作为大学生成长成才的引路人，在校期间应充当好学生的守护者，随时关注学生的学业生活、心理健康和人生安全，指导学生完成学业，处理好人际关系，疏导心理压力，规划职业生涯，引导学生解决不同时期、不同阶段面临的各种选择问题，始终在情感上贴近学生，行动上深入学生，学习上引导学生，生活中激励学生，工作上服务学生，真正做好陶冶学生心灵，指导学生奋进的成长成才的引路人。

四、结语

在网络信息化时代背景下，面对“00后”大学生鲜明的个性特点和成长需求，传统的思想政治教育管理方式已经无法完全满足新时代学生工作的需要。高校辅导员必须勇于找准角色新定位。“合理管理、持续学习、深入学生、寓情于教”才能应对学生群体性特征的变化和新时代思想政治教育工作的新要求。通过管理者、文教者、宣传者、守护者的新定位，与时俱进，不断拓展工作内容和方式，搭建工作平台，持续在工作岗位上释放正能量，点亮学生人生，促进学生全面成人成才。

参考文献

[1]习近平．习近平总书记在全国高校思想政治工作会议重要讲话[N]．新华社，2016-12-08.

[2]张金华．面对新时代大学生的年轻辅导员工作探讨[J]．管理研究，2011，6：104-105.

[3]高洋．立足新时代，探索高校思想政治辅导员工作的新方式[J]．经济研究导刊，2015，16：199-200.

[4]赵会利．“00后”大学生思想政治教育模式研究[J]．学校党建与思想教育，2016，11：176-177.

[5]黎晓曦．从德育到心育——论新时代大学辅导员的软管理[J]．大学教育，2017，1：176-177.

以生为本　立德树人

陈　阳
（武汉大学电子信息学院）

习近平总书记指出中国特色社会主义进入新时代，我国社会主要矛盾已经转化为人民日益增长的美好生活需要和不平衡不充分的发展之间的矛盾，但我国仍处于并将长期处于社会主义初级阶段的基本国情没有变，我国是世界最大发展中国家的国际地位没有变。这是党中央对党和国家当前所处历史方位作出的重大战略判断。高等教育是人民美好生活需求的一部分。新时代，高等教育的内外环境、供求关系、资源条件、评价标准都已发生了重要而深刻的变化。新时代中国高等教育质量稳步提升，我国已是名副其实的高等教育大国，但与世界先进水平相比，与中央要求、社会需求和百姓期待更好的教育相比，高等教育的改革发展还有差距，发展不平衡不充分的问题也日益突显。

一、学习习近平新时代中国特色社会主义思想的丰富内涵

学习贯彻习近平新时代中国特色社会主义思想首要的工作是深刻领会其历史地位和丰富内涵，把工作的着力点聚焦到实现党的十九大确定的各项目标任务上，聚焦到调动广大师生的积极性、主动性和创造性，激发一切正能量，团结进取，奋发有为，推进“双一流”建设上来。

一是增强学习意识，不断提高思想理论水平。作为一名党员领导干部，要带头学习理论，使学习步入制度化、正常化，通过学习不断提高自身理论水平、业务素质，以及在工作中分析问题、解决问题的能力。全面正确理解和把握科学发展观的实质，运用马克思主义的立场观点和方法研究问题、解决问题，增强工作的原则性、系统性、预见性和创造性。要把学习贯彻习近平新时代中国特色社会主义思想和党的十九大精神放在首位，坚持原原本本学、结合工作学、带着问题学，在学懂弄通做实上下功夫，牢固树立“四个意识”，坚定“四个自信”，做到“两个坚决维护”，做到“四个服从”。

二是提高政治鉴别力，增强政治定力。要把学习贯彻习近平新时代中国特色社会主义思想和党的十九大精神作为武装头脑、提高政治定力的基础，坚持中国特色

社会主义道路自信、理论自信、制度自信、文化自信，不断提高政治敏锐性和鉴别力。以抓住学习贯彻党的十九大精神和习近平新时代中国特色社会主义思想的契机，主动钻研学习，从主要着眼于改造客观世界学习，转变为改造客观世界与主观世界相结合学习，从被动式的要我学，转变为主动提高自己理论素养的我要学。

三是增强政治历练，提高解决复杂问题的能力。要严明党的政治纪律和政治规矩，在政治上保持清醒的头脑，要在政治历练中坚定理想信念，提高政治站位，提升党性观念。要进一步提高运用马克思主义立场、观点、方法分析问题和解决问题的能力，切实增强工作的原则性、系统性、预见性和创造性，树立正确的世界观、人生观和价值观，坚持实事求是的思想路线，固牢思想防线，真正做到学而信、学而用、学而行，做到虔诚而执着、至信而深厚、坚定而笃行。

二、坚持立德树人根本任务，为青年学生补钙铸魂

青年一代有理想、有担当，国家就有前途，民族就有希望，实现中华民族伟大复兴就有源源不断的强大力量。中共中央、国务院于2017年4月发布的《中长期青年发展规划(2016—2025年)》中指出，“赢得青年才能赢得未来，塑造青年才能塑造未来。要站在党和国家事业后继有人、兴旺发达的高度，把青年发展摆在党和国家工作全局中更加重要的战略位置，整体思考、科学规划、全面推进，努力形成青年人人都能成才、人人皆可出彩的生动局面，为实现‘两个一百年’奋斗目标、实现中华民族伟大复兴的中国梦注入强劲、持久的青春动力”。新时代高校应教育引导广大青年学生积极践行社会主义核心价值观，坚定中国特色社会主义道路自信、理论自信、制度自信、文化自信，引导青年明大理、识大势、知大任、养大德。

一是要加强青年理想信念教育。深入开展共产主义、中国特色社会主义学习宣传教育，开展习近平新时代中国特色社会主义思想和十九大精神学习教育，使中国梦成为青年共同追求的奋斗目标，使中国特色社会主义成为青年衷心拥护的发展道路，使共产主义成为青年矢志追求的远大理想，增进青年对党的信赖、信念、信心。注重引导青年学习马克思主义基本原理，树立辩证唯物主义和历史唯物主义的世界观、方法论。注重加强宣传教育、示范引领和实践养成，引导广大青年增强使命意识和责任意识，自觉把人生追求融入党和国家事业。

二是在青年中培育和践行社会主义核心价值观。引导青年勤学、修德、明辨、笃实，使社会主义核心价值观内化为青年的坚定信念，外化为青年的自觉行动。大力弘扬以爱国主义为核心的民族精神和以改革创新为核心的时代精神，把爱国主义教育贯穿国民教育和精神文明建设全过程，引导青年学习了解党史国史、近现代史和改革开放史，继承五四运动以来的革命文化传统，坚持爱国、爱党、爱社会主义相统一，自觉培养爱国之情、砥砺强国之志、实践报国之行。引导青年传承弘扬中华优秀传统文化，增强文化自信和价值观自信。深入开展形式多样的青年群众性精

神文明创建活动，引导青年大力弘扬社会公德、职业道德、家庭美德，培养良好个人品德，积极倡导和培育诚信品格，争当“向上向善好青年”，在引领社会文明风尚中发挥积极作用。加强民族团结宣传教育，推动各族青年交往交流交融，树立正确的国家观、民族观、历史观、文化观、宗教观，自觉抵制宗教极端思想，共同维护祖国统一和各民族繁荣发展。

三是培养学生“明辨”的能力。明辨，就是要把握青春奋斗与奉献的航向。明辨是非能力的强弱，直接关系到一个人的思想境界高低。目标远大、积极上进的人，每走一步都是三思而后行，这样误入歧途的情况就少一些。要做到这一点，就是要按照习近平总书记的要求，学会思考、善于分析、正确抉择，做到稳重自持、从容自信、坚定自励。有的大学生缺乏明辨是非的能力，造成对于外来文化盲目崇拜。从我国大学生文化自信缺失的原因来看，明辨也是一个根源性的因素。要培养大学生明辨的能力，首先应该改革传统的满堂灌的教学方法，应适当地采取更具引导性和启发性的方式，利用相互讨论、自学或是让学生讲课的方式来启发思维、创造活力，也锻炼了学生的批判性思维和独立思考问题的能力。其次，学校老师要善于引导学生进行自我的是非辨析，经常给学生提供正反两方面的素材，让学生自己进行分析、判断和处理；也可以让学生参与学校、院系的管理与决策，提高学生的参与意识和管理水平；充分发挥各级学生组织和学生社团的作用，培养学生自我教育、自我管理、自我服务的能力等等，使学生养成自我反思的习惯，从而提高他们明辨是非的能力。

四是强化网上思想引领。把互联网作为开展青年思想教育的重要阵地，团结、带动和壮大网上积极力量，大力开展正面宣传，实施“青年好声音”系列网络文化行动，增强网络正能量，消解网络负能量。提升网络舆情分析和引导能力，疏导青年情绪，澄清误解和谣言，引导青年形成正确认知。在青年群体中广泛开展网络素养教育，引导青年科学、依法、文明、理性用网。广泛开展青年网络文明志愿者行动，组织动员广大青年注册成为网络文明志愿者，参与监督和遏止网上各种违法和不良信息传播，为构建清朗网络空间作贡献。科学认识网络传播规律，提高用网治网水平，使互联网这个最大变量变成事业发展的最大增量。

五是积极引导大学生对优秀的传统文化进行创造性转化和创新性发展。弘扬革命文化中百折不挠的精神，重视马克思主义信仰教育。在我们民族的传统文化中，有许多值得深入挖掘和阐发的精神财富。仁、义、礼、智、信贯穿于中国传统文化美德的发展历程，是中国道德的核心价值观。温、良、恭、俭、让是我们修身律己、齐家治国的准则。这些文化为艺术教育应该以德树人提供了价值依循，我们吸取其精华，赋予时代精神新内容，鼓励学生大胆探索，多元思考，开拓创新。摒弃当今艺术庸俗化、低俗化、媚俗化的现象，倡导大学生树立向上的理想信念，帮助他们塑造正确的价值观。在革命、建设和改革的伟大实践中，我们党团结带领各族人民创造了鲜明独特、奋发向上的革命文化。革命文化蕴含着中国人民勇于奉献、敢于牺牲、勇往直前、甘于吃苦、实事求是等崇高品质，井冈山精神、长征精神、延安精神、抗震救灾精神等富有时代特征、民族特色的宝贵精神财富，是我们增强文化自信的底气所在。在今天，大学生仍然要传承好这些革命精神，努力做到革命精神与改革创新的时代精神相结合。社会主义先进文化是在马克思主义的基础上形成的。马克思主义经过我国的革命、建设和改革的实践被证明是科学的，当代大学生要坚定对马克思主义的信仰。

六是以学生为本，重视服务引导。习近平新时代中国特色社会主义思想站在历史唯物主义的根本立场明确提出坚持以人民为中心，强调要不断促进人的全面发展，实现全体人民共同富裕。以人民为中心的发展思想，一直以来是中国共产党人的根本宗旨。习近平总书记强调，党性和人民性从来都是一致的、统一的，延伸到思想政治工作领域，习近平总书记强调思想政治工作必须围绕学生、关照学生、服务学生。大学生思想政治工作必须要树立以学生为中心的工作导向，坚持学生主体地位，及时解决学生的实际问题和困难，把教育、引导与服务学生结合起来。要积极开辟就业市场，认真落实大学生基层就业和自主创业扶持政策，不断提高大学生就业能力和竞争力。要完善大学生就业指导与咨询体系建设，加强大学生就业指导与职业生涯规划课程体系，努力实现就业指导工作全程化、全员化、多元化和个性化。不断完善“奖、助、贷、补、减”多元化助学体系，努力推进助困育人，为贫困家庭学生健康成才搭建平台。要加强服务管理，不断创新管理方式，提高服务水平，满足大学生在学习、生活和文体活动等方面的合理需求。加强大学生心理健康教育科学化、规范化建设，实现心理健康教育工作制度化、课程系统化、危机干预全员化和心理健康服务需求化，切实提高大学生心理健康素质。

三、加强党对高校的全面领导，牢牢把握意识形态工作领导权

习近平总书记在党的十九大报告中强调，要牢牢掌握意识形态工作领导权。高等学校肩负着学习研究宣传马克思主义、培养中国特色社会主义事业建设者和接班人的重大任务。加强高校意识形态建设，事关党对高校的领导，事关全面贯彻党的教育方针，事关新时代中国特色社会主义事业后继有人，对于巩固马克思主义在意识形态领域的指导地位，巩固全党全国各族人民团结奋斗的共同思想基础，具有十分重要而深远的意义。高等学校必须牢牢把握意识形态工作领导权，着力构建意识形态建设的有效载体，坚持以社会主义核心价值观为指导，增强意识形态的自觉与自信，切实做好高校意识形态工作。

总之，学习贯彻习近平新时代中国特色社会主义思想和党的十九大精神，要和新时代高校办学治校紧密结合，要以立德树人为根本任务，以学生为本，要加强对青年学生的政治引领和思想引导，意识形态工作的弦不能有任何松懈，培养德智体

美劳全面发展的社会主义建设者和接班人。

参考文献

[1]申秀秀．立德树人：思想政治工作贯穿教育教学全过程的的新路径[J]．山西青年，2018(20)：62.

[2]王可煜．论习近平新时代中国特色社会主义思想是全面深化改革的根本指导思想[J]．中共银川市委党校学报，2018，20(05)：5-8.

[3]胡冠英．引领中国走向新征程的习近平新时代中国特色社会主义思想[J]．中共银川市委党校学报，2018，20(05)：25-28.

[4]苗祎，刘亚男．习近平“立德树人”思想的理论溯源[J]．华北水利水电大学学报(社会科学版)，2018，34(05)：32-35.

新时代高校思想政治教育工作实践创新研究

——以武汉大学动力与机械学院学生工作为例

陈　曦

（武汉大学动力与机械学院）

党的十八大以来，以习近平同志为核心的党中央提出并形成了一系列治国理政新理念新思想新战略，不仅开创了党和国家事业发展新局面，而且为高校思想政治教育指明了方向、提出了新的要求。在新的历史条件下，高校必须统一到党中央治国理政新理念新思想新战略上来，全面贯彻党的教育方针，落实立德树人根本任务，不断加强高校思想政治教育，努力完成党和国家赋予高校的历史重任。为了贯彻落实习近平总书记重要讲话精神，武汉大学动力与机械学院根据自身的实际情况和特点，坚持理论与实践相结合的原则，努力探索高校院系思想政治教育工作的新方法、新途径，逐步探索并形成了一个育人理念、一个培养目标、两条工作主线、三种工作机制、四项工作原则、九类工作载体的工作模式（简称“112349”工作模式）。

一、紧密围绕“立德树人”育人理念

2018 年 5 月 2 日，习近平总书记在北京大学师生座谈会上说：“大学是立德树人、培养人才的地方，是青年人学习知识、增长才干、放飞梦想的地方。”2014 年教师节时，习近平同北京师范大学的师生代表座谈时就如何做一名好老师提出了 4 点要求，即：要有理想信念、有道德情操、有扎实学识、有仁爱之心。对广大青年提出了具有执着的信念、优良的品德、丰富的知识、过硬的本领这 4 点要求。在新的形势下，为了贯彻落实习近平总书记强调的“教书育人”理念，我院对“立德树人”赋予新的时代内容，我院院训“自强不息，厚德载物”，始终将“立德树人”教育理念作为根本宗旨。引导全体学生学习习近平系列讲话，学习中国传统文化，并将学术道德和诚信作为新生入学必修课。

二、始终明确“培养德智体美劳全面发展的社会主义建设者和接班人”的目标

学校培养什么样的人、怎样培养人，习近平给了我们一个明确答案，就是我们

的教育要培养德智体美劳全面发展的社会主义建设者和接班人。为了落实这样的培养目标，我们结合本院的实际，将其内化为本院的具体目标，坚持办学正确政治方向，坚持马克思主义是我们立党立国的根本指导思想，积极引导学生学习马克思主义理论，树立正确的世界观、人生观、价值观，着力提升学生勤学、修德、明辨、笃实的综合素质。同时，着力建设政治素质过硬、业务能力精湛、育人水平高超的高素质教师队伍，学院每年引进海外优秀教师，定期派送辅导员参加各类培训，几乎所有辅导员都获得国家心理咨询师资格证。

三、抓住“要求”和“需求”两条工作主线

习近平在全国宣传思想工作会议上提出了“两个巩固”的思想，即“宣传思想工作就是要巩固马克思主义在意识形态领域的指导地位，巩固全党全国人民团结奋斗的共同思想基础”。“两个巩固”是对新形势下思想政治教育工作的总体要求和基本原则，对高校宣传思想工作具有重要的现实针对性。为了贯彻落实“两个巩固”的思想，我院明确了两条工作主线，即主要围绕一个“要求”和一个“需求”来主动开展工作：一是按照党和国家对高校思想政治教育工作提出的要求开展以理想信念教育为核心的社会主义核心价值观教育，其目的就是培养德才兼备的大学生，像习近平总书记所说的那样，“踏踏实实修好公德、私德，学会劳动、学会勤俭，学会感恩、学会助人、学会谦让、学会宽容、学会自省、学会自律”；二是大学生自身发展的内在需求。加强思想政治教育，提升全面素质，不仅是实现教育方针和培养目标的需要，而且也是大学生自身发展的客观需要。为了满足这样的需要，我们重点引导学生开展了这样一些工作：一是以专业知识为核心，制定学业生涯规划；二是以就业、择业、创业为核心，制定职业生涯规划；三是以学生的成长成才为核心，制定人生发展规划；四是创设有效的育人环境，促进学生身心健康发展。

这两条工作主线是新形势下我校思想政治教育工作和工作者的目标和任务，也是贯彻落实“两个巩固”的重要着力点。

四、创新三种工作机制

习近平在全国高校思想政治工作会议上强调，做好高校思想政治工作，要因事而化、因时而进、因势而新。高校思想政治工作在抓好理论创新的同时，重点要加强工作机制的创新。必须建立健全创新的平台，为加强师风建设和立德树人提供体制保障。为此，我院思想政治教育工作从以下三方面开展基层工作机制创新：

（一）坚持思想政治教育主渠道与主阵地的一体化

大学生思想政治教育包括思想政治理论教育和思想政治教育实践两个主要方

面：一个是主渠道，一个是主阵地。这两个方面，一个侧重于理论层面，一个侧重于实践层面，二者相互依存、互为补充。思想政治理论教育是“主渠道”，即通过思想政治理论课程（党团和形势政策课程等）对学生进行系统的思想教育、政治教育和道德教育，这是帮助大学生树立正确的世界观、人生观、价值观的重要途径；思想政治教育实践是“主阵地”，其内容既涵盖了上述基本教育，同时又融入了心理健康教育、人文关怀教育、人际关系教育、日常行为养成教育等实践活动，是对“主渠道”理论教育的延伸和补充。完整的思想政治教育，应当是理论与实践互为补充，坚持主渠道和主阵地的相互统一。为此，要寻找教育内容的贯通点，在方式方法上相得益彰，实现思想政治理论课教师与辅导员角色的弹性转换与有效沟通，进一步提高思想政治教育的实效性。

（二）坚持思想政治教育全员育人

思想政治教育工作是一项系统工程，必须确立思想政治教育的系统观念、全局观念、整体观念，加强思想政治教育力量的整合。中共中央国务院《关于进一步加强和改进大学生思想政治教育的意见》明确指出：要建立健全党委统一领导、党政群齐抓共管、有关部门各负其责、全社会大力支持的领导体制和工作机制，形成全党全社会共同关心支持大学生思想政治教育的强大合力。为此，我院主要是做了这样一些统筹，在院党委领导下，学生工作办公室负责学生思想政治教育工作的统筹安排，对外同学校学生（研究生）工作部、团委、组织部、宣传部、学生就业指导处、学生心理健康教育中心、马克思主义学院、图书馆、国际交流部、校友处、保卫部、后勤保障部等相关部门处理学生思想政治教育工作相关问题，充分发挥各部门在大学生思想政治教育工作中的积极作用。教学管理办公室围绕学生学科和学风建设定期召开工作会议，研究处理相关问题。

（三）坚持学校指导下的学院学生工作主体特色化

坚持学校指导下的学院学生工作主体特色化。在学院层面，就是要依据本院学生思想特点和学院学科专业特色构建学院高校思想政治教育体系，开展形式多样、特色鲜明的实践活动，使各学院学生工作成为学校学生工作的特色和缩影，进而提升高校思想政治教育整体水平。我院在志愿服务、党建、学科竞赛等方面亮点突出。

五、把握四项工作方法

习近平多次强调，为群众办实事既要有诚心，更要讲方法。2018 年是学校“以生为本”年，我们需要掌握学生的学习、生活环境情况，把握学生的年龄特征和思维方式，紧密结合他们的日常生活实际，有的放矢改善我们的工作方法，提升高校思想政治工作的成效。为此，我院主要采取以下四种工作方法：

（一）分阶段

大学生思想政治教育要遵循学生成长成才的基本规律，针对我院学生的专业特点和成长发展规律进行针对性教育。大一上学期主要开展适应性教育、专业教育、朋辈教育、爱校教育、校规校纪和习惯养成教育，同时重点做好学生学涯规划、职业生涯规划、人生发展规划教育，并指导学生制定完成学涯规划；大一下学期主要开展典型示范教育、基础道德规范、法律法规、公民素质教育；大二学年主要开展传统文化、科研实践教育、指导学生制定完成职业生涯规划；大三学年深入开展社会主义核心价值观教育、成长反思教育、专业技能训练、指导学生制定完成人生发展规划；大四学年主要开展社会责任教育、职业理想教育、母校情怀教育；研究生阶段主要开展学术诚信教育和党支部建设。

（二）有侧重

大学生思想政治教育要遵循学生的思想差异，对不同学生群体开展主题教育活动。依托武汉大学青年马克思主义者培养工程全国研究培训基地，以组织开展校院两级“大学生骨干培训班”为侧重点，从坚定理想信念、优化能力结构、锤炼作风品格等方面，着力培养一大批用马克思主义理论武装的大学生骨干，使之成为马克思主义理论坚定的信仰者和传播者，团结和带领广大团员青年成为中国特色社会主义建设者和接班人。

（三）抓重点

大学生思想政治教育工作要抓住主要矛盾和关键环节有的放矢地开展。结合我院实际，重点通过“五大着力点”全面提高大学生思想政治教育的实效性：一是通过抓学风和考风，培养良好学风，激发大学生学习动力；二是通过抓评优和特殊两个群体，树立先进典型；三是通过抓就业和资助两个重点，把思想教育和解决实际困难相结合；四是通过抓班级和寝室两个阵地，把工作做到细微处；五是通过抓住新生入学和毕业生离校两个关键时间节点，做好全过程育人。

（四）强队伍

学校和学院领导十分重视辅导员的政治培养，有计划地向校内管理岗位推荐优秀辅导员，落实优秀学工干部和辅导员赴国内外研修、交流任职等具体政策，鼓励有相关潜质的辅导员开展大学生思想政治教育方面的理论与实践研究，不断提升学工干部和辅导员职业能力，促进学工队伍职业化、专业化建设，努力培养一支具有世界眼光、中国情怀、时代特征的优秀大学生日常思想政治教育工作队伍。

六、创新九类工作载体

习近平多次讲到思想政治工作的实效性问题，强调“要通过教育引导、舆论宣传、文化熏陶、实践养成、制度保障等，使社会主义核心价值观内化为人们的精神追求，外化为人们的自觉行动”。高校思想政治教育工作的载体作为思想政治工作落到实处的关键环节，对于提高高校思想政治教育有效性与实效性意义重大。我院与时俱进创新载体表现形式，精心设计选择载体，主要从以下九个方面展开工作：

（一）理想信念与爱国主义类载体

这类载体包括学院以党课团课、青年马克思主义者培养工程、各类培育和践行社会主义核心价值观教育活动、各级各类理论学习组织和社团、大学生理论学习指导纲要等为主要内容的理想信念教育；以重大历史事件、典型历史人物事迹学习、“九一八”成人仪式等为主要内容的爱国主义教育。

（二）学风考风类载体

这类载体包括学院以明晰职业发展目标、培养专业情志、搭建专业知识架构、增强专业技能训练、加大实践考察、开展专业成功人物访谈与创新实践等为主要内容的专业情志教育；以“两早一晚”、诚信教育、“二率”（不及格率、降级率）降低、学业预警机制、无监考考场、党员挂牌考试、考研辅导、考研经验交流会、各类学习角等为主要内容的学风考风教育。

（三）基础管理与行为规范类教育

这类载体包括学院以“闭环式”信息反馈系统等为主要内容的基础管理教育和人身财产安全等教育为主要内容的习惯养成教育。以公民道德实施纲要、学校文明规范守则等为主要内容的基础道德规范教育和以校规校纪学习、普法宣传等为主要内容的法治教育。

（四）“二涯一规”与创新创业类载体

这类载体包括学院以学业生涯规划、职业生涯规划、人生发展规划等为主要内容的体验式教育；以“挑战杯”、机器人大赛、数学建模比赛、研究生电子设计大赛等为主要内容的各类创新创业竞赛。

（五）人格培养与成长反思类载体

这类载体包括学院以心理健康教育讲座和心育骨干培训课程、心理健康四级预警机制、心理健康月等为主要内容的心理帮扶活动；创建了大学生成长工作室；定期开展以诚信感恩等为主题的班团活动等。通过个别谈话、团队交流、机构咨询、班团活动等形式，帮助学生解决学习、生活、交友、就业等方面的问题，对学生进行思想政治教育、心理和生活帮扶等，开展人格培养教育。按照"学习、研究、实践、反思"的成长规律，引导学生对自我成长过程进行行为反思教育和学业反思教育，促进学生成长成才。

（六）舆论引导与典型示范类载体

学院建设完善了学生工作微信群、QQ 群、whu 动机小助手、武大动机研究生会、动机心协、动机院社团指导中心等微信公众号，以及学院各类网络载体等新媒体平台，利用新媒体的优势特点，开展大学生思想政治教育，以及以学院十佳大学生评选、师德高尚名师宣传、优秀校友事迹、各类优秀学生典范选树等为主要内容的模范引领教育；以优秀班集体评选、优秀寝室评选等为主要内容的集体主义教育。

（七）传统文化与校园文化类载体

这类载体包括学院以经典传统文化活动、文博馆等参观研讨活动、传统文化宣讲等为主要内容的传统文化教育；以廉政文化进校园等为主要内容的廉政文化教育；以学术讲座、寝室文化节、师生趣味运动会等为主要内容的环境育人教育和综合素质提升教育。

（八）"三全育人"与学生服务类载体

这类载体包括学院以副处级以上干部联系重点学生制度，所有办公室全员参与学生工作为主要内容的全员育人载体；以辅导员家访制度、家长开放日等为主要内容的全方位育人载体；围绕新生入学、毕业生离校等重要时间段开展的专题教育活动和分年级、分阶段开展侧重点不同的全过程教育；通过"助、贷、勤、减、补"措施和学业咨询、就业咨询等做好服务工作；以少数民族学生、家庭经济困难学生为重点的精准帮扶活动等。

（九）社团实践与学生干部类载体

学院作为"武汉大学志愿服务特色基地"，以学雷锋、志愿服务、"三下乡"支教等为主要内容开展志愿服务，围绕社会焦点问题跟踪、国情调查、模范先进人物走访等，深入社会生活，开展专项调查研究，提高学生实践能力。发挥大学生群众性组织的作用，围绕各类社团组织，开展具有思想政治教育意义的活动，如成立学术科研论文写作、建模仿真社团等。通过强化团委、学生会（研究生会）、社团指导中心、青年志愿者协会、毕业生工作委员会等学生组织建设为学生领导力提升和才华展示提供平台等。

"112349"工作模式，是我院在长期的探索中总结出来的加强高校思想政治教育工作一些行之有效的做法。我们将不断努力学习贯彻落实习近平总书记系列重要讲话精神，把党中央治国理政新理念新思想新战略落实到学校改革建设和高校思想政治教育工作的实践中，为培养中国特色社会主义合格建设者和可靠接班人作出应有的贡献。

参考文献

[1]习近平．习近平在北京大学师生座谈会上的讲话[EB/OL]. http：//politics. people. com. cn/n1/2018/0503/c1024-29961468. html，2018-05-02.

[2]习近平．习近平出席全国宣传思想工作会议并发表重要讲话[EB/OL]. http://www. gov. cn/xinwen/2018-08/22/content_5315723. htm，2018-08-22.

[3]习近平．把思想政治工作贯穿教育教学全过程，开创我国高等教育事业发展新局面[EB/OL]. http：//www. xinhuanet. com//politics/2016-12/08/c_1120082577. htm，2016-12-18.

[4]习近平．习近平谈治国理政[M]. 北京：外文出版社，2014.

聚焦“主责主业”　推动研究生会科学发展

孟　威　吕龙飞
（武汉大学电气与自动化学院）

一、十九大开启新时代，提出新要求

党的十九大是在全面建成小康社会决胜阶段、中国特色社会主义进入新时代的关键时期召开的一次十分重要的大会。新时代这一概念宏伟豪迈，内涵深刻，对全党全国人民踏上新征程都提出了新的要求。对于研究生会组织来说，党的十九大提出的具体要求既蕴含在报告的精神实质当中，又包含在报告关于高等教育、群团组织和青年使命的论述之中。蕴含在报告中的深厚的为民情怀和群众观点应当成为研究生会开展工作、服务同学的精神源泉。关于高等教育，报告强调：“要全面贯彻党的教育方针，落实立德树人根本任务。”“加快一流大学和一流学科建设，实现高等教育内涵式发展。”关于群团组织，报告指出：“推动工会、共青团、妇联等群团组织增强政治性、先进性、群众性，发挥联系群众的桥梁纽带作用，组织动员广大人民群众坚定不移跟党走。”关于青年，习近平总书记在报告中专门用一整段的大篇幅强调了青年的使命，他说：“青年兴则国家兴，青年强则国家强。青年一代有理想、有本领、有担当，国家就有前途，民族就有希望。中国梦是历史的、现实的，也是未来的；是我们这一代的，更是青年一代的。中华民族伟大复兴的中国梦终将在一代代青年的接力奋斗中变为现实。全党要关心和爱护青年，为他们实现人生出彩搭建舞台。广大青年要坚定理想信念，志存高远，脚踏实地，勇做时代的弄潮儿，在实现中国梦的生动实践中放飞青春梦想，在为人民利益的不懈奋斗中书写人生华章！”

从指导研究生会工作的实践中，我们可以深刻地体会到，研究生会组织贯彻落实党的十九大精神，必须在准确把握十九大精神实质的基础上，深刻领会报告对于高等教育、共青团组织和青年相关论述中蕴含的对研究生会组织发挥作用的具体要求，在围绕好、服务好、处理好高等教育、共青团组织和青年各自的三个“主责主业”中深化自身改革发展。

二、统筹三个“主责主业”及其相互关系

从面上看，研究生会所处的工作环境是高等学校（科研院所），从十九大报告的论述出发，高等教育的根本任务是立德树人，时代主题是加快“双一流”建设和内涵式发展。有机统一这两个方面，可以认为，新时代高等教育的主责主业是要培养锻造世界一流人才。

从条块看，研究生会的直接指导单位是高校共青团组织，从十九大报告的论述出发，党对共青团组织的要求是增强政治性、先进性、群众性，根本目标是要使共青团组织动员广大青年群众坚定跟党走。结合共青团改革的相关要求，可以认为，新时代共青团组织的主责主业聚焦在思想引领，凝聚青年上。

从个体看，研究生会的服务对象是广大青年研究生，报告对青年的历史使命阐述深刻，对当代青年寄予厚望，要求新时代的青年坚定理想信念，志存高远，脚踏实地。结合习近平总书记青年工作思想中关于青年成长的论述精神，具体到青年研究生群体，可以认为，研究生群体的主责主业就是珍惜研究生阶段的宝贵时光，扎实学习科研、全面发展，为投身新时代历史使命涵养知识和精神力量。

分析三个“主责主业”的相互关系，高等学校培养世界一流人才的方针为研究生的全面发展创造良好环境、提供空前机遇；共青团组织引领青年坚定信念跟党走，为研究生全面发展把稳了政治方向，保证青年发展蹄疾步稳；研究生自身坚定理想信念、聚焦学习科研，既是为学校“双一流”建设做出贡献，也是为国家民族积蓄力量。而研究生会居于高校、共青团组织和青年学生中的枢纽位置，发挥桥梁纽带作用。如何明确研究生会的主要职责——初心和使命，对于有效统筹三个“主责主业”，把党的十九大精神在高校、团学组织和青年研究生中落实落地，具有关键意义。

研究生会作为研究生的群众性组织，其初心和使命是为研究生谋需求，为学校聚合力，是统筹三个主责主业的关键。

为研究生谋需求，就是秉承服务理念，聚焦服务研究生主责主业。需求主要是指发展需求，包括《青年中长期发展规划（2016—2025 年）》涵盖的十大领域，特别是与研究生密切相关的思想、学习、生活、婚恋、心理需要；为学校聚合力，就是秉承大局观念，聚焦高校主责主业，主要是为学校聚创建双一流的青年创新创造合力，聚营造有利于人才培养的和谐稳定校园软环境的青年理性平和合力，聚坚定理想信念、投身新时代使命的青年储备人才合力。

为研究生谋需求和为学校聚合力是围绕三个“主责主业”的有机统一的两个方面，研究生会组织还要注意处理关于这两个方面的三种关系，以聚焦服务共青团组织的主责主业：一是处理好聚焦思想引领与寓教于乐的关系，发挥研究生思想性的独特优势，既坚决摒弃有乐无教、娱乐化的错误倾向，又避免机械灌输，多开展思

想性与生动性兼具的活动，注重用青年语言、青年方式传播思想价值。二是处理好解决问题和引导预期的关系，在为同学谋需求、协调学校职能部门为同学们解决实际问题时，要按照十九大报告中所指出的那样："要抓住人民最关心最直接最现实的利益问题，既尽力而为，又量力而行，一件事情接着一件事情办，一年接着一年干。坚持人人尽责、人人享有，坚守底线、突出重点、完善制度、引导预期。"要协调好各方面关系，努力既保障工作平稳，又赢得同学满意支持。三是处理好重点活动和日常服务的关系，既发挥重点活动的宣传引领示范作用，又注意通过日常服务的小活动、小服务把服务覆盖到最广泛的研究生同学。

三、在新时代中务实作为，服务需求，防范风险

研究生作为学科发展的生力军与人才培养的重要群体，其发展问题成为学校"双一流"建设主题聚焦的关键问题。发展才是硬道理，研究生在校期间会出现包括科研、就业、权益、心理问题在内的许多问题，其背后主要是发展问题，研究生群体的特点客观上使得他们对全面发展和自主发展的需求更加迫切。研究生会必须明确，"以同学为本"就是以服务同学发展为本，研究生会要充分发挥研究生群体知识层次高、政治素质过硬、以思辨精神引领工作开展的独特优势，更加聚焦工作的服务性和思想性，处理好"为研究生谋需求"和"为学校聚合力、为国家育英才"的关系，努力通过服务好研究生的发展需求，防范化解各项风险，为学校"双一流"建设、民族复兴伟大事业凝聚青春力量、创造良好环境。

基于以上共识，研究生会需要进一步划分研究生发展需求的三个层次与相对应的需要防范化解的三个风险，开展工作。这三个需求层次和对应的三个风险指的是：一是我们认为研究生的首要发展需求是塑造正确的思想和价值取向，积极融入时代，需要防范化解研究生的错误思想意识与精神懈怠风险，把正发展方向；二是认为研究生的核心发展需求是学术科研和职业发展，需要防范化解研究生科研学术与综合能力不足的风险，拓宽发展空间；三是认为研究生的基础性发展需求是追求合理的校园物质条件和高质量的校园文化生活，需要防范化解研究生孤独感、无助感风险，维护底线安全。

电影《芳华》《无问西东》的热映，让我们看到了青年在不同时代的沉浮。一个人不管能力再强，如果不能融入时代，与时代同心同行，也是不可能发展好的，因此我们把思想引领作为服务研究生的首要任务。研究生群体尽管年龄较大，思维方式和基本价值观已经初步形成，具有有限的社会人生阅历，但还没有完全踏入社会，投身实践，"见得太少而想的太多"，看待问题时往往容易形成思维定势、受到不良思想影响；同时，部分专业和部分培养方式的研究生课程安排较为宽松，毕业压力不大，在缺乏压力与监督的环境中容易陷入安逸，存在精神懈怠风险。对此，研究生会必须通过扎实开展研究生思想价值引领工作，努力服务引领研究生发

展方向。

正如习近平总书记所强调的：“要求真，求真学问、练真本领。”对于研究生而言，顾名思义，学术科研是其主责主业，也是社会衡量研究生发展能力的主要标准。提升学术科研能力，产出更多科研成果，找到或自己创造更好的工作平台，获得广阔的发展空间，这些是研究生的核心发展需求。对此，研究生会要在营造氛围、贴近服务、外引内联等方面持续发力，帮助研究生提升发展能力，拓展发展空间。

身体是革命的本钱，心理健康是正常生活的底线，良好的物质和文化环境是全面发展的有效助力。然而有很多研究生的生活状态却是三点一线，生活在科研任务的夹缝和毕业的压力之中。许多研究生同学的业余生活内容相对单调，常规接触范围非常有限，不仅缺乏文体活动的浸润，交友和权益等问题带来的孤独感、无助感更是常见的内心隐痛，他们存在着强烈的基础发展需求，也具有一定的底线安全风险。对此，研究生会要务实作为，帮助研究生们解决实际困难，营造文体环境，结交优秀伙伴，筑牢安全底线。

党的十九大做出了中国特色社会主义进入新时代的历史判断，可以说，是深化改革造就了新时代；当前，全国高校研究生会正处在贯彻《学联学生会组织改革方案》，促进研究生会解决问题、回归初心、改革发展的关键阶段。我们相信，学联学生会组织改革也将推动研究生会工作更加严实，推动研究生会事业进入新时代。

以习近平关于青年工作重要论述指导高校心理健康教育工作的思考

侯方俊
（武汉大学生命科学学院）

党的十九大报告指出："青年兴则国家兴，青年强则国家强。青年一代有理想、有本领、有担当，国家就有前途，民族就有希望。"新时代要求青年大学生，不仅要有过硬的专业本领，更要有健全的人格和良好的心理素质，这为高校心理健康教育工作提出了新的要求。党的十八大以来，习近平总书记高度重视青年大学生的成长成才工作，频频深入青年大学生群体调研、座谈，并结合大学生群体的特点和规律，提出了一系列关于青年大学生成长成才的新观点、新思想、新战略。新时代背景下，将习近平关于青年工作的重要论述融入高校心理健康教育工作，提升青年大学生心理健康水平，具有重要意义。

一、新时期高校心理健康教育工作的新形势

当前，大学生以 90 后乃至 95 后为主体，他们大多生于独生子女家庭，成长于我国经济发展的转型期，家庭教育观念的转变和市场经济变化，构成了他们这一代人独特的成长环境。随着"互联网+"时代的到来，网络已成为人们生活的一部分，而以 95 后乃至 00 后为主要群体的大学生，思维独立活跃，个性张扬，与网络的平等性、互动性、去权威性等特点相契合，网络更是成为他们的"必需品"。成长环境变化和"互联网+"时代的到来，使当前大学生的思想和行为呈现新特点，心理健康教育工作面临新挑战。

（一）大学生思想行为呈现新特点

1. 个人及家庭因素

大学生在成长过程中，教育问题是父母长辈最关心的话题，父母长辈意识到教育对孩子成长的重要性，在望子成龙、望女成凤的思想下，他们总是采取一系列措施来达到提高学生成绩的目的，一意孤行地给孩子"加负"。这种"揠苗助长"式的

教育方式，使孩子在学习上产生依赖心理，学习的主动性和进取心不足，一旦进入大学，缺少父母的监管，学业问题逐渐凸显。

此外，在孩子的成长过程中，一直接受着父母的过度“关怀”，进入大学后，自由开放的校园，让他们的反叛意识逐渐凸显，他们喜欢按照自己的原则与方法行事，喜欢标新立异。在这样的成长过程中，不可避免地会与家长、教师产生一些观念上的分歧。同时，童年生活里少了玩耍和交朋友的时间，导致他们的人际交往能力较差，极易沉迷于新媒体网络世界的虚拟交往，反而对现实交往变得冷漠，甚至演变为对现实情感的麻木、抵触以及对正义感和思想道德的缺失。

2. 社会环境因素

随着社会主义市场经济体制建立健全、对外开放水平不断加深，各种思想与价值观不断碰撞与融合，在信息大爆炸的时代，人们每天通过互联网接收着各种各样的信息，其中不少信息向公众传递了拜金等负面价值观，使大学生的理想信念受到冲击；同时，当代大学生生于我国经济发展的转型期，人们的收入不断提高，消费能力不断加强，他们是这一历史的见证者，也是社会消费的重要力量，消费观念的转变，使他们中的部分人过分追求物质享受，这种物质需求与经济能力的不匹配，给他们带来较大的心理冲突，而层出不穷的“校园贷”陷阱，不断诱惑着他们进行“超前消费”，使他们在背上沉重债务的同时，也陷入一系列的心理困境与低谷。

大学生群体中，来自个人层面、家庭层面和社会层面的多重压力极易使他们处于矛盾和压抑的状态，同时加之大学生背景来源多元化、年龄层次跨度大、工作经历和婚姻状况差异大等因素，使大学生的心理健康问题更加复杂。

（二）高校心理健康教育工作面临新挑战

信息多元化造就的复杂环境，给大学生成长带来了更大的挑战，各高校都高度重视大学生心理健康教育工作的开展，力求为大学生创造有利健康发展的教育环境。但是，多年来我国高校心理健康教育一直坚持以“问题模式”为导向，投入大量人力、物力和财力到对心理健康问题的有效控制中，疲于应对学生中出现的各类消极心理，即便如此，形势仍不容乐观。

此外，心理健康教育和思想政治教育二者在工作开展中长期存在割裂现象。从思想政治教育的角度出发，更关注教育灌输的成效性，较少关注教育内容是否有助于解决学生当前面临的心理冲突；从心理健康教育的角度出发，更关注心理问题的解决，较少关注引起心理问题的思想源泉。这种割裂状况造成了高校思想政治教育与学生发展需求脱节，心理健康教育“治标不治本”、心理问题层出不穷等现象。

二、习近平关于青年工作重要论述的内涵及其对高校心理健康教育的启示

党的十八大以来，习近平总书记高度重视青年工作，在特殊时间节点、多场合、多形式发表了关于青年工作的系列讲话，对当代青年教育提出了一系列新观点、新思想、新战略，形成并将不断丰富习近平关于青年工作的重要论述。习近平关于青年工作的重要论述，是习近平新时代中国特色社会主义思想的重要组成部分，继承和发展了马克思主义世界观和方法论，有机融合了时代主题，进行了理论创新，为新时代青年成长成才指明了前进方向，也是指导青年教育工作的行动纲领。

习近平关于青年工作重要论述的核心观点反映在以下三个方面：一是充分信任青年。他指出中国共产党始终把青年看作祖国的未来、民族的希望，将青年作为党和人民事业发展的生力军，支持青年在革命、建设和改革的伟大实践中实现人生理想。二是明确青年成长成才方向。习近平特别强调广大青年要“坚定理想信念、练就过硬本领、勇于创新创造、矢志艰苦奋斗、锤炼高尚品格”，要做到“勤学、修德、明辨、笃实”，希望新时代青年“志存高远、德才并重、情理兼修、勇于开拓”，做社会主义核心价值观的坚定信仰者、积极传播者和模范践行者。三是创造青年成长成才条件。全党全社会都要关心青年成长，抓好青年工作，推动共青团事业开创新局面，重视高校人才培养，扫除青年人才发展体制壁垒，为青年营造公平公正的社会环境，不断激发时代青年的活力和创造力。

习近平关于青年工作的重要论述对高校心理教育的指导和启示意义在于：其一，教育工作者要充分信任大学生，增强大学生在心理健康教育工作中的主体意识。高度认可与信任青年，是习近平关于青年工作重要论述的基本观点，高校心理健康教育也应当确立这一立场，明确以人为本的价值定位，倡导积极人性，关注大学生的优点和积极因素，引导他们关注生活中的积极事件，培养其利用积极的思维去应对现实中的遭遇，提倡用积极的心态对大学生的心理现象做出正面、积极的解读，充分挖掘人本身具有的潜在能力，并利用这些积极的品质来帮助他们主动寻求良好的生活状态，达到助人自助的教育目的。

其二，推动高校心理健康教育工作科学发展。习近平关于青年工作的重要论述提出，青年工作要牢牢把握实现“两个一百年”奋斗目标和实现中华民族伟大复兴这一鲜明的时代主题，着力培养可以担当民族复兴大任的时代新人，担负起历史重任。高校教育工作者要具备勇于担当的助人精神，切实将心理健康教育和思想政治教育有机融合，相互渗透，发挥心理健康教育和思想政治教育协同育人功能，构建多方协同育人的新格局，积极推进心理健康教育工作持续、协调发展。

三、以习近平关于青年工作的重要论述指导高校心理健康教育工作的新方法

习近平总书记在全国高校思想政治工作会议上指出，做好高校思想政治工作，就要“因事而化、因时而进、因势而新”。面对新时期高校心理健康教育的新形势、新要求，高校要坚持以习近平关于青年工作的重要论述为指导，坚持“以生为本”的工作理念，推进心理健康教育的“积极”转向，构建思想政治教育和心理健康教育协同育人机制，建立完善的心理健康教育工作体系。

(一)推进高校心理健康教育的“积极”转向

高校心理健康教育不应该只为出现心理问题的学生提供支持与帮扶，应该面向全体大学生，满足学生的发展性需求。积极心理学认为，心理学的任务不应过分关注弥补心理缺陷，而应注重发掘人自身所具备的积极力量，以积极的心态对待人的心理现象(包括消极心理)，帮助人们获得幸福。当大学生各方面的积极品质得到提升时，将有更多的心理资源来应对学习与生活中的各类危机与冲突。积极心理学理念，为促进高校心理健康教育的从关注学生的消极心理，转向关注学生的积极体验和积极品质，实现研究生的全面发展提供了新的视角。

实现高校心理健康教育的“积极”转向，可以从积极心理学所研究的三个主题(积极体验、积极品质、积极组织系统)着手：

一是积极体验。积极心理学强调积极体验能有效地提升人们的幸福感，提高心理健康水平。在教育内容上，除了传递各类心理问题的预防与治疗知识，还要加强积极的理想信念教育，培养积极的思维方式，引导大学生根据积极的行为方式行事；在教育方法上，要通过各类体验式的活动，如团体辅导、心理情景剧、素质拓展等活动，创造积极体验情境，活动过程中要弱化消极因素的影响，让大学生在积极情境中获得生动的感受和体验，激发其潜能，养成以积极的心态面对现实的思维惯性。

二是积极品质。积极心理学认为，每个人的人格特质都具有内在的积极力量，但这种积极力量往往容易被自身所忽略。激发学生潜在的积极力量，培养学生的积极品质，是有效地预防消极心理、促进学生全面发展的重要举措。高校应将心理健康教育工作内容扩大至注重培养大学生在专业技能、个性特征、人际互动、心理素质、创新能力等方面的核心素质，教育方法上要合理设计教育方案，正确运用各种互动交流方式，不断发掘学生积极的人格特质，增强学生面对现实挑战的应对能力。

三是积极组织系统。个体积极体验的获得和积极品质的形成，都依赖于良好的外部环境，在积极的外部环境中，大学生可以不断内化积极体验、固化积极品质。

高校应整合优化校内外心理健康教育资源，不断激发心理健康教育工作者的责任心和广大师生参与心理健康教育的热情，并进一步与家庭、社区形成联动，构建“四位一体”的心理健康工作体系，形成全覆盖的心理健康积极组织系统。

（二）构建思想政治教育和心理健康教育协同育人机制

高校要将思想政治教育和心理健康教育有机统一，做到思想政治教育“有滋有味”，也要让心理健康教育“春风化雨、润物无声”。

心理健康教育要将解决学生实际问题与进行思想政治教育相结合，心理健康教育可以帮助大学生解开各种“结”，树立人生目标，朝着正确的方向前进。而大学生在学业、情感、婚姻、家庭等方面的心理问题，并不是孤立的，不能只关注其问题本身，而忽视问题的思想根源。从根本上讲，这些心理问题都是因为学生的世界观、价值观、人生观出了问题，使他们很难客观理性地看待现实中的遭遇，从而出现各种心理冲突。因此，心理健康教育要想从根本上解决问题，就需要充分运用思想政治教育的原理和内容，只有建立在思想政治教育的基础上，才能准确分析心理问题背后的根源，使心理健康教育发挥持久影响。另一方面，心理健康教育的出发点和落脚点都是基于学生立场，满足学生的心理需求，在工作方法上注重与学生之间的双向交流，思想政治教育工作与心理健康教育的协同育人机制，有利于吸取心理健康教育的优点，提高思想政治教育工作的针对性和实效性。

实际上，思想政治教育和心理健康教育在工作目标和理念上具有高度的一致性，思想政治教育是为了培养社会主义合格建设者和可靠接班人，心理健康教育是要帮助人成为心理健康、人格健全的人，社会主义合格建设者和可靠接班人自然是心理健康和人格健全的人，心理健康和人格健全的人要在社会中发挥作用、实现价值，就要牢固树立“四个意识”，坚定“四个自信”，就要把个人梦想同“中国梦”有机结合起来。思想政治教育和心理健康教育相辅相成、互为支撑，将二者有机结合，形成教育合力，能最大限度地提高教育效果。

参考文献

[1]习近平．决胜全面建成小康社会　夺取新时代中国特色社会主义伟大胜利[M]．北京：人民出版社，2017.

[2]中共中央文献研究室．习近平关于青少年和共青团工作论述摘编[M]．北京：中央文献出版社，2017.

[3]习近平．习近平同各界优秀青年代表座谈时的讲话[N]．人民日报，2013-05-05.

[4]楚国清．十八大以来习近平关于青年工作重要论述研究[J]．北京青年研究，2015(02)：5-11.

[5]罗玉华，王小运，陈虹璇．习近平青年观指导下的高校朋辈自助互助心理教育研究[J]. 中国成人教育，2018(13)：69-73.
[6]鲁瑞丽．大学生心理健康教育与思想政治教育协同构建分析[J]. 教育观察，2016(9)：4-5.

不忘初心　坚定信念

——习近平总书记在纪念马克思诞辰200周年大会上的重要讲话学习心得

秦　靓
（武汉大学城市设计学院）

2018年5月4日上午，纪念马克思诞辰200周年大会在人民大会堂举行，习近平总书记出席会议并发表了重要讲话。

在讲话中，习近平总书记深情缅怀了马克思伟大光辉的一生，深刻阐释了马克思主义的科学体系、丰富内涵及其对人类社会发展的巨大作用，并结合马克思主义中国化的壮阔历程和丰硕成果，提出了新时代继续推进马克思主义中国化的要求。

通过对习近平总书记讲话的深入学习，我体会到马克思是全世界无产阶级和劳动人民的革命导师，是马克思主义的主要创始人，是马克思主义政党的缔造者和国际共产主义的开创者，是近代以来最伟大的思想家。马克思的一生，是胸怀崇高理想、为人类解放不懈奋斗的一生，是不畏艰难险阻、为追求真理而勇攀思想高峰的一生，是为推翻旧世界、建立新世界而不息战斗的一生。

马克思给后世留下的最有价值、最具影响力的精神财富，就是以他名字命名的科学理论——马克思主义。这一理论犹如壮丽的日出，照亮了人类探索历史规律和寻求自身解放的道路。马克思的思想理论源于那个时代又超越了那个时代，既是那个时代精神的精华又是整个人类精神的精华。马克思主义是科学的理论，创造性地揭示了人类社会发展规律。马克思主义是人民的理论，第一次创立了人民实现自身解放的思想体系。马克思主义是实践的理论，指引着人民改造世界的行动。马克思主义是不断发展的开放的理论，始终站在时代前沿。一部马克思主义发展史就是马克思、恩格斯以及他们的后继者们不断根据时代、实践、认识发展而发展的历史，是不断吸收人类历史上一切优秀思想文化成果丰富自己的历史。因此，马克思主义能够永葆其美妙之青春，不断探索时代发展提出的新课题，不断回应人类社会面临的新挑战。

在人类思想史上，没有一种思想理论像马克思主义那样对人类产生了如此广泛而深刻的影响。马克思主义为中国革命、建设、改革提供了强大思想武器，使中国这个古老的东方大国创造了人类历史上前所未有的发展奇迹。在中国特色社会主义进入新时代的今天，我们依然感受到马克思主义所展现的强大真理力量。

习近平总书记强调："新时代，中国共产党人仍然要学习马克思，学习和实践马克思主义，不断从中汲取科学智慧和理论力量。"在纪念马克思诞辰200周年大会上，习近平总书记要求全党同志特别是各级领导干部要更加自觉、更加刻苦地学习马克思列宁主义，学习毛泽东思想、邓小平理论、"三个代表"重要思想、科学发展观，学习习近平新时代中国特色社会主义思想。要深入学、持久学、刻苦学，带着问题学、联系实际学，更好地把科学思想理论转化为认识世界、改造世界的强大物质力量。习近平总书记的重要讲话，为我们学习和实践马克思主义、进一步用科学理论武装头脑提供了方法和指南。新时代，中国共产党人仍要坚信马克思主义，更有定力、更有自信、更有智慧地坚持和发展新时代中国特色社会主义，让马克思、恩格斯设想的人类社会美好前景不断在中国大地上生动展现出来。

马克思主义在中国的历史发展和前进逻辑告诉我们，马克思主义早已同中国共产党、中国人民、中华民族的命运连在一起、融为一体，为中国人民谋幸福、为中华民族谋复兴指明了前进方向。中国特色社会主义进入新时代，中国共产党不断深化对共产党执政规律、社会主义建设规律、人类社会发展规律的认识，致力推进马克思主义思想和理论创新，形成了习近平新时代中国特色社会主义思想，开辟了马克思主义中国化的最新境界。新时代坚持和发展马克思主义，首要的就在于始终高擎习近平新时代中国特色社会主义思想的精神旗帜。全党必须坚定而自觉地用发展着的当代中国马克思主义指导新的斗争、推动新的实践，特别要按照始终重视思想建党、理论强党的定力要求，坚持把自身建设好、建设强，把我们党建设成为走在时代前列、人民衷心拥护、勇于自我革命、经得起各种风浪考验、朝气蓬勃的马克思主义执政党，充分展示和彰显习近平新时代中国特色社会主义思想的马克思主义科学属性和本质特征。

习近平总书记强调，我们纪念马克思，是为了向人类历史上最伟大的思想家致敬，也是为了宣示我们对马克思主义科学真理的坚定信念。坚定信念，就是坚定对马克思主义的信仰。为什么要信仰马克思主义？这是因为，马克思主义是科学学说，是以事实为依据，以规律为对象，以实践为检验标准的学说，是科学真理的学说。马克思主义基本原理，包括哲学原理、政治经济学原理、科学社会主义原理，都是以事实为依据，以规律为对象，经过实践检验和仍然经得起实践检验的具有规律性的认识。因此，马克思主义始终是我们党和国家的指导思想，是我们认识世界、把握规律、追求真理、改造世界的强大思想武器，并且它的科学性和真理性，在中国得到了充分检验。今天，我们学习和实践马克思主义，只有坚定信念才能回答好时代问题，才能始终以马克思主义为行为原则、理想追求、价值目标。

时代是判断历史发展趋势的重要科学依据，是人类历史发展过程中的不同历史阶段，要根据每一个时代特征和发展趋势，作出正确的决策。从实践的角度看，马克思主义不仅深刻改变了世界，也深刻改变了中国。列宁依据马克思、恩格斯的科学分析方法，提出了帝国主义和无产阶级革命时代。中国共产党以马克思主义为指导，领导中国人民争取民族独立、建立新中国，开始了社会主义建设的崭新时代。党的十一届三中全会召开之后，中国开始了有中国特色社会主义和改革开放的新时期。党的十八大以来，以习近平同志为核心的党中央始终面对时代问题，强调必须从理论和实践的结合上系统回答新时代坚持和发展什么样的中国特色社会主义、怎样坚持和发展中国特色社会主义等一系列问题，作出了中国特色社会主义进入新时代的重大判断，这是对时代问题的最大关注，体现的是强烈的责任担当，为新时代中国特色社会主义建设注入了新的生机与活力。

习近平总书记强调，我们要坚持用马克思主义观察时代、解读时代、引领时代，用鲜活丰富的当代中国实践来推动马克思主义发展。这是学习和实践马克思主义的科学态度，只有始终关注时代问题，用实践回答时代问题，才能推动马克思主义理论不断创新发展。从微观个体层面来说，学习和实践马克思主义，重在加强学习，提高理论修养。要跟上时代发展，应对时代挑战，做到与时俱进，坚持立学为先，强化理论武装。要在真信真用下功夫，进一步增强对中国特色社会主义的道路自信、理论自信、制度自信、文化自信。要把学习理论与探究解决实践问题结合起来，坚持下去，把学习的成效化成检验工作的成效。

马克思主义，是值得我们不断发掘的思想富矿。今天，我们学习马克思，学习和实践马克思主义，就是要不断从中汲取科学智慧和理论力量，“不断深化对共产党执政规律、社会主义建设规律、人类社会发展规律的认识，不断开辟当代中国马克思主义、21世纪马克思主义新境界”，为推动中国特色社会主义伟大事业，实现中华民族伟大复兴的中国梦不懈奋斗。

改革开放40年的实践证明，中国共产党就是始终坚持马克思主义科学方法论，遵循发展规律，从而使我们国家发生了根本性变化。农村与城市的差距在不断缩小，甚至有的地方超过了城市发展水平；城市文明建设喜上加喜。宽敞的大道，让城市居民爽心悦目。高速公路联网，高铁投入运营，居民倍感生活幸福指数提高。中国不仅成功举办了北京奥运会，而且通过举办世博会，让世界对中国有了更多地了解与认识。中国为世界经济发展做出了积极贡献。

在人民的物质生活和精神生活空前丰富、开放程度不断加深的新时代，国内外各种思潮也在轮番洗礼中华大地，有人在发展的伟大成果中更加坚定了马列主义的指引，有人在各种“西方进步思潮”中渐渐迷失、动摇了初心，对一百多年的马克思主义思想是否能适应飞速发展的中国产生了怀疑。习近平总书记的讲话中坚定地给出了答案：“马克思一再告诫人们，马克思主义理论不是教条，而是行动指南，必须随着实践的变化而发展。”“马克思主义能够永葆其美妙之青春，不断探索时代发展提出的新课题、回应人类社会面临的新挑战。”改革开放至今我国从政治经济“双落后”，通过共产党人将马克思主义基本原理同中国改革开放具体实际相结合，证明了马克思主义的发展性。

现在我党、我国都面对着国内外各种历史挑战，国内各种声音百花齐放，共产党人如何引导人民团结一心、共同奋斗，必须要有历史发展的眼光；国外面对中国的崛起，有的国家害怕到对抗，有的国家识时务到合作。如何运用发展的思维灵活用好“马克思主义思想武器”，将挑战化为机遇，让中华民族傲立于世界之林，永葆青春生机，这是全体共产党人、全体中国人民面临的重大课题。

作为基层党员，作为一名高校思想政治工作者，要始终坚持学习和实践马克思主义，不断提高运用马克思主义分析和解决实际问题的能力，不断提高运用科学理论指导我们应对挑战、抵御风险、克服阻力、化解矛盾、解决问题的能力，立足岗位，服务社会，不断坚定马克思主义信仰和共产主义理想，始终保持共产党人的初心和本色。

时代是思想之母，真理永不褪色。在新时代的中国，在党的引领下，马克思主义必将再次焕发出崭新而耀眼的真理光芒。我们每一名共产党员都要汲取马克思的科学智慧和理论力量，磨意志之剑，添理论之翼，攀真理之峰，扬理想之帆，为新时代中国特色社会主义建设添砖加瓦，加油助力。

新时代的我们更要把学习领会讲话精神作为重要工作，坚持先学一步、学深一步，准确把握核心要义，深刻理解精神实质，切实把思想和行动统一到讲话精神上来。要强化使命担当，深化马克思主义理论研究和建设，努力把马克思主义学习研究和教育宣传引向深入。要致力于推动习近平新时代中国特色社会主义思想的丰富发展和学科化、学理化，不断壮大马克思主义理论人才队伍，为新时代继续推进马克思主义中国化作出我们应有的贡献。

使命呼唤担当，使命引领未来，作为新时代的党员，是基于时代赋予我们的使命，也是党员自身的信念所在，不忘初心，牢记使命，筑梦路上，终会收获希望与感动。

我国大学生思想政治教育有效性研究30年(1988—2018)

高 裕

(武汉大学马克思主义学院)

一、研究方法

本次研究资料来源选取1988年至2018年“中国知网”全文数据库。选取关键词为“大学生或含高校、思想政治教育或含思想政治工作、有效性或含实效性”。

1. 文献计量法

(1)数据对象

值得提出的是，笔者用“关键词”搜索以上三个“或含”关系的关键词，共找出1039个搜索结果；用“主题”搜索，共找出7079个结果；而用篇名搜索“大学生或含高校、思想政治教育或含思想政治工作、有效性或含实效性”三个关键词，时间锁定在1988年内至2018年，共找到2333条结果。最早一篇研究此主题的文章是：《大学生思想政治工作有效性分析》(王洪斌，煤炭高等教育，1986年7月2日)。结合样本实际，笔者最终选择用“篇名”搜索所获得的2333条结果作为本次研究的样本对象。

(2)分段数据

以每五年为一段，研究数量如下：

表1 分段数据

年份	篇数	占比
1988—1992	4	0.17%
1993—1997	6	0.26%
1998—2002	84	3.60%
2003—2007	337	14.43%

续表

年　份	篇　数	占　比
2008—2012	783	33. 52%
2013—2017	1037	44. 39%
2018 截至 8 月 5 日	82	不计
合　计	2333	100%

(3)抽样数据

以五年为节点进行抽样，数据量如下：

表 2　**时间点抽样数据**

年　份	数　量
1992	1
1997	1
2002	27
2007	100
2012	180
2017	191

2. 内容分析法

以资料饱和度为原则，为对内容分析的样本进行有效取舍，本文选取权威期刊和经典作者的论文做主要观点提取。

(1)权威期刊选择

本文以 2017 年中文社会科学引文索引(CSSCI)拟收录来源期刊目录中的马克思主义理论类别 21 种期刊中搜索主题词“大学生或含高校、思想政治教育或含思想政治工作、有效性或含实效性”，共找到 63 篇。

表 3　**CSSCI 搜索结果**

CSSCI 期刊	数量	CSSCI 期刊	数量
求是	1	思想教育研究	23
红旗文稿	1	思想理论教育导刊	27
马克思主义与现实	1	思想理论教育	7

续表

CSSCI 期刊	数量	CSSCI 期刊	数量
中国特色社会主义研究	1		
南京政治学院学报	1		
科学社会主义	1		
合计：63 篇			

(2)经典作者选择

在观点提取时，除了选取大学生思想政治教育领域的经典作者观点外，还选取了一部分有代表性的作者观点，搜集整理了一些有价值的研究创见，以求保证研究资料的饱和度和有效性。

二、研究发现

1. 研究数量

该主题的研究总体呈逐年上升趋势，尤其是近十年出现研究高峰。

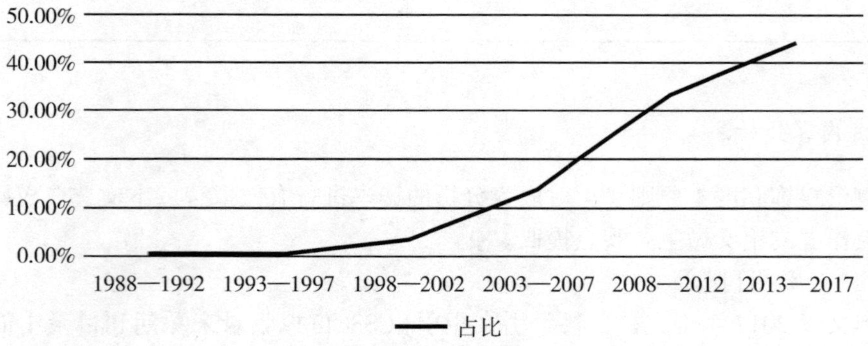

图 1　研究总数量逐年变化

篇名中“思想政治教育”提法的远远多于“思想政治工作”提法，且在近 5 年急剧增多。分析原因，应该是受中央 16 号文件的名称影响较大，不过截至 2018 年 8 月，提法为“思想政治工作”有效性的研究数量为 13 篇，已与 2017 年同量，说明有上升趋势；提法为“思想政治教育”的为 69 篇，不及 2017 年的一半数量，说明有下降趋势。分析原因，应该是 2016 年底全国高校思想政治工作会议召开的提法影响，预测将来会更多的从“高校思想政治工作”层面研究其有效性。

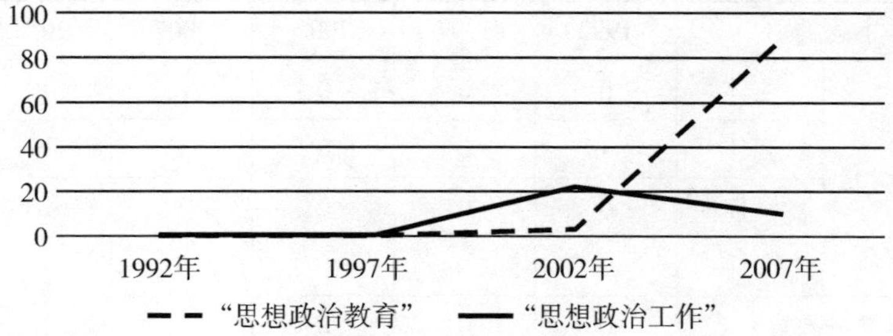

图2　篇名的提法比较

篇名中提法为"有效性"的仅488篇，提法为"实效性"的则有1831篇，说明更多的学者将关注点放在结果效度的评判上，旨在提出对策建议，而对"有效性"的发生过程和评价体系关注不够。

2. 主题变化

本文经过对抽样样本的篇名及研究内容进行分析归纳，主要划分为以下9种类别："理论理念与思路类"主要指在某种理论、理念或思路的框架下提出提高思想政治教育有效性的途径与方法；"途径方法类"主要指研究提出提高思想政治教育有效性的具体对策、途径、路径、方法等，较"理论理念与思路类"更具体；"要素研究类"主要指根据"主体、客体、环体、介体"的划分，将研究聚焦到其中的某一要素上的研究，例如"主体类"将研究聚焦辅导员工作、思政课教师队伍等，"客体类"将研究聚焦大学生特点把握等，"环体类"将研究聚焦网络环境、新媒体环境以及社会政治环境等，"介体类"主要将研究聚焦在"微信""寝室"等某一教育载体和介质。"聚焦某一教育方式类"主要指研究聚焦"实践育人""资助育人"等某一教育方式；"聚焦某一教育内容类"主要指聚焦"社会主义核心价值体系教育""法治观教育"等。"特殊群体类"指研究聚焦到某一地域、某一层次院校、某一学科或性别大学生等，进行研究；"影响因素类"主要指文章聚焦大学生思想政治教育有效性影响因素的分析和原因分析等；"评价标准类"主要指研究建立大学生思想政治教育有效性的评价维度、评价标准、评价结果和评价体系构建等。

表4　**不同年份"研究主题"分类比较**

序号	主题类别	1992	1997	2002	2007	2012	2017
1	理论、理念与思路	0	1	2	9	22	10
2	途径方法类	0	0	21	42	50	64

续表

序号	主题类别		1992	1997	2002	2007	2012	2017
3	要素研究	主体	0	0	0	6	8	9
		客体	1	0	0	1	6	1
		环体	0	0	2	3	10	35
		介体	0	0	0	8	8	21
4	聚焦某一教育方式		0	0	0	2	29	22
5	聚焦某一教育内容		0	0	0	2	4	5
6	特殊群体类		0	0	0	11	22	11
7	影响因素类		0	0	0	4	3	4
8	评价类		0	0	2	10	16	10
9	综述类		0	0	0	2	2	0
	合　计		1	1	27	100	180	191

对样本进行分类是本次研究的重点也是难点，需要厘清以下几种情况并做出分类：

一是许多文章的研究内容兼论了几种类别的内容，比如一篇文章既论述了有效性的现状及问题，又提出了对策和方法，这类文章的分类就需要做进一步分析。对于此类文章，笔者通过通读全文后，按其研究创建的侧重进行了类别划分，比如有的“综合性文章”较大篇幅地论述对策建议，将其归为“途径方法类”；有的“综合性文章”也给出了对策建议，但文章的亮点和侧重点在对环体的分析或者对对象的特性分析，就将其归为“要素类”；还有很多“综合性文章”是在某一理论框架下提出对策建议，将其归为“理论、理念与思路类”。可以这样说，几乎每篇文章，无论侧重点在哪一方面，最后的落脚点都在给出“对策和建议”，这也是这一类主题的文章的共同之处和特点之一。

二是近年来涉及网络思想政治教育的文章较多，“网络”既是环境，也是载体，既是形式，也是方法。所以涉及“网络”类的文章的分类也是本次研究的难点。笔者经过通读文章，将“网络”放在环境或时代语境下的有效性研究归入“环体类”，将网络思想政治教育作为一种教育形式进行研究的归入“形式类”，将网络视为“工具”“载体”的一类研究将其归入了“介体类”。

就每种类别的文章的研究变化规律进行分析梳理，有如下发现：

(1)研究主题的思路逐渐开阔，理论更加多元，角度更加具体。

(2)对策研究始终是此类文章研究的主流和重点。

(3)要素研究比重增大，以环体和介体研究为主增长急剧，主要原因是网络时代的到来和新媒体等载体的广泛应用。

(4)聚焦某一教育内容或形式的研究较少，系统整体看待高校思政工作是主流。

(5)聚焦特殊群体的研究近10年上升后又下降，说明共性研究较于个性研究是主流。

(6)谈问题的多，而聚焦影响因素、成因分析的文章少。

(7)专门研究大学生思想政治教育有效性评价的文章少，但应是后面一段时期的趋势和重点。

(8)综述类研究较少。

3. 研究方法

传统研究方法依然占据主流，量化研究、质性研究和混合研究不多。

表5　不同年份“研究方法”比较

研究方法	1992年	1997年	2002年	2007年	2012年	2017年
传统方法	1	1	27	88	158	161
量化方法	0	0	0	0	2	7
质性方法	0	0	0	11	11	14
混合方法	0	0	0	1	9	9
合　计	1	1	27	100	180	191

(1)传统研究方法依然占研究方法的主流，多为以经验总结和理性思辨为主的传统论述。

(2)量化研究方法依然罕见，有大量提升空间。

(3)质性研究方法略有进展，但依然使用有限。

(4)混合研究方法虽然有所上升，但依然单一和不足。

4. 内容分析

结合63篇CSSCI搜索结果和经典作者和代表性观点筛选，将主要研究内容梳理如下：

(1)“大学生思想政治教育有效性”的内涵

关于“大学生思想政治教育有效性”的内涵研究数量较少，且论述含糊。研究对象中共有5篇的篇名中涉及“大学生思想政治教育有效性”的内涵。目前，学界比较认可的几种定义有以下几个：沈壮海认为："思想政治教育的有效性就是思想政治教育活动在满足人们的相应需要，实现人们相应目的方面所表现出的积极特征。"王莎等学者认为："思想政治教育的实效性是指育人目标与个体实际行为的契合度。"还有少数学者认为，应从满足大学生自身需要和社会发展需要两个维度探讨"大学生思想政治教育有效性"的内涵实质。

(2)"大学生思想政治教育有效性"的评价

沈壮海在其著作《思想政治教育有效性研究》中，通过要素有效性、过程有效性、结果有效性三个维度来衡量大学生思想政治教育有效性。还有学者专门就方法有效性、话语有效性等进行专门研究。关于评价原则，张民堂提出：要把全面评价与重点评价相结合；把阶段性评价和长期性评价相结合；把思想性评价与政治性评价相结合。张红霞分别就评价原则、评价标准和评价指标分别撰文，并出版专著《高校思想政治教育实效性研究——以文化多样化视角》，构建起了文化多样化背景下高校思想政治教育实效性的评价体系。孙剑坪提出了 10 个测评指标，4 种测评方法，还有学者尝试通过数据建模等方式来建构"大学生思想政治教育有效性"的评价模型。部分学者专门对网络思想政治教育的评价体系做了研究。

(3)"大学生思想政治教育有效性"的现状

部分学者从总体上肯定了近年来高校思想政治工作取得的成效。张民堂认为要充分肯定我国高校思想政治工作的实效性，主要体现在"保证了广大青年学生具有正确的思想政治方向；保证了广大青年学生自觉按照社会主义核心价值体系要求自己；保证了广大青年学生在遇到学习生活困难时，能够妥善地得到解决"。田霞认为："中国高校思想政治教育工作已经取得了一定的成绩：大学生不仅系统掌握了马克思主义的基本原理，还深入了解了中国改革开放后，马克思主义中国化的最新理论成果，顺应了中国改革开放形势下对大学生培养的时代要求。"

更多学者则以问题为导向，从学生思想政治状况中的问题出发，指出了目前"大学生思想政治教育"存在实效性不足的现状。刘川生指出："一些大学生政治信仰迷茫、价值取向扭曲、艰苦奋斗精神淡化等"，还存在"个人主义和功利主义倾向"等。刘纯明等指出，当代大学生"政治观趋向现实化；个体意识趋向强化；价值观趋向多元化；心理问题日渐突出"。王莎等人则从知行理论出发，将大学生思想政治教育实效性现状总结为："知难入心，行难落地；知可考量，行难测量；知与行难以有效统一与相互促进。"

(4)影响"大学生思想政治教育有效性"的原因分析

共有 15 篇文章专门探讨了制约"大学生思想政治教育有效性"的原因。多数学者以"要素论"为框架，分析了"大学生思想政治教育有效性"不足的原因，张伟等学者认为制约高校思想政治教育实效性的因素有"理念、内容、方法、对象、教育者、环境、工作机制"。杜启达等认为，思想政治教育实效不高的原因有"思想政治教育的本真意义偏离，对马克思主义利益观理论的认识片面化，大学生的利益诉求无法满足；政治上，思想政治教育长期以来充当政治的传话筒；文化上，人文关怀的缺失；教育方式上，学生的主体地位得不到应有尊重”。

(5)提高“大学生思想政治教育有效性”的对策建议

对策建议是学者们研究的主要着力点和落脚点，分别从提高有效性实效性的理念、理论、思路、原则、途径、路径、对策、方法、机制、举措等不同层次和角度给予了对策建议。

思路层面上，汪晓丽提出要注重“新、实、活”；规律层面上，陈晓晖提出要满足要素协同律、双重需要律、知行转化律等三大规律；原则层面上，王树荫认为“要评价‘大学生思想政治教育有效性’，需要满足弄清思想政治教育形式、内容与效果三者的辩证关系，需要满足内容适当、形式适当以及内容与形式的协调”。关系层面上，封希德等学者提出要理清“十大关系”，即课堂教育与课外教育的关系，网上教育与网下教育的关系，思想政治工作者与专业课教师的关系，学校教育与家庭教育的关系，理论学习与社会实践的关系，学校管理与自我教育的关系，显性途径与隐性途径的关系，日常教育与专门教育的关系，排忧解难与励志自强的关系，统一思想与发展个性的关系。很多学者从文化育人、资助育人、实践育人、管理育人、网络育人等方面给出了具体的途径、路径、对策、方法、机制、举措。

值得一提的是近 5 年来，关于大学生思想政治教育有效性研究的理念思路不断开放，理论视域不断拓展。治国理政思路在大学生思想政治教育的投射作用越来越明显，传播学、心理学、马克思主义人学、教育生态学等学科理论视域不断引入，为大学生思想政治工作研究提供了新的理论基础和研究视角。网络思想政治教育所涉及的新媒体、大数据、微时代等环体和介体研究成为今年来的研究热门。

三、研究不足

关于“大学生思想政治教育有效性”的内涵界定不明，学界尚未形成具有共识的“大学生思想政治教育有效性”定义。

“大学生思想政治教育有效性”的评价标准模糊，学界也尚未形成具有共识的“大学生思想政治教育有效性”评价标准，评价指标、评价工具、评价实施路径研究尚有很大空间。

关于“大学生思想政治教育有效性”的现状研究，需对“大学生思想政治状况现状”与“大学生思想政治教育有效性现状”两者之间关系做进一步理清。

关于“大学生思想政治教育有效性”不足的原因研究需与影响“大学生思想政治教育有效性”的要素研究加以区分。

关于“大学生思想政治教育有效性”的对策研究需进一步细化落实到理念、理论、思路、原则、途径、路径、对策、方法、机制、举措等各层面。

四、研究空间

研究主题：宏观与微观并进，宏观把握可谋求进一步的权威、深刻，微观把握可更细致深入。

研究方法：质性与量化并重，质性研究方法可多引入跨学科理论视域，量化研究方法可得到更多运用提升。

研究内容：内涵与评价先行，遵循从个人洞见到学科构建到元问题的研究发展趋势。

参考文献

[1]沈壮海，思想政治教育有效性研究(第三版)[M]. 武汉大学出版社，2016. 03.
[2]王莎．徐建军，运用大数据增强大学生思想政治教育实效性研究[J]. 思想理论教育，2016-09-15.
[3]张民堂，正确认识高校思想政治工作的实效性[J]. 红旗文稿，2008-04-25.
[4]田霞．王晓莉，用社会主义核心价值体系引领大学生思想政治教育[J]. 教育与职业，2010-04-11.
[5]刘川生，增强大学生日常思想政治教育的实效性[J]. 求是，2009-02-16.
[6]刘纯明．秦琴，增强高校思想政治教育实效性探索[J]. 科学社会主义，2008-02-20.

"时代新人"的构成要素及养成

——学习习近平总书记关于教育和青年工作的重要论述有感

陶孝芳

（武汉大学党委研究生工作部）

习近平总书记在党的十九大报告中提出了"要以培养担当民族复兴大任的时代新人为着眼点"的要求，这是对全国高校思想政治工作会议上提出"培养什么样的人、如何培养人、为谁培养人"等根本问题的进一步回答，可以说是新时代中国特色社会主义人才培养的方向。

那么，进入中国特色社会主义事业新时代，为何要培养"时代新人"，"时代新人"的标准是什么，如何培养"时代新人"呢？作者从习近平总书记关于教育、关于青年的众多论述中找到了答案并试图总结如下：

一、为何要培养时代新人

1. 培养时代新人是实现中华民族伟大复兴目标的迫切需要

2016年9月9日，习近平总书记在北京市八一学校考察时指出，我国正处于历史上发展最好的时期，但要实现'两个一百年'奋斗目标、实现中华民族伟大复兴的中国梦，必须更加重视教育，努力培养出更多更好能够满足党、国家、人民、时代需要的人才。2017年8月15日，习近平总书记给第三届中国"互联网+"大学生创新创业大赛"青年红色筑梦之旅"的大学生的回信中指出，实现全面建成小康社会奋斗目标，实现社会主义现代化，实现中华民族伟大复兴，需要一批又一批德才兼备的有为人才为之奋斗。可见，在我们比历史上任何时期都更接近实现中华民族伟大复兴光辉目标的当下，需要源源不断的时代新人贡献自己的青春力量，为中华民族伟大复兴梦添砖加瓦。

2. 培养时代新人是中国特色社会主义事业进入新时代的迫切要求

"教育兴则国家兴，教育强则国家强"，"实现中华民族伟大复兴，教育的地位和作用不可忽视。我们对高等教育的需要比以往任何时候都更加迫切，对科学知识和卓越人才的渴求比以往任何时候都更加强烈”。习近平总书记在不同场合多次强调了人才培养的重要性。作者翻阅了十八大以来习近平总书记关于青年的20篇讲话、回信内容，“人才”作为高频词出现了62次。而翻看中国共产党领导下的中华人民共和国发展史，我们不难发现，我们党历来重视人才培养问题，始终把培养时代新人作为重要任务。中华人民共和国成立后，我们党提出培养又红又专的社会主义建设者。改革开放期间，提出培养有理想、有道德、有文化、有纪律的社会主义公民，党的十九大提出培养担当民族复兴大任的时代新人，归根结底是因为中国特色社会主义事业进入新时代之后的发展离不开人才。

3. 培养时代新人是提升综合国力竞争力的迫切需要

高等教育发展水平是一个国家发展水平和发展潜力的重要标志。“综合国力竞争说到底是人才竞争。人才资源作为经济社会发展第一资源的特征和作用更加明显，人才竞争已经成为综合国力竞争的核心。谁能培养和吸引更多优秀人才，谁就能在竞争中占据优势。”人才对于综合国力竞争力的作用体现在智力支持和创新支持，只有培养造就一大批具有国际水平的战略科技人才、科技领军人才、青年科技人才和高水平创新团队，才有可能实现前瞻性基础研究、引领性原创成果的重大突破，才能使中华民族屹立于世界民族之林。

二、时代新人的构成要素

一句话概括时代新人的构成要素就是“又红又专、德才兼备、全面发展”，具体来看，时代新人应当具备以下几点要素。

1. 思想水平

时代新人应当能够坚持用马列主义、毛泽东思想、邓小平理论、“三个代表”重要思想、科学发展观和习近平新时代中国特色社会主义思想武装头脑，能够深刻感悟马克思主义的历史必然性和科学真理性、理论意义和现实意义，并学会运用马克思主义立场、观点、方法看问题，深刻把握世界发展走向，正确认识世界和中国发展大势，正确认识中国特色和国际形势，正确认识时代责任和历史使命，正确认识远大抱负和脚踏实地。

2. 政治觉悟

政治觉悟的核心是拥护中国共产党的领导，热爱中华人民共和国。十八大以来，习近平总书记在不同场合多次谈到“爱国”，提出爱国主义是中华民族民族精神的核心。2018年5月2日，习近平总书记在北京大学师生座谈会上说，爱国，是人世间最深层、最持久的情感，是一个人立德之源、立功之本。孙中山先生说，做人最大的事情，“就是要知道怎么样爱国”。我们常讲，做人要有气节、要有人格。气节也好，人格也好，爱国是第一位的。广大青年要紧紧凝聚在党的周围，维护党的团结和统一，对党忠诚，毫不动摇坚持党的领导，紧跟党高举中国特色社会主义的伟大旗帜。

3. 道德品质

2016年9月9日，习近平总书记在北京市八一学校考察时的讲话中指出，要自觉加强道德养成，从小就让社会主义核心价值观的种子在心中生根发芽，把国家、人民、民族装在心中，注重养成健康、乐观、向上的品格……努力做一个心灵纯洁、人格健全、品德高尚的人。可见时代新人应自觉加强思想道德修养，把正确的道德认知、自觉的道德养成、积极的道德实践紧密结合起来，注重养成健康、乐观、向上的品格，树立正确的世界观、人生观、价值观。自觉树立和践行社会主义核心价值观，做社会主义核心价值观的坚定信仰者、积极传播者、模范践行者，积极弘扬爱国主义、集体主义、社会主义思想，积极倡导社会公德、职业道德、家庭美德，带头倡导良好社会风气。

4. 理想信念

总书记曾在多个场合阐述了理想信念的重要性，他指出，青年一代有理想、有本领、有担当，国家就有前途，民族就有希望。中国梦是历史的、现实的，也是未来的；是我们这一代的，更是青年一代的。中华民族伟大复兴的中国梦终将在一代代青年的接力奋斗中变为现实。习近平总书记特别强调，广大青年要坚定理想信念，志存高远，脚踏实地，勇做时代的弄潮儿，在实现中国梦的生动实践中放飞青春梦想，在为人民利益的不懈奋斗中书写人生华章。

5. 本领积淀

2017年5月4日，习近平总书记在中国政法大学的讲话中指出，青年处于人生积累阶段，需要像海绵汲水一样汲取知识。广大青年抓学习，既要惜时如金、孜孜不倦，下一番心无旁骛、静谧自怡的功夫，又要突出主干、择其精要，努力做到又博又专、愈博愈专。时代新人应把握青春时光，在仰望星空的同时，脚踏实地，善于学习、敏于求知，求真学问、练真本领，厚积薄发，在积淀的基础上充分发挥创造精神，增强创新意识，勇于开拓实践，勇于探索真理。

6. 民族自豪感

在2014年5月4日北京大学师生座谈会上，习近平总书记强调，中华文明绵延数千年，有其独特的价值体系。中华优秀传统文化已经成为中华民族的基因，植根在中国人内心，潜移默化影响着中国人的思想方式和行为方式。今天，我们提倡和弘扬社会主义核心价值观，必须从中汲取丰富营养，否则就不会有生命力和影响力。四年后的北京大学师生座谈会上，习近平总书记再次强调，作为中华儿女，青年学子要了解中华民族历史，秉承中华文化基因，有民族自豪感和文化自信心。广大青年应把自己的理想同祖国的前途、民族的命运紧密联系在一起，坚持中国特色社会主义道路自信、理论自信、制度自信、文化自信，增进对党的信赖、信念、信心，增强政治意识、大局意识、核心意识、看齐意识，坚持正确的政治方向。

7. 国际视野

2013 年 10 月 21 日，习近平在欧美同学会成立 100 周年庆祝大会上的讲话深刻揭示了中国发展与世界形势息息相关的紧密关系。作为推进人类和平与发展的崇高事业的生力军，时代新人要以更加开放的姿态，加强同世界的联系和互动，加深同各国人民的了解和友谊。用欣赏、互鉴、共享的观点看待世界，推动不同文明交流互鉴、和谐共生，积极为建人类命运共同体添砖献瓦。巩固睦邻友好、推动共同发展，是时代新人义不容辞的责任，大家应深刻认识到和平发展、合作共赢的重大意义，争当友谊的传承者、合作的推动者、关系的建设者，积极搭建对外交流合作的桥梁。

三、如何培养时代新人

培养时代新人关乎社会主义现代化建设和民族复兴伟业，是全社会的共同责任。如何培养时代新人，习近平总书记在党的十九大报告中给出了明确指引，要“强化教育引导、实践养成、制度保障，发挥社会主义核心价值观对国民教育、精神文明创建、精神文化产品创作生产传播的引领作用，把社会主义核心价值观融入社会发展各方面，转化为人们的情感认同和行为习惯”。具体来看包括以下几个方面：

1. 将学习宣传贯彻落实习近平新时代中国特色社会主义思想和党的十九大精神持续推向深入

理论学习是基础，党的十九大明确了习近平新时代中国特色社会主义思想是我们党必须长期坚持的指导思想，是做好新时代工作的基本遵循。培养时代新人，一要坚定不移地以习近平新时代中国特色社会主义思想武装头脑、指导实践、推动工作。二要不断深化“中国梦”主题教育，教育引导广大青年不断坚定“四个自信”。三要不断培育和践行社会主义核心价值观，引导广大青年“从现在做起、从自己做起，使社会主义核心价值观成为自己的基本遵循，并身体力行大力将其推广到全社会去”。

2. 不断提升大中小学思想政治工作水平和质量，落实“立德树人”根本任务

教育对于国家发展、民族进步的作用不容忽视，思想政治工作作为教育体系的一环尤为重要。习近平总书记指出，人才培养体系涉及学科体系、教学体系、教材体系、管理体系等，而贯通其中的是思想政治工作体系。加强党的领导和党的建设，加强思想政治工作体系建设，是形成高水平人才培养体系的重要内容。要坚持党对高校的领导，坚持社会主义办学方向，把我们的特色和优势有效转化为培养社会主义建设者和接班人的能力。一要加强调查研究，研究思想政治工作的规律，研究思想政治工作对象的特点，研究行之有效的思想政治工作策略，提升思想政治工作针对性和有效性。二要创新方式方法，一方面改革传统的思想政治理论课授课模式，提升思想政治理论课课堂教学的亲和力和吸引力，另一方面设计更多形式活泼、内容丰富的校园文化活动，推动思想政治教育和文化活动的相融共进。三要加强队伍建设，通过严格选聘入口关、加强专题培训、严格管理考核等方式提升教职工队伍(包括专业课教师，尤其是思想政治理论课教师，以及辅导员、行政管理干部等教辅人员)思想政治工作的主动性和能力。

3. 不断建立健全体制机制，为时代新人成长发展提供保障

首先要建立起人才培养发展制度，形成高水平人才培养体系。体系建设要立足培养什么人、怎样培养人这个根本问题，以培养有高尚品德和真才实学的社会主义建设者和接班人为目标，既要学习借鉴国外先进经验，也要明晰中国特色。其次要建立起完备的教师考核评价体系，尤其是师德师风建设，严格执行制度规定，加强日常教育监督，让教师成为“传道授业解惑”的灵魂师，人才培养的先锋。最后要“因事而化、因时而进、因势而新”，不断加强制度创新，用发展的眼光看待教育主客体的变化，让制度成为时代新人培养的保障，而非羁绊。

综上，“时代新人”的培养关乎中华民族伟大复兴目标的实现，关乎中国特色社会主义事业发展，关乎中华民族的国际地位，因此，我们要以习近平新时代中国特色社会主义思想和党的十九大精神为指引，以提升思想水平、政治觉悟、道德品质为基础，既要坚定理想信念，又要脚踏实地增强本领，既要有民族自豪感，又要有国际视野，争做合格的时代新人，为中国特色社会主义事业贡献青春力量。

新时代高校思想政治工作论要

彭廷洪
（武汉大学研究生院）

高校思想政治工作，核心有三个问题：培养什么样的人、如何培养人及为谁培养人。教师是人类灵魂的工程师，作为传道授业解惑者，承担着神圣使命，在高校思想政治教育工作中承担着重要作用。十八大以来，习近平总书记高度重视高校思想政治教育工作，对大学生思想政治教育发表了系列重要论述，饱含丰富而深刻的思想精髓，深刻揭示了大学生思想政治教育的诸多规律，对新时代高校思想政治教育指明了方向，也为我们的思想政治教育工作提供了基本遵循。

一、思想遵循：坚持党的领导和马克思主义指导

我国是社会主义国家，发展高等教育应坚持以马克思主义为指导，全面贯彻党的教育方针。高校理应成为传播马克思主义科学理论和做好马克思主义理论教育的主阵地，为学生成长成才打下坚实的思想基础。做好高校思想政治工作，必须坚持正确政治方向。这就要求我们必须坚持党的领导，坚持以马克思主义为指导。

作为教育的主体，教师自身首先要坚持党的领导，增强政治意识、大局意识、核心意识、看齐意识，自觉维护党中央权威和集中统一领导，自觉在思想上政治上行动上同党中央保持高度一致。教师要主动加强思想政治学习，努力学习马克思主义、毛泽东思想和中国特色社会主义理论体系，用马克思主义思想指导教育教学工作；要主动加强党史国史学习，深刻体会党的坚强领导给中国人民和中华民族带来的巨大变化，坚定对党的领导信心信念；要主动加强自身学识和道德修养，培养良好师德师风，以立德树人为目标，培养社会主义事业建设的优秀接班人。

马克思主义揭示事物的本质、内在联系及发展规律，是人们观察世界、分析问题的有力思想武器，不仅致力于科学“解释世界”，而且致力于积极“改变世界”。教师要坚持以马克思主义为指导的根本遵循，认真学习阅读马克思主义原典和相关论著，学懂弄通、真学真用，在切实提高马克思主义文献学研究能力的基础上提高思政教育水平。要切实加强马克思主义、毛泽东思想和中国特色社会主义理论体系的研究，把马克思主义与中国实际结合起来，把理论与当前中国实际融会贯通，提

高答疑解惑的能力。在新时代，教师要积极主动加强习近平新时代中国特色社会主义思想的理论学习，全面把握其科学内涵和精神实质，做学习与践行其思想的引路人。

二、教育方法：以学生为中心，紧抓课堂和互联网为着力点

从根本上来说，思想政治工作就是做人的工作，高校必须以学生为中心，围绕、关照、服务学生。教师要深刻把握当前大学生的心理、行动特点，充分用好课堂教学主渠道，大力运用新媒体新技术工作，通过课堂和互联网，紧抓网上网下大学生思想政治教育。

随着我国经济社会的快速发展，各种思潮交流交融交锋，纷繁复杂、思想多元的国内外环境对大学生的影响极大。当前，大学生个性鲜明，价值追求趋于务实。当代青年更多地追求和崇尚个人及个性，价值取向和价值利益更加多元，更加多样，更加立体、包容和开放。各种文化交流与碰撞更加频繁。

课堂教学是大学生接受思想政治教育的主要场所，通过老师的讲解传授，加强对马克思主义、党的领导和中国特色社会主义的理解和认识，确立正确的世界观、价值观、人生观。教师要创新课堂教学模式，不能死板机械地执行“规定动作”，更应发挥个人主观能动性开发配套“自选动作”，让理论与实践紧密结合，在帮助学生理解的同时激发课堂教学的活力。同时，各科教师要坚持协同合作，让各类课程与思想政治理论课相向同行，形成共同育人效应。要坚持思想政治教育的主导地位。严格把关教学内容，准确安排课程计划，加强理论武装，引导学生在历史变革、基本方略、未来新征程等各方面获得正确的认识。要增强课堂的互动性，提升学生的学习主动性。围绕学生所关心关注的问题和实际生活中的各类问题，采用互动式教学，注重探究、启发式教学，不再一味的“满堂灌”，增强课堂的趣味性。

互联网时代的思想政治教育，应该不断完善“互联网+”思想政治工作载体建设，整合传统优势与信息技术，充分发挥新媒体新技术的优势促进思想政治教育工作。要充分利用互联网网络平台作用。通过学生互联网社区、主题教育网站、社交媒体平台等传递正确舆论和价值观。要敢于在网上主动发声。针对不良言论要旗帜鲜明的表明态度，敢于斗争，明确指出其错误，主动回应和批驳，并及时向学生传递，扩大传播面。要善于打造大学生喜闻乐见的教育作品。要充分利用好新技术新载体，变化思想政治教育的形式，打造一批贴近生活、贴近实际的网络教育作品，寓教于乐。

三、重要内容：理想信念教育、价值观教育、传统文化教育、法治教育

当代大学生作为新时代建设的主力参与者和新征程发展的见证者，要使当代大学生成长为符合新时代需求的中国特色社会主义建设者和接班人，大学生思想政治

教育必须深刻把握时代要求，突出时代主题。我们认为，理想信念教育、价值观教育、传统文化教育、法治教育、生态文明教育是我们进行思想政治教育的着力点。

理想信念是人的行动指南、精神动力和力量源泉，指引着人们的前进方向。具体而言，理想信念教育应包括，一是中国梦教育。要通过教育使中国梦的深刻内涵、历史意蕴、丰富内容、重大意义深入大学生的内心，明白作为青年在实现中国梦过程中的地位和作用，激发他们将实现中国梦与个人青春梦想相统一，一代代青年接力奋斗，直至目标实现。二是中国特色社会主义教育。要使他们了解中国特色社会主义的探索历程、基本内涵和主要内容，在党史、国史和国情、世情教育中坚定实现中国特色社会主义的信心和决心。三是马克思主义理论教育。要使大学生能够运用马克思主义理论的思想方法和工作方法去形成科学的理论思维和认知，去认识世界和改变世界。

习近平总书记在与北京大学师生座谈时指出："青年的价值取向决定了未来整个社会的价值取向，而青年又处在价值观形成和确立的时期，抓好这一时期的价值观养成十分重要。这就像穿衣服扣扣子一样，如果第一粒扣子扣错了，剩余的扣子都会扣错。人生的扣子从一开始就要扣好"。① 对于大学生而言，新时代的价值观教育，即是指社会主义核心价值观。社会主义核心价值观回答了要建设什么样的国家、建设什么样的社会、培育什么样的公民的重大问题。作为教师，我们要践行习近平总书记提出的要求，立足于培养担当民族复兴大任的时代新人，强化教育引导、实践养成，用自己的学识、阅历、经验和教育方法，去引导青年学生树立对真善美的向往，使社会主义核心价值观渗入大学生的言行举止之中，将大学生的被动接受转化为情感认同和行为习惯。

中华民族有着悠久历史和深厚的文化传统，形成了富有特色的思想体系，蕴含着丰富的哲学思想、人文精神、道德理念，这是我国的独特发展优势，对当前国家和社会的发展以及个人素养的提升有着独特的价值。中华文化源远流长，代表着中华民族独特的精神追求，为中华民族的发展与壮大提供了丰厚滋养。我们要注意讲清楚中华优秀传统文化的历史渊源、发展脉络、基本走向、独特创造、价值理念、鲜明特色，使青少年深刻了解到中华文化的博大精深。要注意在传承的基础上结合时代进行创造性转化和发展，使中华民族里优秀的文化基因与当代文化相适应、与现代社会相协调，以人们喜闻乐见、具有广泛参与性的方式推广开来，把跨越时空、超越国度、富有永恒魅力、具有当代价值的文化精神弘扬起来，增强大学生的学习主动性。要注意引导大学生科学对待传统文化，要坚持古为今用、推陈出新，扬弃地加以继承。

十八大以来，以习近平同志为核心的党中央把"法治"提到了新的高度，依法

---

① 习近平．习近平谈治国理政[M]．北京：外文出版社，2014，第172页．

治国作为“四个全面”发展战略之一，是大学生思想政治教育的重要一课。法治教育不仅有利于培养大学生的法治思维和理念，也顺应了法治社会建设的时代需要。作为教师，要加大法治宣传和教育，针对当前我国大学生中还普遍存在的法治意识还较为淡薄、法律知识还较为缺乏的现象，加大思想政治教育工作中的教育比重，改善教育方法，通过教材、案例分析、活动模拟和社会实践，加深大学生的法治观念和意识，增强法律知识，使大学生成为知法、尊法、守法和德法兼修的社会主义合格建设者和可靠接班人。

习近平关于大学生思想政治教育的重要论述是习近平新时代中国特色社会主义思想的重要组成部分，丰富了马克思主义思想政治教育理论，深化了中国共产党人对思想政治教育的科学认识。习近平关于大学生思想政治教育的重要论述内容丰富，覆盖新时代大学生思想政治教育的各个方面，回答了新时代建设社会主义事业人才的培养的方向性问题，契合当前大学生的思想政治教育工作的实际，具有鲜明的时代性、科学性和实践性。高校教师应着力加强习近平新时代中国特色社会主义思想的学习，并将之生动运用于教学实践特别是大学生思想政治教育工作中，为培养中国特色社会主义事业的接班人，为实现中华民族伟大复兴的中国梦作出新的贡献。

参考文献

[1]习近平．决胜全面建成小康社会夺取新时代中国特色社会主义伟大胜利——在中国共产党第十九次全国代表大会上的讲话．[EB/OL]．http：//sh. people. com. cn/n2/2018/0313/c134768-31338145. html.

[2]习近平在全国高校思想政治工作会议上强调把思想政治工作贯穿教育教学全过程 开创我国高等教育事业发展新局面．[EB/OL]．http：//dangjian. people. com. cn/n1/2016/1209/c117092-28936962. html.

[3]张阳．习近平新时代中国特色社会主义思想对青年成长的影响[J]．当代青年研究，2018，(1).

[4]蒲清平．把习近平新时代中国特色社会主义思想全面融入大学生思想政治教育[J]．高校辅导员，2018，(2).

浅论习近平新时代中国特色社会主义思想的科学内涵

程　振　张培琳
（武汉大学国际教育学院）

党的十八大以来，以习近平同志为核心的党中央坚持以马克思列宁主义、毛泽东思想、邓小平理论、“三个代表”重要思想、科学发展观为指导，坚持解放思想、实事求是、与时俱进、求真务实，坚持辩证唯物主义和历史唯物主义，紧密结合新的时代条件和实践要求，以全新的视野深化对共产党执政规律、社会主义建设规律、人类社会发展规律的认识，进行了艰辛的理论探索，取得了重大理论创新成果，创立了习近平新时代中国特色社会主义思想。党的十九大通过的党章修正案把习近平新时代中国特色社会主义思想确立为我们党的行动指南，确立为我们党必须长期坚持的指导思想，实现了党的指导思想的又一次与时俱进。习近平新时代中国特色社会主义思想是贯穿党的十九大报告的灵魂，也是党的十九大最重要的理论贡献。习近平新时代中国特色社会主义思想有着充分的立论依据和丰富的科学内涵，是中国特色社会主义理论体系的重要组成部分，系统回答了新时代坚持和发展什么样的中国特色社会主义、怎样坚持和发展中国特色社会主义这个重大时代课题。

一、立论依据

1. 我国的发展站在新的历史起点上

党的十八大以来，我国的发展站到了新的历史起点上，中华民族实现了从站起来、富起来到强起来的历史性飞跃，中国特色社会主义拓展了发展中国家走向现代化的途径，为解决人类发展问题贡献了中国智慧、提供了中国方案。

我国的发展站在了新的历史起点上，体现在发展过程中的三个重大转变：一是我国由农业社会向工业化、信息化社会转变；二是我国由世界大国转向世界强国；三是我国由边缘化落后国家走向世界舞台的中央。共产党人用社会主义拯救了中国，现在正在用社会主义来发展中国，并取得了显著的成绩。从追赶时代步伐到与时代同步，甚至在很多领域已经引领时代潮流。我国的现代化建设和民族复兴目标已近在眼前。

2. 社会主义彰显出巨大的影响力

我国在建设社会主义现代化的伟大征程中，充分发挥了社会主义制度的优越性，采取了不同于资本主义的现代化路径，正在实现对资本主义现代化的弯道超越。具体表现在：通过社会主义与市场经济的结合，更新了社会主义现代化的建设方式；通过社会主义与法治的结合，创新了社会主义现代化的治理方式；通过社会主义与全球化的结合，拓展了社会主义现代化的发展空间。

3. 我国同世界的关系发生了历史性变化

当前国际形势正处在新的转折点上，各种战略力量加快分化组合，国际体系进入到了加速演变和深刻调整的时期。正如美国战略家基辛格所描述的那样，当今的国际体系正在经历四百年来未有之大变局，其中包含有四大趋势，分别是新兴大国群体性崛起、西方世界整体性下滑、世界权势加速东移、全球性问题集中爆发。而在所有这些变化中，中国的崛起无疑是最耀眼的，被视为是“21 世纪最重大的地缘政治事件”，中国的快速发展不仅深刻地改变着自己，而且正在影响着整个世界的面貌。

二、科学内涵

习近平新时代中国特色社会主义思想的精神实质和丰富内涵，集中体现在党的十九大报告精辟概括的“八个明确”和新时代中国特色社会主义“十四个坚持”基本方略之中。这是我党的理论创新、经验总结和思想提升。

1. 理论主题

我国社会发展经历了从新民主主义到社会主义，再到中国特色社会主义的阶段。坚持和发展中国特色社会主义既是新时期的主题，也是新时代的主题。十九大报告指出，“中国特色社会主义是改革开放以来党的全部理论和实践的主题，是党和人民历尽千辛万苦、付出巨大代价取得的根本成就”。从政治学视角看，这句话是极其重要的，因为其涉及中国举什么旗、走什么路的重大问题，涉及对中国的国家性质、国体及政体的选择问题。自党的十八大以来，习近平反复强调，要继续把坚持和发展中国特色社会主义这篇大文章写下去，实现中华民族的伟大复兴。要增强中国特色社会主义道路自信、理论自信、制度自信和文化自信。党的十九大创造性地提出了新时代中国特色社会主义的基本方略，这包括坚持党对一切工作的领导、以人民为中心、全面深化改革、新发展理念、人民当家做主、全面依法治国、社会主义核心价值体系、在发展中保障和改善民生、人与自然和谐共生等十四个方面。尽管这其中一些内容过去已有所提及，但在十九大报告中进行集中论述，这在理论上是第一次，为新时代如何坚持和发展中国特色社会主义提供了行动纲领。

2. 逻辑线索

任何一种思想的确立，都有其内在的理论逻辑。作为马克思主义中国化最新成果和中国共产党人新的行动指南，习近平新时代中国特色社会主义思想更是一个集时代性、原创性与系统性于一体的科学体系。坚持和发展中国特色社会主义，是改革开放以来我们党的全部理论和实践的主题，也是以习近平同志为核心的党中央治国理政的“总纲”，是贯穿习近平新时代中国特色社会主义思想的“总命题”和“总线索”。

立足新时代，以习近平同志为核心的党中央从理论和实践结合上系统回答了新时代坚持和发展什么样的中国特色社会主义、怎样坚持和发展中国特色社会主义这一重大时代课题，以全新的视野深化对共产党执政规律、社会主义建设规律、人类社会发展规律的认识，创立了习近平新时代中国特色社会主义思想。历史使命同时代主题紧密相连，是时代主题的自然延展和逻辑升华。紧扣中国特色社会主义时代主题，沿着中国特色社会主义道路，走向中华民族伟大复兴，这是新时代历史使命的内在逻辑。

3. 创新性思想观点

(1)提出全面建设社会主义现代化国家的新目标

党的十九大提出，在综合分析国际国内形势和我国发展条件的基础上，分两步走实现第二个百年奋斗目标，完整勾画了我国社会主义现代化建设的时间表、路线图。第一步从2020年到2035年在全面建成小康社会的基础上，再奋斗十五年，基本实现社会主义现代化。第二步，从2035年到本世纪中叶，在基本实现社会主义现代化的基础上，再奋斗十五年，把我国建设成富强、民主、文明、和谐、美丽的社会主义现代化强国。

从毛泽东的“两步走”设想，到邓小平的“三步走”战略，再到习近平的“两个一百年”奋斗目标，这不是大干快上，是由于我国的发展超出预期，必须及时调整。首先是一个自我加压，时间提前的进取目标；其次是更加注重发展质量，不以GDP论英雄的目标；另外，这是一个注重创新，显示自信的奋斗目标。

(2)对新时代我国社会主义主要矛盾作出新判断

党的十九大报告鲜明提出了“中国特色社会主义进入新时代，我国社会主要矛盾已经转化为人民日益增长的美好生活需要和不平衡不充分的发展之间的矛盾”的新判断。这一重大判断，不仅为新时代的经济建设、政治建设、文化建设、社会建设和生态文明建设指明了新的发展方向，而且为实施新时代“两步走”战略提供了决策依据和理论支撑。

需求方的变化和供给方的变化是社会主要矛盾转化的现实依据。从需求方来看，以往人民群众的需求是基本的物质文化需要，而在新时代，人民群众的需求范围扩大了，需求层次提高了，人民群众的需求转化为对美好生活的需要。党的十八大以来，我国人民生活不断改善，城乡居民收入增速超过经济增速，中等收入群体持续扩大，6000多万贫困人口稳步脱贫，人民健康和医疗卫生水平大幅提高；中国人均GDP超过8000美元，已经达到中等收入国家水平。人们一般性的物质和文化需求已经得到满足，正在转向追求更加美好的生活。这样的美好生活除了高品质的物质生活需求外，还有较高层次的精神文化需求，包括追求尊严、民主、公平、正义、安全、环境、个人价值实现等。从供给方来看，新时代我国的社会生产已不是落后的社会生产，一些领域的生产能力在世界上是靠前甚至领先的。我国的经济实力、科技实力、国防实力、综合国力不断增强，GDP已达到80万亿元，稳居世界第二，成为世界第一工业大国、第一服务业大国、第一贸易大国；对外贸易、对外投资、外汇储备稳居世界前列；中国的新能源、桥梁、航天、电商、交通等正在不断为人们生活品质的提升、经济的腾飞打下坚实的基础。

(3)形成推动经济社会协调发展的新布局

十八大以来，以习近平同志为核心的中共中央团结带领全党全国各族人民，统揽伟大斗争、伟大工程、伟大事业、伟大梦想，统筹推进“五位一体”总体布局，协调推进“四个全面”战略布局，推动党和国家事业取得历史性成就、发生历史性变革，中国特色社会主义进入了新时代。工作的主要举措：一是推进供给侧改革，优化了经济结构，提高了经济效益。二是坚持权利和义务的统一，保障权利与约束权力。三是加强思想引领，践行社会主义核心价值观，建设文化强国。四是保障和改善民生，加强和创新社会治理。五是推进绿色发展，建设美丽中国。

(4)明确完善中国特色社会主义制度的新途径

党的十九大报告指出，“明确全面深化改革总目标是完善和发展中国特色社会主义制度、推进国家治理体系和治理能力现代化”，提出了全面深化改革的大方向和总目标。通过全面深化改革、创新国家治理体系、完善各项制度，使国家机构设置、制度安排更加科学、合理和完善；通过提高运用法制治理国家的能力，促进国家治理能力现代化。这既不是走封闭僵化的老路，也不是走改旗易帜的邪路，而是完善中国特色社会主义制度的新途径。

(5)坚持法治国家、法治政府、法治社会一体化建设

党的十九大报告提出，“明确全面推进依法治国总目标是建设中国特色社会主义法治体系、建设社会主义法治国家”。这是“法治中国”建设的顶层设计和整体部署，坚持依法治国、依法执政和依法行政整体推进，提出了在党的领导下通过法治来实现我国的长治久安。

(6)把人民军队建设成为世界一流军队

习近平同志在庆祝中国人民解放军建军90周年大会上指出，站在新的历史起点上，我们更加深切地感受到，中华民族走出苦难、中国人民实现解放，有赖于一支英雄的人民军队；中华民族实现伟大复兴，中国人民实现更加美好生活，必须加快把人民军队建设成为世界一流军队。加快把人民军队建设成为世界一流军队，是新形势下党和人民对人民军队的政治要求和殷切期望，是实现“两个一百年”奋斗目标、实现中华民族伟大复兴中国梦的必然要求，也是全军官兵推进强军实践的行动号令。

强国必须强军，军强才能国安。这是维护国家安全和发展利益的迫切要求。我国已经成为世界第二大经济体并拥有数额特别巨大的海外利益，是名副其实的世界大国。随着我国的快速发展，一些国家千方百计对我国发展进行牵制和遏制。虽然我们维护国家安全和发展利益的手段和选择很多，但是军事手段始终是保底的手段。应该看到，我军现代化水平与国家安全需求相比差距还很大，与世界先进军事水平相比差距还很大。国际形势的发展、国家利益的维护、人民群众的期盼，都要求我们加快把人民军队建设成为世界一流军队，增强我军应对危机、维护和平、遏制战争、打赢战争的能力，有效应对国际战略形势和国家安全环境的变化，为国家发展提供和平的国际环境和良好的安全环境。

(7)推动构建人类命运共同体

坚持推动构建人类命运共同体，是习近平新时代中国特色社会主义外交思想的核心和精髓。党的十八大以来，以推动构建人类命运共同体为引领，我国对外工作理论和实践创新取得一系列重大成果，国际影响力、感召力、塑造力进一步提高，为世界和平与发展做出新的重大贡献。构建人类命运共同体内涵十分丰富，概括起来说就是党的十九大报告提出的“建设持久和平、普遍安全、共同繁荣、开放包容、清洁美丽的世界”。我国坚持和平发展，以期实现人类共同繁荣，并以“一带一路”倡议作为实践平台。

(8)坚持和加强党的全面领导

党的十九大报告在总结历史和现实经验基础上旗帜鲜明地提出了新时代党的建设总要求，其中坚持和加强党的全面领导是重中之重。坚持和加强党的全面领导，阐明了党的建设的根本目的和根本原则，对新时代坚定不移推进全面从严治党具有提纲挈领作用，也是发挥我国社会制度优越性的必然选择。针对过去一段时期党的领导弱化问题比较普遍的状况，党中央果断提出坚持和改善党的领导的重大政治要求，鲜明强调中国共产党是执政党，党的领导是做好党和国家各项工作的根本保证，不能有丝毫动摇。强调全党必须增强政治意识、大局意识、核心意识和看齐意识。坚持和加强党的全面领导与全面从严治党新要求、党的建设新格局是高度一致的。

三、历史地位

习近平新时代中国特色社会主义思想，是党的理论创新的最新成果，是马克思主义中国化与中国特色社会主义相结合发展而来的，是中国特色社会主义建设的行动指南。深化对习近平新时代中国特色社会主义思想历史地位的认识，对于夺取新时代中国特色社会主义伟大胜利、实现中华民族伟大复兴的中国梦、实现人民对美好生活的向往，具有重大而深远的意义。

1. 开辟了马克思主义新境界

马克思主义具有与时俱进的理论品质，这也是马克思主义生命力的根本所在。中国共产党作为马克思主义政党，始终坚持把马克思主义基本原理同中国具体实际和时代特征相结合，实现了马克思主义中国化的三次历史性飞跃，形成了马克思主义时代化、中国化的理论成果，从而使马克思主义永葆强大的生命力。

2. 开辟了中国特色社会主义新境界

以毛泽东同志为代表的第一代共产党人把马克思主义普遍原理与中国革命实践相结合，产生了马克思主义中国化的第一次历史性飞跃成果——毛泽东思想，回答了中国为什么要革命、怎样革命的问题。在毛泽东思想指引下，我们找到了正确的革命道路，建立了中华人民共和国，使中华民族站起来了。以邓小平同志为核心的第二代中国共产党人，把马克思主义普遍原理与中国改革、建设实践相结合，产生了马克思主义中国化的第二次历史性飞跃成果——邓小平理论。邓小平理论回答了什么是社会主义、怎样建设社会主义的问题。此后又在实践中产生了“三个代表”重要思想、科学发展观，分别回答了建设什么样的党、怎样建设党和实现什么样的发展，怎样发展等问题。在这些理论指引下，推进了波澜壮阔的社会主义建设，中国人民富起来了。党的十八大以来，世情、国情、党情发生了新的变化，习近平以非凡的政治智慧、顽强的意志品质、强烈的责任担当，把马克思主义基本原理与中国特色社会主义新时代的实际相结合，形成了马克思主义中国化的第三次历史性飞跃成果——习近平新时代中国特色社会主义思想。

习近平新时代中国特色社会主义思想坚持马克思主义的根本立场、基本原理和价值导向，紧密结合新的时代背景和实践要求，以全新的视野深化对共产党执政规律、社会主义建设规律、人类社会发展规律的认识，系统回答了新时代坚持和发展什么样的中国特色社会主义、怎样坚持和发展中国特色社会主义这一重大时代课题，开辟了马克思主义中国化新境界、中国特色社会主义新境界。在习近平新时代中国特色社会主义思想指引下，中华民族必将迎来从站起来、富起来到强起来的伟大飞跃，实现中华民族伟大复兴的中国梦。

3. 必须长期坚持不断发展的指导思想

习近平新时代中国特色社会主义思想，紧紧围绕在新的时代条件下坚持和发展什么样的中国特色社会主义、怎样坚持和发展中国特色社会主义这一重大时代课题，鲜明回答了坚持和发展中国特色社会主义的总目标、总任务、总体布局、战略布局和发展方向、发展方式、发展动力、战略步骤、外部条件、政治保证等基本问题，提出了十四个“坚持”的基本方略，内涵丰富，博大精深，构成了系统完整的科学理论体系，开拓了中国特色社会主义理论的新境界，是中国特色社会主义理论体系的重要组成部分。

实践丰富理论，理论指导实践。习近平新时代中国特色社会主义思想为道路自信、理论自信、制度自信和文化自信提供了最坚实的战略定力，为新时代提供了最根本的战略指引，是凝聚全党全国各族人民为实现中华民族伟大复兴中国梦奋斗的思想基础，也是中国特色社会主义进入新时代的历史方位下，在新的历史起点上进一步开创中国特色社会主义新局面、决胜全面小康社会、建设社会主义现代化强国、实现中华民族伟大复兴中国梦的行动指南。

参考文献

[1]习近平．决胜全面建成小康社会 夺取新时代中国特色社会主义伟大胜利[M]．北京：人民出版社，2017-10-18.

[2]习近平总书记系列重要讲话读本[M]．北京：学习出版社、人民出版社，2016年版.

[3]中共中央宣传部．习近平新时代中国特色社会主义思想三十讲[M]．北京：学习出版社，2018-05-01.

[4]人民日报理论部．深入学习贯彻习近平新时代中国特色社会主义思想[M]．北京：人民日报出版社，2018.

[5]孙耀武．深刻认识习近平新时代中国特色社会主义思想的历史地位[N]．北京：新华日报，2017-12-13.

习近平新时代中国特色社会主义思想的科学内涵

程晓婷
（武汉大学计算机科学学院）

习近平新时代中国特色社会主义思想坚持了马克思主义科学方法论，发展了当代中国的马克思主义政治经济学和科学社会主义理论，是中国特色社会主义理论体系的最新成果，是马克思主义理论在当代中国的具体时代体现。它深刻总结了国内外社会发展经验尤其是国内社会主义建设的经验和教训，是对国内外形势准确把握的理论应答，是应对国内外所面临的机遇和挑战的科学理论体系。

一、习近平新时代中国特色社会主义思想的特点

1. 务实性

中国共产党是在中国具体的革命实践中用马克思主义理论武装起来的政党，在近一百年的奋斗过程中，继承了马克思主义的优良理论品质，形成了求真务实的优良传统，并在这一传统指引下，使中国革命和建设始终沿着正确的方向前进。习近平新时代中国特色社会主义思想是马克思主义在中国的新发展，具有求真务实这一理论品质。在和平建设时期，求真就是“求社会主义现代化建设客观规律之真”，①习近平新时代中国特色社会主义思想正是建立在对现代化建设规律的认识基础上。务实就是“务谋最广大人民根本利益之实”，在认识规律的基础上，坚持不懈地推进改革，推进现代化建设，不断改善人民群众的生活水平。在改革的具体推进中，习近平始终强调以问题为导向，脚踏实地，一个问题一个问题地解决。他说：“中国共产党人干革命、搞建设、抓改革，从来都是为了解决中国的现实问题。可以说，改革是由问题倒逼而产生，又在不断解决问题中而深化。”②这样，人民总是在解决问题的过程中不断获益，社会总是在解决问题的过程中不断进步。这种求真务实的理论品质，使习近平新时代中国特色社会主义思想深深地扎根于中国大地，为

① 习近平．之江新语[M]．杭州：浙江人民出版社，2007：107.

② 中共中央召开党外人士座谈会[N]．北京：人民日报，2013-11-14，(1).

中国共产党长期执政奠定了坚实基础。

2. 人民性

“坚持一切为了人民、一切依靠人民，充分发挥广大人民群众积极性、主动性、创造性，不断把为人民造福事业推向前进。”①这是习近平新时代中国特色社会主义思想的价值追求。以习近平为核心的党中央始终牢记人民的重托，不辜负人民的信任，强调责任重于泰山，要求不仅是权为民所赋，而且权要为民所用。“四个全面”战略布局回应了在新时代老百姓对社会进步所提出的新要求和新期待，指明了实现伟大复兴中国梦的具体路径，最终就是要达到共同富裕的目的，让全体老百姓都过上好日子；五大发展理念的提出，表明我们党对社会发展规律的进一步深刻的理解和领会，充分展示了科学社会主义的前进方向。实践新发展观的过程，就是增进人民福祉、维护人民利益、促进社会公平正义的过程。在这个过程中，强调把人民共同创造、共同建设、共同享受、共同拥有和最终实现共同富裕作为根本出发点和归宿，增强人民的获得感和幸福感。

3. 时代性

在新时代的历史起点上，中国所面临的国际和国内情势与以往大不相同，处于社会变革的关键时期，社会结构亟须调整，社会的进步和发展处于紧要关头。一方面来说，中国在汉唐过后的历史发展进程中没有像现在这样接近实现民族复兴梦想的时刻；另一方面，国内外的形势和环境急剧变化，社会改革、发展和稳定的任务繁重，所面对的矛盾、风险和挑战亦是前所未有。时代发展要求必须推进国家治理能力的现代化和治理体系的规范化，促进社会主义市场经济蓬勃健康发展，致力于解决人民群众日益增长的美好生活需要同不平衡不充分的发展之间的矛盾，解决信息技术快速发展所带来的时代问题，解决社会发展所带来的时代风险和挑战。习近平着眼于时代要求，不仅提出“推进国家治理体系和治理能力现代化”，又提出“四个全面”战略布局和“五大发展理念”，提出建设世界性科技强国的方针和使命，注重社会结构调整，经济结构转型，为国家的发展提供战略支持。同时，他极力关注国家伟大复兴的历史使命，提出以“中国梦”作为最大的共通点，就利益博弈和思想分化的现实达成共识……这些，都是对时代要求的科学回应。

二、习近平新时代中国特色社会主义思想的主要内容

习近平新时代中国特色社会主义思想不仅体现在习近平同志系列重要讲话

① 习近平．在庆祝中国共产党成立 95 周年大会上的讲话[N]．人民网，2016-07-02. http：//cpc. people. comcn/n1/2016/0702/c64093-28517655. html.

中，还体现在新时代为实现共产主义远大理想的社会主义现代化事业建设和改革的实践当中。要深刻理解和把握习近平新时代中国特色社会主义思想的内蕴，必须着力领会以习近平同志为总书记的新一届党中央领导集体治国理政的战略定位、奋斗目标、战略布局、总体布局、发展理念、强军战略、外交立场和价值导向等。

1. 根本主题：坚持和发展中国特色社会主义

中国特色社会主义是“科学社会主义理论逻辑和中国社会发展历史逻辑的辩证统一”①，中国坚持和发展特色社会主义是社会历史发展的必然性和人民选择的必然性的统一。从莫尔乌托邦式空想社会主义的产生到马恩科学社会主义的问世，从巴黎公社革命建立的世界上第一个无产阶级掌握的政权到俄国十月革命后建立的第一个真正意义上的社会主义国家，从中华人民共和国成立以来开始的对社会发展的艰难探索到改革开放打开国门后的中国特色社会主义事业的建设，已经展示了500年来世界社会主义的发展。一代代的中国共产党人在前人的基础上领导中国人民砥砺奋斗，不忘初心，中国特色社会主义建设事业从开创到发展的过程中，取得了很多可喜的成就，书写了新中国时代性飞跃的新篇章。以习近平同志为核心的党中央领导集体在长期的执政实践中坚持科学社会主义的基本原则和方法论，根据时代特点和实际国情，将科学社会主义基本原则和具体中国实际相结合，使中国特色社会主义的发展呈现出新的道路形态、理论形态和制度形态，开辟了中国科学社会主义发展的新境界。

2. 奋斗目标：实现中华民族伟大复兴的中国梦

习近平新时代中国特色社会主义思想围绕“实现中华民族伟大复兴的中国梦”这一目标愿景展开。中国梦的提出具有鲜明的中国风格，是实现共产主义这一远大目标在现实条件下的时代表达。“中国梦的本质是国家富强、民族振兴、人民幸福。”②实现民族伟大复兴是全体炎黄子孙共同的理想，是各族人民对社会发展要求的最大共通点，统一国家命运和个人幸福，让每个中国人都成为中国梦的参与者和建设者，发挥人民群众在国家事务中的主人翁作用，凝聚人心、团结人民，鼓励每个炎黄子孙将自我理想融入社会理想，在大我的成就中实现小我的价值，为实现中国梦凝心聚力。

---

① 高继文．论科学社会主义理论逻辑和中国社会发展历史逻辑的辩证统一[J]．高校马克思主义理论研究，2017，3(01)：30-37.

② 中央文献研究室编．习近平关于实现中华民族伟大复兴的中国梦论述摘编[C]．北京：中央文献出版社，2013：7.

3. 战略布局：协调推进“四个全面”

从2012年以来，新一届党中央领导集体站在历史和时代的高峰，着眼于中国特色社会主义事业的全面发展，确立了“四个全面”战略布局。特别是习近平同志，不仅最先提出“四个全面”战略布局，而且作了系统阐述。制定和建立“四个全面”战略布局，是在新的时代条件下就如何坚持和发展中国特色社会主义所做出的战略部署，是对我们党的执政经验和国家治理战略的系统整合和科学总结，是“我们党在新形势下治国理政的总方略”，同时亦是“事关党和国家长远发展的总战略”。

4. 总体布局：坚持“五位一体”

坚持“五位一体”的总体布局，即是指坚持以经济建设为中心，在夯实经济基础的同时，协调推进政治建设、文化建设、社会建设、生态文明建设以及其他各方面建设。同时，坚持“五位一体”亦是实现“两个一百年”奋斗目标和中华民族伟大复兴中国梦的客观需要。经济是衡量一个国家是否富强的首要标准，为社会系统其他方面的协调发展提供了雄厚的物质支撑，为社会的稳定提供坚实的物质基础。因此必须把经济建设放在首位，始终作为中心任务推进。同时必须明确，社会主义现代化建设的每个部分、每个环节都是相互协调、相互影响、相互推进的，少了哪个环节都不行。“这是我们党对社会主义建设规律在实践和认识上不断深化的重要成果”。只有按照这个总体布局，才能“促进现代化建设各方面相协调，促进生产关系与生产力、上层建筑与经济基础相协调”。①

5. 战略导向：牢固树立“五大发展理念”

现阶段中国的发展处在一个非常重要的转型时期，我国经济和社会发展的环境条件、任务要求都发生了变化。自2008年金融危机以来，世界经济的复苏处于比较低迷的时期，经济发展比较缓慢，情况不容乐观；而我国的经济发展进入到了一个全新的阶段，经济发展相对他国比较稳定，发展速度较之前放缓，不再是片面追求GDP的高增长。针对经济发展现状，党中央提出了“五大发展理念”，具体包括创新、协调、绿色、开放、共享。新的发展理念是相互协调支撑的发展理念，反映了新时期全面深化改革、践行科学发展观的总体趋势和要求，是关系到我国长治久安的重要举措。尤其是“协调”发展理念的提出意味着对我国城乡区域发展不平衡、经济社会发展不协调等社会问题的直接面对，这就要求我们在社会发展过程中遇到问题时，必须坚持全面考虑，正确处理各种重要关系在发展中的矛盾，缩小发展的

---

① 中共中央文献研究室．十八大以来重要文献选编(上)[M]．北京：中央文献出版社，2014：77.

差距。

6. 强军战略：全面建设巩固国防和强大军队

在新的时代条件下，务必要加强国防和军队建设，努力推进社会主义事业发展。军事实力是国家硬实力的重要组成部分，与软实力共同构成一国的综合国力，军事实力的强弱直接关系到国家硬实力的发展，稳固的国防和强大的军事实力是国家各方面取得发展的坚强后盾和基本保证。习近平同志对加强国防和军队建设作出了一系列重要论述，明确提出了“建设一支听党指挥、能打胜仗、作风优良的人民军队”的强军目标，而且系统地阐明了如何才能“建设一支听党指挥、能打胜仗、作风优良的人民军队”的基本问题，为加快推进国防和军队现代化建设提供了根本遵循。

7. 外交立场：构建合作共赢的新型国际关系

改革开放以来，新中国打开了国门，与国际发展逐渐接轨，加快了社会发展的进程，同时也把社会主义现代化建设事业置于纷繁复杂的国际环境当中，且国际形势瞬息万变，深刻复杂。一方面，全球一体化趋势不可逆转，世界各国相互联系、相互依存，相互之间的影响在不断加深。但同时，世界局势并不太平，各方面问题都比较突出，不平衡、不公正现象愈演愈烈，国家间的差距越拉越大，矛盾也越来越突出。在新的时代条件下大力推进中国特色社会主义事业，必须建立和落实科学的对外战略，努力做好外交工作，推动大国外交，建立理性的新国际关系，为国内的改革开放和社会主义现代化建设营造和平稳定的国际环境。面对风云变幻的世界情势和剧烈演变的国际格局，党中央领导集体有着宏大的寰球视野和大规模的布局，全方位展示了我国作为世界性大国的责任担当。习近平同志的出访足迹遍布全球，始终坚持走和平发展的道路，全面推进有中国特色的大国外交。新的外交结构已经全面铺排开来，中国加快了走向世界舞台中心的进程。

8. 价值立场：坚持人民群众的主体性

马克思主义关注人的全面发展，习近平新时代中国特色社会主义思想坚持人民群众主体性的价值立场是对马克思主义关于人的发展学说的丰富和发展。人民群众的支持和拥护是以习近平同志为核心的党中央治国理政的社会基础和力量源泉，治国理政的关键是尊重人民的主体地位。中国共产党的成立和发展壮大始终都依赖于人民群众的力量，其宗旨和目的就是要让贫苦的人民大众得到翻身解放，让人民群众能够在国家事务中当家做主。尽管国家的进步最后是各种合力一起发生作用推动的，但是人民群众是促使国家前进的主体动力。在社会历史发展过程之中，人们运用自己的智慧，不仅仅推动了社会物质文明的发展，而且还创造了丰富的精神财富，丰富了人们的精神世界。在社会形态进行转变的过程中，人民群众充当了变革社会形态的主体力量，推动了社会发生革命和改革，协调了各方的利益关系，推动了社会向更高的形态发展。

参考文献

[1]习近平．之江新语[M]．杭州：浙江人民出版社，2007：107.
[2]习近平谈治国理政[M]．北京：外文出版社，2014：96.
[3]中央文献研究室．习近平关于实现中华民族伟大复兴的中国梦论述摘编[C]．北京：中央文献出版社，2013：7.
[4]中共中央文献研究室．十八大以来重要文献选编(上)[M]．北京：中央文献出版社，2014：77.
[5]肖贵清、田桥．习近平总书记治国理政思想与中国特色社会主义理论体系的关系[J]．当代世界与社会主义，2017(1).
[6]高继文．论科学社会主义理论逻辑和中国社会发展历史逻辑的辩证统一[J]．高校马克思主义理论研究，2017，3(01)：30-37.
[7]韩庆祥．论习近平总书记治国理政思想[J]．中共福建省委党校学报，2016，(01)：4-14.
[8]高继文．论科学社会主义理论逻辑和中国社会发展历史逻辑的辩证统一[J]．高校马克思主义理论研究，2017，3(01)：30-37.
[9]颜晓峰．重大时代课题是科学理论体系的基石——学习习近平新时代中国特色社会主义思想[J]．思想理论教育，2018(08)：4-10.
[10]郭云泽，刘同舫．习近平新时代中国特色社会主义思想对马克思主义哲学的继承与发展[J]．思想理论教育，2018(08)：37-43.

新时代背景下高校资助育人工作的再思考

储　锐

（武汉大学党委研究生工作部）

随着我国高等教育的快速发展，高校规模不断扩大，招生人数快速增长，贫困生数字也越来越庞大，这一部分学生已成为涉及青年教育健康成长不容忽视的重要群体。2007 年《国务院关于建立健全普通本科高校、高等职业学校和中等职业学校贫困生资助政策体系的意见》（国发〔2007〕13 号）及其配套办法颁布实施后，我国的资助政策体系由不完善逐渐走向完善，国家在高等教育阶段建立起来国家奖学金、国家助学金、国家助学贷款、勤工助学、学费减免、特殊困难补助等多元混合的高校贫困生资助政策体系。这一系列政策体系的形成，有效地帮助了家庭经济条件困难学生顺利完成学业，为他们实现人生梦想提供了强有力的支撑和保障。

党的十九大报告提出，在提高保障和改善民生水平，加强和创新社会治理中要优先发展教育事业，健全学生资助制度，使绝大多数城乡新增劳动力接受高中阶段教育、更多接受高等教育。这一科学论断为新时代下学生资助工作的开展提供了根本遵循。新时代的学生资助工作需紧紧围绕全面贯彻落实十九大精神，针对新时代高校学生新性格、新特点、新思维，让高校学生资助回归育人本质，推动高校资助育人工作实现可持续、内涵式发展。

一、现行资助育人工作存在的问题

今年是改革开放四十周年，随着社会改革的不断深化，面临的问题也趋于复杂化。高校资助工作模式虽从以加大资助经费、扩张资助规模为主要手段的保障型发展向以提升资助质量、强调育人效果为核心的发展型转变，但在新的历史背景下，在工作发展进入转型期、深水区时，各种新问题、新现象、新变化随之而来，在较长期的积累过程中和复杂形势下凸显了一些工作上的问题。

1. 资助对象的认定缺乏有效性和精准性

习近平总书记在扶贫脱贫工作中指出，精准脱贫首先要搞清楚“帮扶谁”的问题，因此，高校的学生资助工作首要的问题也是要搞清楚“资助谁”。只有明确认定资助的对象，才能确保资助工作的顺利开展。目前，绝大多数高校资助对象的认定工作在不同程度上缺乏有效性和精准性。首先，贫困认定都是由学生本人提供家庭经济情况调查表，佐证材料均是由学生家庭所在地乡镇及以上民政部门核实，在没有大量数据的支撑下，这些部门很难确保精准掌握所有的家庭信息情况，实际审核工作相对简单。其次，贫困等级的认定无法确保精准，仅仅依靠学生所提交的不完全真实的证明材料，无法在客观上辨识不同贫困等级的家庭，一些真正的贫困家庭无法被精准识别出来。

2. 学生的价值观趋于功利化

受“物质主义至上”思想和社会环境的影响，一些学生的价值取向发生歪曲。为了获得金钱，采取不正当手段获取证明材料，加上资助的无条件帮助性质以及对学生的低门槛要求，弄虚作假、投机取巧时有发生。部分情况下贫困生认定“人情”审核也现实存在，生活富裕还享受贫困补助的现象成了高校的独有现象。“虚假贫困”“争贫不争优”等不良风气逐渐蔓延，这既降低了资助工作的价值和实际效果，也造成了资助资金流失和社会资源的浪费。

3. 过度注重经济资助，忽视精神资助

现阶段高校保障型资助体系设计侧重于物质支持，集中于解决学生现实生活问题。近年来，国家投入大量资助资金完善高等教育学生资助政策，从总体上满足了贫困生的经济需求，但对学生精神上的资助和学生自立自强的意识培养有所忽视，这背离了《国家中长期教育改革和发展规划纲要（2010—2020年）》提出的“促进学生成长成才是学校一切工作的出发点和落脚点”的要求，仍处于一个较低层次的资助层面。在工作上忽视了学生因经济问题衍生出的心理问题等隐形压力，许多学生无法走出心理困境，甚至更加封闭、不自信，进而游离于学生群体之外。

另外，无偿的资助形式使得家庭经济困难的学生误以为资助就是给他们钱，把资助和金钱画等号，在不需要付出很多便可获得的前提下，“等、靠、要”的思想和依赖心理慢慢养成。一些受到资助的学生认为自己所得到的这些是理所应当的，拿得舒心坦然、拿得心安理得。除少数优秀、积极向上的学生外，大多数的贫困生只是“拿着钱过日子”。一时的经济资助只能解决学生的燃眉之急，资金花完后学生就会重新陷入经济窘境。无法从根本上解决贫困生面对的本质问题，即发展问题，导致学生资助工作无法充分发挥效用，这对于学生自立自强、诚信意识、感恩等优良品质的培养不利。最后，很多高校尚未制定行之有效的贫困生资助跟踪制度，资助资金发下去就算完成了工作，学生受助后的资金使用以及个人的消费行为没有相应的管理约束。学生的消费合不合理，有没有用到学习不得而知，这样非但没有达到预期的资助目的，反而会在同学中产生负面影响，形成了资助结果显著和育人效果不佳的“两重天”现象。

二、深度思考

习近平总书记在全国高校思想政治工作会议上强调，高校立身之本在于立德树人。立德树人是高等教育的根本任务，也是高校学生资助工作的根本任务。学生资助的形式是助学，但最终目的是为了树人。新时代资助工作要回归育人事业的高度，坚持育人导向，将育人作为资助工作的出发点和落脚点，切实发挥学生资助的育人功效。2017 年 12 月，教育部颁布《高校思想政治工作质量提升工程实施纲要》，将资助育人体系纳入十大育人体系，明确要求全面推进资助育人，把“扶困”与“扶智”“扶志”结合起来，建立国家资助、学校奖助、社会捐助、学生自助“四位一体”的发展型资助体系，构建物质帮助、道德浸润、能力拓展、精神激励有效融合的资助育人长效机制，实现无偿资助与有偿资助、显性资助与隐性资助的有机融合，着力培养受助学生自立自强、诚实守信、知恩感恩、勇于担当的良好品质，为做好新时代资助育人工作提出了新的要求。

1. 精准认定资助对象

2016 年《教育部办公厅关于进一步加强和规范高校贫困生认定工作的通知》出台，就精准认定贫困生工作提出了指导性意见，为进一步加强高校贫困生认定工作指明了工作方向。除根据当地实际认定的家庭经济状况之外，还可以借助一对一谈话、深入走访调研、数据对比等手段保障资助对象精准。新时代是信息时代和大数据时代，应充分利用大数据的优势，联动机制搭建资助信息共享平台。要积极促进学校的学籍系统、资助系统与国家相关部门进行信息互联互享，推动部门数据库的有效衔接，在大数据时代真正全面掌握学生的家庭经济状况，降低认定环节中的主观因素。另外，部分高校的各部门之间数据不畅通，如能将学生的日常消费情况、借阅记录、学习成绩、发展需要等信息综合统一，资助工作者就可以多方面了解学生，从而达到精准认定资助对象的目的，并根据相关数据结果有针对性地完善帮扶手段。

2. 经济扶贫与自强自信教育相结合

习近平总书记在十九大报告中提出，坚持大扶贫格局，注重扶贫与扶志、扶智相结合。学生资助工作从根本上说是做人的工作，学生资助工作的服务对象是贫困生。以贫困生为本，关注他们的成长诉求，助力他们的成长成才，是学生资助工作的着眼点。高校的学生资助工作不能过度偏重于经济资助，不能仅帮助困难学生解决外部经济困难，还要从身心上给予关怀和引导。高校资助育人工作必须紧紧抓住培育和践行社会主义核心价值观这一主线，增进学生对社会主义核心价值观的理性认同，帮助其树立正确的世界观、人生观和价值观，为学生健康成长成才筑牢思想防线、打下坚实基础。

为使贫困生从根本上阻断贫困代际传递，还需提升其科学文化素养、提高自我发展能力，要更加注重对贫困生实际素质和能力的培养和锻炼，在自主学习、创新、实践、人际交往、择业就业等能力方面给予个性化的指导，帮助学生实现在心理、知识和能力等方面的全面发展，激励促进学生全面成长成才。

3. 加强资助工作队伍建设

高校学生资助工作的好坏，很大程度上取决于工作人员的工作质量和水平。一要积极转变观念，坚决抛弃资助就是发放资金补助的旧认识，将资助和育人有机结合；二要在资助过程中，要始终贯彻以学生为本的指导思想，聚焦人文关怀。三要严格准入制度，完善职业培训，促使资助队伍向专业化、学术型人才转变，并严格考核。

4. 建立长效动态跟踪体制

要建立一套动态跟踪、密切调研的科学机制，在资助工作开展的过程中，对已获得资助的学生定期进行考察，切实根据需要及时更新调整资助力度和手段，将帮扶工作真正与经济困难学生的需要精细结合，实现有需必有应的工作目标。

5. 推动发展型资助的建构与实施

“四位一体”发展性资助体系构建需要补齐短板。在国家资助、学校奖助、社会捐助、学生自助“四位一体”的发展型资助体系建设工作中，目前国家资助主导和学校奖助补充相对较强，在社会捐助和学生自助方面相对较弱，将成为资助质量提升工程新的增长点。高校要更加重视校企合作，积极引入社会资源，也要通过搭建更多学生参与平台，使学生既成为资助育人的设计者、参与者，也成为受益者，增强资助育人的造血功能。

参考文献

[1] 芮梦霞．教育公平理论下高校贫困生资助体系构建的研究述评 [J]．江苏科技信息，2015(22)．

[2] 王铭，王守刚．社会主义核心价值观视域下的高校资助育人工作研究 [J]．黑龙江教育，2010(6)．

[3] 邓子龙，程芳，甘晨．高校资助育人工作的有效途径探析 [J]．新余学院学报，2015(01)．

[4]董欣．当前高校资助育人工作存在的问题与对策[J]．科教文汇，2016.
[5]李阳．关于新时代高校资助育人的思考[J]．青少年研究与实践，2018(03).
[6]杜德省．高校学生资助工作中的问题研究［D]．华东师范大学，2016.
[7]教育部全国学生资助管理中心．十年资助，硕果累累[N]．人民日报，2018-01-15(14).

学习贯彻习近平新时代中国特色社会主义思想 做好新时代新形势下的高校学生工作

褚丽丽
（武汉大学测绘学院）

党的十八大以来，习近平总书记先后出席全国高校思想政治工作会议，与北京大学、北京师范大学师生代表座谈，考察中国科技大学、中国政法大学等高校，多次就教育和高校工作发表重要讲话，这些讲话从战略和全局的高度，深刻回答了事关高等教育事业发展和高校思想政治工作的一系列重大问题，对做好新时代、新形势下的高校学生工作提供了根本方向和基本遵循。作为高校学生工作者这一重要而特殊的教师群体，应深入学习领会、自觉应用习近平新时代中国特色社会主义思想来指导实践和开展工作，努力为发展具有中国特色、世界水平的高校教育，培养德智体美劳全面发展的社会主义建设者和接班人作出应有的贡献。

一、深刻把握学生工作的重大意义和要求

1. 学生工作是整个高校工作的重要基础

习近平在全国高校思想政治工作会议上指出，教育强则国家强。高等教育发展水平是一个国家发展水平和发展潜力的重要标志。实现中华民族伟大复兴，教育的地位和作用不可忽视。我们对高等教育的需要比以往任何时候都更加迫切，对科学知识和卓越人才的渴求比以往任何时候都更加强烈。在同北京师范大学师生代表座谈时他指出，“两个一百年”奋斗目标的实现、中华民族伟大复兴中国梦的实现，归根到底靠人才、靠教育。源源不断的人才资源是我国在激烈的国际竞争中的重要潜在力量和后发优势。在同北京大学师生座谈时他指出，我们的教育要培养德智体美劳全面发展的社会主义建设者和接班人。高校是立德树人、培养人才的地方，高校工作应始终围绕培养什么样的人、怎样培养人、为谁培养人这一根本问题。学生工作本质上是做人的工作，通过管理学生、引导学生、关爱学生、服务学生，不断提高学生的思想水平、政治觉悟、道德品质、文化素养，让学生成为德才兼备、全面发展的人才。

学生工作是立德树人的重要基础，是培养什么样的人、为谁培养人的重要保障，是怎样培养人的重要方式。

2. 学生工作必须坚持正确政治方向

习近平在全国高校思想政治工作会议讲话中指出，我国高等教育发展方向要同我国发展的现实目标和未来方向紧密联系在一起，为人民服务，为中国共产党治国理政服务，为巩固和发展中国特色社会主义制度服务，为改革开放和社会主义现代化建设服务。我国高等教育肩负着培养德智体美劳全面发展的社会主义事业建设者和接班人的重大任务，必须坚持正确政治方向。我们的高校是党领导下的高校，是中国特色社会主义高校。办好我们的高校，必须坚持以马克思主义为指导，全面贯彻党的教育方针。在同北京大学师生座谈时习近平强调，马克思主义是我们立党立国的根本指导思想，也是我国大学最鲜亮的底色。要抓好马克思主义理论教育，深化学生对马克思主义历史必然性和科学真理性、理论意义和现实意义的认识。

学生工作的主要落脚点、着力点和优势即在于党建和思想政治工作，学生工作是牢牢把握社会主义办学方向的重要抓手和保证。

3. 学生工作是实现立德树人目标的重要环节

习近平在全国高校思想政治工作会议讲话中指出，高校立身之本在于立德树人。要坚持不懈培育和弘扬社会主义核心价值观，引导广大师生做社会主义核心价值观的坚定信仰者、积极传播者、模范践行者。在同北京大学师生座谈时他指出，人才培养一定是育人和育才相统一的过程，而育人是本。人无德不立，育人的根本在于立德。要把立德树人的成效作为检验学校一切工作的根本标准，真正做到以文化育人、以德育人，不断提高学生思想水平、政治觉悟、道德品质、文化素养，做到明大德、守公德、严私德。要把立德树人内化到高校的教学、科研、管理和服务各领域、各方面、各环节，做到以树人为核心，以立德为根本。

高校育人、立德工作离不开学生工作，需要学生工作队伍教育引导，言传身教，以德施教。

4. 学生工作是贯穿人才培养体系的重要内容

习近平在同北京大学师生座谈时指出，人才培养体系涉及学科体系、教学体系、教材体系、管理体系等，而贯通其中的是思想政治工作体系。加强党的领导和党的建设，加强思想政治工作体系建设，是形成高水平人才培养体系的重要内容。

学生工作的核心要义就是思想政治工作，学生工作应自始至终贯穿教育教学、人才培养全过程。

二、切实加强学生工作队伍的锻炼成长和自身建设

1. 牢固树立正确的理想信念和政治立场

习近平在全国高校思想政治工作会议讲话中指出，传道者自己首先要明道、信道。高校教师要坚持教育者先受教育，努力成为先进思想文化的传播者、党执政的坚定支持者，更好担起学生健康成长指导者和引路人的责任。在同北京师范大学师生座谈时习近平指出，广大教师要始终同党和人民站在一起，自觉做中国特色社会主义的坚定信仰者和忠实实践者，忠诚于党和人民的教育事业。好老师应该做中国特色社会主义共同理想和中华民族伟大复兴中国梦的积极传播者，帮助学生筑梦、追梦、圆梦，让一代又一代年轻人都成为实现我们民族梦想的正能量。

学生工作队伍只有通过加强中国特色社会主义理论体系的学习，加深对中国特色社会主义的思想认同、理论认同、情感认同，不断增强“四个自信”，才能通过言传身教、感染和引导学生热爱祖国、热爱人民、热爱党，认识和把握中国特色社会主义的历史必然性，不断树立为共产主义远大理想和中国特色社会主义共同理想而奋斗的信念和信心。

2. 不断提高自身道德修养和人格品质

习近平在同北京师范大学师生座谈时指出，老师的人格力量和人格魅力是成功教育的重要条件。广大教师必须率先垂范、以身作则，引导和帮助学生把握好人生方向，特别是引导和帮助青少年学生扣好人生的第一粒扣子。教师的职业特性决定了教师必须是道德高尚的人群，合格的老师首先应该是道德上的合格者，好老师首先应该是以德施教、以德立身的楷模。好老师应该取法乎上、见贤思齐，不断提高道德修养，提升人格品质，并把正确的道德观传授给学生。在同北京大学师生座谈时习近平指出，要引导教师把教书育人和自我修养结合起来，做到以德立身、以德立学、以德施教。

学生工作队伍唯有自身具备较高的道德修养和人格品质，才能取信于学生，才能得到学生的尊敬和爱戴。唯有自身加强修养，坚守人格底线，以身作则带头弘扬社会主义道德和中华传统美德，才能影响和带动学生。

3. 始终坚持对学生的爱心、信任和激励

习近平在同北京师范大学师生座谈时指出，教育是一门“仁而爱人”的事业，爱是教育的灵魂，没有爱就没有教育。爱心是学生打开知识之门、启迪心智的开始，爱心能够滋润浇开学生美丽的心灵之花。好老师对学生的教育和引导应该是充满爱心和信任的，在严爱相济的前提下晓之以理、动之以情，让学生“亲其师”“信

其道”。好老师要用爱培育爱、激发爱、传播爱，通过真情、真心、真诚拉近同学生的距离，滋润学生的心田，使自己成为学生的好朋友和贴心人。老师还要具有尊重学生、理解学生、宽容学生的品质。好老师一定要平等对待每一个学生，尊重学生的个性，理解学生的情感，包容学生的缺点和不足，善于发现每一个学生的长处和闪光点，让所有学生都成长为有用之才。

关爱学生是学生工作的生命线。学生工作者要将自己的真心、真情倾注到每一个学生身上，满足好学生被尊重、理解和宽容这一不可缺少的心理需要，时刻注意增强学生的信心、树立学生的自尊，使每一个学生充满自信、健康成长。要尊重学生个性，善于发现学生的长处，包容学生的不足。对所谓的差生和问题学生，要针对性地加强人文关怀和心理疏导，帮助他们尽快走出困境。

4. 努力提高做好新形势下学生工作的能力和水平

习近平在全国高校思想政治工作会议讲话中指出，做好高校思想政治工作，要因事而化、因时而进、因势而新。思想政治理论课要坚持在改进中加强，提升思想政治教育亲和力和针对性，满足学生成长发展需求和期待。要加强高校党的基层组织建设，创新体制机制，改进工作方式，提高党的基层组织做思想政治工作的能力。在同北京师范大学师生座谈时习近平指出，在信息时代做好老师，自己所知道的必须大大超过要教给学生的范围，不仅要有胜任教学的专业知识，还要有广博的通用知识和宽阔的胸怀视野。好老师还应该是智慧型的老师，具备学习、处世、生活、育人的智慧。老师要始终处于学习状态，站在知识发展前沿，刻苦钻研、严谨笃学，不断充实、拓展、提高自己。在同北京大学师生座谈时指出，随着信息化不断发展，知识获取方式和传授方式、教和学关系都发生了革命性变化，这也对教师队伍能力和水平提出了新的更高的要求。

学生工作队伍要保持对新鲜事物的敏锐，善于运用新技术、新媒体、新手段创造性地开展学生工作，有效利用“碎片化”的信息、“快餐化”的知识，增强学生工作的时代感、亲和力和感召力。善于凭借学生党支部、党小组等基层组织，创新性组织开展各类学生喜闻乐见的校园活动和社会实践，并积极融入思想政治教育，让学生受到春风化雨、润物无声的教育和触动。善于与学生广交朋友、打成一片，认真倾听他们的心声，回答好学生关注的理论和现实问题，循循善诱、久久为功。

三、认真履行好学生成长成才指导者和引路人的职责

1. 引导学生树立社会主义建设者和接班人的使命担当

习近平在全国高校思想政治工作会议讲话中指出，要教育引导学生正确认识世界和中国发展大势，从我们党探索中国特色社会主义历史发展和伟大实践中，认识

和把握人类社会发展的历史必然性，认识和把握中国特色社会主义的历史必然性，不断树立为共产主义远大理想和中国特色社会主义共同理想而奋斗的信念和信心；正确认识中国特色和国际比较，全面客观认识当代中国、看待外部世界；正确认识时代责任和历史使命，用中国梦激扬青春梦。在同北京大学师生座谈时习近平指出，广大青年要成为实现中华民族伟大复兴的生力军，肩负起国家和民族的希望。要时时想到国家，处处想到人民，做到“利于国者爱之，害于国者恶之”。爱国，不能停留在口号上，而是要把自己的理想同祖国的前途、把自己的人生同民族的命运紧密联系在一起，扎根人民，奉献国家。

学生工作队伍要积极引导学生学会运用马克思主义立场观点方法分析问题，善于把握历史和时代发展方向，认清中国和世界发展大势，让学生深刻感悟马克思主义真理力量，为学生成长成才打下科学思想基础。激励学生自觉把个人的理想追求融入国家和民族的事业中，勇做走在时代前列的奋进者、开拓者，为全面建成小康社会、全面建设社会主义现代化强国而努力奋斗，不辱时代使命，不负人民期望。

2. 引导学生修德明辨，树立正确的价值观念

习近平在同北京大学师生座谈时指出，道德之于个人、之于社会，都具有基础性意义，做人做事第一位的是崇德修身。要立志报效祖国、服务人民，这是大德，养大德者方可成大业。同时，还得从做好小事、管好小节开始起步，踏踏实实修好公德、私德，学会劳动、学会勤俭，学会感恩、学会助人，学会谦让、学会宽容，学会自省、学会自律。面对世界的深刻复杂变化，面对信息时代各种思潮的相互激荡，面对纷繁多变、鱼龙混杂、泥沙俱下的社会现象，面对学业、情感、职业选择等多方面的考量，关键是要学会思考、善于分析、正确抉择，做到稳重自持、从容自信、坚定自励。要树立正确的世界观、人生观、价值观，掌握了这把总钥匙，再来看看社会万象、人生历程，一切是非、正误、主次，一切真假、善恶、美丑，自然就洞若观火、清澈明了，自然就能作出正确判断和正确选择。

学生工作者应紧跟时代步伐，密切联系实际，创新方式方法，言传与身教相结合，理论与实践相结合，通过正面教育、典型宣传、参观访问、演讲辩论、主题活动等多种方式，教育、启发、引导学生树立正确的人生目标和价值观念。

3. 引导学生勤学力行，求真学问，做实干家

习近平在同北京大学师生座谈时指出，为学之要贵在勤奋、贵在钻研、贵在有恒。要勤于学习、敏于求知，注重把所学知识内化于心，形成自己的见解。青年要把艰苦环境作为磨炼自己的机遇，把小事当作大事干，一步一个脚印往前走。学到的东西，不能停留在书本上，不能只装在脑袋里，而应该落实到行动上，做到知行合一、以知促行、以行求知。不论学习还是工作，都要面向实际、深入实践，实践

出真知；都要严谨务实，一分耕耘一分收获，苦干实干。

学生工作者要引导学生认认真真学习，脚踏实地做事，求得真学问，练得真本领，努力成为有理想、有学问、有才干的实干家，在新时代干出一番事业。切忌只说不做，眼高手低，积极投身到祖国和人民需要的地方和岗位中去，在服务祖国、服务人民中实现自身价值。

4. 引导学生努力增强创新能力，助力创新驱动战略

习近平在同北京师范大学师生座谈时指出，当今世界，科技进步日新月异，国际竞争日趋激烈，特别是经历了历史上罕见的国际金融危机，各国纷纷调整发展战略，更加注重科技进步和创新驱动。当今世界的综合国力竞争，说到底是人才竞争，人才越来越成为推动经济社会发展的战略性资源，教育的基础性、先导性、全局性地位和作用更加凸显。同北京大学师生座谈时习近平指出，建设社会主义现代化强国，发展是第一要务，创新是第一动力，人才是第一资源。大学要瞄准世界科技前沿，加强对关键共性技术、前沿引领技术、现代工程技术、颠覆性技术的攻关创新。要培养造就一大批具有国际水平的战略科技人才、科技领军人才、青年科技人才和高水平创新团队，力争实现前瞻性基础研究、引领性原创成果的重大突破。在中国科技大学先进技术研究院同科技人员交谈时习近平又强调，创新居于五大新发展理念之首，我国经济发展进入新常态，必须用新动能推动新发展。要依靠创新，不断增加创新含量，把我国产业提升到中高端。我国的经济体量到了这个块头，科技创新完全依赖国外是不可持续的。

学生工作队伍要不断探索完善激发学生创新的体制机制，考核表彰大力向创新人才、创新成果倾斜，大力宣传推广创新典型，积极为学生创造实习、实践的机会和平台，营造鼓励创新的浓厚氛围，激发学生创新思维，增强学生的创新能力。

参考文献

[1]习近平．习近平在全国高校思想政治工作会议上强调：把思想政治工作贯穿教育教学全过程开创我国高等教育事业发展新局面[EB/OL]. http：//dangjian.people. com. cn/n1/2016/1209/c117092-28936962. html，2016-12-09.

[2]习近平．做党和人民满意的好老师——同北京师范大学师生代表座谈时的讲话[EB/OL]. http：//politics. people. com. cn/n/2014/0910/c1024-25629312. html，2014-09-09.

[3]习近平．在北京大学师生座谈会上的讲话[EB/OL]. http：//www. xinhuanet. com/politics/2018-05/03/c_1122774230. htm，2018-05-03.

[4]习近平．习近平考察中国科技大学[EB/OL]. http：//politics. people. com. cn/n1/2016/0427/c1024-28306743. html，2016-04-27.

从习近平总书记的七年知青岁月谈当代青年观

燕唯佳
（武汉大学数学与统计学院）

党的十九大报告中，习近平总书记提出了“青年兴则国家兴，青年强则国家强。青年一代有理想、有本领、有担当，国家就有前途，民族就有希望”。习近平总书记对青年给予了厚望，新时代的发展离不开青年的参与。立足于国家强盛和民族复兴的伟大目标，习近平总书记重新定义了新时代广大青年应担负起的时代责任和历史重托，要求广大青年人要牢固树立为社会主义现代化建设奋斗终生的远大理想追求，同时还要求青年人具备崇高的历史使命感和强烈的社会担当意识，将自身发展成才与祖国民族振兴事业紧密相连。

读完《习近平的七年知青岁月》一书，思绪万千，我们从习近平总书记在梁家河的七年知青生活中，能对习近平总书记新时代中国特色社会主义青年教育观有更深刻的了解。这本书通过访谈的形式讲述了习近平总书记自 1969 年 1 月至 1975 年 10 月在陕北黄土高原七年知青岁月的艰苦生活和成长历程，生动朴实的语言拉近了总书记与人民群众之间的距离。总书记本人就说过：“15 岁来到黄土地时，我迷茫、彷徨；22 岁离开黄土地时，我已经有着坚定的人生目标，充满自信。作为一个人民公仆，陕北高原是我的根，因为这里培养出了我不变的信念：要为人民做实事！无论我走到哪里，永远是黄土地的儿子。”在农村的这七年，是习近平总书记人生道路中最重要的阶段，这个阶段对他的成长、成熟、成功起到了至关重要的作用，这七年也是习近平总书记的政治出发点。这本书更为当代青年更加深入学习领会习近平总书记系列重要讲话精神和治国理政新理念新思想新战略的历史起点与实践来源提供了“生动课堂”。

一、学习习近平总书记吃苦耐劳的品质

说到习近平总书记的七年知青岁月，就不得不首先提到总书记自己提到的难以忘怀的“四关”：“跳蚤关”“饮食关”“劳动关”和“思想关”。当年的梁家河恐怕是全国最为艰苦的地方之一，对于在北京长大的习近平而言，这几关每一关都不容易过。然而少年习近平不仅做到了，而且做得比其他人都要好。当时知青下放，习近平总书记

算是所有知青中最年轻的一批人。有位受访者总结了他的知青经历有“三个最”：他是“老三届”中年龄最小的知青，他插队的陕北是全国插队知青中条件最艰苦的地方之一，他是插队知青中在农村待的时间最长的极少数人之一。“三个最”的经历，锤炼了他坚韧不拔、坚毅刚强的性格，铸造了他自强不息、志存高远的情怀。

七年的知青生活经历，历练了习近平总书记吃苦耐劳的优良品格，正如习近平总书记五四在北大对青年所说的，扣好了他的人生的第一粒扣子。以青年习近平为榜样，当代青年要树立吃亏不言亏、吃苦不叫苦、吃苦当吃补的精神，树立苦中作乐、苦尽甘来的思想，要视担当为使命、视职责为生命，增强敢于担当的政治定力，提升敢于担当的党性修养，培养敢于担当的精神追求。

二、学习习近平总书记坚定的理念信念、远大的政治抱负

理想信念高于天。党的十九大报告中始终将理想信念教育视为思想道德建设、意识形态工作、党的思想建设和青年成才的首要任务，强调革命理想高于天。共产主义远大理想和中国特色社会主义共同理想，是中国共产党人的精神支柱和政治灵魂，也是保持党的团结统一的思想基础。

习近平总书记在七年的知青生涯中，感受到了陕北农村人民的艰苦，了解到了什么是中国农村。在农村七年，习近平总书记逐渐建立起了自己的人生理想，就是要为老百姓办实事。在梁家河时，他说当时最大的愿望就是想让乡亲们饱餐一顿肉，并且经常吃上肉，但这个愿望在当时是很难实现的。为了改变落后的梁家河，习近平总书记积极入团、入党，主动扛起村支部书记的大任，学习沼气，筑淤地坝蓄田，办铁业社、缝纫社，建磨坊，种烤烟，办代销点，修路搭桥等。为了更好地服务到全中国人民，他赴清华读书，因为他知道只有学习到更多的知识，才能更好地服务人民。清华毕业后，习近平总书记有了前途光明的工作，但他反而放弃了看似更平坦舒适的道路，下沉到基层，沉至社会实践的最前沿去工作。

青年正处于价值观的形成时期，社会经验不足，辨识能力较弱，而所处的环境是多元思想的汇集地。伴随着经济全球化、文化多样化、网络信息化的发展，个人主义、历史虚无主义、西方“普世价值”等思潮甚嚣尘上，沉渣泛起，造成学生思想上的疑惑，政治上的不坚定，理想信念的动摇。因此，在青年工作中，要“广泛开展理想信念教育，深化中国特色社会主义和中国梦的宣传教育，弘扬民族精神和时代精神”。我们当代大学生应以青年习近平为榜样，树立远大、正确、崇高的理想信念，不断锤炼党性，增强“四个意识”，在复杂形势前坚定理想信念，在大是大非前站稳政治立场，在严峻考验中展现无畏品格，在各种诱惑前坚守精神家园。

三、学习习近平总书记为人民服务的宗旨意识

习近平总书记七年的知青岁月，是他人生最困难的时期，是陕北老乡收留了

他，养育了他，教育了他，群众给予他很多关怀，使他对农村群众怀有深厚的感激之情。他心中装的是人民，心系群众，一心为群众着想，为人民做事，扑下身子，踏实做事。在知青时期他就立下志向：为老百姓办实事。因此，才有身先士卒，带头劳动，带头跳进冰冷的泥水里筑坝，带头进入臭气熏天的沼气池里修理，从不退缩。正是如此，才会从群众的切身利益出发，为老百姓办实事，排除困难学习造沼气池，解决农村最急需的烧火问题；筑淤地坝蓄田，打井解决了村民吃水问题；办铁业社、缝纫社，建磨坊、种烤烟，办代销点，修路搭桥等，甚至包括在赵家河搞社教工作时改建厕所的事情，为当地群众办了很多实事、好事，影响很大，深得当地群众的认可和敬佩。在他离开上大学时，全大队群众出来相送，久久不愿离去，最后选了 13 名代表一路相送到县城。是习近平总书记的所作所为赢得了梁家河村民的心，他们舍不得他离开。

从习近平总书记治国理政的一系列举措以及他对知青岁月的回忆来看，七年知青岁月为他治国理政思想树立了“以人民为本”的方向。人民是习近平总书记治国理政思想的立足点，为民、惠民、富民是治国理政思想的出发点。

以青年习近平为榜样，当代青年要始终坚持“全心全意为人民服务”的宗旨意识，始终牢树以人民为中心的发展理念，始终把人民置于心中最高最近最亲的位置，始终“与人民心心相印，与人民同甘共苦，与人民团结奋斗”。

四、学习习近平总书记刻苦学习、博学好学的进取精神

书中所有受访人都提到习近平总书记最突出的爱好是读书学习。从北京出发，随身带了两箱子，打开全是书。当时青年人大致可以分为以下四种情况：一部分人受到“文革”期间“读书无用论”的影响，放弃了读书；一部分人相信“学好数理化，走遍天下都不怕”，爱看理科方面的书；一部分人读当时流行的马列、毛选；一部分人读文史哲。在当时狠批“臭老九”“读书无用论”的形势下，不少知青基本放弃了读书学习。坚持读书学习的是极少数，而习近平总书记就是这极少数人中的一个。因为喜欢读书，习近平三个字在知青中也变得小有名气。习近平总书记读书范围很广，涉及政治、军事、经济、历史等，从旁人谈话中讲过的书就不下 70 本，在当时读书匮乏的时代，可谓是博览群书。习近平总书记不仅自己读书，看到当地农民缺少文化，还筹办了扫盲班，并亲自教村民认字。梁家河当时村民文化普及度高于延川县其他村的村民。

坚持读书学习，沉淀了习近平总书记丰富的文化素养、知识素养、道德素养和理论素养。如今习近平总书记总是旁征博引，出口成章，妙语连珠，而且语言朴实无华，很接地气，充满自信。习近平知青时期坚持如饥似渴地读书学习，为其后来的新时代中国特色社会主义思想的理论建树夯实了基础，更为当代青年的读书学习做好了示范。

五、学习习近平总书记勇于创新、有责任有担当的魄力

尽管那时是以阶级斗争为纲的年代，但陕北的父老乡亲更注重知青本人在插队时的表现和作为。正因为这样，习近平总书记当年才能入团、才能入党、才能当大队支部书记。而习近平总书记在梁家河担任村支部书记期间，承担着整村脱贫的重大责任，在工作中积极探索创新，改善人民生活品质。习近平总书记在报纸上看到四川绵阳办沼气，就专程带人一起去四川学习沼气技术，花了半个月时间学习，回来带领村民修建了陕西省第一个沼气池，这是以前村里想都不敢想的。在习近平总书记的带领下，梁家河有了天翻地覆的变化。在梁家河期间算是习近平总书记政治生涯史上的首次成功。

习近平总书记在北京大学讲话时曾提到，每一代青年都有自己的际遇和机缘，都要在自己所处的时代条件下去谋划人生、创造历史。创新是民族进步的灵魂，是一个国家兴旺发达的不竭源泉，也是中华民族最深沉的民族禀赋。青年人朝气蓬勃，是全社会最富有活力、最具有创造性的群体，青年人是参与创新活动的主力军。当今中国迈入新时代，“互联网+”、“人工智能”、“数字经济”等创新型经济不断涌现，到处充满着创新精神和气息。青年人要在新时代创新创业的大环境下，充分发挥创新的主动性，争当创新的推动者和实践者，坚信创新可以改变世界，创新精神应该成为新时代每位青年人所必备的特质。

《习近平的七年知青岁月》是弥足珍贵的精神财富，当代青年应自觉以青年习近平为榜样，从习近平总书记奋斗的青春故事中汲取丰富营养、无穷智慧和磅礴力量，沿着以习近平同志为核心的党中央指引的方向奋勇前进，把无悔的青春刻写在实现中华民族伟大复兴的历史丰碑上，让青春之花绽放在祖国最需要的地方。

参考文献

[1]习近平．我是黄土地的儿子[J]．西部大开发，2012(9)：109-112.

[2]习近平的七年知青岁月[M]．中共中央党校出版社，2017.08.

[3]张世定，齐文娟．知青习近平对青年日常践行核心价值观的启示[J]．延安大学学报，2018(6).

[4]张艳斌．当代青年应学好用好《习近平的七年知青岁月》这部“教科书”[J]．河南教育(高校版)，2017(11).

[5]李美希．习近平青年观对新时代青年精神成长的时代价值[J]．青年发展论坛，2018(7).

第三章　学生篇

关于青年意识形态工作的读书心得与思考

谭文天
（武汉大学历史学院）

2018 年 8 月 12 日下午，我作为武汉大学博士生宣讲团成员随团寻访了清华大学深圳研究生院，与该院研究生讲师团对话交流。双方先分别介绍了各自宣讲团的建制和发展情况，随后派代表进行示范宣讲，并在宣讲结束后围绕着宣讲方式、经验、困境、受众反馈、改革开放主题、新时代宣讲团在改革开放纵深进程中的责任使命与历史担当等议题展开讨论。

习近平总书记曾指出，青年工作抓住的是当下，传承的是根脉，面向的是未来，攸关党和国家前途命运。青年一代有理想、有本领、有担当，国家就有前途、民族就有希望。代表广大青年、赢得广大青年、依靠广大青年是我们党不断从胜利走向胜利的重要保证。

在与清华大学讲师团交流的过程中，我了解到一些宣讲员曾遇到的困境。例如，虽然宣讲员准备的内容丰富详实，讲授时幽默风趣、声情并茂，但仍有学生玩手机不认真听讲，睡觉，抑或嬉笑交流。我也从中了解到，一些理工科的学生对当前主流意识形态并不认同。作为宣讲员，作为一名研究生兼职辅导员，这引发了我对高校意识形态工作的担忧。

高校意识形态工作是事关党对高校的领导，事关全面贯彻党的教育方针，事关中国特色社会主义事业后继有人的重要工作。但意识形态领域的斗争具有长期性、复杂性、尖锐性的特征，故实现社会主义核心价值观在青年学生中"入眼入耳""入脑入心"，使社会主义核心价值观成为青年学生的价值追求和自觉行动绝非易事。

自冷战结束后，包括美国在内的西方资本主义国家对发展中国家的政策有所改变，加紧了对各国"和平演变"的推行，隐蔽地将资本主义政治色彩的思想文化传入他国，给社会主义国家公民的社会思想和意识形态带来了冲击。"民主"作为社会发展的目标是人类共同的追求，在西方国家的政治和社会生活中起着极为重要的作用。以美国为首的西方国家鼓吹的民主，与民主的本质和本来的意义相差甚远，而且美国国内宣扬的民主与向发展中国家鼓吹的民主是有区别的，它是以完备的法律制度为前提的，是在法律制约下的民主，并强调国家利益至上的原则；但是，传入他国的民主并不加条件、原则，只是大肆渲染个人的人权、主权，这是以意识形态方式渗透的政治技巧，目的是要把美国文化变成全世界文化。

随着科技的日新月异，互联网技术的迅猛发展给西方意识形态的传播创造了便利的条件，使西方资本主义思想进一步在各国广泛传播。高校是传播知识和培养人才的地方，会聚了各领域的精英人士，而该群体正是对互联网最熟悉也是应用最多的人群，加之网络新媒体的影响力越来越大，其双向性、即时性、公平性、开放性及广泛性等优势比较明显，人们可以随时随地、不分时区、不分国界地在这个虚拟的网络中畅所欲言，在收集信息、获得资讯的同时也在表达着自己的意愿和诉求。与此同时，网络交流的无国界性也模糊了现实生活中国家间的界限，影响了我国对公众社会主义意识形态的培养。

此外，随着“出国热”风潮的兴起，越来越多的青年选择出国深造，西方发达国家利用这一趋势以国际文化教育交流活动和援助性的项目为载体，在我国知识分子中传播西方的思想价值观和意识形态。我们在肯定交流活动利于促进我国学术发展的同时，也应该警惕到这种形式的交流和对话对我国青年意识形态的影响。

在中美文化交流过程中，我们也面临着新的机遇和挑战。为了达到目的，美国积极主动要求与我国进行高层次和多领域的交流，包括文化和教育学术交流，主要以基金会、研讨会等形式，以学术交流、项目合作的名义来伪善包装。此外，国外一些社会团体借助资助等名义，向中国学者和高校输出西方的社会价值观，从而给高校意识形态安全带来消极影响。

当前，我国正处在社会发展的重要转折期，经济全球化和市场经济的不断深入引起了经济、政治等领域广泛而深刻的变革，致使社会发展过程出现问题与矛盾，如贫富差距过大、地区发展不平衡、腐败现象严重，等等。尤其在信息快速广泛传播的今天，这些利益冲突和矛盾的交织在思想方面主要表现在人民群众对待各种社会思潮的态度上，在多元社会思潮的影响下，人们的思想观念和价值取向也越来越趋向多元化。大学生作为社会成员之一，虽然没有真正步入社会，但由于半开放的校园环境，他们在课余时间里也有很多获取社会资源的机会，进而认识并了解一些社会思潮。但大学生通过社会交往了解到的通常只是表象，无法掌握一些社会现象的本质及社会思潮的实质，因此大学生对如拜金主义的社会风气、青年富二代挥霍无度以及部分官员的贪污腐败等社会问题和现象的解读可能是片面而极端的，加之不良社会思潮的引导与侵蚀，会冲击或颠覆大学生的固有价值观，进而弱化甚至动摇其对社会主义主流价值观的认同。

意识形态工作具有极端复杂性，目前各高校虽然都比较重视这项工作，但由于对当前意识形态工作特点的把握还不到位，工作中还存在一些不容忽视的问题。主要困境表现在对思想建设与引领还不够重视，对理论研究和理论的宣传还不够深入，思想政治工作缺乏实效性等。

首先，思想层面上认识不到位。部分高校领导和相关部门负责人对意识形态工作的重要性认识不足，思想上存在误区。主要表现为：一是人为地限定意识形态工作的范围，认为意识形态工作只是党务工作的部分，只是党委书记和副书记的职责，没有把意识形态工作放在全局之中。二是对当前意识形态领域斗争形势的复杂性、严峻性认识不足，对各种思潮的分析和研判不准，未能及时掌握师生的思想动态，警惕性不足，主观上认为不会出大问题，导致思想上轻视、工作上忽视，而部分员工、大学生只关心个人利益，不关心意识形态工作。三是高校意识形态工作依赖于广大教职员工、在校大学生的合力，但在市场经济的影响下，部分教职工和大学生只关心自己的福利、个人的前途，而较少关注学校的意识形态工作。四是办学指导思想的功利化。一些高校办学方向趋利化，偏离社会主义教育方针与价值目标。一些高校投入很多的人力、物力，抓全校的科研教学工作，教学科研成就显著，但却没有精力投入意识形态工作，弱化了意识形态工作在高校工作中的地位。

其次，对现实问题回应不力。高校是思想文化的集散地，师生接受信息更广，观念更新更快。但是，在多元文化发展进程中，一些师生对很多现实问题缺乏客观判断，极易被多元文化负面信息误导，被其宣扬的“合理性”迷惑。

再次，处理具体问题时工作作风不够硬朗。高校加强意识形态工作，只有敢于动真碰硬，才能解决深层次的问题。然而，一些高校在处理日常具体问题时，领导干部和部门员工的工作作风往往不够硬朗，出现这样或那样的病症。

最后，思想引领的功能发挥不明显。意识形态在社会生活中具有较强的作用，它反作用于经济建设，对社会中的各种思潮具有引领、整合作用。作为高校来说，其意识形态工作主要有三个方面：传播社会主义的主流意识形态；对非社会主义的意识形态进行研究、分析、斗争与扬弃；对社会主义主流意识形态进行发展创新。从总体上来说，虽然三个任务被高校所认同并贯彻，但社会主义主流意识形态功能作用发挥却不明显。一是社会主义主流意识形态论证社会主义具体制度的合理性的作用未能充分发挥。诺斯指出，判断一个意识形态成功的标准，就在于占支配地位的意识形态旨在使人们相信现存规则与正义是共存的。由于社会主义的一些具体制度仍存在缺陷，导致一些负面社会现象的存在，影响到教职员工和大学生对社会主义主流意识形态的认知，而高校也未能有效利用各种渠道宣传社会主义意识形态，发挥意识形态的制度功能。二是社会主义主流意识形态的整合作用发挥不足。当前高校各种思潮汇集，先进的与落后的，社会主义的与资本主义的，不同意识形态影响了不同教职员工与大学生的社会心理、共同信念与奋斗方向。而社会主义主流意识形态在多元思潮中还未能充分体现社会主义意识形态的功能，未能有效地整合校园非主流的意识形态。三是社会主义主流意识形态的调控功能未能充分发挥。意识形态可以对教职员工与大学生的社会心理、思维习惯进行调控，明确提倡什么、反对什么、批判什么，调控教职员工和大学生的内在心理，使教职员工与大学生能对各种社会现象做出合理解释，也使广大教职员工与大学生消除内在的紧张，但总体来说，高校社会主义意识形态的这种调控功能还未得到充分发挥。

如何发挥高校社会主义意识形态的调控功能？我认为应该从转变高校意识形态话语体系着手。目前，高校意识形态工作中的话语大多以理论话语、政治话语、权力话语形式为主，这些话语形式在一定时期内确实起到了积极的推动作用，但是随着社会的发展，人们的思想观念和价值理念发生了深刻的变化，它们就脱离了生活实际，不仅话语形式呆板、空泛化，且晦涩难懂，更容易造成师生的逆反感。因此，在完善高校意识形态工作中的话语权和话语体系时，不能固步自封，而要不断地更新、调适。如何使主流意识形态教育真正起到“春风化雨”“入脑入心”的效果？只有转换主流意识形态话语表达方式，才能与学生建立有效沟通，形成良性互动，才能使社会主义意识形态所倡导的理想信念、精神信仰、价值规范为师生所自觉认同并积极践行。

首先，必须从“严肃高冷”向“活泼亲和”转变。高校意识形态宣传教育表达方式往往比较生硬刻板，从理论到理论，从概念到概念，从文件到文件，严肃有余，亲和不足，易令学生反感。因此，我们要把握学生的思想脉搏，贴近学生的学习和生活实际，运用学生闻乐见的语言文字去阐释社会主义主流意识形态，论道而不说教，述理而不枯燥。如习近平总书记关于“人生的扣子从一开始就要扣好”的生动比喻。

其次，必须从“一元表达”到“平等交流”。高校意识形态工作者和接受者之间应改变“自上而下”的灌输式的表达方式，转变为双方平等、相互尊重、相互转化的交互主体关系。如今社会发展日新月异，多元思潮碰撞，青年大学生正处于价值观形成时期，思维活跃，接受能力和自主意识较强，但阅历尚浅、涉世未深，易受消极思想的影响、被表面现象迷惑，在如此情况下，如果教育者仅仅是“自说自话”“自弹自唱”，缺乏与学生的深入沟通，那么学生就容易产生抵触情绪。这就要求开展意识形态工作，要充分尊重学生的主体性和独特性，倾听学生的心声，解答他们的疑惑，对他们加强正面引导和交流对话，提高他们的政治敏锐性和政治鉴别力。

再次，要从“被动教化”到“自觉内化”。主流意识形态话语表达应围绕学生实际需求，从学生最关心最直接最现实的利益问题入手，这是增强主流意识形态吸引力和感召力的关键：要结合学生思想动态和心理变化，在唱响意识形态主旋律的同时表达学生想表达的话，解决学生所困扰的难事，在满足学生合理诉求过程中变被动教化为自觉内化，促进意识形态功能的发挥。

最后，从高势位灌输到嵌入性表达转变。我们在肯定灌输作用的同时，也要看到高势位灌输模式也引起了高校意识形态接受者的拒斥和反感，为此，要改变传统的话语表达方式，将高校主流意识形态通过学生们喜闻乐见的话语表达方式深切地嵌入到“90后”“00后”大学生的生活空间、交往载体、知识体系和认知框架中，实现主流意识形态在“90后”“00后”大学生日常生活方式中的“嵌入性”表达。习近平新时代中国特色社会主义思想必须将理直气壮的“灌输”与日常生活的“渗透”结合起来，要坚定不移地正面“灌输”马克思主义中国化最新成果，系统宣讲十九大精神及习近平新时代中国特色社会主义思想，做到党的创新理论每发展一步，理论灌输就跟进一步，认识理解就深化一步。同时，又要通过学生日常生活细流渗透，将党的创新理论融入学生教育训练和日常管理之中，将世界观、人生观、价值观的教育同公民教育、人本教育结合起来，使学生在潜移默化中认同中国特色社会主义主流意识形态。

在实际操作的过程中，有几点个人感悟供参考。

第一，发挥现代传媒的舆论导向作用。舆论导向在社会思潮的传播过程中尤为重要。社会舆论位于社会意识结构的浅层位置，其感性的具体特点可以使大众在极短时间内关注某一事件，并激起大众对事件的共鸣。青年大学生的价值观尚未成熟，只有充分发挥现代传媒的舆论引导作用，并及时客观准确地引导各种社会思潮的舆论指向，才能用科学正面的思想价值观念指导大学生，以培养和提高其辨别与应对多元化社会思潮的能力，促进大学生认同并接受社会主义主流意识形态。

第二，在实践中检验真理，牢牢掌握社会主义意识形态工作领导权。重点是把十九大精神和习近平新时代中国特色社会主义思想讲透、讲活。引导青年学生客观正确地认识我国国情和所处的发展阶段：既要看到改革开放四十周年我们所取得的巨大成就，又要看到我们自主创新能力不足而仍需向高质量发展目标迈进的方向；既要认识到进入社会主义新时代我国社会主要矛盾的变化，又不能因社会治理过程中暴露的缺陷弊端和尖锐矛盾而丧失“四个自信”；既要承认和肯定发达资本主义国家法制体系的完备与管理机制的成熟，又要看清和洞悉资本主义制度难以克服的固有矛盾和结构性弊端，正确认识中国特色。

建设社会主义意识形态，立场方向至关重要。如果立场动摇了、方向走偏了，就会出大问题。正如习近平总书记所言：“能否做好意识形态工作，事关党的前途命运，事关国家长治久安，事关民族凝聚力和向心力。”而青年是民族的未来，国家的希望，故做好青年的意识形态工作，转变高校意识形态话语体系，发挥高校社会主义意识形态的调控功能，进而增强广大青年的政治鉴别力，才能引导青年一代对中国特色社会主义道路的认同，才能从根本上增强社会主义意识形态的内聚力。

习近平关于网络工作重要论述的新意蕴解析

时朋飞
（武汉大学经济与管理学院）

党的十八大以来，习近平总书记在深刻把握人类社会发展在信息时代阶段特征的基础上，创造性地运用马克思主义立场、观点、方法，提出了一系列治网新理念新思想新论断。正如世界人才强国战略、世界文化强国战略、世界海洋强国战略、科技强国战略、质量强国战略等通过系统有机结合构成习近平社会主义现代化强国的重要论述一样，关于网络工作的重要论述也包含丰富的内涵，如互联网核心技术突破、互联网管理领导体制健全、互联网基础设施完善、互联网全民共享推进、互联网带动产业能力构建、全球互联网治理体系建设等，这些内涵之间同样存在着一定的内在逻辑关系。探究习近平关于网络工作重要论述的内在逻辑关系，不仅有利于深刻理解“为什么要建设网络强国、建设什么样的网络强国”这一重大理论问题，而且还有利于明晰“怎样建设网络强国”这一重要实践问题。

一、习近平关于网络工作重要论述的内涵梳理

基于网络安全成为国家安全的重要战略问题和我国亟须由网络大国向网络强国转变两大背景，习近平总书记指出，我们不断推进理论创新和实践创新，不仅走出一条中国特色治网之道，而且提出一系列新思想新观点新论断，其内容概括起来主要包括以下几方面。一是建立科学严密的互联网治理制度体系，涉及健全互联网管理领导体制、完善互联网治理法律法规体系、强化互联网治理行业规范等方面。二是完善网络信息化基础设施和铸造核心技术“命门”，涉及高速的宽带网络建设全覆盖、互联网自控能力亟待提升、网络 IP 地址数量继续优化、强化核心技术创新能力、激发互联网企业创新活力、推动互联网技术开放合作等方面。三是强化网信事业对社会各项事业引领带动作用，涉及做大做强数字经济、社会管理信息化建设、正面网络文化弘扬等方面。四是网信事业的发展成果由人民共享，涉及适应人民期待和需求，加快信息化服务普及，降低应用成本等多个方面。五是提升网络空间国际治理话语权，涉及互联网全球治理体系变革、互联网全球治理智慧方案提供、构建网络空间命运共同体等方面。

二、习近平关于网络工作重要论述的逻辑体系构建

习近平关于网络工作的重要论述是一套完整、严密的逻辑体系。总体上，“一体两翼”可以较为明确地解析习近平关于网络工作重要论述的逻辑体系，即“一体”就是指“网络强国”战略这个主体，网络安全和信息化是两翼，正如习近平总书记而言，网络安全和信息化相辅相成，安全是发展的前提，发展是安全的保障，安全和发展要同步推进。网络安全和信息化是一体之两翼、驱动之双轮。具体而言，网络安全是信息化建设的重中之重，网络安全本质上是网络上的信息安全，关系到政权安全、国家安全、社会稳定，缺少了网络安全的保障，信息系统就是无本之木，随时可能会坍塌。另一方面，信息化技术是网络安全的根本保障，网络的安全需要先进技术来支撑，核心技术的自主可控将成为网络安全保障的基石和国家网络安全的重要屏障。

“一体两翼”较为系统与全面地论述了习近平关于网络工作重要论述的逻辑体系，从宏观视角厘清了主体“网络强国”与“网络安全”“信息化”的内在逻辑关联，然而习近平关于网络工作重要论述的体系较为丰富，“一体两翼”的逻辑关联较难从微观视角廓清具有多个维度的习近平关于网络工作重要论述的逻辑体系，因此本研究尝试从发生学视角，深入理论内部，系统科学解析习近平关于网络工作重要论述的逻辑体系。基于对习近平关于网络工作重要论述内涵的梳理，借鉴“一体两翼”逻辑体系，运用发生学理论，将习近平关于网络工作重要论述的逻辑体系构建如图 1 所示。

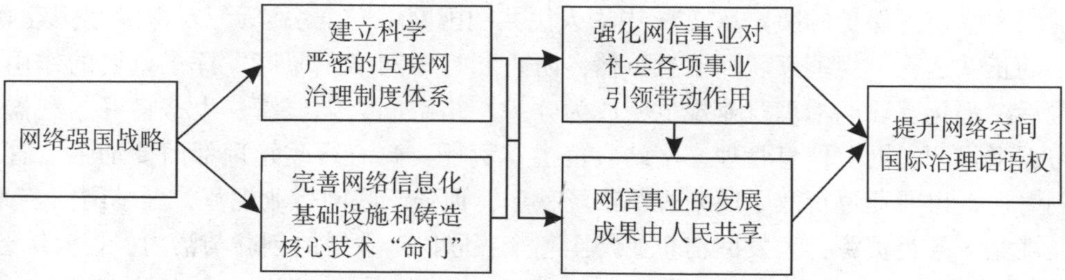

图 1　习近平关于网络工作重要论述的逻辑体系

三、习近平关于网络工作重要论述的逻辑体系解析

本文构建的习近平关于网络工作重要论述的逻辑体系是对“一体两翼”逻辑体系的继承和延续，但构建更为科学与系统。该逻辑体系认为，“网络强国”是核心和主体，统领建立科学严密的互联网治理制度体系、完善网络信息化基础设施和铸

造核心技术“命门”、强化网信事业对社会各项事业引领带动作用、网信事业的发展成果由人民共享、提升网络空间国际治理话语权五个方面。因为网络工作的重要论述如同人才强国思想、人力资源强国思想、世界文化强国思想、世界海洋强国思想、世界制造强国思想一样，是建设经济富强、政治民主、文化文明、社会和谐、生态美丽的习近平社会主义现代化强国的重要论述的有机组成部分，在每个领域起着较为重要的统领作用。

建立科学严密的互联网治理制度体系实质上是为了网络安全；完善网络信息化基础设施和铸造核心技术“命门”本质上是信息化发展，是网络安全和信息化的具象化；同时，建立科学严密的互联网治理制度体系和完善网络信息化基础设施和铸造核心技术“命门”也是强化网信事业对社会各项事业引领带动作用、网信事业的发展成果由人民共享以及提升网络空间国际治理话语权的前提和保障，因此两者可以并列在同一维度上，且处在承上启下的过渡区域。具体而言，建立科学严密的互联网治理制度体系，首先，强调坚持党对网信事业的领导，习近平在全国网络安全和信息化工作会议上提出，要加强党中央对网信工作的集中统一领导，确保网信事业始终沿着正确方向前进，并要求各地区各部门高度重视网信工作，将其纳入重点工作计划和重要议事日程，及时解决新情况新问题。此外，习近平还强调中央网络安全和信息化领导小组要发挥集中统一领导作用，统筹协调各个领域的网络安全和信息化重大问题，制定实施国家网络安全和信息化发展战略、宏观规划和重大政策，不断增强安全保障能力。其次，完善互联网治理法律法规体系是互联网治理的根本之策和长远之计。近年来，多部有关互联网管理的法律法规陆续开始实施，如《通信网络安全防护管理办法》《通信网络安全防护管理办法》《全国人大常委会关于加强网络信息保护的决定草案》《中华人民共和国网络安全法》等，对保障我国互联网的正常运行，规范互联网信息传播，防止和打击网络犯罪等发挥了重要的作用。最后，强化互联网治理行业规范，成为守护网络空间天朗气清、生态良好的利器。习近平强调，网上信息管理，网站应负主体责任，政府行政管理部门要加强监管，同时还提出要通过行政手段来规范市场秩序，加强互联网行业规范，鼓励网信企业良性竞争各类资源，激发网信企业乃至整个互联网产业链的创新与活力，提升综合竞争的能力。

完善网络信息化基础设施和铸造核心技术“命门”，是促使互联网+带动社会事业发展和增加人民福祉的关键所在。一方面，建设网络强国要有良好的信息基础设施。互联网的正常运行，需要有良好的网络信息基础设施作为支撑。制约我国互联网发展的瓶颈仍较为突出，一是互联网自控能力不强，二是网络IP地址数量不足，三是人均带宽低。而拥有良好的信息基础设施，是保障国家网络安全、提升网络信息质量的重要保证。另一方面，互联网核心技术是国之重器。习近平强调，要紧紧牵住核心技术自主创新这个‘牛鼻子’，抓紧突破网络发展的前沿技术和具有国际竞争力的关键核心技术，加快推进国产自主可控替代计划，构建安全可控的信息技术体系。

强化网信事业对社会各项事业引领带动作用，强调网信事业对经济、文化、社会等方面的促进作用，而网信事业的发展成果由人民共享则突出让互联网更好造福人民，两者在逻辑上呈现递进关系，因此，两者可在同一维度上并列。此外，两者还是强化网络安全治理和掌握核心技术之后应取得的成果，该成果一旦实现，又将成为推进提升网络空间国际治理话语权的重要力量，因此，两者在整个逻辑体系中起着重要的承上启下的作用。具体而言，强化网信事业对社会各项事业引领带动作用，首先，应发展数字经济，促进数字经济与传统经济的深度融合，为传统经济模式注入新的活力。其次，用网络信息技术推进社会治理，习近平总书记曾明确指出“三化”要求，即“政府决策科学化、社会治理精准化、公共服务高效化”。最后，全面提升网络文化建设能力。习近平强调，积极创建核心价值观在网络文化中的生产和再生产机制，把核心价值观渗透到网络文化的生产方式当中，使网络文化的创作、传播和消费成为核心价值观建设的重要载体。

网信事业的发展成果由人民共享，即“以人民为中心”的发展理念始终贯穿于习近平关于网络工作的重要论述之中。习近平强调，网信事业要发展，必须贯彻以人民为中心的发展思想，要适应人民期待和需求，加快信息化服务普及，降低应用成本，为老百姓提供用得上、用得起、用得好的信息服务，让亿万人民在共享互联网发展成果上有更多获得感。发展成果由人民共享是五大发展理念在网信事业中的延伸，是对共享理念的全新阐释。所以，各级政府实施“互联网+教育”“互联网+医疗”“互联网+文化”等，促进基本公共服务均等化。

提升网络空间国际治理话语权是我国网信事业发展的重要目标，基于建立科学严密的互联网治理制度体系、完善网络信息化基础设施和铸造核心技术“命门”、强化网信事业对社会各项事业引领带动作用、网信事业的发展成果由人民共享，层级递进和发展，不断提升网信事业发展能力和总结网络空间治理成果，为全球贡献网络空间治理智慧方案，共建网络空间命运共同体。具体而言，基于习近平同志创造性地提出了全球互联网发展治理的“四项原则”“五点主张”，强化国际社会对话合作，推动互联网全球治理体系变革，共同构建和平、安全、开放、合作的网络空间，建立多边、民主、透明的全球互联网治理体系，为解决网络空间发展治理这一关乎人类前途命运的问题贡献中国智慧和中国方案。

四、结语

总之，习近平关于网络工作的重要论述是治国理政新思想新理念新战略的重要组成部分，是中国特色社会主义理论体系的有机组成部分，它的提出为中国特色社会主义政治、经济和文化提供了重要的保障。尤其是深刻理解习近平关于网络工作重要论述的新意蕴，不仅对于全面实现网络基础设施基本普及、信息经济全面发展、网络安全保障有力的目标具有十分重要的意义，而且对于实现五位一体的社会主义现代化强国和中华民族伟大复兴的目标具有重要的意义。

参考文献

[1]汤景泰，林如鹏．论习近平新时代网络强国思想[J]．新闻与传播研究，2018，25(01)：120-126.

[2]陈蔚．论习近平关于“一体两翼”网络强国的思想[J]．观察与思考，2016(08)：21-26.

[3]温丽华．习近平网络强国战略思想研究[J]．求实，2017(11)：4-13.

[4]王杰．习近平网络强国思想的辩证智慧[J]．人民论坛，2018(13)：12-14.

[5]姚亿博．汇聚起建设网络强国的磅礴力量——深入学习习近平网络强国战略思想[J]．紫光阁，2018(13)：42-43.

新时代社会主义核心价值观情感认同的培育路径

王珺颖
（武汉大学马克思主义学院）

党的十九大报告明确强调，要发挥社会主义核心价值观对国民教育、精神文明创建、精神文化产品创作生产传播的引领作用，把社会主义核心价值观融入社会发展各方面，转化为人们的情感认同和行为习惯。这一要求是进一步结合我国全面建成小康社会的决胜阶段和夺取新时代中国特色社会主义伟大胜利的目标提出来的，也是新时代培育社会主义核心价值观情感认同的内在逻辑和最高使命。而社会主义核心价值观作为当代中国最大的价值共识，它的提出为进一步开展价值共识教育提出了新的要求，这就要求新时代社会主义核心价值观应从价值认同转化为人们合理的情感认同，外化为社会群众良好的行为习惯，进而形成社会发展的正效应。

一、情感认同对新时代社会主义核心价值观培育的价值

新时代的中国，现代化社会发展站在新的历史方位，社会主要矛盾已经转化为"人民日益增长的美好生活需要和不平衡不充分的发展之间的矛盾"。人民对于美好生活的需求日益广泛，不仅对物质文化生活提出了更高要求，而且对民主、法治、正义等非物质层面的要求日益增长，注重社会生活中对自身精神层面的滋养，以提升美好生活的获得感。我国社会主要矛盾的这一变化，决定了新时代人民精神生活建构任务的特殊性，应着力解决好社会发展中不平衡不充分的问题，更好推动人民的全面发展，将社会共识凝聚深入到社会生活的方方面面。同时，人民"需要"内涵的进一步拓展，也为我国当下价值观培育工作的目标与方式提出了新的要求。

为了在时代的变化中聚精会神搞建设、一心一意谋发展，尽管认同的难度加大了，但社会民众之间认同的需求却被大大加强了，并且凸显出理想与现实深刻且复杂的矛盾关系，这时便迫切需要全社会从情感上认同一种具有合法性的价值观念，形成统一的价值共识，保证一定的社会系统得以运转，一定的社会秩序得以维持。党的十九大报告中提出的"把社会主义核心价值观融入社会发展各方面，转化为人们的情感认同和行为习惯"这一命题，正是实现社会主义核心价值观引领社会思

潮、凝聚社会共识这一基础性工程的最高使命。

从情感上认同我国社会的核心价值观念，为国家运作、制度设计、公民教育提供最终的价值依托，才能避免丢失本真，进而强基固本。虽然认同也可以由支配的制度产生，但是只有在社会行动者将之内化，且将它们的意义环绕着这内化过程建构时，它才会成为内隐性认同。因此，认同怎样的社会价值，不仅体现价值主体的价值取向，而且也是社会价值追求的意义所在。被广泛认同的社会价值，才能成为一定社会中价值实践的主流价值取向。社会的价值追求具有共有性。因为社会的价值追求是人们在一定历史时期长期生产和生活中形成的，是被人们共同认可、共同选择、共同遵守和共同维护的。追求共有的精神家园是个体生存和发展的重要基础，追求共有性的价值理念是个体价值选择的趋势，在新时代的中国，这种价值选择的趋势就是对社会主义核心价值观的内隐性认同。作为一种主导价值观念，积极培育对社会主义核心价值观的情感认同，使得社会主义核心价值观在社会发展过程中，能够发挥其在情感导向上的核心地位，统率其他社会价值观念，发挥出整体的作用，为社会主义建设事业领航。

二、新时代社会主义核心价值观情感认同的特殊性

“情感是人的意识的一种基本形式，积极的情感会使人焕发旺盛的精力，全身心地投入某种活动；而消极的情感则会损害人的积极性，对人的活动起抑制和妨碍的作用。”①如此看来，情感认同作为一种稳定的情绪态度，其特征表现在情感体验的强度上，体现出具体的个人主观态度，其内涵是充满理智和理性的，使人建立起确信的、必须的、合理的行动。

马克思曾经指出：“激情、热情是人强烈追求自己的对象的本质力量。”②情感认同作为认同结构的驱动层次，社会主义核心价值观的情感认同，是人们在深刻把握社会主义核心价值观相关内容的基础上，对社会主义核心价值观产生的满意、热爱等态度倾向，并生成自豪感的心理活动。它包含两个层次：一是情绪体验。情绪体验作为非理性因素，具有调节功能，能够对人们的认同活动产生组织或瓦解作用。因而在对社会主义核心价值观认知的基础上，充分调动人们的欢乐、愉快等积极情绪因子，可以为社会主义核心价值观情感认同铺垫基础。比如，人们在愉悦的情绪中感受文明的美好、公正的幸福等，可以体会到社会主义核心价值观是与自身密切相连的价值目标，从而推动情感认同的发展。二是情感共鸣。情感共鸣具有强化功能，它渗透于社会主义核心价值观认同的整个过程，始终以弥漫的方式作用于认同系统，在认同活动中发挥着润滑作用。应该说，人们对价值观的追求不是迫于

① 李怀春．马克思主义哲学全书[M]．北京：中国人民大学出版社，1996：503.

② 马克思恩格斯全集(第42卷)[M]．北京：人民出版社，1979：169.

外在压力，而是内在思想理念的自觉转化。在转化过程中，依靠真理的力量彻底说服人是前提条件。然而，真理性认识要通过不断激发情感共鸣的方式，如满足社会大众的发展需要、运用典型感化的教育方式等，才能使人们产生巨大的兴趣和动力。

在以理服人的基础上，情感因素的参与和介入，能使价值教育的社会导向更有说服力，更具明显效果。因此，在进行价值教育时，要把社会主义核心价值与社会生活的方方面面相结合，解决民众在思想上和生活中的诉求和需要，加以真心实意的关注和重视，帮助他们解决问题、化解矛盾，从而让广大人民群众切实感受到"以人民为中心"的社会发展理念和国家、社会、个人三个层面上的主流价值观念并非纯粹的理论演绎、逻辑自洽和概念抽象，而是他们可知可感的、实实在在的现实具体与"能量供应"。所以，情感认同如果能得到良好培育，就能更加理想地转变社会民众的态度取向和情感倾向，从而从情感因素上亲近、认可与接受新时代社会主义核心价值观。

三、新时代社会主义核心价值观情感认同的培育策略

培育和践行社会主义核心价值观，不可能一蹴而就，应着力从人民群众的内心情感出发，层层递进，久久为功，积小善为大善，积小成为大成，使之成为全社会共同遵循、全体公民自觉践行的行为习惯。这就要求将社会主义核心价值观深入社会民众内心中去，增强社会主义核心价值观实践的感召力，探寻情感认同与日常生活的契合点、唤醒情感的自我觉察、发挥实践育人作用，将对社会主流价值观念的认同融入社会生活的方方面面。

1. 探寻情感认同与日常生活的契合点

社会主义核心价值观只有与日常生活世界对接并通过情感认同才能真正实现对大众的价值引领，从而促使处于自在对象化领域的日常生活世界和处于自在自为对象化领域的非日常生活世界达到和谐统一。现实生活中的人需要围绕其物质生活开展实践活动，并形成特定的社会关系，在这种社会关系中，人不仅需要物质家园来藏身裹躯，还需要有精神家园来寄放灵魂。这个精神生活是在人的物质生活中发生，然后"世俗基础使自己从自身中分离出去，并在云霄中固定为一个独立王国"①。可见个体怎样表现自己的生活，首先取决于他的生产方式和生活方式。一般而言，经济上的贫困会导致民众日常生活的需求得不到满足和改善，进而在情感上出现不满和抱怨，面临政治上的失语和文化上的茫然。提高人民生活质量，倡导公平与正义，增进人民福祉，才会在对经济发展成果的情感体验中逐步过渡到对国

① 马克思恩格斯选集(第1卷)[M]. 北京：人民出版社，1995：55.

家、政治制度以及其所代表的核心价值观的情感认同。其次，日常生活的表现也取决于精神生活的选择和适应方式。民众对于大众文化的接受程度决定了他们关注的是世俗生活的平凡叙事，而非道德价值层面的宏大叙事。关注社会普通群体的喜怒哀乐，诠释大众的世俗幸福和当下生活，更易引起大众的情感共鸣。如此而来，社会主义核心价值观情感认同的培育，一方面是以促进人的全面发展为出发点和落脚点，另一方面也围绕社会实践把主体发展和社会关系发展有机地结合起来，实现社会心态培育的生活化，从而激发个体形成正确行为的潜在动力。

2. 唤醒情感的自我觉察

情感唤起的基本模式是当客观事物作用于我们时，引起我们的知觉，遂将知觉结果与我们头脑中的相关道德规范进行比较和认知评价，评价的结果决定情绪发生与否，以及情绪的性质、强度。此外，情感的性质与强度还受环境气氛、教育者期待以及有关强化的影响。在一定的实践过程和情景中，社会民众能够体验、领悟自己原有的价值观念是否与时代同步，是否合理且可行。这可以促使他们自我反省、剖析、修正和改变，从而在新的实践中不断调整，形成并巩固对社会主义核心价值的情感认同，逐步拥有、调整和提高自身正确认识世界和改造世界的素养与能力。相对稳固、定型之后的价值判断、价值选择方式和行为习惯，又会积极地反作用于新的基础上的、类似于此前的心理环节与认同阶段。我们需要认识到，认同给人以方向感和安全感，使其获得心理上的归属。当社会民众在缺乏确定感时，经由情感所强化的内化于心的价值判断标准会帮助他们明确方向。在此基础上，情感认同作为人的个性对周围现实的一种主观反映，会以牢固而稳定的情绪形式固定下来，相应的心态历经情绪经验之后，便转化为个体个性中的某种稳定属性被默认。对社会主流价值观念的认同亦是如此，它始终需要经历一个社会心态怀疑、价值选择和内化为情感认同的过程，从而使自身建立稳固的情感体验和理性精神。

3. 发挥实践育人的作用

培育社会主义核心价值观，使得社会主义核心价值观为大众所认知理解、认同内化，最终目的是为了使人民大众将社会主义核心价值理念实践外化。习近平总书记曾多次强调，培育和践行社会主义核心价值观，贵在坚持知行合一、坚持行胜于言，在落细、落小、落实上下功夫。新时代提出的培育社会主义核心价值观情感认同就是要将人们经历的社会情感以稳定的价值选择和价值体验确立下来，使之对其行为产生情感导向。“落小”价值观，体现在不能大而无当，而是要把握好价值观传播的规律，大处着眼、小处着手，从人的主体性出发，将立足点放在满足人的现实情感需求上，关注民众在社会生活中的情感体验与情感发展；“落细”价值观，体现在情感的序化上，其根本途径在于调整人的理性认知结构，在“认知——情感——行为”三个阶段的形成过程中，情感作为这一过程的核心环节，是联结人们对主流价值观念认知和践行的纽带，于是调整理性认知结构的关键点就在于情感世界的形塑，特别是个人层面的价值准则的把握，从细节抓起，从习惯养成做起，持之以恒，不断矫正；“落实”价值观则体现在落地生根，融入社会生活，在“落小”“落细”的基础上再抓实，把社会主义核心价值观贯穿于社会生活的方方面面，重在知行合一。

与此同时，情感认同也是行动意义的重要来源，决定了行动的方向和力量。一个人、一个群体在追问自己的身份、探寻心理的归属、寻找生存的意义时，往往最终落实到行动中。因此，新时代我们培育社会主义核心价值观情感认同，就应注重在实践中养成核心价值观，建构社会主义核心价值观情感认同的实践平台，建立社会主义核心价值体系与国民生活方式的同构机制，以强化人们的行为养成，完成将对社会主流价值观念的认同内化为情感认同的使命，实现从价值认同到情感认同的发展，并引导社会民众将内心的情感认同外化于行，最终实现把社会主义核心价值观融入社会发展各方面，转化为人们的情感认同和行为习惯。

参考文献

[1]习近平. 决胜全面建成小康社会 夺取新时代中国特色社会主义伟大胜利[M]. 北京：人民出版社，2017.
[2]李怀春. 马克思主义哲学全书[M]. 北京：中国人民大学出版社，1996.
[3]马克思恩格斯全集(第42卷)[M]. 北京：人民出版社，1979.
[4]马克思恩格斯选集(第1卷)[M]. 北京：人民出版社，1995.
[5]习近平. 习近平谈治国理政[M]. 北京：外文出版社，2014.

浅议习近平新时代中国特色社会主义思想的精神光辉及实践路径

部闫若
（武汉大学信息管理学院）

中国共产党第十九次全国代表大会于2017年10月18日在北京隆重召开，来自各地、各民族、各行各业的2000多名代表齐聚一堂，共商兴国大略。党的十九大，是中华民族为实现全面小康的大时代背景下召开的一次盛会，它凝聚了全中国人民的心声，会议的召开，为全中国人民共同奔赴小康指明了方向。思想是一个政党的嫩绿芽胚，是一个国家和民族发展的根基，只有在这上面才能生长出人类的良知、行为和热情的大树。党的十九大最重大的理论贡献，就是把习近平新时代中国特色社会主义思想写在党的旗帜上，实现了党的指导思想又一次与时俱进。习近平新时代中国特色社会主义思想，是闪耀着理性光辉和人格光芒的科学理论，集中体现了以习近平同志为主要代表的当代中国共产党人的政治品格、价值追求、精神风范。

一、习近平新时代中国特色社会主义思想的特质体现

（一）坚定的理想信念

坚定的信仰信念，是中国共产党人的鲜明政治品格，是我们党的独特优势。习近平新时代中国特色社会主义思想，充满着对马克思主义的坚定信仰，充满着对共产主义、社会主义的坚定信念，充满着"革命理想高于天"的豪迈情怀。2012年，习近平在主持十八届中央政治局第一次集体学习时指出："坚定理想信念，坚守共产党人精神追求，始终是共产党人安身立命的根本。"可以说，党的十八大以来，习近平总书记强调最多的就是理想信念，"精神之钙""四个自信""不忘初心""牢记使命"，是习近平新时代中国特色社会主义思想中最重要、最鲜明的关键词和高频词。坚定的理想信念，体现了这一思想的马克思主义理论底色，体现了共产党人的政治本色。

(二)诚挚的为民情怀

马克思主义是关于无产阶级解放条件的学说，其鲜明的政治立场就是维护人民群众的根本利益。习近平新时代中国特色社会主义思想始终强调的一个核心理念，就是始终坚持人民主体地位，坚持以人民为中心，坚持立党为公、执政为民，全心全意为人民服务，把党的群众路线贯彻到治国理政和改革发展的全部活动之中，把人民对美好生活的向往和人的全面发展作为奋斗目标，依靠人民创造历史伟业。2012 年 11 月 15 日，十八届中央政治局常委与中外记者见面时，习近平总书记郑重宣示，“人民对美好生活的向往，就是我们的奋斗目标”。十九大报告的主题和通篇都贯穿和体现了以人民为中心的思想，报告开篇就明确提出，“中国共产党人的初心和使命，就是为中国人民谋幸福，为中华民族谋复兴”。全面建成小康社会、全面建设社会主义现代化国家、实现中华民族的伟大复兴，归根到底都是为了人民更加美好的生活、更加全面的发展。

(三)鲜活的时代气息

习近平新时代中国特色社会主义思想一个鲜明的特点就是，这一思想是新时代的思想，不是对老祖宗的简单重复，是立足新时代，着眼新问题，讲了许多老祖宗没有讲过的新话，是指导当代中国改革发展的鲜活理论，具有强烈的时代气息和现实针对性。习近平新时代中国特色社会主义思想是在分析和回答时代课题的基础上形成的系统完整、逻辑严密的科学理论体系，全面系统回答了新时代“坚持和发展什么样的中国特色社会主义”“怎样坚持和发展中国特色社会主义”的重大课题，以全新的视野深化对共产党执政规律、社会主义建设规律、人类社会发展规律的认识。这一思想洞察时代风云，把握时代大势，引领时代潮流，充分反映了以习近平同志为核心的党中央认真倾听时代声音，积极解决时代课题，不断推进理论创新的思想境界，开辟了马克思主义新境界、中国特色社会主义新境界、治国理政新境界、管党治党新境界。

(四)深厚的历史底蕴

习近平新时代中国特色社会主义思想是在吸吮中华民族 5000 多年漫长奋斗中积累的文化养分、总结世界社会主义 500 年和中国共产党 96 年艰辛探索的历史经验的基础上形成和发展而来的，具有无比深厚的历史底蕴、文化底蕴和理论底蕴。“欲知大道，必先为史”。历史是一个民族和一个国家形成、发展及其盛衰兴亡的真实记录，是最好的老师。正是在对中国 5000 多年文明史、世界社会主义 500 年历史和中国共产党 96 年的奋斗历史的系统回顾中，我们才能更全面地厘清社会主义作为人类文明进步的思潮、运动和制度，是怎样向前发展的；更清晰地理解中国共产党和中国人民是怎样经过反复比较，历史地选择社会主义道路的；更深刻地感悟中国共产党在把马克思主义基本原理同中国实际结合的过程中，是怎样历经千辛万苦，付出各种代价，开创和发展中国特色社会主义的，又是怎样站立在时代变化的新起点上，开创中国特色社会主义新境界的。

（五）强烈的中国自信

党的十八大以来，习近平总书记在不同场合强调，今天，我们比历史上任何时期都更接近中华民族伟大复兴的目标，比历史上任何时期都更有信心、有能力实现这个目标。习近平总书记对我们的党、国家和民族充满自信，特别强调全党同志要坚定“四个自信”。在习近平新时代中国特色社会主义思想中，充满着对传承中华民族5000多年文明的自信，对发扬党的优良传统的自信，对坚持和发展中国特色社会主义的自信，对我们正在做的事情的自信，对党和国家事业光明前景的自信。正是有了这种强烈的自信，这一思想才有了这样的大气魄、大视野、大格局，才有了这样的理论成熟、战略定力。正是用这一思想武装起来的当代中国共产党人，才能够以自信的气度、从容的姿态应对前进道路上的各种风险挑战，步伐坚定地向着宏伟的目标迈进。

（六）宽广的世界眼光

世界眼光体现了马克思主义的宽广胸怀，也是中国共产党的优秀品质。中国共产党是为中国人民谋幸福的党，也是把为人类作出新的更大的贡献作为自己的使命的党。当今世界正处于大发展大变革大调整时期。面对百年不遇的世界大变局，习近平总书记以卓越政治家和战略家的恢宏视野、战略思维，鲜明提出一系列关乎人类前途命运的新理念新主张，占据了人类道义制高点，凸显了中国特有的大国风范、大国担当，构成了习近平新时代中国特色社会主义思想的重要组成部分。还应当看到，这一思想着力把当代中国在社会主义道路上建设现代化的积极探索和宝贵经验，加以理论化、系统化，构建了坚持马克思主义原则、体现独特文明特征、独立于西方模式和西方话语的思想体系、价值体系、制度体系、目标体系、战略体系和话语体系，深刻凝结着当代中国对人类更美好未来的艰辛探索，拓展了发展中国家走向现代化的途径，给世界上那些既希望加快发展又希望保持自身独立性的国家和民族提供了全新选择，为解决人类问题贡献了中国智慧和中国方案。

（七）自觉的担当精神

担当是一种责任、勇气，也是一种刚毅和胆量。习近平总书记在一次接受外媒采访时说：“我的执政理念，概括起来就是：为人民服务，担当起该担当的责任。”这体现了马克思主义政治家的精神风范，也是习近平新时代中国特色社会主义思想的崇高境界。党的十八大以来，习近平总书记既敢于直面并破解我国发展进程中积累起来的矛盾、问题和难题，也敢于直面我国发展起来以后面临的矛盾、问题和难题，还勇于应对许多复杂的世界性难题。他勇于担当起对党的责任、对国家的责任、对民族的责任和对人民的责任，勇于扛起一代人应当扛起的责任，体现了对历史负责、对民族负责、对人民负责、对党负责的无畏勇气、鲜明态度和坚毅决心。

（八）扎实的实践基础

实践是理论之源。习近平新时代中国特色社会主义思想有着深厚的实践基础，是党和人民实践经验和集体智慧的结晶。党的十八大以来，在中华人民共和国成立特别是改革开放以来我国发展取得的重大成就的基础上，以习近平同志为核心的党中央科学把握当今世界和当代中国的发展大势，顺应实践要求和人民愿望，推出一系列重大战略举措，出台一系列重大方针政策，推进一系列重大工作，解决了许多长期想解决而没有解决的难题，办成了许多过去想办而没有办成的大事，中国特色社会主义事业取得了全方位的、开创性的成就，推动党和国家事业发生深层次的、根本性的历史性变革。可以说，党的十八大以来，中国特色社会主义事业全方位的、开创性成就的取得，深层次的、根本性的历史性变革的发生，既为习近平新时代中国特色社会主义思想提供了坚实的实践基础，也充分体现了这一思想的巨大理论威力。

二、践行习近平新时代中国特色社会主义思想

习近平新时代中国特色社会主义思想，是对马克思列宁主义、毛泽东思想、邓小平理论、“三个代表”重要思想、科学发展观的继承和发展，是马克思主义中国化最新成果，是党和人民实践经验和集体智慧的结晶，是中国特色社会主义理论体系的重要组成部分，是全党全国人民为实现中华民族伟大复兴而奋斗的行动指南，必须长期坚持并不断发展。新时代长征路的号角已经吹响，我们青年人作为中华民族伟大复兴中国梦的接力者、奋斗者和实现者担负着时代之重任，既要仰望星空，更要脚踏实地，坚定理想信念，志存高远，勇做时代的弄潮儿，为中华民族伟大复兴“中国梦”贡献一份力量。

（一）坚定思想信念

不忘初心，始终坚定共产主义理想信念。习近平总书记说过：“党员关键时刻要站得出来，危急关头要豁得出来。”敢于担当是共产党人的优秀品格，要做到敢于担当，必须踏实干事、狠抓落实、勇于创新。牢记党全心全意为人民服务的根本宗旨，以党的十九大精神为指引，坚定“四个自信”不动摇，面对大是大非敢于亮剑，面对矛盾敢于迎难而上，面对危机敢于挺身而出，面对失误敢于承担责任，面

对歪风邪气敢于坚决斗争，要临危不惧、靠前指挥，主动查找存在的问题和薄弱环节，到群众意见大、怨气多的地方去化解矛盾。党员唯有时刻不忘肩上那份沉甸甸的责任，才能不断强化使命担当，始终以永不懈怠的精神状态和一往无前的奋斗姿态，继续朝着实现中华民族伟大复兴的宏伟目标奋勇前进。

（二）活跃基层力量

履职尽责，推动形成党支部良性互动新格局。新的形势下坚持狠抓党的建设，把支部建在课堂上、先锋亮在活动上、党旗红在学院上，做到一个支部一座堡垒、一名党员一面旗帜，可以有效地激活蕴藏在广大党员学生中的力量，为党支部工作的健康发展提供不竭动力。形成党支部良性互动新格局关键在于要充分发挥党支部的战斗堡垒作用，进一步加强党支部建设，坚持“三会一课”、讲党课、民主评议党员等，持续开展好“两学一做”学习教育，使青年学生更加深刻理解十九大精神。每个党支部发挥好主体作用，自然会推动每一个党员提振精气神、展示新作为，走在前列、干在实处。

（三）实践自我价值

有责任敢担当，为实现“中国梦”不断提升自我。在新时代下，中国共产党人的初心和使命，就是为中国人民谋幸福，为中华民族谋复兴。总书记在十九大报告中已经阐述清楚，到2020年全面建成小康社会，到2035年基本实现社会主义现代化，到2050年把我国建设成为富强民主文明和谐美丽的社会主义现代化强国，最终实现伟大复兴的“中国梦”。对于每个阶段我们的任务不同，使命不同，当前脱贫攻坚对于贫困地区还是一项艰巨的任务，为了使全国实现同步小康，我们作为新时代的力量，担子更多，任务更重，更要具备责任和担当意识。打铁必须自身硬，我们只有不断学习，提升自我能力，才能为社会建设贡献更多的光和热。习主席报告中提到的：永远把人民对美好生活的向往作为奋斗目标。这就要求我们党员青年响应时代的号召，为“人民对美好生活的向往”，为建设美好家园奉献和拼搏，下一个五年，更多的五年，更多精彩的故事，将由你、我和这片土地上生长的千千万万名中国人一起书写。

（四）处处以身作则

坚持从严律己，始终坚守公平正义的价值取向。党要团结和带领人民进行伟大斗争、推进伟大事业、实现伟大梦想，必须毫不动摇坚持和完善党的领导，毫不动摇把党建设得更加坚强有力，全面从严治党永远在路上！古人说：“其身正，不令而行；其身不正，虽令不从。”从严治党，党员个人要从律己做起。有人说：“党员干部面临的最大考验不是生与死、血与火，而是名与利、得与失，说归根结底是腐败堕落。”不能放松对自己的要求、放任自流，不能让腐败堕落的思想乘虚而入，冲垮廉洁自律的思想“堤坝”。党员干部一定要树立正确的权力观和科学的发展观，权力必须为群众谋利益，绝不能为个人或少数人谋取私利。要立志做大事，把心思用在工作上，用在干事业上，用在为群众谋利益上。只有严于律己，公正严明，群众才能相信组织，树立好的党风、政风和社会风气。

中国共产党有着坚定执着的理想信念，百折不挠的革命意志，无所畏惧的牺牲精神，立世兴邦的文化自信，中国共产党的历史功绩是从伟大实践中干出来的，是镌刻进人类历史丰碑的，中国共产党永葆蓬勃朝气，永远做人民公仆、时代先锋、民族脊梁。十九大和十九届一中全会是继往开来的大会，为新时代我们党立起了新的历史坐标，指明了新的奋斗方向。不忘初心，牢记使命，新时代，新的历史使命，我们将切实肩负起更多的责任与担当，我们将更加紧密地团结在以习近平同志为核心的党中央周围，高举中国特色社会主义伟大旗帜，以习近平新时代中国特色社会主义思想为指导，奋力走好新时代的长征路，为全面建成小康社会、夺取新时代中国特色社会主义伟大胜利、实现中华民族伟大复兴的中国梦、实现人民对美好生活的向往继续奋斗！

不忘初心　牢记使命

——革命精神与浪漫主义的理性结合

林　萌

（武汉大学国际教育学院）

在习近平新时代中国特色社会主义思想中，“不忘初心，牢记使命”多次提出。初者，始也；心者，念也；使命，责任也。“不忘初心，牢记使命”，就是不要忘记初始的理想。在“不忘初心、牢记使命”的政治学习中，让我收获颇丰的是前往遵义的旅途考察。

在与亲友前往遵义进行红色旅游之前，我已经无数次地听到过“遵义”这个地名——在历史课本的白纸黑字中、在电视屏幕上的生动节目中、在老一辈人深情款款的讲述中……这是怎样的一片土地，让人心生崇敬与迷恋？仅仅是一次会议在这个地方偶然地被召开了吗？思来想去，觉得这个抽象的问题不能仅仅让历史课本、电视节目和老一辈的人来解答，还要去接近最真实的她，我才能发现、知晓其中的奥秘。

一、启程——贵州山水真秀美

入贵州境。天蓝，云白。我行走的梦有了如此浪漫的底幕——梦里山势连绵犹如海浪、如音波。远处的山群呈现出浅墨色，近处的山则葱郁得分明干脆。远远近近，各自平行，层层交叠。这才醒悟：中国的山水画也只是“对大自然的艺术模仿”。在行进的火车上与它们对望，目光随着山线起起伏伏，我觉得自己像是在山海中遨游的一条鱼，欢快而洒脱。山中房屋错落，形状窄小、彼此紧凑，白色的墙面和朱色的楞檐相映成趣。时而开阔的山麓映入眼帘，一整块浅绿的田地被水流和小径分割成不规整的一片一片的。空气中密集的小水粒将群景的色泽晕开了，于是景物的线条不再刻板。这是一片曾经被战火烧燎、被革命鲜血沾染过的土地吗？时间如此有力，将战争年代留下来的痛苦痕迹都抹去了吗？我疑惑着。但同时我预感到，遵义会给我带来“意外”，也许这些意外将为我解答大部分的疑惑。

二、领导人——革命精神与浪漫情怀兼备

“横断山，路难行。敌重兵，压黔境。战士双脚走天下，四渡赤水出奇兵。”这

是我在小学时参加团体合唱比赛所演唱的革命歌曲。那时候觉得这首歌气势恢宏，雄雄有力，终于在二十五岁的年龄切切实实地来到“黔”境。

历史上意义重大的遵义会议就是在这里召开的。遵义会议是指 1935 年 1 月 15 日至 17 日，中共中央政治局在贵州遵义召开的独立自主地解决中国革命问题的一次极其重要的扩大会议，是在红军第五次反“围剿”失败和长征初期严重受挫的情况下，为了纠正博古等“左”倾领导在军事指挥上的错误而召开的。这次会议具有伟大的历史意义，它奠定了红军长征和中国革命胜利的基础，开创了中国共产党独立自主领导中国革命的先河，开启了马克思主义中国化的新征程，开始形成以毛泽东同志为核心的党的第一代中央领导集体。也是自那时开始，毛泽东在党内的实际领导地位得以确立，于是他个人所具有的革命浪漫精神便感染了中国共产党人和整个革命队伍。

四渡赤水是中央红军长征中，在贵州、四川、云南三省交界的赤水河流域同国民党军进行的运动战战役，它也是毛泽东进入决策核心后，指挥的第一个战役行动，两军最高统帅毛泽东、蒋介石在军事指挥能力上的一次最直接较量，其战略思维的优劣，将直接体现在对战争全局的把握上。一渡赤水，使得红军化被动为主动；二渡赤水，红军避实击虚，遵义战役序幕拉开，相继取下桐梓、夺娄山关、占遵义；三渡赤水，红军避东击西，在茅台镇及其附近地区三渡赤水，西进川南；四渡赤水，红军乘隙而进，在敌人新的合围将成未成之际，杀一个回马枪。四渡赤水不愧为毛主席的“得意之笔”，美国作家哈里森也在其所著的《长征——前所未闻的故事》中写道：长征是独一无二的，长征是无与伦比的，而四渡赤水又是“长征史上最光彩神奇的篇章”。“毛主席用兵真如神。”如果没有一个用兵如神的毛主席，没有他的运筹帷幄，指挥若定，就不能决胜千里之外。

“星星之火，可以燎原。”这是对战士们多么有力量的鼓舞啊！黑暗中，只需要一点光，就足以照亮前程。

三、革命精神以浪漫理想作指引

革命理想是指引方向的灿烂星斗。有人曾问红军战士：“长征的时候，你们都干了些什么工作?”战士们想了想说：“跟着走!”平淡朴实的一句话，饱含了红军将士对战略决策和革命路线的高度信赖与坚定信心。这里，没有盲目和盲从，而是对革命理想和革命目标的高度认同。崇高理想具有强大的内驱力，革命目标具有强大的牵引力，坚定的理想信念是崇高理想和革命目标的统一，是方向、立场的集中体现。所以，遵义所具有的浪漫情怀由理性指引，有正确方向，是与革命现实不可分离的。

在遵义这里，还不得不提及革命中浪漫情怀的催生剂——遵义的酒。由于遵义这里具备了酿制美酒的天然条件和社会环境，汇集了有利于酿酒的地质因素、水质因素和气象因素，所以这里盛产各种白酒，习水酒、土城酒、赤水酒以及茅台酒……所以在参观的过程中，我们不时地嗅到空气中弥漫着的酒香。这里的酒还以酱香型为主，喉韵浓郁，尾净余长。我不禁思忖，难道这革命战士所表现出的“烈”感也与这里的酒水有关？根据导游讲解，在革命时期，当地居民常用贵州当地的酒为红军战士们消毒疗伤，所谓“红军过茅台，用酒洗双脚”的故事并非杜撰。在遵义期间，指战员还会向当地老百姓购买茅台酒，组织会喝酒的品尝，但是爱酒的战士也明晓军情紧急，并不会放纵多饮。他们主要将酒装在水壶里，在行军中用来擦腿搓脚，舒筋活血，缓解行路的疲劳。除了实用价值之外，遵义的酒无疑也发挥了鼓励战士们要以更加昂扬、勇敢的姿态与敌人作斗争的作用。在中国文化中，酒是一个浪漫和诗意的意象。遵义更是盛产烈酒，而烈酒更是催生了一种有力、壮阔的浪漫情怀——哪怕革命之路途再坎坷艰险，哪怕已经为了革命而遍体鳞伤，哪怕个人命运未卜，但是他们仍然对革命的胜利怀有憧憬和希望，因此愿意为之抛头颅、洒热血。莫非革命战士也是因为喝了这里的酒、被这里的酒疗伤，所以才有了不屈不挠的革命烈性？在革命本有的烈性之外还获得了一种浪漫与乐观精神？

四、浪漫理想以革命精神为保障

在那个革命的年代，中国共产党人——不论男女、年龄、民族、地域，从须眉到巾帼、从年幼到年迈、从士兵到将领、从北国到南土，一齐加入为人民幸福和民族复兴而排列成行的队伍中来。

这个队伍中，有位英雄叫邓萍。在遵义市城区湘江河畔风景秀丽的凤凰山南麓小龙山上，躺着壮烈牺牲的邓萍将军的精魂。邓萍将军是在长征中牺牲的唯一一位军团级将领。他少年立志，坚持革命，曾参加平江起义。在 1931 年第二次“反围剿”胜利后，红三团转入江西。同年秋，邓萍与何长工受中央委派，合并随营学校、闽西彭杨学校，建成红军中央军事政治学校，确定在瑞金九堡建彭杨学校，在于都建公略步兵学校，在村下建红军大学。1934 年 10 月，第五次“反围剿”失败，红军被迫长征。1935 年 2 月东渡赤水河期间，彭德怀、邓萍领导红三军团攻占娄山关后追击国民党残军。为尽快攻克遵义老城，邓萍亲临前线指挥，侦查时被一颗子弹击中头部牺牲。凤凰山有幸埋下了他的忠骨。

这个队伍中，有位跛脚将军叫钟赤兵。1935 年 2 月，红军在长征中一渡赤水后，钟赤兵任红三军团 12 团政委，在作战时他右小腿部受伤，但是仍坚持作战直到将敌人击退。由于钟赤兵没有及时包扎，受伤后又继续战斗，把子弹击中的骨头都扭碎了。红军占领遵义城后，医生立即为钟赤兵治伤，当时红军医院的手术条件极其简陋——没有医疗器械，也没有麻药，手术工具只有一把老百姓砍柴用的刀和一条断成半截子的木匠锯。在之后的半个月内，钟赤兵英雄又经历了三次截肢，这对于一个人来说，是要忍受多么大的痛苦啊！可是，钟赤兵竟然奇迹般地活过来了，并且还拖着残缺的双腿完成了长征。如果不具有坚定的革命信念，他能勇敢地走向枪林弹雨吗？如果不是为了人民队伍的胜利，他能挨过三次痛苦的截肢吗？他的行动就已经表明了他的价值判断和选择——在人民利益、民族未来面前，个人的利益必须退后一步。

这个队伍中，还有位小英雄叫小萝卜头。在小学课本上我曾经学习过他的故事——他本名叫宋振中，在八个月大的时候，就随父母被带进了监狱。我参观了他曾居住过的监狱，那是阴暗、潮湿的牢房，不适宜生活，所以八九岁的宋振中却只有四五岁孩子那么高，成了一个大头细身子、面黄肌瘦的孩子，所以难友们都疼爱地叫他“小萝卜头”。一迈步进去，便感到室内外极大的温差，身体四周被一股凉意包裹，观者都不想多停留片刻，更何况是一个孩子，他要常年待在这里直到最终被残害。他基本上是在敌人的监狱里长大，一直不知道外面的世界是什么样，经过地下党对特务的斗争，他才在监狱里上了学，由地下党员和爱国志士做他的老师。他一定知晓世界有万种风情，却只能被拘囿在黑暗的囹圄之中。由于他年龄小，特务们放松了戒备，对他的看管不是很严，“小萝卜头”得以经常在牢房之间传递物件、传递机密信息和重要情报，同时负责在门口放哨，以帮助大人了解入狱同志的情况等。就在革命胜利前夕，小萝卜头被敌人残忍杀害。他遇害时年仅 8 岁，成为了解放战争时期的最小的战士。

这个队伍中有很多知名英雄，还有更多无名英雄，他们留下了太多可歌可泣的事迹……太多了！我无法一一记下他们的名字和事迹，只是记得听到他们的事迹时，自己的内心有久久不能停歇的惊叹，有敬佩，还有遗憾：惊叹敌人行径之残暴，在息烽集中营中用尽各种酷刑折磨中华同胞；敬佩英雄之不屈，即便是在猫洞中被污水泡得身体溃烂、蛆虫布满，也不做革命的叛徒！遗憾英雄已不在，他们很多人付出了生命，因而未能亲历革命的胜利和人民的崛起。所以遵义流淌着热血，这热血穿越时空滋养着中华大地、后世后代！

五、革命浪漫主义的现实意义和当代价值

如果遵义仅仅是铭记了过去一段革命历史，那么它不会有如此的影响力。所以，这种革命精神和浪漫气质还具备了超越时间和空间的力量。这种力量，既体现在对个人命运的指引上，也体现在国家信念和民族性格的塑成过程中。

个人在追求理想的生命路途中需要具备革命浪漫主义。我想，除了少数人自暴自弃外，大多数人都是有各自的生活目标和理想追求的。而理想之所以称之为理想，就在于它高于现实，而与现实之间存在一个合适的差距。所谓“合适”，是指这种差距保持在可以被缩小至消除的高度，但是同时这种差距不经过一座座现实的阻碍而无法消除。翻越现实阻碍，逐渐靠近，并达到理想的过程，本质上也是一种

革命。理想指向未来，是浪漫的。革命指向现实与当下，是实现理想的手段与过程。只是在“个人”这一语境下，所革变的是与社会阶层和社会角色伴随而至的局限性，是自我的一次次更新与提高。我们在成长的过程中总要直接或间接地经历生老病死、离合悲欢，但是要明晓这种经历具有普遍性，所以我们不必沉陷其中为之郁郁寡欢，而是要脚踏实地地一步一步朝着蒸蒸日上的幸福生活奔去，朝着理想人生奔去。

实现国家富强、民族复兴需要革命浪漫主义。当前，我国改革与开放已经走入了攻坚期和深水区。在经济发展和社会进步取得重大成就的同时，国内外环境都在发生极为广泛而深刻的变化，我国发展面临一系列突出矛盾和挑战，前进道路上还有不少困难和问题，弊病也逐渐显露：个人、社会和国家层面包含着强烈实用主义倾向，经济学意义上的“效率优先”成为社会发展绝对尺度，作为社会制度建设精神指向的“社会正义”却不时成为无法兼顾的“代价”，成为被搁置的问题，社会不公、权力越界的情况时有发生。再比如，发展中不平衡、不协调、不可持续问题依然突出，科技创新能力不强，产业结构不合理，发展方式依然粗放，城乡区域发展差距和居民收入分配差距依然较大，社会矛盾明显增多，教育、就业、社会保障、医疗、住房、生态环境、食品药品安全、安全生产、社会治安、执法司法等关系群众切身利益的问题较多，部分群众生活困难，形式主义、官僚主义、享乐主义和奢靡之风问题突出，一些领域消极腐败现象易发多发，反腐败斗争形势依然严峻，等等。解决这些问题，关键在于深化改革。我们应该按照习近平总书记的要求，以壮士断腕的勇气、凤凰涅槃的决心，敢于向积存多年的顽瘴痼疾开刀，敢于触及深层次利益关系和矛盾，把改革进行到底。但是在这个过程中，我们应该不时地回望革命先烈们的浪漫主义精神，因为这种浪漫是一种美好的愿景，这种浪漫里包含着中国共产党人的“初心”与“使命”！

六、归途——秀美下暗涌着力量

在三日的遵义之行中，我参观了遵义会议旧址、红军政治部旧址、凤凰山烈士陵园、娄山关、息烽集中营等。一步一步地行走在遵义这片热土上，一眼一眼地捕捉遵义的景色，一耳一耳地聆听英雄的故事、一点一点地感受遵义的气质。我发现遵义的血脉中应该是流淌着这两样东西——革命战士的热血和尾净余长的美酒。它们原本分别代表了两种气质——革命精神和浪漫主义。表面看来，这两种气质似乎对立、冲突，因为革命是现实的、痛苦的，浪漫则包含了美好与虚幻的成分。但是非也，浪漫与革命就如同一个是星空，一个是大地，如同我们要仰望星空，也要脚踏实地。我们要革命精神，也要浪漫情怀。因为那段用血泪铸成的光辉革命的历史，这两种气质发生了联系、相互交融，终于汇集在了遵义这一块幸运的土地上，实现了革命精神和浪漫主义的一次结合和一次具象化。

前往遵义的路上，路途上有山山水水，我以为她只有秀美。归途，我醒悟——在她的秀美之下，有岁月的洗练，有深深的力量。难怪毛主席能在这片土地上触景生情，写下《忆秦娥·娄山关》：“西风烈，长空雁叫霜晨月。霜晨月，马蹄声碎，喇叭声咽。雄关漫道真如铁，而今迈步从头越。从头越，苍山如海，残阳如血。”

以青春之我　报青春之国

——学习习近平关于青年工作的重要论述有感

刘赵昊旻
（武汉大学土木建筑工程学院）

青年当如何？“以青春之我，创造青春之家庭，青春之国家，青春之民族，青春之人类，青春之地球，青春之宇宙，资以乐其无涯之生。”李大钊同志如是回答。站在这个从稚嫩走向成熟，由依赖转为担当的十字路口，我们充满期待，却又有些胆怯，我们踌躇满志，有时却茫然无措。青年时代就像是一段破茧成蝶的历程，只有通过不断的内省和抗争，才能冲破束缚，实现自我超越。那么，我们应当如何找准定位，认清使命？如何提升自我，促进全面发展？如何立身许国，方能不负芳华？

党的十八大以来，习近平总书记在领导和推进青年工作与青年事业的实践中，把握新时代青年工作的特点，形成了关于青年工作的重要论述。这些论述不仅集中体现在习近平总书记有关青年和青年工作中，体现在党治国理政新理念新思想新战略关于青年和青年发展的深刻分析中，也凝结了习近平总书记一路走来的所感所悟与对中国新时代青年的殷切希望。学习习近平关于青年工作的重要论述，不仅有助于我们厘清当代青年的社会责任和历史使命，也为我们砥砺奋进、圆梦求真指明了方向。

“梦”不仅是实现个人理想，追求个人幸福的目标，更是实现中华民族伟大复兴的中国梦。青年是祖国发展，民族富强的坚实力量。作为即将步入社会，走向工作岗位的青年，我深知他们期盼从读书郎成长为栋梁之材的渴求与彷徨；作为研究生兼职辅导员，我更感到培养和凝聚爱国、励志、求真、力行的四讲四有青年，为祖国的社会主义建设输送双一流人才的紧迫性和重要性。在学习习近平关于青年工作重要论述的同时，我逐渐认识到，要实现青年时期的蜕变，关键在于找到“立身”与“许国”的出发点、切入点和落脚点，要敢于有梦、勇于追梦、勤于圆梦，锤炼高尚的品格，方能奋勇投身新时代国家，以及民族前进和人民奋斗的伟大洪流中，书写中国青年运动的壮丽新篇章。

一、敢于有梦，创敢为人先之锐气

飞跃伶仃洋的港珠澳大桥已建成通车，成为"一带一路"倡议下互联互通的重要地标；总里程达二万五千公里的中国高铁，八小时甚至可以体验四季变换，穿越繁华都市，纵横田野阡陌，车轮滚动出一幅幅崭新的中国画卷；智能码头让中国港口再提速，全球吞吐量排名前十的超级大港，中国已经包揽了七席……从前想都不敢想的超级工程，都在工程师大开大阖的畅想和求真务实的钻研中变成了现实。我们享受着前辈们开拓进取、筚路蓝缕的劳动果实，见证着祖国的大环境由向国外学习经验、取长补短为主转变为自主创新、敢为人先的可喜局面。如今，广阔的舞台等待着我们去展现，丰富的经验等待着我们去汲取，更壮丽的梦想等待着我们去创造！习近平总书曾指出，青年作为振兴中华的后备力量，应当走在时代前列。的确，作为一名已经入门六年的土木人，我对祖国建筑业的发展感触尤深。本科阶段CAD为王，课程设计最痛苦的便是弯腰画图与看着二维图形苦思三维空间的双重挑战。而到了研究生阶段，BIM技术已在我国逐渐兴起，信息化在建筑业的推广给工程人员带来了福音。我们不再需要苦思冥想标新立异的建筑结构，也不再担忧施工期间管线的碰撞让人焦头烂额，这一切在建筑信息模型中都得到了很好的解决。正如港珠澳大桥总工程师林鸣所说："过去看工程，看的是有什么装备，就设计什么样的方案。今天看我们港珠澳工程，你要得到这样一个结论，只要你想怎么干，我们国家现在都有能力制造出一些专用的设备，能让设计成真。"

"青，取之于蓝而青于蓝"，这正是我辈应有的眼界与志向。要树立在继承前人基础上超越前人的雄心壮志，时常思考如何运用自身才智为社会带来有益的改变。青年的可贵就在其锐不可当的气势与敢于有梦的豪情。年轻意味着无限可能，我们站在更广阔的历史舞台上，更应一马当先地去创新，最大程度地储蓄青春能量，为实现我们的强国梦注入不竭动力。

二、勇于追梦，追不忘初心之理想

路漫漫其修远兮，吾将上下而求索。习近平总书记曾说，追梦需要激情和理想，勇于追梦，便是不忘初心。何为初心？那是我们奋斗之路的起点，是我们立志之始最纯最真的希冀。然而奋斗的道路上既有险滩激流，也有海市蜃楼，终点是否繁花似锦我们无从判断，途中的险恶与诱惑又岂能提前预知？多少人在世俗纷繁的漩涡中迷失了自己，多少人在名与利的斗争中走上了岔路。他们把初心抛下，选择了看似风光无限又轻松惬意的道路，却不知上天赐予你的每一件礼物，早已在暗中标好了价格。追梦的正途，其实在出发伊始就已经摆正了路标。

关于人生道路的选择，习近平总书记的人生履历已经给予我们答案。习近平总书记从1969年下乡当知青，到2012年十八大召开，44年的工作履历遍及党、政、军各个领域，历经村、县、地、市、省、直辖市，直至中央等所有层级的主要岗位，每一步都扎扎实实，每一岗都政绩显著。胸有凌云志，无高不可攀。即便深化改革之路难如蜀道，怀着不忘初心之理想奋力攀援，终能一览众山小。在困难与高压面前，习近平总书记秉持着“明知山有虎、偏向虎山行”的气概，挑起了大国领袖的重担，将全党全军全国各族人民凝聚和团结起来，为实现中华民族伟大复兴的目标勠力奋斗。

要做到一步一个脚印，百折不挠地朝最初的梦想走去，首先便是一个“勇”字。我们当学人民的樵夫廖俊波，用自己的“辛勤指数”换来群众的“幸福指数”。他离开政和时，全县财政总收入翻了两倍多，连续3年进入全省县域经济发展“十佳”，实现了贫困县脱胎换骨的蜕变。年轻的英雄杨科璋，入伍以来共参加灭火救援战斗200多次，抢救疏散被困群众160多人，最终把年仅27岁的生命献给了火场，保住了孩子。还有无数令人刻骨铭心的感人事迹，启示着我们人的一生不仅在于长度，更在于广度与厚度。不忘初心，保持纯粹，方能在追梦的路上义无反顾。

三、勤于圆梦，发朝乾夕惕之宏志

一部中国青年的运动史，就是一代又一代的青年追随着党，为了谋求祖国独立与人民富强而不懈奋斗的光荣史。幸福的花儿由汗水浇灌，“天行健，君子以自强不息”，伟大梦想绝不是轻轻松松、敲锣打鼓就能实现的，任何人也都不可能随随便便成功。圆梦不能只凭一腔热血，真正的奋斗往往深埋于一点一滴的积累中，蕴藏在千次万次的苦练中。习近平总书记在农村插队期间，为自己定了一个座右铭，先从修身开始。从此，不管是上山放羊，还是下地锄田，他总是揣着书籍，如饥似渴地阅读。看似闲散的7年光阴，实则为他打下了深厚的知识基础，正是这毫不懈怠的勤奋与孜孜不倦的求知精神，造就了习近平总书记今天的从容执着和大气磅礴。正是有如此狠抓实干、不能有一丝一毫掉以轻心的劲儿在，习近平总书记才会被父老乡亲们亲切地称作“贫下中农的好书记”“吃苦耐劳的好后生”，真正被人民群众所爱戴和拥护。

静水流深，闻喧享静。年轻的我们往往初生牛犊不怕虎，更愿意将雀跃的目光投向美好的终点，忽略了其中所必经的奋斗与付出。人生圆梦没有捷径可走，天道酬勤是永恒的真理。最近走上风口浪尖的P2P网贷倒闭潮便给了企图通过捷径改变命运的投机者一个惨痛的教训。这些网贷平台以平台提供担保、以高利息为诱惑，通过编造借贷人信息的方式达到圈钱的目的。尽管P2P存在着平台鱼龙混杂、融资风险高、保障体系尚未健全等诸多问题，许多投资者依然义无反顾地将辛辛苦苦赚来的血汗钱甚至是全家的积蓄投入其中，幻想着一本万利的回报。然而，谎言鼓吹成的泡沫即使再流光溢彩，终究是一触即碎。一厢情愿换来的却是几千名P2P平台经营者通过互联网手段，在短短4年的时间里，骗取了全国上亿投资者上万亿的财产，受害者无可奈何，欲哭无泪！

触目惊心的血泪教训给人民群众敲响了警钟，我们作为有思想、有文化的新时代青年，更应该引以为戒。实干兴邦，空谈误国。急功近利对个人而言或许是有待改正的缺陷，浮躁之风一旦蔓延到社会中，便会酝酿出严重的后果，不仅危害个人的成长成才，更会殃及整个国家的发展根基。我们应当把握时代主题，摒弃不劳而获的思想，焕发自强不息的斗志，彰显新时代奋斗者的风采。同时，我也认识到教育工作者的责任重大。师者，不仅仅要以身作则，成为兢兢业业、脚踏实地的良好典范，更应依靠自身的力量凝聚中国青年，影响中国青年，时刻向他们灌输圆梦需要奋斗和奉献的价值观，以潜移默化、春风化雨的方式达到育人的目的。

四、尽心筑梦，扛砥柱中流之责任

中国特色社会主义是物质文明和精神文明全面发展的社会主义。一个没有精神力量的民族难以自立自强，一项没有文化支撑的事业难以持续长久。青年作为引领风气之先的社会力量，其道德素养和精神风貌很大程度上决定着国家未来的素质高度。即将步入社会的我们应牢记"从善如登，从恶如崩"的古训，将"立德"作为"立身"的根本，坚定不移地践行社会主义核心价值观，使自己成长为德才兼备的新时代优秀青年。

核心价值观的养成非一日之功，而在天长日久的坚持。只有将高尚的道德准则内化于心，才能将核心价值观外现于日常生活的点滴中。作家梁晓声曾表达自己的忧虑："史书读多了，你会觉得中国目前的状况，确实是中国历史上从来没有过的希望和忧患并存的一个时期。那时候我有一种忧虑，看到了拜金主义对我们青年的影响，看到了放肆大胆的权钱交易。"旁的不说，就看自十八大全面从严治党之后查处的重大腐败案件的犯案者，在"打虎""拍蝇""猎狐"行动中拉下马的贪官污吏，他们在青年时期，又何尝不是春风得意、令人瞩目的政坛新星？他们也曾怀着为百姓谋福祉，为国家做贡献的宏愿，却在执政之路上逐渐遗忘了为官甚至是为人的根本——立德，最终辜负了国家的期许、人民的信任，留下可耻骂名。

我们是最新一代的社会主义筑梦人，有着极强的民族自信心和国家荣誉感，时代也需要我们用坚实的肩膀扛起民族复兴的重任。从汶川地震的志愿者行动，到北京奥运的火炬传递，从大学生村官的默默付出，到"一带一路"的青春挥洒，都是我们这一代青年交出的合格答卷。不管是身处象牙塔的年轻大学生，还是扎根基层的青年村官，亦或是穿行于大街小巷的快递小哥，只要尽心做好本职工作，又何尝不是在为国为家添砖加瓦？把个人梦想汇入时代洪流，让蓬勃青春与家国情怀共振，就一定能担当起时代赋予我们的重任。

大鹏一日同风起，扶摇直上九万里。年轻的朋友们，我们生逢其时，也重任在肩！祖国腾飞的号角已经吹响，全面实现现代化的征程也已经起步。新时代造就了我们，我们也塑造了新时代。“愿君学长松，慎勿作桃李。”只有进行了激情奋斗的青春，只有进行了顽强拼搏的青春，只有为人民作出了奉献的青春，才会留下充实、温暖、持久、无悔的青春回忆。

年轻的朋友们，愿我们担当起振兴中华的重任，敢于有梦，勇于追梦，勤于圆梦，尽心筑梦。紧密团结在以习近平总书记为核心的党中央周围，奋力谱写好中华民族伟大复兴中国梦的新篇章，以青春之我，报青春之国！

探寻习近平新时代中国特色社会主义思想的当代价值

——以云梦睡虎地秦简研究为例

吕 智

（武汉大学测绘学院）

中华民族上下五千年的历史源远流长，星光璀璨，孕育出生生不息、繁荣兴盛的传统文化，形成了炎黄子孙勤劳勇敢、自强不息的民族精神。近代以来，中华民族在鸦片战争后陷入内忧外患的黑暗境地，饱受战乱频仍、山河破碎的深重苦难。在中国共产党的领导下，中华民族摆脱了封建统治和外来侵略，从站起来，富起来，向强起来迈进，逐步接近中华民族伟大复兴的中国梦。这段波澜壮阔的复兴之路，离不开中国共产党的坚强领导，离不开中国特色社会主义文化的滋润涵育。中国特色社会主义文化，源自中华民族五千多年文明历史所孕育的中华优秀传统文化，熔铸于党领导人民在革命、建设、改革中创造的革命文化和社会主义先进文化。文化是一个国家、一个民族的灵魂，文化自信是一个国家、一个民族发展中最基本、最深沉、最持久的力量，是道路自信、理论自信、制度自信的历史根脉。习近平总书记说过，没有中华文化繁荣兴盛，就没有中华民族伟大复兴。“以史为鉴，可以知兴替”，从源远流长的历史中，从一个个文化瑰宝中，挖掘其中蕴含的深刻内涵，对照新时代的实际条件和实践环境，从历史中汲取宝贵经验和先进思想，以此探寻习近平新时代中国特色社会主义思想的当代价值。

近期热播的节目《国家宝藏》，由央视与故宫博物院、上海博物馆、南京博物院、湖北省博物馆等九家国家级重点博物馆合作，立足于中华文化宝库资源，从博物馆“文物”入手破题文化综艺，用镜头语言带领观众走进博物馆，力图对每一件文物的前世今生进行梳理与总结，与观众在一眼万年中，感悟传统文化的深厚与自豪。其中湖北省博物馆的藏品云梦睡虎地秦简，从各种藏品中脱颖而出，入驻《国家宝藏》特展。本文从两千多年前秦朝时期的云梦睡虎地秦简出发，从“以法治国”“环境保护”“为吏之道”等内容延伸至习近平新时代中国特色社会主义思想中的“依法治国”“生态文明建设”“从严治党”，在历史文化瑰宝中了解中华民族优秀传统文化厚重积淀，感知习近平新时代中国特色社会主义思想博古通今的伟大魅力和科学全面的丰富内涵。

一、云梦睡虎地秦简介绍

云梦睡虎地秦简于1975年12月在湖北省云梦县睡虎地秦墓中出土，内文为墨书秦篆，写于战国晚期及秦始皇时期。竹简共1155枚，残片80枚，分类整理为十部分内容，包括《秦律十八种》《效律》《秦律杂抄》《法律答问》《封诊式》《编年记》《语书》《为吏之道》，以及甲种与乙种《日书》。其中《语书》是公布法律的公告；《为吏之道》是官吏守则，是官吏执法、守法之道；《编年纪》主要记录了秦国的政治措施以及有名的战争；最重要的则是《秦律十八种》《秦律杂抄》《封诊式》等一系列法律文书，这是我国迄今发现的最早、条目最全、内容最丰富的法典。

云梦睡虎地秦简材质普通，保存条件苛刻，不是常年陈列的展品，从观赏效果上也不如曾侯乙编钟和越王勾践剑震撼抢眼，但从历史价值和地位上来说分量足矣。云梦睡虎地秦简是由秦朝的一位名叫喜的基层官员记录而来，共含四万多个工整的秦隶汉字，反映了自商鞅变法至秦始皇30年共计100多年的历史，从中可以感知秦国如何以法治国，步步崛起，直至成为中国历史上第一个大一统王朝。两千多年前，“以法治国”的思路已经出现并形成系统体系，在国家治理上得到了良好成效。秦简中的内容涉及生态环境治理、惩治贪腐、经济发展的理念，可以看出习近平新时代中国特色社会主义思想中部分理论的影子。此外，秦简提到的官吏考核、户籍管理等规章制度，刑事侦查、法医检验等方式方法，仍有丰富的借鉴意义。

从两千年前的历史文化瑰宝出发，可以探寻习近平新时代中国特色社会主义思想的历史根脉和当代价值，习近平新时代中国特色社会主义思想除了包含秦简记录的关于法治、经济、民族、社会生态文明等方面的理论，根据新的实践还对政治、科技、文化、教育、民生、宗教、社会、国家安全、国防和军队、“一国两制”和祖国统一、统一战线、外交、党的建设等各方面作出理论分析和政策指导，总体上更加全面、系统和科学，是全党全国人民为实现中华民族伟大复兴而奋斗的行动指南。

二、从云梦睡虎地秦简看习近平新时代中国特色社会主义思想的当代价值

1. 从“以法治国”到“依法治国”

秦简中包含喜生前从事法律活动而抄录的有关法律文书，主要抄录了行政管理与“治狱”方面的律令条文，记录了刑事、经济、民事和官吏管理的法律条文，种

类数量超过20个，内容所占比例超过总量的一半，反映了秦国在商鞅变法之后开始以法治国的规模和力度。其形式多样，法网严密，开创了中华法制之先河，为中华法系的形成奠定了基础，大部分内容经修缮后常被后世沿袭使用，有许多制度对现代法制都很有深刻的借鉴意义。

秦国在农业方面有《田律》《厩苑律》《仓律》，反映了当时的重农政策，对农田水利、风涝虫灾、作物生长和牛马饲养等方面都提出了具体要求；在手工业方面有《工律》《均工律》《工人程》，还有抄录在《秦律杂抄》中的未注明律名的关于采矿、木工用料、工业生产评比等方面的法律条文，对手工业生产管理、劳动调配、折箕、徒工训练、产品检验等都作了规定；在商业方面有《金布律》《关市律》，《效律》中关于量具和衡器的检验，也直接涉及商业，这些法律对市场上流通的货币和布的规格、使用办法，币与布的比价以及税收，甚至商品标价等都有规定。正是因为详尽严谨的秦律，秦国逐步富强，完成了一统中国的历史成就。司马迁在《史记》描述："行之十年，秦民大说，道不拾遗，山无盗贼，家给人足。民勇於公战，怯於私斗，乡邑大治。"从"喜"这位小官吏的直观记录中，可以复原从战国七雄到秦国一统的那段历史，感受秦国如何步步崛起，直至成为中国历史上第一个大一统王朝。秦简的内容再现了秦国如何将律令推行及执行，证明了中华民族曾经以优越的法文化，长期滋润过东方世界。

经过历史的沉淀和中国特色社会主义的发展，两千年前的"以法治国"的理念逐步发展演变为"依法治国"。"以法治国"与"依法治国"仅仅只有一字之差，本质却有着巨大的区别。"以法治国"是指利用法律治国，是一种传统的管理主义的法律观念，其主体是国家机关，治理的对象是人民群众。国家的管理者如果把法律当作手中的工具，则有可能任意改变这一工具，或者滥用这一工具。因此，这种观念的实质是"法制"，而不是真正的"法治"，可以说是人治的另外一种表现。而"依法治国"是指治国必须依法，即治理国家的方式方法必须依照法律规定。这是现代的控权主义的法律观念，国家的管理者必须依照人民按自己的利益和意志制定出来的法律来行事，并且不得违反这样的法律。这种"法治"主体是人民，治理的对象包含滥用国家权力的当权者。这里的一字之差，也得以说明为何秦朝建立之后短短时间就灭亡，而中国特色社会主义则焕发出强大生机活力，中国特色社会主义道路越走越远，越走越宽。

党的十八大以来，习近平总书记提出"四个全面"战略布局，其中"全面依法治国"是中国特色社会主义的本质要求和重要保障。改革的深化和各种利益关系的不断调整，对从法律和制度上统筹兼顾各方面利益提出了新的要求。社会结构和社会组织形式发生的深刻变化，对正确处理人民内部矛盾、依法加强社会建设和管理提出了新的要求。如果不全面依法治国，国家和社会生活就不能良性运行，就难以实现社会和谐稳定。所以，必须全面推进依法治国，坚持厉行法治，推进科学立法、严格执法、公正司法、全民守法，逐步健全党和国家监督体系，实现对所有行使公权力的公职人员的监察全覆盖，不断提升全民族的法治素养和道德素质，坚持以德治国和依法治国相辅相成。

2. 从“环境保护”到“生态文明建设”

秦律中的《田律》，是迄今世界上最早的保护环境的法律条文。在两千年前就已经有保护环境的意识并付诸于秦律。秦律规定了伐木、采集、捕猎的具体时间及行为的具体标准。《田律》明确记载，春二月不准捕鸟，不准烧草作为肥料，不准采刚发芽的植物，不允许涸泽而渔或者捕捉幼小的禽兽，不准到山林中砍伐木材，到夏天七月以后才开放。期间，只有因死亡而需要伐木制造棺椁的才不受季节限制。一部人类文明的发展史，就是一部人与自然的关系史，早在周代，就有“春三月，山林不登斧，以成草木之长；夏三月，川泽不入网罟，以成鱼鳖之长”，可见那时我们中华民族已经开始关注人与自然的关系，并开始意识到生态环境的重要性。而云梦睡虎地秦简证明秦国已经把这种认识置于法律中，以法律手段保护自然环境，对应到习近平总书记提出的“五位一体”总体布局中的“生态文明建设”，说明习近平新时代中国特色社会主义思想的历史渊源由来已久，是中华传统文化的延续和发展，中华文明的智慧对于国家和中国特色社会主义思想的发展有着重要的借鉴和指导意义。

早些年因长期的高强度国土开发建设、矿产资源开发利用，导致一些地区生态环境破损，退化严重，部分关系生态安全格局的核心地区受到不同程度的影响和破坏。自党的十八大以来，以习近平同志为总书记的党中央站在战略和全局的高度，对生态文明建设提出一系列新思想、新论断和新要求，并取得显著成效。2015 年 9 月 11 日出台的《生态文明体制改革总体方案》，着眼于理念方向，着力于基础性框架，明确提出构建自然资源资产产权制度、国土空间开发保护制度、资源有偿使用和生态补偿制度、环境治理体系、环境治理和生态保护的市场体系等 8 个方面的制度体系，必将为加快推进我国生态文明建设打牢制度桩基，夯实体制基础。习近平总书记在省部级主要领导干部学习贯彻党的十八届五中全会精神专题研讨班上，就提出“共抓大保护，不搞大开发”，并强调不搞大开发不是不要开发，而是不搞破坏性开发，要走生态优先、绿色发展之路。习近平新时代中国特色社会主义思想中基本方略第九条为“坚持人与自然和谐共生”，强调必须树立和践行绿水青山就是金山银山的理念，坚持节约资源和保护环境的基本国策，像对待生命一样对待生态环境，统筹山水林田湖草系统治理，实行最严格的生态环境保护制度，形成绿色发展方式和生活方式，坚定走生产发展、生活富裕、生态良好的文明发展道路，建设美丽中国，为人民创造良好生产生活环境，为全球生态安全作出贡献。生态文明建设是中国特色社会主义事业的重要内容，关系人民福祉，关乎民族未来，事关“两个一百年”奋斗目标和中华民族伟大复兴的中国梦的实现。

3. 从“为吏之道”到“从严治党”

关于为吏之道，秦律中有明确的条文。从《语书》中对“良吏”的描述可知，所谓“良吏”，首先，要“明法令”，明法才能“知事”，才能“事无不能”；其次，要“廉洁”“敬上”，处事要有“公端之心”，不能徇私枉法；再者，官吏个人的修为也很重要，即要做到“自端”，也要谨言慎行。“恶吏”的评定是有法定程序的，并非只是道德上的评价或是单纯的职业规范，被评定为“恶吏”的官吏须受到秦律的制裁。

此外，通过秦简中喜的生平详细记载，可以发现他便是一位“良吏”。喜生于秦昭王四十五年（公元前 262 年），于秦始皇三年被任用史，秦始皇六年为令史，秦始皇十二年任狱吏。这些经历说明，喜曾长期任县级司法机关的官吏。这样一位一直在基层工作的官吏，在当时的风俗背景下，陪葬的时候没有任何值钱的金银财宝，环绕他深埋地下的是自己兢兢业业工作留下的笔记。试想在两千多年前的一个个夜晚，喜在微弱的烛光下，拿着纤细的毛笔，在这只有筷子粗细的竹简上，工工整整记录下他当天的工作笔记，一直记录了几十年，总数超过 4 万字。这样持之以恒的敬业精神，这样清正廉洁的法治精神，这样不计利益的奉献精神，在我们如今的社会环境下，依旧是各级官员需要学习和培养的优良工作作风。这和习近平总书记提出的“全面从严治党”相互联系：抓治吏从严，坚持正确用人导向，深化干部人事制度改革，破解“四唯”难题，着力整治用人上的不正之风，优化选人用人环境；抓作风从严，从落实八项规定和整治“四风”入手，坚持以上率下，锲而不舍，扭住不放，着力解决许多过去被认为解决不了的问题，推动党风政风不断好转。

关于如何建设高素质专业化干部队伍的问题，党的十九大报告中提到要坚持严管和厚爱结合、激励和约束并重，完善干部考核评价机制，建立激励机制和容错纠错机制。习近平总书记在谈到年轻干部培养时，认为“对那些看得准、有潜力、有发展前途的年轻干部，要敢于给他们压担子，有计划地安排他们去经受锻炼”“年轻干部们也都应该争先恐后到艰苦岗位、到基层去，要以此为荣”。基层工作的重要性，不仅在于可以历练干部的综合能力和素质，还在于它是提升综合国力，实现中华民族伟大复兴的中国梦的牢固基石。两千年前，秦简的作者喜，所跨越的时代，恰逢秦国逐步强大并完成大一统，喜这样一个逾越千年形象仍旧鲜活的基层干部，也从侧面告诉我们，正是千万个跟他一样在基层兢兢业业工作的官吏，积累出远胜其他六国的综合国力，协助秦国创造历史。相信在全面从严治党的背景下，建设一支宏大的高素质干部队伍指日可待，党的执政能力和领导水平会不断提高，逐步迈向中华民族伟大复兴的光明前景。

三、总结

云梦睡虎地秦简记载的时间正逢秦国逐步富强并完成大一统，严谨多样的秦律功不可没，法制让秦国的经济飞速发展，并为军队的强盛提供了有力保障，同时也是加强军队纪律性和提升战斗力的关键法宝，它帮助秦国从战国七雄中脱颖而出，创造了大一统的历史。秦国的崛起，在今天看来，仍有许多借鉴和学习的地方。秦简中的“以法治国”“环境保护”“为吏之道”等内容，是习近平新时代中国特色社会主义思想部分内容的雏形，具有一定的借鉴意义，并发展为更加科学的“依法治国”“生态文明建设”“从严治党”等理念，说明习近平新时代中国特色社会主义思想深化了对人类社会发展规律的认识，继承和发扬了中华传统文化，涵盖了党和国家发展的诸多方面，并紧密结合新的时代条件和实践要求，拥有绝对的科学性、先进性和全面性，是全党全国人民为实现中华民族伟大复兴而奋斗的行动指南。

一个国家要完成迈向现代化强国的历史转型，不仅需要雄厚的经济基础支撑，还必须有强大的文化软实力。四十年的改革开放让我们国家的经济发展取得突飞猛进的成果，排名跃升至世界第二，说明如果没有中国共产党的领导，实现中华民族伟大复兴只能是空谈。同样如果没有厚重的历史文化积淀，实现中华民族伟大复兴举步维艰。那些保存下来的历史文化瑰宝，通过各种形式带领我们穿越时光，感知先人们的聪颖和智慧，提供我们汲取养分的文化沃土。

“明镜所以照形，古事所以知今。”中华传统文化博大精深，源远流长，诸多优秀恒久的民族精神和思想对现今包括未来都有丰富而深刻的借鉴和指导意义。我国五千年的历史构成了中华民族的丰富历史画卷，我们要深入挖掘中华优秀传统文化蕴含的思想观念、治国智慧、人文精神和道德规范，了解五千年中华文明史，了解中国近代屈辱史，了解党领导人民站起来、富起来、强起来的奋斗史，汲取精神营养，激发自豪感和幸福感，增强文化自信，让中华文化在新时代焕发新的生机和活力，让中华文化展现永久魅力和时代风采。

参考文献

[1] 习近平．决胜全面建成小康社会　夺取新时代中国特色社会主义伟大胜利——在中国共产党第十九次全国代表大会上的报告[M]．北京：人民出版社，2017：23-24.

[2] 习近平．在文艺工作座谈会上的讲话[M]．北京：人民出版社，2015：5.

[3] 钱忠军．云梦睡虎地秦简入选特展国宝[N]．文汇报，2018-02-13.

[4] 王景星．云梦睡虎地秦简的研究价值分析[J]．兰台世界，2010.

[5] 司马迁．史记[M]．北京：中华书局，2014：9.

[6]习近平．之江新语[M]．杭州：浙江人民出版社，2007：8.
[7]于蕾，吕逸涛．国家宝藏[M]．北京：中信出版社，2018.
[8]姚蓉．逸周书文系年注析[M]．广西：广西师范大学出版社，2015：12.
[9]新华网．让改革助力“美丽中国”[EB/OL]．http：//www. xinhuanet. com/politics/2015-09/13/c_1116547054. htm，2015-09-14.

学思践悟汲取力量，不忘初心继续前行

王洪璐
（武汉大学药学院）

“广大青年要坚定理想信念，志存高远，脚踏实地，勇做时代的弄潮儿，在实现中国梦的生动实践中放飞青春梦想，在为人民利益的不懈奋斗中书写人生华章。”党的十九大郑重宣示中国特色社会主义进入新时代。在承前启后、继往开来的新时代下，全党、全国各族人民奋力全面建成小康社会，建设社会主义现代化强国。我们有强起来的底气，有强起来的目标，有强起来的战略，有强起来的举措。新时代是全国各族人民团结奋斗、不断创造美好生活、逐步实现全体人民共同富裕的时代，是全体中华儿女勠力同心、奋力实现中华民族伟大复兴中国梦的时代，是我国日益迈入世界舞台中央、不断为人类作出更大贡献的时代。

青年兴则国家兴，青年强则国家强。习近平总书记曾说，青年的命运与党的命运、祖国的命运、人民的命运是紧紧联系在一起的。青年之于党的事业、国家的事业、民族的事业、人民的事业具有无可替代的地位和作用。青年是党的事业的生力军、先锋队、排头兵，走在时代的最前列。青年一代有理想、有本领、有担当，国家就有前途，民族就有希望。

新时代下的新青年必将用奋斗书写青春华章，以思想政治学习为重心，做好专业学习与实践学习，做爱国、励志、求真、力行的青春逐梦人。

一、坚定理想信念，做忠于人民的爱国者

习近平总书记在北京大学师生座谈会上，对广大青年提了四点希望，其中第一点就是要爱国，忠于祖国，忠于人民。他说道，爱国，是人世间最深层、最持久的情感，是一个人立德之源、立功之本。做人要有气节、要有人格。气节也好，人格也好，爱国是第一位的。我们是中华儿女，要了解中华民族历史，秉承中华文化基因，有民族自豪感和文化自信心。要时时想到国家，处处想到人民，做到“利于国者爱之，害于国者恶之”。爱国，不能停留在口号上，而是要把自己的理想同祖国的前途、把自己的人生同民族的命运紧密联系在一起，扎根人民，奉献国家。

我们现在正面对着深刻变化的社会、丰富多样的生活、形形色色的思潮，更需

要在理想信念上进行有力引导。习近平总书记明确指出，“青年时代树立正确的理想、坚定的信念十分紧要，不仅要树立，而且要在心中扎根，一辈子都能坚持为之奋斗”。广大青年要把理想信念建立在对科学理论的理性认同上，建立在对历史规律的正确认识上，建立在对基本国情的准确把握上，筑牢理想信念的根基。

回顾中国近代170年的历史进程，中国共产党的历史，充分证明只有社会主义才能救中国，只有中国特色社会主义才能发展中国。我们可以看到正是科学的理论指引着我们的国家，我们的民族不断向前发展。没有毛泽东思想的指引，我们就不可能推翻帝国主义、封建主义、官僚资本主义三座大山，使中国人民站起来；没有邓小平理论，就不会有改革开放，使中国人民富起来。习近平新时代中国特色社会主义思想，它是从历史深处走来，扎根广袤大地，厚植时代沃土的伟大思想。寻其脉，马克思主义是它的脉；找其根，中华优秀传统文化是它的根；观其色，一切为了人民是它鲜亮的底色；阅其貌，面向世界、面向未来是它最有力的姿态。

我们要深刻认识到思想理论的极端重要性。思想的力量是无穷的，要向思想要力量。理想指引人生方向，信念决定事业成败。人的理想信念是人生目的的最高体现，也是人生发展的内在动力。2013年6月28日，习近平在全国组织工作会议上的讲话指出，没有理想信念，或理想信念不坚定，精神上就会“缺钙”，就会得“软骨病”。一个精神上“缺钙”的人，是不可能承担时代所赋予的历史重任的。有理想就有人生的精神动力，有信念就能开辟美好未来。

新时代下的新青年要加强政治学习，提高政治站位，坚持马克思主义，坚持党的领导，坚定四个自信，树立四个意识。坚定理想信念，牢固树立理想追求，将社会主义核心价值观内化于心，外化于行。做社会主义核心价值观的坚定信仰者、积极传播者、模范践行者，做忠于人民的爱国者。

二、刻苦治学，做砥砺前行的奋斗者

（一）立鸿鹄之志，敢于做梦

习近平总书记说，青年是国家之精华，新青年是一种精神、一种力量、一种希望，新青年要为国家和人民担当、为自己的人生担当、为亲人和他人担当，要做理想远大、品德高尚、知足感恩的新青年，以青春之笔绘就绚烂的青春画卷。希望广大青年学生在宁静中笃学，在砥砺中前行，担当起新时代使命，创造无限美好的未来。

笔者作为新疆生产建设兵团的孩子，骨子里总有那么一份浓浓的家乡情。在得知武汉大学团委有研究生支教团这一项目时，我毅然决然选择参加武汉大学第十九届研究生支教团并担任队长，2017年7月带队赴新疆生产建设兵团第五师高级中学支教。支教期间，我以一名人民教师的标准严格要求自己。我暗自对自己说，要教就教出最好的班。在专业课上，我重拾自己的高中课本，将化学知识点与生活常识、日常趣闻结合，便于学生理解掌握，所带班级的化学成绩多次取得年级第一。同时，我作为志愿者代表，先后参加了共青团第五师双河市第七次代表大会、共青团新疆生产建设兵团第六次代表大会，并将会议精神传达给队员和学生。在新疆生产建设兵团第五师高级中学先后举办的“我看十九大”主题班会、“五师青年说”演讲比赛等活动中，我告诉我的学生们：“要做就做最好。即使我们身处边疆小城，我们要敢于立志，立鸿鹄之志，砥砺拼搏。”

青春韶华的我们，正在经历新时代经济、科技的高速发展，“悟空”腾飞，“墨子”环游，“蛟龙”下水，“大飞机”飞翔，复兴号世界最快。在这样一个充满生机、富有活力的时代，我们更应该勇立时代潮头，争做时代先锋，展现时代作为，要在创新创造中展现新作为，在艰苦奋斗中展现新作为，在脚踏实地中展现新作为，在扎根基层中展现新作为，在求知问学中展现新作为。

(二)研专业之技，勇于逐梦

支教期满，我重回武大继续攻读药学专业硕士。在繁华热闹的武汉生活，在人文底蕴深厚的珞珈学习，我却有些恍惚了，感觉自己就像是穿越一般，支教的生活常常出现在我的眼前，同在一个时间，同在中国这片大地上，可是生活却是截然不同的。

想到自己支教的一年，在西北边陲小城，看到那里已经建起了高楼，铺起了柏油路，天然气通向千家万户。硬件设施都已完备，但是“软件”却跟不上，有着完善的多媒体教学设备，可能够灵活运用的老师很少；有着先进的医疗设备，可是缺少专业的医生；有国家对口援疆的好政策，可是当地人们的思想意识却没有跟上。

想到那里医疗水平的落后，本是在内地很普遍的治疗方法，在当地却成了“疑难杂症”，病人也因此耽误了最佳治疗时间，我实在辗转反侧。我有些迷茫了，我不知道我能做些什么。

《习近平的七年知青岁月》中的一句话将我点醒，“15 岁来到黄土地时，我迷茫、彷徨；22 岁离开黄土地时，我已经有着坚定的人生目标，充满自信。作为一个人民公仆，陕北高原是我的根，因为这里培养出了我不变的信念：要为人民做实事！”我也要做实事！

作为一名药学院学生，我就要学好自己的专业知识，研究药学前沿技术，提供更科学的、有效的治疗技术。虽然学习的过程是漫长的，实验的时间是孤独的，但是我愿意为此奋斗。“老实做人，扎实做事，不事张扬，只求实际，鞠躬尽瘁，奋发有为”，我用《习近平的七年知青岁月》里的这句话一直勉励着自己。

做时代青年，走燃情大道。我们要有奋斗精神，做到理想坚定，信念执着，不怕困难，勇于开拓，顽强拼搏，永不气馁。青春因奋斗而美丽，人生因拼搏而精彩。

三、内外兼修，做知行合一的实干家

习近平总书记在北京大学师生座谈会上向广大青年提出的四点希望，爱国、励志、求真、力行，最后落脚点是知行合一、做实干家。青年成长为有理想、有学问、有才干的栋梁之材，四项素养缺一不可，最终需要在实干中实现。

邓小平同志曾说：“世界上的事情是干出来的，不干，半点马克思主义也没有。”习近平总书记号召大家，“撸起袖子加油干”，这都凸显了一个干字。

“千里之行，始于足下。”古往今来，无论多么美好的梦想，多么壮丽的事业，达成之路只有一条，那就是一往无前地实干；捷径只有一种，那就是久久为功地力行。知行合一，真知真行。

面对新征程，我们要快干，因为一万年太久，只争朝夕；我们要实干，因为空谈误国，实干兴邦。除了“干”字，我们还要牢记“上、止、正”三个字，即上进，知止，守正。“一夫当关，万夫莫开”，我们应该肩负起我们应该肩负的责任，守好阵地，守好责任田。

在人生最好的韶华里，我们要勇敢地做自己的主人，正确认识自我，调节自我，学会自主学习，系好人生的第一颗扣子。“纸上得来终觉浅，绝知此事要躬行。”学到的东西，不能只停留在书本上，不能只装在脑袋里，而应该落实到行动上，做到知行合一、以知促行、以行求知，面向实际、深入实践，实践出真知；要严谨务实，一分耕耘一分收获。我们要努力利用课堂学习，获取各种专业知识和技能；要踊跃参加校园文化活动，陶冶情操，增长才干；要勇于投身社会实践，开阔世界眼光，升华思想，锤炼意志；还要学会“慎独”自省，摒弃浮躁和轻狂，保持澄澈明净的心境，明辨笃行！

“少年得志大不幸，千金难买少年穷。”未经磨砺的青春称不上美丽，只有知行合一、苦干实干，梦想才会腾飞。

“青年者，人生之王，人生之春，人生之华也。”不忘初心，争做志存高远的新青年。锐意进取，争做勤学苦干的新青年。牢记使命，争做创新有为的新青年。锤炼品格，争做引领风尚的新青年。

第四章　基地巡礼

“互联网+”环境下党员示范效应的探索

（武汉大学信息管理学院）

信息管理学院作为武汉大学六个“三当三联三示范”研究生党建工作特色基地之一，在一年多以来围绕党员示范效应的工作探索中，重点以勇于担当学术创新的带头人、乐于担当实践创业的开拓人、敢于担当网络文明的引领人为主题，结合“互联网+”环境背景，组织开展了一系列研究生党建活动，取得了良好的成效，并总结了经验教训。

一、规划与思路

基于信息管理学院的特色和学科优势，围绕“互联网+环境下党员示范效应”的主题，我院从三个方面着手开展研究生党建工作特色基地的建设。

1. 扎根学科优势，勇于担当学术创新的带头人

基于我院优势学科建设和丰富的学术资源，开展系列学术科研及实践活动，注重研究生党员学术科研能力的培养与提升。坚持“用党的力量凝聚研究生”，以党建带团建、以党风促学风，鼓励优秀研究生党员参与到学术科研活动中去。

2. 丰富活动形式，乐于担当实践创业的开拓人

我院实践创业工作的开展以研究生实践工作为基础，以就业指导与创业辅导为依托，广泛开展各类实践竞赛和活动，帮助和促进研究生党员掌握实践创业技能，带领更广泛的研究生同学参与到实践创业的工作中来。

3. 提升信息素养，敢于担当网络文明的引领人

结合我院的技术背景与学科实际，通过开展网络文明知识学习和相关比赛、竞赛活动，促进研究生党员网络信息甄别能力的增强，提高其信息素养，以弘扬网络文明精神为已任，切实争当网络文明的引领人。

二、机制与举措

通过实践和探索，学院研究生党建工作形成了较为完善的工作机制，为“三当

三联三示范”研究生党建工作特色基地建设工作的顺利开展、党员示范效应的有效发挥提供保障。

1. 加强制度建设，为发挥党员示范效应提供制度保障

我院研究生党员比例高，学院始终把党建工作放在首位，着力加强研究生党建工作，推进理论学习制度化，组织生活规范化。2017 年，我院颁布并实施了《信息管理学院研究生党支部状态评估考核暨优秀研究生党支部评比暂行办法》，采取定性与定量相结合方式，对研究生党支部的工作进行年度考核，以评促建，表彰优秀、树立典型，促进党员示范效应充分发挥。

2. 完善工作机制，为发挥党员示范效应提供机制保障

学院党委、研究生党支部书记联席会、研究生党支部协同联动，高效沟通，日常研究生党建工作有序开展；线上线下搭建研究生党支部之间相互合作和沟通交流的平台，党支部之间的横向交流常态化；充分发挥研究生党员学生干部管理与服务的双重职能，调动党员骨干的积极性，增强基层党组织的活力。不断探索和完善工作机制，保障党员示范效应有效发挥。

3. 提升宣传实效，为发挥党员示范效应提供阵地保障

为吸引和带动学院不同年级和不同专业的研究生党员参与到研究生党建工作特色基地的建设过程中来，充分探索“互联网+”环境下党员的示范效应，通过线上和线下多种方式，我们向全院研究生党员定期介绍和汇报基地建设情况，并在学院研究生网站开设“思政党建”专栏同步将活动信息推送到微信公众号上，作为网络宣传的主阵地。

4. 重视队伍建设，为发挥党员示范效应提供队伍保障

我院研究生来自管理科学与工程、电子商务、图书馆学、档案学、情报学、出版发行学、信息资源管理、保密管理、图书情报、出版等多个专业，专业之间差异大，党员人数多，这在一定程度上增加了党建工作的难度。在这种情况下，我院将研究生党支部设在班上，能够有效发挥党支部的战斗堡垒作用，同时，有利于支部建设与班级建设相互融合，推动研究生党建工作的开展。此外，我院成立了研究生党支部书记联席会，充分重视研究生党建队伍建设。研究生党支部书记联席会由各研究生党支部书记组成，并设主席一人、副主席两人，在党员发展、支部建设、骨干培训和党建创新等工作中发挥着重要的作用，也在推进“互联网+”环境下党员示范效应的探索过程中发挥了显著的模范带头作用。

5. 明确“三当”任务，促进党员示范效应充分发挥

“一当”——勇于担当学术创新的带头人：以支部为单位，举办学术交流常态化活动；以临时党小组的形式，竞标参与全院乃至全校的相关学术活动；以临时党小组的形式，按项目制的方式参与协办学术前沿会议；以师门或专业为单位，树立一批党员学术示范团队，带领并提高全体研究生的学术活力及学术竞争力。

“二当”——乐于担当实践创业的开拓人：以实践创业优秀党员为典型，带动研究生积极参与各类实践创业活动；以支部为单位成立项目小组，鼓励研究生党员积极参与创新创业项目。

“三当”——敢于担当网络文明的引领人：以党建数据库为基础，构建网络文明知识库，丰富和拓展网络文明知识信息；以各研究生党支部为运营主体，构建研究生网络文明宣传平台，积极主动传播正能量；以相关学术讲座和培训为载体，促进学生将网络文明内化于心，外化于行；以知识竞赛为依托，将社会热点问题、时政要闻、网络文明及网络文化融入其中，培养研究生的信息鉴别能力，帮助其树立正确的世界观、人生观和价值观。

三、成效与经验

在学院党委的指导下、研究生党支部书记联席会的鼓励和带动下，全院研究生党支部和党员积极参与我院“三当三联三示范”研究生党建工作特色基地建设中组织开展的各项党建活动，工作成效突出，研究生党员充分发挥了先锋模范作用，形成了良好的示范效应。

1. 抓好主题党日活动，以多元化形式增强了党员发挥示范效应的主动性

以“三当”为切入点开展主题党日活动，通过培育选拔一批“三当”优秀党员和党支部，切实抓好党建任务，进一步提升我院研究生党建水平。我院组织号召各研究生党支部以多元化的形式开展了“三当”主题党日活动，包括趣味型、实践型、调查型、学习型等形式，在活动中增强了党员发挥示范效应的主动性，也增强了同学们主动向优秀党员学习的意识。

趣味型活动：2016 级出版硕士研究生党支部与 2016 级电子商务硕士研究生党支部联合开展了以“勇于担当学术创新的带头人”为主题的党日活动，以趣味小游戏、观看学术创新相关视频，以及交流学术心得的方式，引发了研究生党员对于学术创新的认真思考，树立了向学术模范看齐、追求学术创新的意识。

实践型活动：2016 级档案学硕士研究生党支部党员以“三当”为主题，结合 6 月 9 日国际档案日，以“理论与实践相结合”的方式，于湖北省档案馆、武汉市档案馆开展了参观学习交流活动，让同学们更加清晰地了解了专业知识在实践中的应

用，勇于参与实践，做实践创业的开拓人。

调查型活动：2016 级信息资源管理硕士研究生党支部全体党员选取社会调查中的问卷调查方法，分析了当前武汉大学研究生网络文明的现状，并以此为基础提出了相关问题的解决办法，为积极高效开展研究生网络文明建设提供建议，切实担当了网络文明的引领人。

学习型活动：2015 级出版硕士研究生党支部组织开展了以"敢于担当网络文明的引领人"为主题的党日活动，主要以学习会的形式，会上强调："一是要时刻牢记自己的党员身份，坚持党员理想信念不动摇；二是要树立正确的网络观，做文明网民；三是要坚持理性自律，倡导文明表达，切勿盲听盲信，谣言止于智者；四是要带动身边的人，积极参与网络文明的创建，为构建社会主义网络文明贡献力量。"支部党员一致决定以身作则担当网络文明的引领人。

2. 搭建线上学习平台，在积极参与中，先进党员典型的涌现层出不穷

发挥学科优势，搭建"互联网+"党建活动平台，运用信息技术开展研究生党建活动，如"网络文明知识竞赛"和"学习党的十九大知识竞赛"等活动，提高了活动的吸引力，调动了研究生参与的积极性，极大地促进了优秀研究生党员典型的涌现。

"网络文明知识竞赛"，依托于我院研究生设计开发的"全国高校信息搜索大赛"平台，载入网络文明知识题库，以线上答题的形式在全院研究生党员中开展。比赛采用的"研究生网络文明知识竞赛系统"，为研究生学习网络文明知识提供了新颖便捷有趣的方式，达到"参与即学习、所见即所得"的效果。研究生党员参与积极性大大提高，促进了"网络文明引领人"的涌现，主动增强网络信息甄别能力，自觉抵制网络不良信息，倡导健康网络环境，以弘扬网络文明精神为己任。

"学习党的十九大知识竞赛"，以线上答题的形式在全院研究生党员中开展，题目内容包括党的十九大报告和新版党章等，旨在号召研究生主动学习十九大精神、学习党章内容，了解我国近年来的发展变化，明确作为研究生党员所应担负的责任。此项活动通过线上平台简化了参赛的方式，增加了趣味性，进一步激发了我院研究生党员积极与参与学习的热情，促进了优秀党员的涌现，同时也带动了其他研究生同学积极参与学习，主动发挥了示范效应。

3. 创新活动组织形式，以优秀成果的实际产出提升了党员示范效应

我院以各研究生党支部为战斗堡垒，向各支部公布基地建设工作安排，采用项目制，公开面向各支部进行子项目的竞标，以支部主办、协办相结合的运作方式开展工作，创新了活动组织形式，使各支部能够发挥所长，通过协作形成合力，产生了网络文明数据库、网络文明电子期刊等优秀实践成果，以实际产出提升了党员示

范效应。

网络文明数据库由2016级档案学硕士研究生党支部牵头组织，2016级情报学硕士研究生党支部和2016级图书馆学硕士研究生党支部参与完成，通过数据资料的收集、整理与组织等程序，将数据分为“基本情况”“规章制度”“案例分析”和“践行文明”四大类，并按照档案管理模式进行数据标签化管理，实现了网络文明相关知识的有序化组织、管理和利用，有利于展示和弘扬网络文明。网络文明电子期刊由2016级出版硕士研究生党支部牵头组织，支部党员参与完成，使用互动电子杂志平台软件iebook制作，共计30页，包括网络文明是什么、为什么，以及怎么做等内容，不需借助任何阅读器或插件即可直接点击观看，平台依赖性小，有利于传播与保存。实体成果的产出为实现网络文明知识的推广和作用发挥奠定了基础，有利于促进研究生网络信息素养的提高，激发同学们以弘扬网络文明精神为己任的热情，以实际行动切实担当网络文明的引领人。

4. 结合“互联网+”背景，以有力的宣传阵地增强了党员示范效应的影响力

随着信息技术的发展和进步，互联网成为研究生接收信息的主要途径之一，我院也以网站和微信公众号作为宣传的主阵地，通过有力的线上宣传极大地增强了党员示范效应的影响力。如我院组织开展的“优秀学术团队”评选活动，以微信公众号为宣传阵地整理推送活动信息，介绍学术团队及队内的各位党员的优秀成果和学习经验，请其他研究生在投票环节中选出心目中的优秀学术团队。此项活动既作为一个“窗口”展示了我院研究生党员的优秀学术风貌，也将“切实争当学术创新的带头人”的号召落到实处，深入到每个研究生党员心中，将好的学术经验和方法加以推广，形成了良好的示范效应，带领并提高全院研究生的学术活力及学术竞争力。活动页面总访问量达到了16000多次，掀起了我院学子关注的热潮，达到了有力的宣传效果，形成了良好和重要的影响力。

四、启示与思考

我院在建设“三当三联三示范”研究生党建工作特色基地的过程中，着力探索促进党员示范效应有效发挥的方法和途径，主要有以下的体会和思考：

一是契合学生个人发展需求的活动中党员示范效应发挥的效果更好，这与我院人才培养目标也是相符合的。我院历来注重研究生专业素养和综合素质的提升，也在各项活动开展中重点结合学生的需求，因此我们应以学生喜爱和关注的热点为主题组织开展党建活动，让党员示范效应在其中切实发挥，影响带动更多研究生向先锋模范主动看齐，向我院人才培养目标不断靠拢。

二是注重活动开展形式的多元化能够让党员示范效应更为凸显。在“互联网+”环境下，信息技术极大地改变了人们生活和工作的方式，也为党建活动开展的形式

提供了更多的可能性，我们坚持用党的力量凝聚研究生，通过线上线下多种生动有效的形式开展活动，重视党员骨干的模范带头作用，充分调动全院研究生党员，以高度的积极性、优秀的实践成果、先进的线上平台、多元的活动形式、有力的宣传阵地促进党员示范效应的有效发挥。

五、计划和建议

我院在开展探索党员示范效应发挥的工作中，总结了一些经验、方法和举措，取得了较好的成效，同时也意识到还有很多值得改进的地方，计划从以下几个方面为工作进一步提升做努力。一是在学科特色上进行更加细致的工作探索，结合学科优势，利用互联网技术，充分挖掘优秀党员典型，加以推广，形成目标更清晰的示范效应；二是进一步加强针对党员个人规范管理的制度建设，促进党员提高自我要求，不仅在某一方面体现示范效应，而且要把高标准严要求落实到日常，随时随地体现党员的先进性。

（撰稿：胡伟　张雨婷　审稿：胡伟）

规范创新激活力　创先争优三示范

（武汉大学生命科学学院）

生命科学学院是学校研究生人数和党员人数较多的学院之一，目前在校研究生909人，党员413人，学院设有研究生党总支，党总支下设有20个党支部。学院自2016年12月“三当三联三示范”研究生党建工作特色基地——“规范创新激活力、创先争优三示范”获批以来，研究生党总支在研工部和院党委的指导下，按照“精心策划、认真组织、规范创新、创先争优”的原则，完善了基地建设方案、时间表、路线图；精心组织开展项目建设，取得了较好成绩，实现了“三示范”基地建设目标，达到了预期成果。

一、规划与思路

在规范、健全和创新基础上，加强研究生党支部建设。充分发挥党支部的功能和作用，规范党员行为，发挥党员的先进性，传递党员的正能量，通过创建示范，在全院研究生中造就一批示范党支部，建设一批党员示范实验室，塑造一批示范党员，发挥其展示、引领、带动和辐射作用。

规范管理创新工作，造就一批示范党支部。通过加强制度建设，规范服务管理；创新活动载体，提高工作实效，把学院研究生党支部建设抓细抓小抓实，探索出具特色、有亮点、显成效和可示范的党支部建设经验，从而提升学院研究生党建工作质量。

文明创建引领推动，建设一批党员示范实验室。通过发动党员主动参与、示范，带动、推动研究生入党积极分子和普通研究生广泛参与实验室文明创建，把实验室建设成为安全、卫生、和谐进取的家园，建设一批“五星”实验室。

内强素质外树形象，塑造一批示范党员。通过开展学习教育、氛围营造、实践锻炼、素质拓展、学术交流等活动，提高党员素质；引导党员思想觉悟当示范，服务同学当旗帜，日常生活当榜样，服务社会当先进，专业学习当标兵，进而成为党员楷模。

通过开展以“亮身份、亮承诺，比素质、比创新、比奉献，创示范支部、创示范实验室、创示范宿舍、创示范党员”为内容的“二亮三比四创”活动，让广大研究生党员知晓、熟悉相关情况，并积极参加“三示范”的各项活动，推进研究生党建工作。

二、机制与举措

学院党委非常重视基地建设，多次听取研究生党总支有关特色基地建设的建议，并在经费等方面予以支持，党委书记多次参加研究生活动，并亲自给党员骨干上党课；学院党委副书记宋俊杰亲自参与基地建设与管理，定期召开研究生辅导员工作会议和党总支扩大会议，研究讨论基地建设推进工作，解决基地建设中的问题，并参与到基地建设的每一个环节中。

科学设置研究生党总支。研究生党支部按课题组和实验室纵向设置，不分研究生年级、硕士生与博士生，覆盖实验室全体研究生，形成网格化管理。根据导师新进和退休情况，及时微调少数党支部设置，保证支部的连续性和党员人数的合理性。目前，学院有 20 个研究生党支部，成立了研究生党总支。党总支书记由学院分管研究生工作的党委副书记兼任，副书记由研究生辅导员兼任，委员由 6 名政治素质高、工作能力强、在学生中威信较高的研究生正式党员担任。按照便于联系、指导和管理的原则，学院理顺了研究生党总支与各党支部之间的关系，建立了不同支部工作交流和信息互通机制；推进教职工支部与研究生支部帮扶结对，强化教师育人功能。学院研究生党总支建立了党支部联席会议制度，定期讨论基地建设中的工作，分享工作经验。

规范管理创新工作，加强做实支部建设。坚持党建规范管理，落实党建制度建设是党支部发展的前提和基础。学院以“两学一做”党员教育活动为契机，修订和完善一系列研究生党建制度，并在实践中坚持严格执行，如党员“三会一课”制度、民主评议制度、党员发展程序和党员发展答辩制度等。坚持支部建设贴近实际和生活，创新活动内容和载体。学院以参加学校“活力创新工程”“支部好案例、书记好党课、党员好故事”“微党课”等活动为契机，大力培育和推进党支部建设，增强党支部建设的动力和活力，极大地调动了支部和党员的积极性。

加强党员骨干培养，推进党建工作建设。学院十分重视党员骨干队伍建设，并称之为“星火助燃计划”，2017 年“新形势下研究生党员骨干培养模式探索与实践”获批为湖北省高校学生工作精品项目重点资助项目。该计划着眼于理论学习与实践锻炼结合，能力提升与服务社会结合，通过理论学习、参观访问、志愿服务、素质拓展和交流研讨等形式，以提高研究生党员骨干的理论素养和党性修养，强化研究生党员骨干的服务意识，提升研究生党员骨干的工作能力为目标，培养一支理论素养好、党性修养高、服务意识强、工作能力佳的研究生党员骨干队伍，发挥党员骨干的先锋模范作用，让党员骨干像“星星之火”，燎原在研究生之中，带动和促进研究生思想政治教育工作的开展，形成“聚是一团烈火，散是满天繁星”的态势，毕业后将“星火”带到祖国各地，燎原在中国大地上。

该项目在推荐和自荐的基础上，优先选定研究生党组织干部和研究生团学组织班以上的党员干部为培训学员，并编入到小组；活动分板块组织和开展；每个板块的时间相对集中，但整个培训时间分段组织。该项目从以下八个板块开展工作：

(1)专题讲座——种火苗：在“两学一做”的基础上，通过专题讲座，有计划、有针对性地开展了一系列理论学习教育活动。学院党委书记姜星莉，党委副书记宋俊杰、秦正保分别作了“依靠学习，走向未来”“坚定理想信念，做合格党员”“讲纪律，有规矩”的主题报告。邀请校党委副书记沈壮海教授作十九大精神宣讲报告；袁银传教授为大家解析习近平新时代中国特色社会主义思想；汪连天教授作十九大专题辅导报告；杜莉老师作“中国宏观经济形势分析”报告，提高了研究生党员骨干的思想理论水平和政治修养。

(2)红色教育——寻火源：充分利用红色革命教育基地的资源，通过听取报告、重温入党誓词、参观基地等红色教育，加强党史教育、革命传统教育，使党员骨干坚定理想信念，增强坚持走中国特色主义道路的信心。如组织研究生党员骨干赴红安革命烈士陵园参观学习，参观黄麻起义、鄂豫皖苏区革命历史纪念馆和李先念纪念馆；赴洪湖湘鄂西革命老区接受红色教育；组织研究生党员骨干赴武汉革命博物馆参观学习。

(3)模范寻访——传火种：寻访身边的优秀党员、道德模范等先进代表。学院研究生党总支和研究生会联合开展了寻访优秀党员和道德模范的活动，寻访身边的优秀党员代表，如朱英国院士等，宣传他们的先进事迹，用身边的典型，引领全院广大研究生党员进一步坚定理想信念，增强服务意识，提升服务祖国的能力。

(4)志愿服务——举火炬：组织了研究生党员骨干作为我院“烛光温暖计划”温暖志愿者，定期拜访结对联系的离退休教职工，有针对性地提供温暖服务，力所能及地协助解决他们生活方面的困难，给予他们心理慰藉；同时可以接受离退休教师在人生规划、学业发展等方面的指导。

(5)职业走访——补氧气：组织研究生党员骨干进入企业，特别是与专业相关的高新企业参观考察，探寻企业发展之路，让研究生党员骨干能把握时代脉搏，增强个人使命感，做好个人职业定位和职业生涯规划。近两年来，我们先后组织党员骨干到宜都市、上海市、成都市、深圳市和武汉市等地近 30 家生物医药行业考察调研。

(6)素质拓展——添燃料：针对研究生特点，组织开展不同主题的素质拓展活动，提高研究生党员骨干的综合素质和工作能力，为党建工作增添活力。如组织研究生党员骨干开展“破冰”“认识自己”“情绪调节”“团队沟通合作”“凝聚力建设”等主题的团体辅导活动。

(7)求职竞赛——借风力：通过举办大型求职“勇往职前”活动、竞赛活动提高研究生党员骨干的沟通、表达、交流、临场应变能力，提高他们的综合素质。

(8)交流研讨——聚能量：通过经验交流会、特色活动推进会、学习工作分享会等形式，交流学习工作经验和体会，提高研究生党员骨干的业务水平和综合能力。

党员骨干引领示范，推动党员作用发挥。2017年3月，学院在全体研究生党员中开展"二亮三比四创"(亮身份、亮承诺，比素质、比创新、比奉献，创示范支部、创示范实验室、创示范宿舍、创示范党员)活动。通过把党员身份用标志牌形式放在实验台上亮明身份，让党员时时牢记自己是一名党员，处处以党员标准来严格要求自己，在日常学习和工作中发挥党员作用。在学院"四创"活动中，党员处处走在前面，形成了较好的引领示范作用。

构建"互联网+"模式，拓展宣传教育阵地。学院建立了研究生微信公众号，并开设党团建设板块，及时推送党建知识、时政热点、先进典型、好人好事和通知公告等；学院网站上也建立了专门的研究生党建的板块；研究生党总支、研究生党支部均建立了QQ和微信群，这些"互联网+"模式有效地拓展了宣传教育阵地。

三、成效与经验

1. 实践探索成果

近两年来，我们围绕"三示范"建设，重点开展了加强党支部建设、创建实验室文明和争当优秀党员等活动，在队伍建设、支部建设、创新载体和活动、党员作用发挥等方面作了一些探索，取得了一些成绩，如我院研究生骨干培养"星火助燃计划"——"新形势下研究生党员骨干培养模式探索与实践"于2017年获批为湖北省高校学生工作精品项目重点资助项目；我院五星级实验室创建评比活动在学校推广，在学校2018年评比中，我院2个实验室成功当选(全校11个)，初步形成了学院特色项目和精品项目，推动了研究生党建工作质量和水平。具体取得了以下几方面成绩：

(1)队伍建设初见成效。学院党员骨干素质有了明显提升，党员意识有了显著加强。如李佳黛同志被评为校优秀党支书，郑豪、杜明芳等5名同志被评为校优秀党员。在学校"支部好案例、书记好党课、党员好故事"展评活动中，生科院研究生第十九党支部书记付锐锐的党课《走进共产党人的初心》被评为"书记好党课"优秀作品。

(2)党建活动捷报频传。"爱心薪火传 党旗添光辉"获学校党建"活力创新工程"一等奖。在学校研究生党支部风采大赛中，我院研究生第二党支部获得"优胜奖"。在学校"我讲十九大"研究生党支部书记微党课大赛中，我院4个研究生党支部的微党课获得优胜奖。

(3)党员素质稳步提升。在最近两年的学校创新奖学金中，我院有2名同学获特等奖，12名同学获一等奖，61名同学获二等奖，获奖同学中党员比例占70%，学院获学校研究生创新群体奖；研究生国家奖学金、学校各专项奖学金的获得者也大部分是中共党员。

(4)学生质量全面提高。党建工作促进学院研究生素质稳步提升，科研发表的SCI论文平均影响因子逐年提高，发表国际高水平学术论文稳步增加。学院毕业研究生以科研能力强、综合素质高受到用人单位的欢迎，最近两年学院研究生的就业率有了较大提高，就业质量也有明显提升。

2. 制度建设成果

学院整合、规范现有相关条例制度，完善了《生命科学学院研究生党总支工作条例(试行)》，制定了《生命科学学院研究生优秀党支部、优秀党员、优秀党支部书记评选办法》《生命科学学院研究生党员发展程序》《生命科学学院研究生党支部工作条例(试行)》《生命科学学院烛光温暖计划实施办法》《生命科学学院烛光温暖计划年度人物、优秀集体、优秀温暖志愿者评选办法》《生命科学学院星级实验室评选办法》等规章制度。

3. 理论研究成果

在基地建设过程中，加强了相关方面的理论研究，并用理论指导实践，推动工作，撰写研究论文9篇，其中，公开发表相关研究成果7篇：宋俊杰撰写的论文《高校院系研究生党员骨干培养模式探索与实践》，艾天军、余丽撰写的论文《双一流高校理科研究生党建的几点思考》，余丽、宋俊杰、艾天军撰写的论文《加强博士研究生职业生涯规划教育的思考》，侯方俊、艾天军的《高校研究生消极表现、影响对策》发表在《新形势下研究生思想政治工作理论与实践》上，宋俊杰的《对大学生廉洁教育的思考》、艾天军老师的《理科研究生校园文化建设初探》，余丽、艾天军的《理工科研究生党建实践育人模式探索》发表在《学校党建与思想教育》杂志上。

四、启示与思考

要全面提高学院研究生党建工作质量和水平，使学院研究生党建成为特色项目和精品项目，发挥项目示范、引领和辐射作用，应该在以下几个方面取得实效：

一是队伍建设要有实效。要培养出一支党性修养高、服务意识强、工作能力佳的研究生党员骨干队伍，建立研究生党员骨干队伍建设的长效机制。一名研究生党员骨干就是一面旗帜、一个标杆，通过榜样示范引领，潜移默化地影响研究生的思想和行为。在当前形势下，着力培养一批理想信念坚定的研究生党员骨干队伍，有利于带动更多研究生加强习近平新时代中国特色社会主义思想的学习，增强中国特色社会主义的道路自信、理论自信、制度自信、文化自信，从而不断推进中国特色社会主义伟大事业发展。

二是活动载体要有创新。创新是活力的源泉，载体是工作的抓手。创新活动载体，是激发学院党建活力的有效途径，也是提升学院党建工作水平的重要手段。要科学地创新载体，灵活地运用载体，把学院党建的内容、目标融汇于具体的载体中，化无形于有形，变抽象为具体，使党建工作看得见、摸得着、感受得到；要通过多种形式的培训活动，推进党建创新特色活动，提升研究生党建工作的科学化水平。

五、计划与建议

为进一步做好党建工作，在现有工作的基础上，学院计划做好以下几项工作：

加大邀请名人名家力度，增加举办聚焦热点的形势与政策专题讲座，增强吸引力和实效性；

进一步推进烛光温暖计划，总结提升，形成特色品牌；

针对研究生需求和短板，开展相关的素质拓展活动；

进一步规范分组开展模范寻访活动，重视活动后的分享；

争取研究生导师支持，把职业走访与实训结合起来，实现深度考察。

（撰稿：艾天军　审稿：宋俊杰）

结对搭建沟通桥梁　共建引领成长成才

(武汉大学电气与自动化学院)

长期以来，电气与自动化学院研究生党总支在学校和学院党委的坚强领导下，在广大研究生党员的积极参与下，主动适应新形势，抢抓新机遇，迎接新挑战，始终坚持高举中国特色社会主义伟大旗帜，以“综合发展，全维育人”为原则，以结对共建为抓手，以研究生党总支和研究生会为依托，着力推动“三当三联三示范”研究生党建工作特色基地的建设。学院党委为确保“三联”工程科学高效地构建与实施，做出了长久而又卓越的努力奋斗。

在规章制度上，为促进研究生党建管理科学性、联系有效性，确保“三联”项目顺利实施，学院党委制定和公布了《电气与自动化学院党支部书记联席会制度》《电气与自动化学院党总支工作条例》《电气与自动化学院党支部工作条例》和《电气与自动化学院优秀党支部评选办法》等相关规章制度和考核办法。

在顶层设计上，为培育建设成为研究生党建工作“三联”样板间，学院党委根据自身实际情况，对“三联”进行有机统一下的分解部署，制定了“深化特色结对共建，并串联搭建沟通桥梁”“完善平台互建互助，纵横向推进朋辈帮带”和“建档立卡结对授渔，全维度精准扶困脱困”的“三联”建设方案。

在基层实践上，学院党委充分肯定“三联”工程能否取得实效关键在基层实践的认识是否深刻，并积极推进“三联”工程从顶层设计到基层实践的转化。自申报项目以来，依托研究生党总支及研究生党支部，在教工党支部与研究生党支部的结对共建上、在借助新媒体平台开展党性教育的探索上、在“三会一课”的拓新实践上、在研究生党支部书记联席会的专题研讨中、在高低年级帮带上、在精准帮扶困难学生和教师上作出广泛而又深刻的实践，积累了宝贵经验。

院党委努力在“三联”工程部署上做到全方位，宣传上做到全维度，研究生党组织参与上做到全覆盖，奋力在基地建设成效及成果推出上做到精品化，在制度与体制机制建设上做到流程化，在经费使用与院系配套支持上做到标准化，取得了显著的成效。

一、规划与思路

电气与自动化学院在着力传承学院“结对共建”特色基础上，结合学院研究生特点，制定了“三联”试点建设方案。

第一联：深化特色结对共建，并串联搭建沟通桥梁

针对“第一联”，建设方案为：发扬“结对共建”特色形式，在我院现有的校党政办支部与一个学生支部、学院四个中心支部与四个学生支部、研究生党支部与本科生党支部结对共建或结对帮扶格局的基础上，进行广度与深度、横向与纵向的拓展，构成建设“第一联”的“并串联”结合工作体系。

对于“并联”方式，具体拟以周为时间周期，兼顾线上线下，开展下列形式活动：(1)“线上学习微党课”；(2)“我带老师聊宿舍”；(3)“我请老师参会议”。对于“串联”方式，具体计划开展以月度为时间周期的下列活动形式：(1)“党支书联席会议”；(2)“院领导接待学生日”权益座谈；(3)“素质拓展交流活动”。

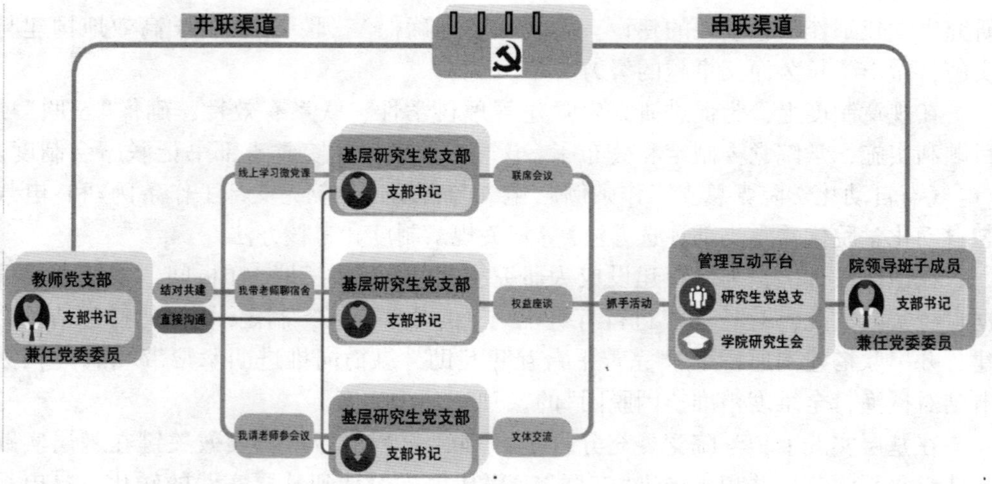

图 1　建设“第一联”的“并串联”结合工作体系

第二联：完善平台互建互助，纵横向推进朋辈帮带

我院研究生党总支在已有的高年级研究生党员(支部)联系指导低年级研究生党员(支部)的基础上，拟采取“合纵连横朋辈帮带”作为“第二联”的建设方案。

“合纵”朋辈帮带，即指通过创新党团互建、高年级研究生担任低年级研究生朋辈班导员及低年级研究生课程助教等载体形式，推进研究生党员(党支部)帮带低年级研究生更加高效化、常态化。

“连横”朋辈帮带，即在传统的研究生班级支部以外，探索构建以实验室、课题组为环境的内部党员帮带小组平台，由高年级党员联系指导低年级党员。

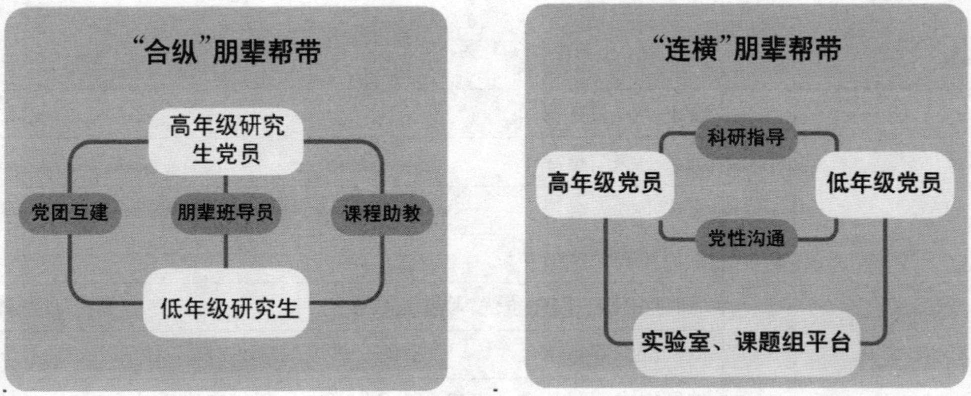

图2　建设“第二联”的“纵横向”朋辈帮带方案

“合纵连横”朋辈帮带具体拟以如下制度为载体：(1)研究生朋辈班导员；(2)研究生课程助教；(3)创新党团互建形式；(4)课题组内帮带小组。

第三联：建档立卡结对授渔，全维度精准扶困脱困

结合现有实践成果，我院拟采取“结对建档精准扶困”作为“第三联”的建设方案。有效利用现有的结对共建平台，以我院办公室党支部与部分学生结对精准帮扶为范例，在研究生群体中开展“一对一”的精准扶困群众性运动。

实施精准扶困拟开展的子活动（流程）包括：(1)精准识别；(2)精准建档；(3)精准沟通；(4)精准跟踪。

各项工作推进时间表如下：

表1　**基地建设时间表**

	项目名称	具体内容
筹备阶段（2016年12月—2017年3月）	前期调研	项目骨干对现有结对共建、党员联系帮带理论文献与实践案例进行调研，对学院教师支部与研究生支部基本情况进行进一步摸排更新
	建章立制	召开启动暨动员大会、制定并公布《电气与自动化学院党支部联席会制度》《电气与自动化学院党总支工作条例》《电气与自动化学院党支部工作条例》等

续表

	项目名称	具体内容
活动开展阶段（2017 年 3 月—2018 年 3 月）	第一联	线上学习微党课
		三会一课邀指导
		党支书联席会议
		素质拓展交流活动
		“师生协作、创先争优”趣味运动会
		电气红歌赛
	第二联	课题组内朋辈帮带小组建立，开展常态化帮带交流活动
		系列学习调研活动
		课题组乒乓球赛
		研究生党员骨干面对面
		就业心得交流会
		跨年级篮球赛
		红旗寝室评选
	第三联	精准选拔出党性强、积极性高的参与扶困工作的研究生党员骨干；精准摸排生活学习存在困难的师生
		为生活学习困难师生建档立卡，与扶困党员一一结对，扶困党员之间也组建扶困工作小组，对帮扶全程做好登记
		常态化解忧信箱
		师生踏青行
		探望退休职工
		召开扶困方法经验研讨会
总结考核（2017 年 9 月、2017 年 12 月、2018 年 3 月）	中期总结	对各板块进行中期考核，提交项目进展报告，对实践成果进行整理和展望，纠正项目落实偏差
	年度总结	对各板块进行年度考核，对实践成果进行整理和展望，纠正项目落实偏差
	结项总结	对各板块进行结项考核，全院召开总结表彰会议，对实践成果进行整理和总结，并形成相关报告及论文等理论成果

二、机制与举措

自成功申报研究生党建“三联”工程以来，我院围绕着“三联”工程开展了丰富多彩的特色党建活动，建立了行之有效的常态化工作机制。

1. 研究生党支部与学院党委委员结对共建机制

依托学院结对共建工作实际，制定了研究生党支部和学院党委委员的结对共建方案，构建党委委员与党支书、支部党员的直接联结，并以教职工党支部与研究生党支部在姚家山抗日第一村开展的结对共建启动仪式暨党员教育实践活动为开端，开启了建设并联渠道的第一站。后续还开展了“打造互联网+党建新形式，直播武大青春追梦行”活力创新系列活动，活动开展期间，网络直播时长共超过15小时，实时在线观看人数共达3899人；以线上社交媒体为平台创办的“线上学习微党课”充分聚焦党委委员与研究生党支书、党员的常态化党性教育沟通，各位党委委员亲身参与到各支部的主题活动或会议中，并给予全程指导；除此之外，还有党支书联席会、师生趣味运动会等并串联结对共建系列活动。

2. 高低年级研究生党支部结对共建机制

根据工科研究生特点，学院建立了高低年级研究生党支部结对共建方案，推进研究生党员(党支部)帮带低年级研究生的常态化工作。院党委开展了“一乒到底，展研途风采”实验室乒乓球赛、“能源互联网之我看电改”演讲比赛、“3·15”实验室卫生大扫除、红旗寝室评选等活动，各结对党支部联合开展了党员新生面对面、红色遗迹参观调研、职场模拟招聘会、秋游踏青、户外素质拓展等纵横向朋辈帮带系列活动，取得了良好成效。

3. 精准帮扶困难师生机制

学院积极搭建帮扶平台，建立精准帮扶困难师生的工作方案，精准摸排出在生活、学习上存在困难的18名15级本科生和19名16级本科生，实现精准识别，并为其建立帮扶档案。帮扶方式主要以“一对多”团体授课及“一对一”个人辅导形式展开，对学业上有困难的本科生进行辅导。其中，“一对多”团体授课为根据帮扶对象存在的学业难题，挑选出本科15级四门难度较大的专业课程，并排出课程时间安排表，由研究生党员每周一至周四晚进行针对性授课；“一对一”个人辅导为一名研究生党员帮扶指定的一名本科生，在学习生活中给予全方位的指导和帮助，并每月按时填写、上交《普通党员帮扶困难学生记录表》。经统计，受到帮扶的本科生80%都摆脱了学习困难。

三、成效与经验

1. 搭建党建活动平台

在学院党委的指导下，院研究生党总支牵头定期召开党支书联席会议，通过开展党支书培训、学习最新文件、发布党建任务、交流工作经验等内容，搭建了党支书与党总支、党委委员的沟通平台；通过搭建高低年级研究生党支部结对平台，推进高低年级研究生党支部联合开展丰富多彩的主题党日活动，促进高低年级研究生共同学习交流；着力搭建精准扶困脱困平台，为有帮扶经验、党性强、积极性高的研究生党员骨干与生活学习上需要帮扶的本科生、离退休教师搭建帮扶平台，通过开展一对多课程辅导、一对一学业指导以及志愿服务等活动发挥党员的先锋模范作用。

2. 强化党建活动宣传

院党委及研究生党总支充分利用线上自媒体平台、院系网站、社交媒体等多种传播渠道，及时推广研究生党建活动信息动态。对外宣传建立了学院网站、“WHU电气研究生”微信公众号等官方平台，部分党支部也建立了支部的微信公众号，实时跟进支部动态，好的稿件也推送至研工部新闻平台。对内宣传形成以QQ群、微信群、群邮箱为主要形式的传播途径，学院党委副书记、辅导员老师也会在群里和党员同学们互动和分享，推送党的先进理论知识，学院党建新闻和动态，扩大研究生党建活动的影响力。活动开展至今，我院共发布研究生党建类新闻稿150余篇，点赞3000余次。

3. 选树党建活动典型

院党委通过开展优秀党支部评选和优秀党员评选等活动，积极选树典型，强化研究生党建的榜样示范作用，学院先后涌现出了一批先进典型：硕士1602党支部获评武汉大学优秀党支部，硕士1602党支部书记刘泽庭获评武汉大学优秀党支部书记，硕士1603党支部荣获武汉大学研究生党支部风采大赛一等奖，唐旭辰等5人获评武汉大学优秀党员，杨铮获学校推荐参评教育部一百名优秀研究生党员(全校仅两名)，党支部书记孙晓瑜制作的主题为“梦想与担当，青年即希望”的微党课视频获得武汉大学“我讲十九大”研究生党支部书记微党课大赛三等奖，党支部书记付月制作的主题为“不忘初心，牢记使命，认真学习新精神”的微党课视频获得优胜奖。

四、启示与思考

1. 建立规章制度体系

为促进研究生党建管理科学性、联系有效性，确保“三联”项目顺利实施，学院党委制定和公布了《电气与自动化学院党支部书记联席会制度》《电气与自动化学院党总支工作条例》《电气与自动化学院党支部工作条例》和《电气与自动化学院优秀党支部评选办法》等相关规章制度和考核办法，形成了详尽细致、切实可行的组织架构，建立了分工明确、运转有序的党建工作体系，有利推动了党建工作各项任务的部署和落实，保证了支部党员的执行力、纪律性。

2. 建设党员干部队伍

加强党员干部队伍建设是践行党的宗旨、推动党建工作贯彻落实的强大动力。我院研究生党总支组织了多次党支部委员培训会，定期召开党支部书记联席会，通过集中开展理论学习、党员发展流程讲解、优秀党支书汇报交流等形式，提升党支部委员工作能力，进而推动党支部工作的扎实开展和高效运行。

3. 组织多样党建活动

在党的组织建设中，党建活动是至关重要的一环，是使党员队伍始终充满生机与活力的关键。在院党委指导下，研究生党总支及各支部组织的党建活动内容严谨又丰富，既有如“共研十九大会议精神”“聚焦两会”等主题的理论学习，传达、学习最新的方针政策，贯彻落实上级党组织的决定；又有如“湖南韶山党性教育基地培训”“参观红色堡垒姚家山”等主题的实践探索，在实地学习过程中穿插富有趣味性、挑战性、参与感的小游戏，以相互协作、完成任务的方式提高党支部凝聚力。

4. 激励党员创先争优

在党组织和党员中深入开展创先争优，是巩固和拓展全党深入学习实践习近平新时代中国特色社会主义思想活动成果的重要举措。院党委制定并下发《电气与自动化学院优秀党支部评选办法》等相关文件，为党支部委员树立明确目标、提出具体要求，并于学年末开展优秀党支部、优秀党员评选活动，评选并表彰优秀党支部及优秀党员，以评促建，推动学院党建工作的开展与创新，提升党员的积极性与学习意识，巩固基层党组织建设。

五、计划和建议

1. 完善规章制度

党建工作的高效开展，需要有明确规范的规章制度作基础。在完善各项党建制度的基础上还要强化院党委的监督指导与过程管理作用，只有这样，学院各项党建工作才能真正落地生根，开花结果。

2. 推进党团共建

在党建工作开展过程中，全面推行党团共建，在研究生党团组织参与上做到全覆盖，更好地保证党建工作开展的质量，使党建工作成效深入人心，实现“党建带团建、团建促党建、党团共建齐发展”的目标。

3. 及时总结提升

在活动开展过后，应及时对活动进行全方位总结，提炼亮点和特点，查找不足和漏洞，对成效良好的活动要继续保持，对做得不足的方面，要认真反思，不断完善，力争做得更好。

（撰稿：孟威　吕龙飞　审稿：孟威）

新机制双促双带　党团学共建共享

（武汉大学水利水电学院）

自2016年10月获批“三当三联三示范”研究生党建工作特色基地以来，水利水电学院党委立足“双促双带，共建共享”建设理念，在全面从严治党不断向纵深发展的新形势下，利用党建特色基地的传统优势，抓党建促德育，抓党建促科研，以党支部带全面工作，以党员带全体学生，通过完善基层党建体制、创新党建活力，研究生党建工作取得显著成效。

强基础，重实效，科学架构党建工作机制。一是结合工科研究生学习、生活和科研特点，纵向设置研究生党支部。二是建立研究生党总支和党支部联席会议机制。三是建立党委委员联系支部，专、兼职辅导员联系支部和研究生党总支委员联系支部三层联系制度，领导干部、辅导员、学生党员骨干参加学生支部组织生活给予最直接的指导。

严管理，见实效，狠抓过程培养和制度规范。实行“三严六不发展”，严把党员发展和转正质量关；制定《入党积极分子发展足迹》《党员成长足迹》卡，做好跟踪记录；坚持民主评议活动，使学生党员接受严格的党内生活锻炼；实施预备党员承诺制，加强党员成长教育全过程管理；修订研究生党建工作手册，确保“三会一课”规范落实；先后补充和完善了党员骨干培训制度、总支委员联系制度、党员发展预审制度等一系列制度。

争先进，树榜样，打造又红又专党员骨干。开展“党员骨干培训班”“党员之星”评选、“文明实验室”评比、“党日活动”风采展示等系列活动，评选“优秀党务工作者”“优秀共产党员”等，树立标杆典型；实施“帮学助研”工程，鼓励学院优秀研究生一对多指导帮扶本科生。

激活力，搭平台，创新党建活动载体。一是做大做强“弘禹论坛”品牌。二是建设“博士生之家”。三是连续四年开展支部主题党日评比活动。四是新媒体平台助力党建宣传。

近年来，水文一支部获评“湖北省高校工委先进党支部”，并参评教育部“样板党支部”，水电七支部接受中组部“两学一做”督导组检查，先后获评校院两级表彰130多次，学院“双促双建”覆盖各级党组织，延伸到学院研究生教育和管理的方方面面，已成为学院践行“两学一做”学习教育的有效载体和创先争优常态活动，显著增强了党组织的创造力、凝聚力和战斗力。

一、规划与思路

党、团、学联动。党委指导，总支搭台，支部落实，党建带动团建，形成党、团、学工作联动、协作共进的机制，有力带动研究生学生工作全面开展。

全过程、全环节、全员覆盖。形成“学院党委—研究生党总支—基层党支部”三级联动网格体系，实现研究生群体的教育、管理、监督和服务全覆盖。

制度创新。组织联系方面，出台《水利水电学院党委委员联系支部制度》，专兼职辅导员联系支部制度，学生党总支委员联系支部制度；党员教育管理方面，实行发展对象答辩制、党总支差额预审制、预备党员承诺制等；实验室(支部)管理方面，实行卫检制度、实验室周签制度、实验室负责人制度等。

二、机制与举措

多渠道搭建桥梁。实行研究生党总支及总支委员联系制，专兼职辅导员联系制，支部书记联系制，定期召开研工组会议，搭建桥梁，联席会承上启下联络支部与学院党委。

纵向串联党团学。结合工科学院特色，水利水电学院研究生党支部按照实验室纵向设置，硕、博士统一纳入支部管理，实现研究生全覆盖，既传承，又创新。在此基础上，学院党团学各类活动均依托支部开展，例如：党支部每月召开组织生活会，根据学院党委统一安排组织好全体研究生政治理论学习；以党支部为载体，组织好研究生“弘禹论坛”等学术交流活动；以党支部为基本单位开展篮球、羽毛球等各类文体活动。

帮学助研精准对结。研究生尤其是优秀研究生一对多指导帮扶学院研究生、本科生，是对辅导员和班主任现有工作方式的有益补充，有利于形成全员育人、全面育人、全程育人的良好氛围。这其中，研究生党员骨干，支部书记发挥了积极作用，收获了许多成长。例如，毕业季来临，2018 届毕业班班长马小满就主动联系本班就业困难同学，截至目前，学院研究生签约状况好于去年同期。

心理委员进驻实验室。在研究生心理健康教育中，创新式地将心理委员设在支部和实验室，成为支部的心理观察员。他们更了解身边同学们的情况，发现同学有心理异常情况及时向老师报告，协助老师开展同伴教育和服务。运行以来，已经成功干预多起研究生心理问题事件。

研究生工作室周签制度。该制度是在进一步做好研究生日常安全教育管理的背景下推出的，便于加强学生的联系与管理，由研究生党支部具体负责实施，要求每个研究生每周一到所在工作室签到，如出差、出国或其他事假须履行请假手续。该制度自2017年10月实行以来，运行效果良好，研究生日常管理从“自觉”走向“自主”。

立体宣传辐射推广。学院党委充分重视新媒体平台的建设和管理，助推“互联网+支部”。学院建有“武大水院”，研究生党总支建有“党源”“水研珞珈”微信公众号，各支部还有多个自营微博、微信公众号。通过微博、微信公众号相继推送特色活动、分享最新的学术前沿知识和学术讲座，为支部开展活动提供了强有力的宣传，也为学习宣讲党的先进理论提供了网络支持。据统计，各类新媒体累计发布典型人物专访10余次，支部学习新闻160余篇，推送学习感悟50余篇。

三、成效与经验

(一)“三当”情况及典型

担当学术创新的带头人。学术创新方面，我院研究生党建打造了多个品牌活动。一是“弘禹论坛”，由研究生党支部搭台，研究生自己讲，研究生导师点评，至今已经成功举办130多期，发掘出一大批优秀的学术科研达人，也逐渐成为党支部牵头搭建学术平台的基地。二是“博士生之家”，位于工学部12舍5楼，由博士生党员骨干牵头管理和运行，是为博士生量身定制的分享生活、交流学术的场所，主要开展跨学科学术交流、心理健康疏导、观影等多种类型的活动。

担当实践创业的开拓人。在实践创业方面，我院也涌现出了一批优秀的学子。比如登上《天使来了》节目并获得百万风投的尹家波，一个人就拥有20多项国家专利，创办了武汉创吧科技有限责任公司；2016级博士研究生董宗师，结合所学专业，创办武汉柒水科技有限公司；2016届博士李浩鑫将参加全国“互联网+”比赛的成果转化为实体经营，创办了达润达科技有限公司；2013级博士生刘大炜创办武珞教育科技公司；2015级硕士生章广越从本科开始加入武汉大学记忆协会，从实现一个个小目标，到如今成为教育科技公司副总，创造营收300万的佳话，等等。通过举办就业沙龙、经验交流会，鼓励研究生拓宽视野，向典型看齐。

担当网络文明的引领人。“党源”微信公众号内容主要为党员理想信念教育、时事热点推送和入党相关程序介绍，唱响主旋律；“水言珞珈”由研究生会自主运营，主要推送与学生、学院和学校相关的新闻活动，弘扬正能量。如今，有相当一部分党支部和学术团队都建立起自己的公众号：“暖暖的小红三”“小七的红色之旅”“陈千人和他的弟子们”等，推出了许多点击率高、分享速度快的作品。学院研究生还自主设计了一套以“水”为主题的表情包，一度成为学生网络交流的热门表情包。

（二）“三示范”情况及典型

造就一批示范党支部。23个研究生党支部中，党员规模差异比较明显，发展水平也有所差异，有的支部成立时间早，继承着优良传统；有的支部积极分子数量多，表现力强；有的支部学术氛围浓郁，科研产出质量高……学院党委根据这些支部的特点，在规范化建设、学术科研和活力创新等方面树立了一批示范典型。例如，我院水文系研究生第一党支部学术氛围浓厚，推出了一批优秀的论坛主讲人和SCI论文分享达人；水电系研究生第七党支部在2017年将组织生活会搬到全校学生党员骨干学习贯彻党的十九大精神培训班现场，召开了一场严肃活泼而声情并茂的主题组织生活会；水电系研究生第六党支部在周恩来总理诞辰120周年之际，在武汉大学周恩来故居现场过组织生活，踏寻总理故居，追忆总理精神；水利系研究生第四党支部成功中标2017年度党建活力创新项目，连续两年开展党员志愿服务活动。这些支部的成功案例，为其他支部的发展提供了多样性的建设参考，进一步推动了学院党建规范化、制度化。

培养一批示范党员。发挥先进典型作用，通过宣传栏展示、网络宣传报道、大会经验交流等方式，广泛推荐、宣传一批优秀党员，不断扩大其影响力和感召力，影响和带动身边的研究生。博士宣讲团成员高仕达，“学术达人”尹家波，创业典型董宗师、章广越、李浩鑫等，他们从一个普通的水院学子开始，成为一名普通党员，再逐渐成长为一名党员骨干，成为一面旗帜，在各自擅长的领域充分发挥党员先锋模范作用。

培养一批示范学术团队。当前，学院国字号人才多达17人，党委委员、教职工党支部书记中就有不少这样的学者，他们的治学精神影响着他们学术团队的研究生，他们所在的党支部、实验室的学术氛围十分鲜明。学院每年授予6名研究生导师“优秀德育导师”荣誉称号，并撰写专题新闻报道。比如郭生练教授的水问题研究中心、李典庆教授的“岩土工程可靠度分析与风险评估”团队、熊立华教授流域水文模型与水文统计研究团队等，支部建设情况好，科研成果多，培养了一大批学术科研达人。

形成学生党员教育全过程培养机制。学院启动以“培养党员骨干，带动全面发展”为方向的“卓越计划”，开展包括“党员骨干培训班”“党员之星”评选、“文明实验室”评比、“党日活动”风采展示等系列活动，活动兼顾理论学习和社会实践，学习教育“入脑、入心、入行”。同时，通过评选“优秀党务工作者”“优秀共产党员”等工作，树立起学习理论、探索真理的典型，艰苦奋斗、刻苦学习的典型，全面发展、勇于创新的典型，团结同学、乐于奉献的典型，积极引导广大研究生向党员看齐，增强党的吸引力和党员的影响力。

四、启示与思考

一是继续以“三当三联三示范”党建工程为抓手，深入学习贯彻习近平新时代中国特色社会主义理论和十九大精神，全面落实高校立德树人本职工作。学院研究生党总支正在尝试建设研究生党建知识理论测试系统，以期进一步推动学习教育常态化、制度化、系统化。

二是进一步发挥党员导师在研究生党建工作中的“双导”作用。具体而言，就是既要发挥研究生导师在学业上的“导学”作用，又要发挥导师在思想政治教育上的“导心”作用。学院将进一步完善研究生德育导师评比办法，通过树立德育导师典型来带动更多的导师开展研究生的思想政治教育工作。

五、计划和建议

进一步发挥加强导师作用。进一步明确“导师第一责任人”，提高导师在研究生培养过程中的参与度和“双导”作用，不仅导学，更要导心。

进一步增强组织生活、主题活动的参与度和实效性。部分高年级研究生及延期毕业的博士，受制于学业、科研压力，参加支部活动的积极性减退，进而有可能影响到整个党支部战斗堡垒作用的发挥。一方面支部要加强教育引导，另一方面支部要加强活动的策划和组织。

（撰稿：孟勇　审稿：龚文德）

建设电信“连心桥”　联通学子“电信心”

（武汉大学电子信息学院）

为不断发挥基层党组织战斗堡垒作用和共产党员先锋模范作用，切实将党建工作各项任务落细落小落实，进一步提升研究生党建工作质量，根据《关于培育建设武汉大学研究生党建工作“三当三联三示范”试点单位的通知》要求，电子信息学院开展了“三联”项目建设。

项目开始建设以来，学院党委高度重视，多次召开党政联席会专题讨论研究生“三联”特色党建基地建设工作，学院党政领导、研究生德育导师全员、全程、全方位参与学生党建工作。学院研究生党总支在研工部和院党委的指导下，按照“精策划、严规范、抓落实、见实效、争一流”的原则开展基地建设工作。在反复讨论、修改的基础上，学院研究生党总支制定了基地建设方案、时间表、路线图。为了把基地建设好，学院研究生党总支定期向院党委报告基地建设进展情况，召开党总支扩大会议十余次，向研究生党支部传达基地项目建设情况，听取大家的工作汇报、建议，研究解决工作中存在的问题。两年多来，在校党委和学院党委的精心指导下，在各党支部的大力配合下，项目已顺利完成，并达到了预期的效果。

一、规划与思路

（一）完善党支部建在实验室制度，加强支部成员纵向联系

加强和改进研究生党建工作，首先必须不断完善基层组织的建设，切实发挥研究生党支部的战斗堡垒作用和研究生党员的先锋模范带头作用。“研究生党支部建在实验室”工作自2012年开展以来，旨在创新基层党支部设置模式，打破班级、年级界限，加强高年级党员对低年级党员的联系与指导，搭建普通党员联系帮扶困难学生平台。该项制度实行4年以来取得了较好的效果，涌现了一批优秀实验室党支部，达到了高年级帮带低年级的预期效果，在研究生党支部的纵向建设上取得了一定的成绩。但是，由于没有成立研究生党总支，有的党支部对党建工作还不够重视，活动开展还不够频繁，高低年级联系还不够紧密，帮带效果还不够明显，因此应成立研究生党总支，按照实验室党员人数和实验室设置调整、优化实验室党支部

设置，组织开展丰富多彩的研究生党支部活动，营造更加团结向上的党团氛围，达到更加明显的帮带效果。

(二)完善德育导师制度，加强党支部横向联系

由于我院所属各学科实验室和课题组数量大且地域分布散，研究生实验室党支部的活动和交流因地域和时间的限制，很大程度上局限于实验室内部，各实验室党支部之间缺乏有效的沟通和交流机制，因此支部内部发展不平衡。为加强实验室党支部的联系沟通能力，搭建党支部互动新平台，让不同的实验室党支部之间相互学习、相互借鉴，在党支部纵向建设的基础上，完善德育导师制度，建设研究生党总支及党支部书记联席会制度，加强研究生党建的横向建设。同时，由于德育导师肩负着教育引导研究生全面成长成才、实验室党支部不断发展完善的重要责任，制定《电子信息学院德育导师工作条例》，通过制度的形式，明确德育导师的职责与要求，规定德育导师的配备与选聘机制，制定德育导师的培训计划，完善德育导师的考评与奖励体系。以此为标准，规范德育导师言行，加强德育导师和实验室党支部党员学生之间的联系。

(三)贯通学生党建工作，加强本科生党员与研究生党员间的联系

结合《电子信息学院综合改革方案》中人才培养模式的改革，将本硕博贯通培养这一改革理念应用到基层党建工作中。以现有的研究生实验室党支部为基础，鼓励本科生提前进入实验室，在实验室中不但参与科研过程，同时也参与研究生实验室党支部的日常学习和党支部活动，打破本科生和研究生之间的阻隔，由博士生和硕士生联系、指导并帮助本科生。

二、机制与举措

(一)加强研究生支部建设，畅通党支部内部通道

学院通过优化、调整实验室党支部设置，不断丰富党支部活动的内容和形式，让党建工作贴近学生，让党建活动在基层党组织中得到更广泛深入的开展。一是成立研究生党总支，加强研究生党建的横向联系。研究生党总支委员会由书记、副书记及若干委员组成，其中，党总支书记由学院分管学生工作党委副书记兼任，副书记由负责研究生德育工作的辅导员兼任，委员从硕士研究生党支部书记和博士研究生党支部书记中遴选产生。党总支书记、副书记将积极参加研究生党支部组织生活，加强和研究生党员的交流，把握研究生党员群体思想动态，指导各研究生党支部规范开展组织生活和党建活动。二是按照实验室党员人数和实验室设置，调整、优化实验室党支部建设。电信学院目前在校研究生 881 人，党员 305 人，设有 23

个党支部。针对我院研究生以实验室、教研室或课题组为基本科研工作单位的特征，研究生和导师共同构成了日常的科研实体，尝试把研究生党支部建在实验室，从组织建设和制度建设着手，加强对研究生党员的教育管理，使研究生基层党支部呈现了新的活力。三是开展丰富多彩的研究生党支部活动，加强研究生实验室党支部党员的纵向联系，增进研究生实验室党支部之间的交流。举办“重走长征路 再抒凌云志”党支部定向越野活动、户外素质拓展及师生篮球联谊赛、就业心得交流等活动，在趣味性的文体活动中带动党性交流、牢固群众基础。四是定期开展组织生活，增强党支部党员交流和联系。开学伊始，学院各研究生党支部召开组织生活会，开展党员批评与自我批评，德育导师参加党支部组织生活会并指导支部开展活动。

（二）搭建交流平台，联通电信师生交流通道

学院通过完善德育导师制度、建立研究生党总支等方式搭建研究生党员交流平台，促进师生党员之间的联系，让教师党员充分发挥模范带头作用和战斗堡垒作用。一是完善德育导师制度，修订《武汉大学电子信息学院研究生德育导师工作条例（试行）》，明确了德育导师的职责与要求，规定了德育导师的配备与选聘机制，制定了德育导师的培训计划，完善了德育导师的考评与奖励体系。二是以《电子信息学院德育导师工作条例（试行）》为蓝本，修改本科生学术导师工作条件，增加学术导师对本科生在思想方面引领的工作要求。通过优秀导师先进的教育思想和独特的个人魅力，激发研究生党员强烈的自我发展意识，培养研究生坚持不懈、勇攀科学高峰的精神。三是开展配套活动，促进师生交流。召开电子信息学院 2016 年工作表彰大会，表彰 2016 年优秀党支部德育导师。同时发布《关于做好 2017 年研究生德育导师选聘工作的通知》，聘任德育导师，指导实验室党支部工作。德育导师指导支部日常工作建设，参与支部民主生活会、指导支部活动，保证每学期参加实验室党支部组织的支部会议或支部活动至少 1 次，每学年与本人负责指导的研究生支部的全体党员分别进行 1 次深入的交流谈心。通过德育导师，将学院党委对党支部的指导具体化。定期召开实验室党支部工作总结交流会，由优秀党支部的优秀党支部书记做发言报告，学习典型经验，交流支部工作的意见和建议。

（三）开展系列活动，贯通学生党建工作

学院通过组织开展知识竞赛、文体活动、学业帮扶计划等一系列活动，促进学院研究生与本科生之间的交流和联系。一是开展“师生联谊运动会”。活动由学院学生会、研究生会和党支部书记联席会联合承办，全院党员师生及入党积极分子积极参与，以师生党员创先争优为主题开展融合党建主题的趣味运动会活动，促进师生党员合作默契，加强精神层面交流。二是举办“党史校史知识竞赛”等主题品牌活动。通过举办党史校史知识竞赛及素质拓展活动，提升学生党员队伍的素养和能力，通过素质拓展加强不同支部和本硕博学生党员之间的交流和沟通，互相学习。三是开展研究生党员帮扶学业困难学生计划。针对理工科的学科背景和部分本科生学习困难的实际情况，联合学院研究生党支部，发起研究生党员帮扶学业困难本科生计划，依靠研究生党员的力量帮助本科生提升学业成绩。建立帮扶小组 QQ 群，搭建研究生党员—本科生沟通渠道，为了解学业困难学生的诉求，经常性地关注、督促学生完成学业提供良好的路径。四是推进学生党建微信公众号的建设，新增“三联”专题宣传栏目，认真做好示范典型人物和事迹的宣传工作，充分发挥他们的模范带头作用，及时有效地传递正能量。

三、成效与经验

（一）成效

形成的制度。形成的制度有《电子信息学院关于“研究生党支部建在实验室”工作的实施方案》《电子信息学院德育导师工作条例（试行）》《电子信息学院党支部书记联席会工作条例》《电子信息学院党支部考核条例》等。

建立的机制：加强示范作用，形成长效联系机制。借助我院“三联”项目的示范作用，强化已经成熟的党支部联系会制度、支部互联制度、院领导联系党支部制度等，形成学院研究生党支部建设、党员管理工作的长效联系机制。落实学习长效机制，确保学习效果。利用支部党员大会、支委会、线上学习平台、院长书记讲党课等方式，全面提高研究生党员的党性修养和理论水平，做到时间、人员、内容、效果“四落实”，营造崇尚学习、主动学习和经常学习的良好氛围，为研究生各项工作的有序开展提供坚强有力的思想保证。探索项目牵动引领机制，打造基层党建工作新亮点。激发各支部参与院党委“三当三联三示范”党建项目，激励支部申报党建活力创新工程项目，对特色鲜明、运作顺畅、机制完善的党建项目，给予支持并积极宣传推荐，努力打造党建工作创新品牌。落实党建经费保障机制，夯实基层党建工作基础。创新思路，多措并举，学院成立了专门的党建工作室，地点设置在院办 313 会议室。党建工作室用来开展支部党员活动，计划以年度为单位，各支部重点开展好“八个一”主题活动：一次专题理论学习、一次主题党日活动、一次革命传统教育、一次专题组织生活会、一次入党宣誓仪式、一次党务知识考试、一次读书交流、一份书面思想汇报。各学生党支部结合自身情况，丰富主题活动的方式和内容，开展贴近学生党员的思想、学习和生活的活动。

涌现的优秀典型。学院将表现突出的、在院级研究生党支部风采大赛中获得奖项的党支部作为新进典型，专门制作了先进典型宣传手册，在研究生党员中广泛宣传文明实验室的做法、先进党支部的工作经验，以及优秀党员的先进事迹。比较突出、具有代表性的先进典型如下：DSP实验室党支部获评武汉大学先进学生党支部，崔啸博士等研究生党员获得武汉大学优秀学生党员，我院无线电探测研究中心党支部等十个党支部获评电子信息学院研究生党支部风采大赛一、二、三等奖。图像处理实验室党支部申报武汉大学研究生党支部活力创新工程项目——“发挥互联网优势，体现学科特色，开创网络党建新局面”，并顺利结题。

形成的理论与实践成果。发表的论文有《五大发展理念融入高校基层党建工作的思考》，作者为陈阳，发表在《新形势下研究生思想政治工作理论与实践》上；《网络新媒体平台下理工科研究生党建工作路径研究》，作者为徐闯，发表在《新形势下研究生思想政治工作理论与实践》上；出版《电子信息学院党支部先进事迹及先进党员事迹汇编》一本。

(二)经验

健全管理形式，保障全程监督。严抓党员发展程序。遵循“坚持标准、保证质量、改善结构、慎重发展”的方针，落实党员发展预审制、推优制、公示制，规范党员发展各个环节的档案管理工作，把好学生党员发展“入口关”，切实保证发展党员的质量。抓实支部组织生活。根据“有主题、有讨论、有共识”的基本要求，开展丰富多样、富有特色的组织生活，落实“三会一课”制度，做好活动计划、记录和总结，严格做好学生党员考勤记录，强化学生党员的组织纪律观念和政治责任感，增强组织生活的实效性。健全考核评价体系，制定《学生党支部工作评价表》和《学生党员评价表》，以自评、互评、群众评议的方式将思想、学习、学生工作、自身修养、组织纪律、群众基础等方面具体指标量化，对党支部工作开展情况及党员整体表现进行年度考核，并根据考核结果进行表彰奖励，对考核发现问题的党支部及党员应由学院党委(或学生党总支)指导其限期整改。

完善激励机制，提升工作活力。表彰先进典型。以“七一”表彰活动为载体，评选“先进党支部”和“优秀党员”，对学生党建工作中涌现出来的先进典型予以表彰奖励，树立贴近广大学生、贴近校园生活、贴近实际的学生党员标杆，推广学生党建工作中的优秀案例。拓宽宣传阵地。创建学生党建工作微信平台，设置“理论学习”“国计民生”“规章制度”“工作动态”“党员风采”等板块，定期发布党建理论成果、国内外时政要闻、学院党建工作动态等，引导学生党员关注理论热点，增强对学生党建工作的了解和认知，开辟学生党建工作宣传新阵地。

多种手段宣传，营造浓厚氛围。以“建设电信‘连心桥’，联通学子‘电信心’”为主题口号，在电子信息学院院办、计算机学院等研究生实验室较为集中的区域，树立一批宣传海报，在有条件的实验室党支部，开辟宣传栏、板报栏，介绍学院“三当三联三示范”党建特色基地建设的情况。定期更新宣传海报及宣传栏的内容，围绕研究生党支部联席会开展情况、党支部建设工作等主题，通过切实有效的宣传形式，使研究生党建工作进一步加热升温。创新宣传手段，搭建线上平台。在学院官方网站和官方微信公众号上开辟学工新闻专栏，及时推送研究生党支部工作进展、“三当三联三示范”党建基地的建设情况，以及各个党支部开展的党支部活动等。为创新党建活动宣传阵地，探索“互联网+学生党建”的新模式，我院图像处理与智能系统实验室党支部依托研究生党支部活力创新工程，申请了主题为“发挥互联网优势，体现学科特色，开创网络党建新局面”的活力创新工程项目，借助该项目，学生党支部大力探索“互联网+党建”的新模式，在微信公众号的开发、推广线上培训班等方面做出了积极探索，也为学院推出研总支的公众号提供了基础。

四、启示与思考

这次“三联”项目取得了一定的成果，学院认为要全面推动学院研究生党建工作质量和水平，应该在以下几个方面取得实效。

对党的精神要加压传导。我院多次在党政联席会上讨论学生党建的工作专题，根据学院党委文件精神，研究生党总支多次开会研讨研究生党支部建设、党员骨干队伍建设、优秀党支部和党支部书记培养等工作。各研究生实验室党支部利用各类交流汇报会、“三会一课”等平台，反复多次向支部党员传达学生党建工作的文件精神，带领支部全体成员学习十九大精神、习近平新时代社会主义思想，切实把精神和要求传达到每位研究生党员心中。

对党的知识要加深教育。坚持每个支部一份，争取全体党员覆盖，向各个支部发放《求是》杂志、《习近平的七年知青岁月》《建党伟业共和国三部曲》等书籍，向全体党员发放党员手册，印制专门的支部会议记录本，全面贯彻“三会一课”制度。参与院党委制定的党员线上培训课程，第一期课程全体党支部书记、委员参加，第二期课程扩大到全体研究生党员参加。学院学生党建工作坚持院领导联系党支部制度，每月由院党政领导与相对应的党支部开展联系活动，实现线上与线下教育的有机结合，为全面推进“三当三联三示范”特色党建基地奠定基础。

对党建活动要加力推介。突出“三当三联三示范”研究生党建工作基地的特色，整合各个实验室党支部的好做法，在线上宣传渠道包括学院官网、学院官方微信公众号上广泛推广，倡导支部之间通过党支部书记联席会开展横向交流，借助经验交流会等平台多多向先进党支部学习；推广优秀的实验室党支部微信公众号，探索研究生党总支微信公众号的建设工作，制定更新计划，坚持对所有的研究生党员全覆盖，随时随地推介我院研究生党建工作及“三联”项目的推进进程。

五、计划与建议

为进一步做好院研究生党建工作，在现有工作的基础上，学院计划做好以下几项工作：

以这次“三联”项目为契机，坚持长期落实项目工作计划、形成的机制和制度，进一步巩固项目成果；

总结经验、凝练做法、形成成果，为以后的党建工作打好基础；

邀请名师名家，举办形势与政策等内容的专题讲座，增强党建工作的吸引力和实效性。

（撰稿：杨志　徐闯　审稿：陈阳）

培育三当典型　发挥示范作用

（武汉大学计算机学院）

为深入贯彻落实学校党委“两学一做”学习教育的安排部署，有效发挥基层党组织战斗堡垒作用和共产党员先锋模范作用，提升研究生党建工作质量，传递党员的正能量，我院研究生党总支于2016年12月申报并获批了武汉大学研究生党建工作“三当三示范”试点单位项目。在“三当三示范”党建特色基地建设过程中，我们得到学校和学院党委的大力支持，现将基地建设工作总结汇报如下。

一、规划与思路

计算机学院研究生党总支以此次研究生党建特色基地试点单位申报为契机，组织全体研究生党支部骨干就目前我院研究生党建工作进行了研讨，并针对学院开展“三当三示范”特色基地建设提出许多切实可行的建设性意见，确定党建特色基地建设的规划与思路。

（一）一当一示范——勇于担当学术创新的带头人，建设党员示范学术团队

我院现有何炎祥、胡瑞敏等师德标兵，吴黎兵、张沪寅、杜博等“我心目中的好导师”，这些优秀的导师团队为培养高素质的研究生队伍奠定了坚实的基础。学院将加强优秀导师团队和研究生党员的联系，充分发挥导师在研究生学术方面的指导作用，用优秀导师的高尚人格魅力教育和感染研究生党员，提升研究生党员的整体素质。具体实施措施主要有：每学期邀请优秀导师与研究生党员代表开展一次座谈交流会，探讨学术、交流思想，激励和带领研究生勇攀科学高峰。每学期邀请优秀导师给研究生党员上一次特色党课，结合研究生成长成才的主题进行思想教育和专业教育，帮助研究生树立正确的世界观、人生观和价值观。为替优秀导师和研究生同学搭建学术交流平台，学院计划分别设立2个科研团队和2个竞赛团队进行试点，聘请优秀导师作为团队的指导教师，努力在研究生中培育优秀学术团队来引领学院研究生积极向上的良好学习风气。

（二）二当二示范——乐于担当实践创业的开拓人，树立示范党员典型

实践育人工作作为高校人才培养的重要环节，也是加强学生与社会广泛联系的

有效途径。计算机作为一门应用性极强的学科，实际操作与实践能力是我们的研究生走向社会、实现自我价值的必要条件。我院一向高度重视实践育人和创业指导等相关工作，并将实践创业与党建工作有机结合，通过“请进来”——邀请知名企业、校友企业等来校开展职业规划与指导、实习宣讲、技术分享与创业指导等活动，“走出去”——带领党员骨干到知名企业、校友企业进行参观、学习、交流，聘请优秀校友作为实践创业导师，建立研究生专业实习实践基地的方式，在全体研究生党员队伍中开展实习实践和创业的宣讲、培训，最终树立示范党员典型——为所有研究生党员乃至全体研究生同学树立优秀实践个人和创业达人等榜样，积极发挥优秀党员在实践创业中的先锋模范带头作用。

（三）三当三示范——敢于担当网络文明的引领人，建设示范党支部

随着网络对现实生活影响和渗透力度的逐渐深入，每个人几乎都会与网络发生着紧密的联系，加强网络文明建设已成为信息时代的必然要求，也是我国社会主义精神文明建设的重要组成部分。作为计算机学院的研究生，更要敢于担当网络文明的引领人，传播和践行网络文明。要善于在网上学习，诚实友好交流，增强自护意识，维护网络安全，不破坏网络秩序，共同建设一个安全和文明的网络环境。通过网络阵地的建设，重点加强学院研究生党建微信平台——“E海扬帆”的建设，开展网上组织生活会的试点，将网络空间建设成为崇德向上、文明有礼的精神家园，主动做社会主义核心价值观的践行者。组织研究生党员签订《计算机学院研究生网络文明公约》，并加强宣传，使人人争做网络文明的传播者和守护者。推荐2~3个优秀研究生党支部作为网络文明宣传小分队，组织他们到校内外进行宣传，号召广大青年学生自觉传播美好，弘扬文明风尚，让网络空间充满阳光。引导研究生党员成为网络文明的引领人，努力建设示范党支部。

二、机制与举措

计算机学院现有全日制研究生812人，其中党员385人，设有1个研究生党总支，共有研究生党支部28个。学院研究生党建工作以特色基地建设为契机，重点抓研究生党员骨干队伍建设和基层党建工作，用党员骨干的示范作用，传递党员的正能量，不断增强学生基层党建工作的生机与活力。2017年3—6月，学院研究生党总支、各研究生党支部按照“三当三示范”项目进度安排，号召全体党员积极参与，全面开展项目建设工作，学院先后组织研究生签订了《计算机学院研究生网络文明公约》，召开了优秀导师与研究生党员的座谈会，开设了优秀导师特色党课，举办了计算机学院研究生党支部骨干技能大赛以及“实践创业”专题交流会。2017年6月，成立网络文明宣传小分队，到校内外进行网络文明宣传。2017年7—8月，学院组建了实践考察小分队到企业参观交流。2017年9月，学院研究生党总

支对新生党支部骨干进行党员素质培训，提高党员骨干的思想素质与实际工作能力；组建网络文明宣传小分队到武大附中和居民小区进行宣传，让大家争做网络文明的引领人。2017—2018年，有计划、有组织地做好研究生科研团队和竞赛团队的指导和培育工作，同时在基地建设过程中形成了一些长效机制。

(1)制定《计算机学院研究生党总支委员联系基层党支部工作制度》和修订了《计算机学院学生党总支工作条例》，加强研究生党总支对基层党支部的指导，建立研究生党总支委员联系基层党支部工作机制，要求党总支委员定期联系基层支部书记，每学期进行1~2次谈话，党总支委员联系党支部，每学期至少参加一次所联系党支部的组织生活，将基层党建的各项工作落到实处。

(2)建立研究生党员骨干定期培训机制，提高研究生党员骨干的工作能力。定期进行党员骨干业务能力培训，培养研究生党员干部高尚的职业理想和信念、强烈的责任心和使命感，提高研究生党员骨干的思想素质与实际工作能力。

(3)定期举办研究生党支部骨干工作技能大赛，提升党员干部队伍的职业素养。技能大赛主要包括党建基础知识问答、日常工作情景模拟和风采展示等内容。通过大赛，加强研究生党员骨干的培养，努力提升他们脚踏实地、认真严谨、团结协作的良好工作作风。

(4)为了鼓励研究生积极参加各类学科竞赛，培养研究生的创新意识、实践能力和团队精神，激励研究生的个性发展，促进学风建设，进一步完善和修订《计算机学院研究生学科竞赛管理办法》《计算机学院关于研究生学科竞赛指导组的管理办法》。

三、成效与经验

(一)建立了广泛的网上网下宣传平台

学院研究生党总支充分利用新媒体手段，广泛宣传基地建设工作动态，学院官网、研究生微信平台、研究生QQ群是基地建设宣传的主阵地，广泛开展线上党建工作，积极宣传基地建设的动态。学院官网和研究生党建微信平台——“E海扬帆”，定期推送研究生党建基地建设的新闻报道、工作动态以及党建知识，扩大了党建基地建设活动的影响力，提高研究生党员的学习与创新能力。网下我们成立了优秀导师团队、网络文明宣传小分队、党员骨干队伍等来传播正能量，弘扬主旋律。

(二)强化了研究生党员的历史责任感与党员意识

通过一系列学习交流实践教育活动，研究生党员感悟与体验到当前社会发展对学生党员的诸多期望，进一步增强了研究生的历史责任感。党建基地建设活动增强了党建活动的吸引力和研究生党员的归属感，使研究生党员得到了更多模范典型的熏陶，感受到榜样的力量，更加坚定了研究生党员为党的事业奋斗的决心。

(三)激发了研究生党员的奉献精神与创新意识

我院的党建基地建设工作一直以来紧密结合计算机学科的特点，以多元化培养拔尖创新型人才为目标，不断以提高研究生的科研创新能力与综合素质为重点来开展工作。在策划过程中我们充分考虑了这一思路，用优秀导师的高尚人格、学术成就鼓舞我们的研究生党员，他们被优秀导师孜孜不倦追求理想的精神所激励，对自己的专业有了更深刻的认识和浓厚的感情，从而树立了勇攀科学高峰、为祖国科学事业奉献的牢固信念。

(四)创新了党建活动形式

通过基层党组织“走出去”的调研形式，结合交流讨论、成果宣传等总结形式，能够吸引广大研究生党员深入社会、深入生活、深入企业，让大家主动挖掘、主动学习、自主探讨，提升了研究生党员群体的社会认知力，树立他们为实现中国梦不断进取的信心。

(五)培育了一批先进典型

学院以研究生党建基地建设为契机，加强研究生党员思想作风建设，深化研究生学术创新教育，培养研究生综合素质，取得了良好的效果，学院涌现了一批先进党员典型，名单如下：

1. 集体荣誉

计算机学院“珞珈职航”社会实践团队获“武汉大学2017年研究生实习实践优秀团队”的荣誉称号；计算机学院获评“武汉大学2017年中国研究生创新实践系列大赛先进集体”荣誉称号。

2. 个人荣誉

姓名	学号	获奖年度	获奖名称
杨光亚	2015202110028	2017年度	武汉大学2017年研究生实习实践优秀个人，团中央、全国学联授予“践行社会主义核心价值观先进个人标兵”
金　睿	2016202110076	2017年度	武汉大学2017年研究生实习实践优秀个人

续表

姓名	学号	获奖年度	获奖名称
梅戌芬	2016202110095	2017 年度	武汉大学 2017 年研究生实习实践优秀个人
伍永豪	2016102110013	2017 年度	第三届全国研究生移动终端应用设计创新大赛特等奖
李承浩	2016102110012	2017 年度	第三届全国研究生移动终端应用设计创新大赛特等奖
李　聪	2014102110010	2017 年度	第三届全国研究生移动终端应用设计创新大赛特等奖
汪志勇	2013102110010	2017 年度	第三届全国研究生移动终端应用设计创新大赛特等奖
周　满	2016202110089	2017 年度	第三届全国研究生移动终端应用设计创新大赛一等奖
李明慧	2016282110156	2017 年度	第三届全国研究生移动终端应用设计创新大赛一等奖
倪立昊	2016202110088	2017 年度	第三届全国研究生移动终端应用设计创新大赛一等奖
杨靖骁	2017202110094	2017 年度	第三届全国研究生移动终端应用设计创新大赛一等奖
王嘉伟	2017282110205	2017 年度	第三届全国研究生移动终端应用设计创新大赛一等奖
王　震	2017282110207	2017 年度	第三届全国研究生移动终端应用设计创新大赛一等奖
张逸昊	2015202110080	2017 年度	第三届全国研究生移动终端应用设计创新大赛一等奖
李宇翔	2017202110041	2017 年度	第三届全国研究生移动终端应用设计创新大赛一等奖
张洁伟	2016202110111	2017 年度	第十四届全国研究生数学建模大赛一等奖
费　豪	2016282110236	2017 年度	第十四届全国研究生数学建模大赛二等奖
刘　贝	2016282110216	2017 年度	第十四届全国研究生数学建模大赛二等奖
杨　飘	2016202110036	2017 年度	第十四届全国研究生数学建模大赛二等奖
陈　诚	2016282110206	2017 年度	第三届中国“互联网+”大学生创新创业大赛金奖
申　远	2016102110021	2017 年度	武汉大学优秀共产党员
程佳宇	2015202110037	2017 年度	武汉大学优秀共产党员
方　婧	2016102110044	2017 年度	武汉大学优秀共产党员
高　晶	2016202110022	2017 年度	武汉大学优秀共产党员
王嘉怡	2016282110153	2017 年度	武汉大学优秀共产党员
申一帆	2015202110066	2018 年度	“创青春”全国大学生创业大赛金奖
张艺芬	2018282110266	2018 年度	第四届全国研究生移动终端应用设计创新大赛一等奖
黄　凯	2017202110056	2018 年度	第四届全国研究生移动终端应用设计创新大赛一等奖
乔　雨	2017202160001	2018 年度	第四届全国研究生移动终端应用设计创新大赛二等奖
熊燚铭	2018282110376	2018 年度	第四届全国研究生移动终端应用设计创新大赛二等奖

续表

姓名	学号	获奖年度	获奖名称
陈　健	2017282110590	2018 年度	第四届全国研究生移动终端应用设计创新大赛二等奖
王　震	2017282110207	2018 年度	第四届全国研究生移动终端应用设计创新大赛二等奖
王嘉伟	2017282110205	2018 年度	第四届全国研究生移动终端应用设计创新大赛二等奖
张　淳	2017282110234	2018 年度	第四届全国研究生移动终端应用设计创新大赛二等奖
王安康	2017282110213	2018 年度	第四届全国研究生移动终端应用设计创新大赛二等奖
杨靖骁	2017202110094	2018 年度	第四届全国研究生移动终端应用设计创新大赛三等奖

四、启示与思考

如何针对研究生党建工作的实际情况，积极探索新形势下研究生党建工作的方法和途径，充分发挥研究生党员和党支部的先锋模范和战斗堡垒作用，已成为新时期高校党建工作中的重点和难点。通过此次研究生党建特色基地建设的调研、策划、组织与实施，我们发现要增强研究生党建工作的活力和实效，就要在结合专业特色、面向学生需求、服务学生成长成才等方面下功夫，不断地创新思路、拓宽渠道、搭建载体与平台，切实通过搭建党建载体与创新平台潜移默化地占领研究生思想政治教育的领域和阵地，在弘扬社会主义核心价值观、科学素养与人文精神的同时，为培养拔尖创新型人才营造良好的文化氛围，促进研究生全面发展。另外，在研究生党建工作队伍建设中，我们还要注重充分发挥研究生导师的积极作用，通过他们的言传身教，用他们的高尚品德和素质来引导学生。

五、计划和建议

通过“三当三示范”研究生党建特色基地建设，我们得到了一些研究生党建工作的启示。在今后的工作中，我们要继续创新学院研究生党建工作的体制机制，以研究生党员群体的需求为导向，注重结合学院专业特色与学院文化，因地制宜地引导基层党支部开展特色党建活动，努力开创学院研究生党建工作的新模式。在研究生党建工作中着力搭建平台与桥梁促进研究生各党支部之间的互动与交流，通过开展形式多样的主题党日活动不断增强基层党支部的凝聚力、研究生党员的归属感。我们还要主动邀请导师参与研究生党建工作，充分发挥导师的积极作用。我们也建议学校在研究生党建工作过程中，能充分考虑不同学院、不同专业研究生党员群体的专业特点、兴趣爱好和思想特征，通过分类指导促进研究生党建工作再上新台阶。

（撰稿：潘艳　于雅梦　审稿：胡俊英）

第五章　典型案例

运用新媒体，打造“互联网+”研究生思想政治教育

（武汉大学新闻与传播学院）

随着新媒体技术的快速发展，高校中基层学生党建工作也迎来了不同以往的新局面，微博、微信、手机客户端等新媒体平台逐渐成为我们加强党建工作、拓展党员教育的“重兵利器”。新闻与传播学院研究生党总支就利用新媒体，特别是微信公众号这一平台进行党员教育活动，并以此拓展学习教育形式，推进流动党员的学习教育，营造学习教育的良好氛围，努力打造党员之家。

一、“互联网+”研究生思想政治教育案例背景

在新媒体迅速发展的今天，在线阅读、网络直播、手机APP、视听一体化等越来越成为党员们接收信息和学习知识的途径，可以说新媒体已经成为强化党员教育、宣传党的精神、开展党员活动等不可或缺的介质。

从2017年十九大至今，习近平总书记十分注重高校思政教育，并在北大师生座谈会、全国教育大会、关于宣传思想工作等会议上发表重要讲话，并提出了“教育兴则国家兴，教育强则国家强”的重要思想。同时习近平总书记在讲话中指出，教育“对提高人民综合素质、促进人的全面发展、增强中华民族创新创造活力、实现中华民族伟大复兴具有决定性意义”，“是民族振兴、社会进步的重要基石，是功在当代、利在千秋的德政工程”。

因此，针对高校研究生群体集中开展学习习近平总书记系列讲话的辅导活动，要着力增强宣讲的思想性、针对性、生动性，把总书记系列讲话精神讲仔细、讲清楚、讲明白，让党员同学听得懂、能领会、可落实；要充分用好网络手段，通过网络直播、网络视频、网上交流等形式，增强宣讲效果。

二、具体案例思路与实践

1. 案例思路与理念

互联网传播时代，新媒体技术已经深刻地改变了我们的工作与生活，同样，也为党组织建设、发展提供了便利和契机。研究生党总支、党支部可以利用网络在线

平台加强对党员的教育；利用互联网先进的传播技术学习和领会党的大政方针，讨论交流学习的心得体会；利用新媒体的传播特征与优势宣传党的思想、理论；利用新媒体平台，宣传、记录基层党组织开展的党建实践活动。

习近平总书记系列讲话的学习要结合当下社会的发展趋势，与新媒体相结合，用最先进便捷的方式将精神传达给每个人。因此，新闻与传播学院研究生党总支结合基层党组织工作实际，借助微信公众平台这一载体上线“薪火新传”微信公众号，充分运用新媒体的时效性、便捷性、普遍性等优势，借力新媒体，传播正能量，弘扬主旋律，打造党员之家。

2. 案例设计与实施

(1)运用新媒体拓展学习教育形式

听讲座、开座谈会、写汇报等传统的形式已无法完全满足党员干部日趋多样的学习需求和快速的工作学习节奏。新媒体的快速发展，则给党员的教育工作开辟了新渠道，提供了新资源。在学习教育活动开展过程中，我们针对党员个性化、多样化的学习需求，除了运用传统的统一观看视频、小组讨论学习并写体会等传统模式外，还充分利用官方网站、官方微博，如人民网、新华社、央视、党建网等，人民日报客户端、澎湃新闻等手机 APP，共产党员、党员学习微平台、党员之家等微信公众号，以及远程教育平台等新媒体，搭建互动学习的平台。

(2)运用新媒体推进流动党员的学习教育

流动党员是党组织中的特殊群体，怎样唤醒流动党员的政治意识、大局意识、核心意识、看齐意识、宗旨意识，保持共产党员的政治本色，是当前开展党员教育活动的一大重点。基层党组织积极依托新媒体平台创新网上学习教育模式，把党章党规、系列讲话、思想汇报等内容通过媒体进行发布，引导流动党员积极参与学习，从而让党的声音第一时间扎根到每一位流动党员的思想上，落实在行动上，从下至上确保党的团结一致、集中统一。

(3)运用新媒体平台努力打造党员之家

面向新闻与传播学院的研究生党员，我们在开展教育时，必须把实践与理论相结合，运用新闻传播的专业知识与素养传递好声音、讲述好故事，传递正能力、弘扬主旋律，因此在 2017 年 9 月，在院党委的指导下，新闻与传播学院研究生党总支开办了“薪火新传”这一微信公众号。“薪火新传”微信公众号的 logo 是由红色绸带组成的一个传字，寓意新传专业；与党徽绑定在一起寓意传播党的思想理论，也寓意党的事业薪火相传、代代维系，具体见图 1。

“薪火新传”微信公众号的内容包括以下 5 个方面：

第一，推送有关党和国家的重要会议、思想理论成果以及社会热点问题；

第二，推送叩问时代与社会、解读热点与时政的文章以及红色经典著作；

图 1　“薪火新传”logo

第三，推送各个党支部的特色活动和优秀工作案例；

第四，推送党员的优秀作品，包括实践成果、思想汇报等；

第五，推送党支部发展工作中积极分子的风采、优秀成果等。

3. 工作实效与经验

(1)“薪火新传”公众号自成立以来，每周至少推文 3 次，现推文数达到 111 篇，内容涵盖传播、思考、践行三大主题，将理论宣讲、学理探究、实践活动相结合，目前订阅用户已基本覆盖我院研究生，单篇最高阅读量近千人次。

(2)通过推送有关习近平总书记在“北大五四讲话”“全国教育大会讲话”等解读或支部精神心得体会等文章，进一步提高了我院研究生党员对近平新时代中国特色社会主义思想的理解。

(3)通过学生自主运营和征稿，极大提高了我院研究生党员参与时事热点的热情。各支部党员结合党员身份，从强化党员身份认同，坚定共产主义信仰等角度进行思考和理论探究，有力提升了研究生党员的思想政治理论修养。

(4)基层支部战斗堡垒作用的发挥关键在于党支部书记的率先垂范。从“薪火新传”公众号的筹备运营，到依托研究生党总支、各个研究生党支部开展实践活动，学院各位研究生党支部书记不曾缺席，始终冲在前方。正是有了这样一支党支部书记队伍，我院新媒体党建平台才能顺利、坚持运行下去。

(5)创新落脚在理论与实践相结合。依托院研究党总支与学院研究生会的合作，平台对“学习电力精神、重温八七会议”“不忘初心、牢记使命”、参观辛亥革命纪念馆等一系列特色党建实践活动进行宣传推广。

(6)微信公众号的运营，尤其是肩负宣传、思想引导作用的党建公众号，需要一支既有较强的政治意识、责任意识，又懂新媒体运营知识的专业队伍。“薪火新传”公众号运营人员主要来自各支部的党支部书记及宣传委员，他们既有较强的政治意识和党性修养，又具备较好的新闻传播尤其是新媒体传播素养，不管是公众号的立意定位，还是文章选题的策划、实践活动的组织开展，“薪火新传”运营小组成员都表现出了较强的责任感与专业水平。

三、分析及反思

1. 案例典型特征

“薪火新传”官方微信公众号的开通，是将新闻与传播学院研究生党员自身专业和思想政治学习相结合的一次尝试。党总支积极组织学习习近平新时代中国特色社会主义思想，将各会议精神学习入脑、入心、入行动，同学们也以自己生活学习实际和参观实践经历为切入点，畅谈自己对习近平新时代思想的收获和经验，积极发声，以宣促学，以学促思，以思促干，带动全体研究生共同进步。

2. 案例推广价值

以学习习近平新时代中国特色社会主义思想为载体，于新媒体平台开展研究生思想政治教育，一方面，能有效地引导学生主动了解国情、社情和民情，同时感受和体验纷繁复杂的社会生活，接受优秀传统文化的熏陶，学习中华民族悠久、灿烂的历史文化，了解中国特色社会主义建设的辉煌成就，增强学生的爱国情感，促进其确立为祖国的发展而努力奋斗的人生目标；另一方面，党建新媒体平台的运营，能够引导学生参与社会实践活动，让学生懂得付出劳动，贡献自己的聪明才智，也促进其正确处理个人与社会、竞争与协作的关系，提倡并培养了学生团队协作、理解沟通、务实劳动的意识，促进形成了理论联系实际的务实的学习工作氛围。

3. 思考与建议

在工作开展中，新闻与传播学院研究生党总支也在不断地思考与探索，根据工作成效及碰到的困难，主要提出两个方面的建议。

一方面，从工作效果来看，采取新媒体宣传方式后，研究生群体对于党建知识、党员活动的关注度逐渐提高。可以看出，在新时代，开展高校研究生思想政治教育工作，需要充分结合时代特点，探寻当代研究生喜闻乐见的宣传渠道，擅用新媒体，不断创新工作方式。

另一方面，从工作中遇到的困难来看，由于技术条件有限，打造真正意义上的“互联网+研究生思想政治教育”还有一段距离。实际工作中，还需不断加强技术支持，不断强化校院两级的互联网覆盖率及相关硬件条件，搭建良好的“互联网+研究生思想政治教育”的硬件环境。

（撰稿：杨頔　审稿：张琦）

立德树人，着力培养社会主义法治人才

（武汉大学法学院）

一、案例综述

武汉大学法学院是中国法学教育与研究的重要阵地，在培养社会主义法治人才、创新社会主义法治理念、完善社会主义法治体系等方面发挥了重要作用，凝聚了一批高水平的教师队伍，培养了一大批高素质的理论人才和高层次的应用人才。党的十八大以来，特别是随着十九大的召开，法学院坚定不移地贯彻落实习近平总书记在全国教育大会上的重要讲话精神和高校思想政治工作系列讲话精神，始终坚持以立德树人为核心，努力做到全员、全程、全方位育人，着眼“双一流”建设发展目标，致力于培养有责任、敢担当、高素质的中国法治建设人才，使之成为德智体美劳全面发展的社会主义事业建设者和接班人。为落实好这一重要任务，武汉大学法学院积极推进“三全育人”，紧紧围绕学科发展和学生对于成长成才的需求，构建了文化育人、学术育人、实践育人、党建育人、网络育人、服务育人六大育人体系。各体系有机结合，营造出有利于学生成长发展的广阔空间和良好环境。研究生思想政治工作不断得以加强。

二、案例解析

1. 案例思路与理念

习近平总书记在全国高校思想政治工作会议讲话中强调，我国是中国共产党领导的社会主义国家，我们的教育必须把培养社会主义建设者和接班人作为根本任务，培养一代又一代拥护中国共产党领导和我国社会主义制度、立志为中国特色社会主义奋斗终生的有用人才。中国特色社会主义法治建设是中国特色社会主义建设极其重要的组成部分，法治人才的培养关乎中国特色社会主义建设大局。习近平总书记在中国政法大学发表的重要讲话为法学教育改革和法治人才培养指明了方向。以习近平中国特色社会主义思想和中国特色社会主义法治理论为指导，大力加强学生政治思想工作，既扎根中国国情与社会实践，又放眼全球为一些共性法制问题探索“中国样本”，已成为武汉大学法学院学术研究和培养人才的重要方向。“珞珈山上王牌军”的培养理念就是将“立德树人、家国情怀”贯穿于人才培养的全方位、全过程，打造有责任、敢担当、高素质的中国法治建设领袖人物和国际人才。

2. 案例设计与实施

法学院研究生思想政治工作紧紧围绕六大体系展开。

(1)文化育人

文化，是血脉，是精神家园。武汉大学法学学科历史悠久，最早可追溯到1908年创办的湖北法政学堂。1979年恢复法律系，经过近40年的恢复重建与发展，法学院已成为中国法学教育与研究的一方重镇，为国家和社会发展培养了大批高素质法学专业人才，在推动法学学科发展、社会民主法治进步、维护国际和平方面作出了突出贡献。在长期的办学历程中积淀下来的武大法科文脉，成为法学院人才培养宝贵的精神财富。学院始终强调院史教育，注重珞珈法学人精神品格的教育传承，涵养学生的使命意识、担当精神与家国情怀。

校友们得学院文化之滋养，毕业后通过设立奖助学金、招募实习生、指导在校生职业生涯规划、协办学术活动、资助学院基础设施建设等方式反哺学院，身教言传，以飨后学。

在开展研究生校园文化建设的工作中，法学院把握研究生群体的思想和行为特点，探寻研究生的共性和个性特征，积极发挥研究生会作为学生自治组织，联系和服务青年学生的作用，打造了一批在全校、全省具有法学学科特色的精品活动。

(2)学术育人

法学院研究生的课程设置始终强调以坚持培养法律人健全心性与品格的基础。研究生阶段从研究选题开始，就关注国内外重大理论和现实问题，如南海仲裁、一带一路、网络空间治理、人权保障与司法改革、党内法规等。在人才培养环节，充分体现法学是治国理政之学的学科品格，积极回应新时代中国特色社会主义建设和国家事业发展对于法学人才的新定位。

司法文明协同创新中心、国际法高端智库、党内法规研究中心等多个高端研究平台瞄准了中国特色社会主义建设过程中国家重大需求，力图为社会主义法治建设中的重大现实问题提供学术支撑与决策咨询服务，为中国参与全球治理体制变革建言献策。将中心、智库日常性工作与教学、指导学生结合起来，引导学生参加各类咨询报告的基础调研和写作过程，构建法科学子思维方式和行为方式的大格局、大智慧，锻炼胆识，培养责任，提高能力。近年来，由学生执笔或深度参与的咨询报告产生重大影响的事件屡见不鲜，已然为学生学术科研指明了正确的方向并提供了强大的驱动力。

(3)实践育人

在理论结合实践研习的过程中，为激发学生投身社会主义法制建设、服务党和国家决策的热情和责任感，武汉大学法学院通过实习基地建设、学生社会实践、校园活动等方式实现研究生的普遍参与。2017年11月，武汉大学签约实习基地——最高人民法院第四巡回法庭在武汉大学法学院模拟法庭开庭，公开审理案件，参与的师生无一不印象深刻。武汉大学法律援助中心是中国第一家民间法律援助机构，是万鄂湘教授在1992年主持设立的，20多年来，学生志愿者在为弱势群体提供免费法律服务的过程中关注民生，积极服务社会。在第十四届“挑战杯”全国大学生课外学术科技作品竞赛中，《法学教育实践育人的新路径——以武汉大学法律援助中心为例》获得哲学和社会科学教育类一等奖。借助学院目前签约的近40个校内外实习实践基地，研究生每年实习人数达到近500人次。

(4)党建育人

党建带团建、带班级建设是研究生思想政治工作的一大特点，因此党建工作是有效开展研究生思想政治工作的组织基础和牵引龙头。习近平总书记强调，党建是高校思想政治工作的基本功，要不断加强高校党的基层组织建设，创新体制机制，改进工作方式，提高党的基层组织做思想政治工作的能力。

学院高度重视党建工作，认真落实基层党支部工作制度，夯实组织基础。研究生党总支61个党支部日常工作制度化，特色活动经常化。大力健全入党积极分子及党员台账，定期组织党员骨干参加党支书培训，印发《法学院研究生党员发展流程》工作手册。有序开展三会一课、四个一活动，将组织生活制度化规范化。研究生党建特色活动采取“新老支部帮扶结对”模式，采取项目制形式，成功举办法学院第一届学生党支部风采大赛、“微党课”轮播、“学习十九大精神专题培训会”、国家宪法日系列活动等富有特色的党建活动。

(5)网络育人

随着新媒体新技术不断的发展与突破，新媒体新技术在青年学生中政治引领的作用日渐凸显。在加强新媒体新技术的运用方面，学院利用新技术改版传统研究生工作网，并将服务器迁移至学校网络中心，加强了网站的安全性和实用性，同时构建新媒体平台网络信息审核机制。另外每个年级都建立QQ群、微信群，方便辅导员与学生之间沟通交流，保持信息的及时性和通畅性。辅导员密切关注学生的QQ空间、微信朋友圈、微博、抖音等网络社区，了解青年学生的思想动态和关注的热点问题。学院还通过多个官方微信公众号的建设，开展学生思想政治工作。武汉大学法学院研究生会微信公众号通过推送一系列内容优秀的作品，在院内外的影响力不断扩大，一直排名前列。

(6)服务育人

思想政治工作从根本上说是做人的工作，必须围绕学生、关心学生、服务学生。学院通过召开干部座谈会、研究生寒暑假见闻座谈会、走访学生宿舍等多种形式深入了解学生，关心帮助学生，正确引导学生，及时解决研究生遇到的问题和困惑。日常工作中，细致做好奖助学金的评定和发放，发挥奖助学金政策的激励导向作用。精心组织、规范开展各种类型的评奖评优工作，制定评优细则，明确标准，规范程序，妥善处理评选过程中学生的申诉，保证了评优工作公开公平公正开展。坚持从研究生就业需求出发，积极开展就业指导与服务，组织模拟公务员招考大赛，选调生政策解读，律师、公司法务职业发展等专项讲座，召集毕业生开展实习及就业经验分享会，邀请业界专家和优秀校友开展实习及就业指导，利用“两微一端”，开设就业访谈及实习实践心路征文专栏，对优秀和先进典型经历及经验进行推广宣传。强化风险防范意识，动员全院教职工，做好学生的安全工作。组织开展心理健康知识宣传和心理咨询辅导，及时做好心理异常情况研判、干预和应急处理工作。重视维护学生利益诉求，发挥研究生会和班级等学生组织的作用，定期开展意见收集工作，及时向有关方面反映情况，畅通学生权益维护渠道，解决研究生的合理诉求。

3. 工作实效与经验

新时代，新使命，创新不忘传承，法学院业已建立起由研究生导师、辅导员、教辅人员、校外实习指导老师、热心校友等组成的较为完备的育人队伍和完善的工作机制，广大研究生积极追求政治思想进步、学术水平提升、综合能力提高。研究生群体学术科研氛围浓厚，党支部战斗堡垒作用充分发挥，学生干部尽职尽责。工作中涌现出一批先进典型：2015 级刑法博士王肃之、2016 级宪法学与行政法学博士研究生王萌作为湖北省高校首个学习习近平新时代中国特色社会主义思想博士生宣讲团成员，积极发挥法科优势和专业特色，宣讲习近平新时代中国特色社会主义思想。毕业生积极参加选调生选拔，主动申请到基层最艰苦的岗位锻炼成长，2017 届陕西定向选调生上官腾飞博士挂职副县长，参与扶贫攻坚，成效显著，硕士毕业生汪千力到最高法工作伊始就主动到河南农村驻村锻炼。

二、案例点评

1. 案例典型特征

武汉大学法学院以立德树人为核心加强研究生思想政治工作的三全育人六大体系，以深入学习宣传贯彻习近平新时代中国特色社会主义思想为指引，聚焦培养有责任、敢担当、高素质的中国法治建设人才，切实将研究生思想政治工作贯穿到了人才培养的方方面面，与学生的发展需求紧密结合，春风化雨，深入人心。

2. 案例推广价值

在全面推进依法治国，建设中国特色社会主义的重要历史阶段，整个社会对于法治人才的需求量很大，对培养合格的社会主义法治人才呼声很高，武汉大学法学院作为双一流学科建设单位，作为中国法治人才培养的一方重镇，在中国法学教育界有一定的影响力，理应担当起为中国法学教育探索出以立德树人为核心的三全育人六大体系模板的重任，并广泛推广，在法学教育界更大范围内发挥示范作用。

3. 思考与建议

法学院是培养社会主义法治人才的重要阵地，关系到社会主义法治建设的成败，需要在教学科研过程中，紧跟时代需求，旗帜鲜明地加强正面引导和教育。尤其在互联网时代，网络新媒体形式多样，渠道广泛，应进一步规范新媒体的管理，增强网络话语权。组织教师多形式参与到学生的微博、微信圈和 QQ 群中，充分发挥网络的正面引导作用，积极传播网上正能量。

同时，要大力加强教师的思想政治教育工作。要坚持教育者先受教育，努力成为先进思想文化的传播者、党执政的坚定支持者，更好地担起学生健康成长的指导者和引路人的责任。要加强师德师风建设，坚持教书和育人相统一，坚持言传和身教相统一，坚持潜心问道和关注社会相统一，坚持学术自由和学术规范相统一，引导广大教师以德立身、以德立学、以德施教。

（撰稿：谢雅维　审稿：谢雅维）

学习习近平新时代中国特色社会主义思想加强思政工作

（武汉大学中国中部发展研究院）

一、案例综述

2018年10月12日下午3时，我院于珞珈山5号院开展“学习贯彻习近平新时代中国特色社会主义思想、加强研究生思想政治工作”的主题思想交流活动。活动首先通过观看中宣部推出的系列访谈节目《厉害了，我们的新时代》中关于新时代习近平中国特色社会主义思想解读来抛砖引玉，向大家展示了习近平新时代中国特色社会主义思想的基本内容和核心要义。

随后特邀嘉宾我院张彪老师为大家深入讲解“四个意识”的内涵，以及我们在生活中如何切实贯彻加强四个意识。张老师首先指出一件事情的提出和实施需要特定的时代背景，“四个意识”得到全党一致拥护，这说明我们党把握住了治国治党治军以及内政国防外交和改革开放稳定的需要。四个意识包括政治意识、大局意识、核心意识和看齐意识。政治意识处于统筹地位，做到了“讲大局、讲核心、讲看齐”即做好了“讲政治”；大局意识和核心意识是说共产党处于执政党的地位，其战略和眼光具有大局性，我们要紧跟党的脚步，始终以党和人民的利益为核心，拥护党的领导；看齐意识则是指向党中央看齐，始终与党中央的步伐保持一致。最后张老师也对我们提出寄语，希望我们在研究生阶段要好好学习、钻研科研，做好自己的本职工作，在正确的道路上发展自己，提高自己的核心竞争力。

最后是讨论互动环节，同学们就视频和张老师的讲解各抒己见，从习近平新时代中国特色社会主义思想联系自身实际，讨论了自身在生活中的感悟和体会，以及我们在生活中应如何贯彻落实的问题。有同学指出我们要不忘初心，少走弯路，既要仰望星空，又要脚踏实地，在一步步的脚印中逐渐成长。随后张老师点评说不忘初心很重要，但少走弯路未必是好的，作为研究生的我们现在还很年轻，人生阅历有限，有时难免会走弯路，但走一些弯路是必要的，我们要在弯路中学会成长。有同学提到从生活中也切实感受到了要加强文化自信的重要性。中华文化博大精深，这是中华民族历经千年的结晶，是我们的民族灵魂，也是我们的文化归属，所以我们要切实加强和坚定文化自信，在自己的一言一行中将中华文化发扬光大。也有同学联系自己的所思所见，指出当前我国正在施行的精准扶贫、供给侧结构性改革等政策都体现了人民性的原则，切实有利于人民的自身利益。但在实施过程中不免会遇到各种各样的问题，从而造成顶层设计目的与现实生活中实施效果的偏差。然而，我们不能仅仅着眼于这些偏差从而否定整个政策的正确性。相反，不管做任何事情，我们都要首先保证大方向的正确，才能有所作为。此外，部分同学也对研究生思想政治教育工作积极进言献策，从学生的第一视角给予很多切实可行的建议和意见。

二、案例解析

1. 案例思路与理念

本次活动首先通过视频以及老师讲解，让同学们了解习近平新时代中国特色社会主义思想以及“四个意识”的内涵，然后通过结合自身实际讨论这些思想意识在生活中的体现以及自己的想法和感悟，在讨论中大家各抒己见，相互学习，共同进步，从而加深对习近平新时代中国特色社会主义的理解，同时对自身未来的发展方向和自身定位也有了更加清晰的认识。

习近平新时代中国特色社会主义思想，是对十八大以来我们党理论创新成果的最新概括和表述，它系统回答了新时代坚持和发展什么样的中国特色社会主义、怎样坚持和发展中国特色社会主义等重大问题。习近平同志以一系列战略性、前瞻性、创造性的观点为在新的历史条件下坚持和发展中国特色社会主义提供了科学的理论指引，这是全党全国各族人民为实现中华民族伟大复兴而奋斗的行动指南。习近平新时代中国特色社会主义思想最核心的内容就是“八个明确”和“十四个坚持”。“八个明确”深刻回答了新时代坚持和发展中国特色社会主义的总任务、总目标、总体布局和战略布局以及发展方向、发展方式、战略步骤等基本问题。“八个明确”是一个系统完备、逻辑严密，具有内在统一性、一致性的科学的理论体系。“十四个坚持”涵盖了党的领导、“五位一体”总体布局、“四个全面”战略布局，涵盖国防和军队建设、维护国家安全、对外战略，是对党的治国理政重大方针原则的最新概括。“八个明确”和“十四个坚持”是理论和实践相统一的鲜明体现。“八个明确”是从指导思想层面讲怎么看，“十四个坚持”是在行动纲领层面讲怎么办，它们相辅相成、缺一不可。本次活动就以学习宣传为理念，以贯彻落实为目标。坚持和发展中国特色社会主义是一篇大文章，作为正处于现代化建设关键时刻的新时代青年，我们的任务就是继续将这篇大文章写下去。

“四个全面”战略布局是习近平新时代中国特色社会主义思想的重大原创性组成部分。从理论上看，这一战略布局把坚持与发展马克思主义相结合，既不丢老祖宗又说新话，在继承前人思想的基础上，对每个“全面”都丰富新内容；从实践上看，这一战略布局深深植根于当代中国实践，是为了解决我们面临的突出矛盾和问题，具有鲜明的实践指向和中国特色；从时代要求上看，这一战略布局确立了新形势下党和国家各项工作的战略目标和战略举措，为新时代坚持和发展中国特色社会主义指明了前进方向。

面对新时代，面对新的问题，我们要想书写好这篇文章，就要保持与时俱进的态度，认真学习贯彻习近平新时代中国特色社会主义思想，在新时代潮流中找准自身定位，立足当下，放眼未来。不管做任何事情，我们都要首先保证大方向的正确，才能有所作为。

2. 案例设计与实施

本次活动旨在通过学习习近平新时代中国特色社会主义思想，加强研究生政治思想建设，明确自身肩负的历史重任，在生活、学习和工作中切实贯彻习近平新时代中国特色社会主义思想，为中国的现代化建设添砖加瓦。为了活动的顺利进行，在活动开展前夕，我们制定了详细的实施方案，包括活动开展的背景及目的、活动对象、开展时间和地点、活动流程，以及活动的后期宣传等。在有了初步的计划之后，我们准备了活动所需的相关材料，并邀请了本院具有法学背景的张彪老师出席活动为我们讲解指导。做好前期的准备工作后，我们在学院、老师的大力支持以及同学们的积极配合参与下按照计划在 10 月 12 日下午开展了此次活动，活动共分为三个部分，首先观看视频以对习近平新时代中国特色社会主义思想有一个初步的了解，然后由特邀嘉宾张彪老师进行分享讲解他对于中国特色社会主义理论体系的探索和学习，最后大家自由讨论，发表个人看法和对于研究生思想政治教育工作的思考和建议，进而在讨论中加深理解，逐渐提升个人政治素养和思想水平。

3. 工作实效与经验

根据学校总体安排，此次学习宣传贯彻习近平中国特色社会主义思想交流会是结合我学院实际情况，精心组织的。大家加深了对习近平新时代中国特色社会主义思想的理解，也对生活中的一些现象有了更深的感悟，对今后的人生和职业规划、自身未来的发展和努力方向都有了较为清晰的认识。与此同时，本次学习宣传贯彻习近平新时代中国特色社会主义思想和加强研究生思想政治工作活动对于增进大家的思想建设具有积极意义，取得了良好的效果。

此次活动的经验，首先就是在活动之前要有一个详细而周密的活动实施方案，包括应急措施和活动预期效果。在活动的实施过程中，要根据方案灵活调整，不能僵化流程和制度。此外，还需要注意的是保持和营造轻松、活跃的气氛，调动大家的积极性，有利于大家自由表达和分享见解。

坚持典型引路、以点带面。注重发挥标杆示范作用，精心组织学习座谈会、分享会、现场观摩会交流典型等做法，积极总结推广有亮点、可操作、见实效的中心组学习和支部学习法，通过各种渠道形式扩大宣传和影响，在微信公众号等宣传阵地开设专栏推动学习，推广经验，树立良好的学习导向。

此外，我们始终注重把引导党员发挥模范带头作用与宣传学习习近平新时代中国特色社会主义思想目标相结合，让学生群体中的党员们在学院的政治宣传重要工作中展示才华，树立形象，扩大影响。

三、案例点评

1. 案例典型特征

首先，结合当下中宣部推出的视频系列访谈节目《厉害了，我们的新时代》中关于新时代习近平中国特色社会主义思想解读来抛砖引玉，向大家展示了习近平新时代中国特色社会主义思想的基本内容和核心要义，由浅入深、由表及里地将一系列逻辑严密的中国特色社会主义思想理论知识体系传授给同学们，寓教于乐。

其次，本次活动的主要特征是理论讲解与互动讨论相结合，首先对习近平新时代中国特色社会主义思想进行初步的了解，然后充分调动大家的积极性，通过讨论使理论与实际相结合，做到融会贯通。

2. 案例推广价值

本次活动形式多样，通过观看视频、嘉宾分享和同学互动等多种形式从不同方面较为全面地阐述和理解习近平新时代中国特色社会主义思想，在加强大家的思想政治建设方面取得良好成效，具有一定的代表性。另外，相信大家通过本次活动所取得的收获能够对今后在生活中切实贯彻落实习近平新时代中国特色社会主义思想，加强“四个意识”，坚定“四个自信”产生积极影响。

时代是思想之母，实践是理论之源。习近平新时代中国特色社会主义思想，深深根植于新时代中国特色社会主义实践的土壤，不仅具有深厚的实践基础，而且具有深厚的时代根基和恢弘的现实意义。

3. 思考与建议

在今后的工作开展中，需要不断创新形式，提前做好周密详尽的工作安排和准备，保证每一项任务的圆满成功。此外，能够将同学们的积极性调动起来也是在今后开展工作中需要注意的环节，在注重传达效率和成果的同时，也应该将同学们的时间与兴趣考虑在内。

举办活动不是目的，重要的是通过活动能够使大家有所收获，并且能够对以后的生活产生正面影响。

（撰稿：项平 邢艺竞 审稿：肖汉银）

依托“5个阵地” 服务学生全面发展

（武汉大学物理科学与技术学院）

一、案例综述

物理科学与技术学院深入贯彻习近平新时代中国特色社会主义思想，全面落实全国高校思想政治工作会和全国教育大会精神，着力推动研究生思政工作，聚焦研究生思政工作的质量和成效问题，开拓适合研究生特点的新路子，依托“5个阵地”把工作的重心和目标落在研究生育人成效上，真正做到“春风化雨、入脑入心”。

二、案例解析

（一）工作思路

学院在沿用好办法、改进老办法、探索新办法的基础上，依托《唯物》期刊、“寻理”论坛、实习实践、服务解困和党员先锋岗5个阵地，让学院传统思想政治教育的优质资源在学生乐于接受的样式上焕发出新的生机活力，实现“在改进中加强，在创新中提高”的总体要求。

（二）主要做法

1. 理论交流阵地

针对理科研究生党员政治理论素养相对薄弱的问题，集中全院研究生党员的集体智慧，依托学科特色，针对研究生的需求，推出《唯物》这一物理学院研究生党建工作专刊，刊物共有6个版块：历史回顾、时事和重大精神学习、党员风采、物理进展、他山之石、党支部特色活动展。为了做好刊物的传承，提高刊物的可读性，扩大党员参与的广泛性，刊物由各党支部联合轮流承办，一季度一期。《唯物》季刊不仅是学院研究生党员教育的重要载体，也是传达中央重大精神的重要窗口，还是学习文献精神、交流思想的渠道，更是沟通院党委、党总支与支部的桥梁。

2. 科研育人阵地

以“把握前沿科学、锻炼基础能力、培养基本科研素养”为宗旨的“寻理”论坛是科研育人阵地，它在不断发展中已逐渐形成了“基本素质培养”“专业素质拓展”“名家讲坛”“交流争鸣”4大板块。论坛是新生走进科研殿堂的“第一课”，它为新生开展系列专题讲座，内容涉及科研精神与方法、学术道德、科技论文写作、大型仪器使用、校园安全；论坛是研究生紧跟学术发展的窗口，它定期邀请校内外专家学者做专业报告，让研究生能够及时了解本专业领域前沿的科研情况；论坛是研究生学术思想碰撞的舞台，论坛举办的博士沙龙、跨学科交流等活动，实现了方法、平台和思想的交流与共享。

3. 实践拓展阵地

社会实践是研究生受教育的大课堂，是成长的大熔炉，更是文明的播种机。学院发挥学科特色，立足社会需求，与企业、医院共创建合作了10个实习实践基地，每年派出30余人在基地实习实践。实习周期短则2个月，长则2年。研究生在实践中充分展示他们在武汉大学学习的先进的知识和理念，把理论与实践相结合，科学与市场相结合。他们在实践中获得了新技能，取得了系列成果，提升了就业能力；他们还为企事业单位解决技术问题，创造企业效益；他们向社会展示了武汉大学研究生的能力，为学校、学院赢得了声誉。

4. 服务解困阵地

“白天愁论文，晚上愁成家”，在这个充满压力的时代，研究生作为一个特殊的群体，随时都背负着巨大的压力。研究生中的各种问题日益凸显，而最突出的是心理问题和学业困难。为帮助研究生纾困解困，学院在研究生党总支成立“危机预警与温心行动”小组，定期研判形势，向研工办预警。研工办分析评估后，针对不同对象，建立由导师、辅导员、骨干学生组成的危机纾困支撑系统。学院近年的几次危机事件就是“危机预警与温心行动”小组发现，在教师和学生组成的支撑系统的帮扶下化解的。

5. 创先争优阵地

在党员中深入开展争当优秀共产党员活动，是学院研究生党建的一项经常性工作。学院倡导“事业立足于科研，创业扎根于实验室”的理念，设立党员研究生学术明星的先锋示范岗，定期通过学院主页、《唯物》期刊、“寻理”论坛等平台宣传党员研究生学术骨干，形成潜心科研，争做一流研究的氛围；为提升研究生的服务意识，学院设立研究生积极参与服务大型活动的志愿岗，在专业认证、学科评估、校院的大型活动中，处处有研究生志愿者的身影；为培养研究生的奉献精神，学院设立党员结对帮扶岗，为学院重点关注的研究生群体提供一对一的帮扶。

(三)工作实效与经验

“5个阵地”综合作用，全面统筹学院现有的育人资源和育人力量，结合理工科研究生的成长规律，通过坚持传统优势、整合育人资源、创新工作载体等，激活学院思想政治工作内生动力，努力构建全面系统的育人长效机制。

(1)坚持优势传统，构建开放式思政工作格局。“寻理”论坛和《唯物》期刊是物院研工经过多年的积累探索建立的“品牌”活动，适合本学院学科特点和专业特色，遵循理工科研究生的成长规律，具有长期性、系统性、可传承性。将思想政治工作面临的新形势、新特点、新要求准确地体现在传统优势项目当中，是做好党员教育的重要前提和基础。

(2)整合育人资源，构建联动式思政工作格局。研究生思想政治工作是一项系统工程，抓好这一工程，必须借力合力，抓紧抓实整合育人资源，推动思政工作融入人才培养各环节、贯穿全过程。统筹和协调、系统梳理归纳各方面的育人元素，优化协同运行机制，构建以学生为主体，以教师、辅导员为主导，师生联动、院企联动的思政教育运行机制。

(3)创新工作载体，构建参与式思政工作格局。在注重工作的思想性、引领性和系统性的同时，更加注重精心设计主题鲜明、内容丰富、便于党员参与的活动载体，甚至让学生参与到实际的管理服务工作中，在关心人、帮助人、服务人中教育人、引导人。这样既突出了党委的教育引导作用，也强调了研究生在接受认同、自我提高过程中的自知自觉和自悟自省。

三、案例点评

习近平总书记在全国高校思想政治工作会议上强调，把思想政治工作贯穿教育教学全过程。物理科学与技术学院党委依托“5个阵地”，坚持把立德树人作为中心环节，把思想政治工作贯穿学生思想、学习、实习、实践、资助、心理、服务等多个育人环节，聚力各领域资源，构建了研究生思想政治工作的新格局。“5个阵地”的长期建设和发展，进一步贴近学生实际，切实提高了工作的针对性和有效性，促进思想政治教育工作强起来、严起来、实起来、活起来。

（撰稿：李顺彦　审稿：张一飞）

加强研究生党员骨干培养
推动研究生思想政治工作

（武汉大学生命科学学院）

一、案例综述

研究生党员骨干是研究生自我教育的示范群体和管理的重要力量，充分发挥研究生党员骨干在研究生成长成才中的模范带头作用，让党组织的政治核心和战斗堡垒作用落到实处，让研究生党员像"星星之火"燎原在祖国的大地上，必须培养并建立一支理论素养好、党性修养高、服务意识强、工作能力佳的研究生党员骨干队伍。

生命科学学院党委一直十分重视研究生党员骨干培养，多年来，在研究生党员培训方面做了一些研究和探索。学院党委在总结以往培训工作的基础上，着眼于理论学习与实践锻炼相结合，能力提升与服务社会相结合，成人教育与职业发展相结合，通过理论学习、参观考察、志愿服务、素质拓展和交流研讨等形式，以提高研究生党员骨干的理论素养和党性修养，强化研究生党员骨干的服务意识，提升研究生党员骨干的工作能力，培养出一支理论素养好、党性修养高、服务意识强、工作能力佳的研究生党员骨干队伍；通过以点带面发挥好党员骨干在研究生群体中的影响力、号召力和亲和力，影响和带动身边的研究生积极进步、追求卓越，营造青年健康成长的良好氛围，让党员骨干像"星星之火"，燎原在研究生之中，带动和促进研究生思想政治教育工作的开展。

二、案例解析

1. 案例思路与理念

研究生党员骨干来源于研究生，是学校联系研究生的桥梁纽带，是高校研究生思想政治教育的重要力量，具有其他思想政治教育工作者无可替代的重要作用。生命科学学院有 900 多名研究生，其中党员近 500 名，学院党委下设 1 个研究生党总支，20 个研究生党支部（按专业和课题组的硕士和博士研究生党员人数纵向设置党支部)。学院党委在总结多年党建工作经验的基础上，以提升研究生党员思想政治素质、骨干工作能力和职业发展水平为目标，通过理论学习、参观考察、志愿服务、素质拓展和交流研讨等教育形式，提高研究生党员骨干的理论素养和党性修养，强化研究生党员骨干的服务意识，培养出一支理论素养好、党性修养高、服务意识强、工作能力佳、专业水平优的研究生党员骨干队伍；通过以点带面发挥好党员骨干在研究生群体中的影响力、号召力和亲和力，影响和带动身边的研究生积极进步、追求卓越，营造青年健康成长的良好氛围，带动和促进研究生思想政治教育工作的开展。

研究生党员骨干就是旗帜、就是标杆，通过榜样示范引领，潜移默化地影响研究生的思想和行为。在新形势下，着力培养一支理想信念坚定的研究生党员骨干队伍，有利于带动更多研究生增强中国特色社会主义的道路自信、理论自信、制度自信、文化自信，从而不断推进中国特色社会主义伟大事业的发展。

2. 案例设计与实施

学院党委选定研究生党组织干部与研究生团学组织班团以上的党员干部为主要培训对象，另选少量自愿报名参加培训的党员为补充，并将全体培训对象编入到小组。培训分板块组织和开展活动；每个板块时间相对集中，但整个培训时间分段组织。该项目主要包括以下几个板块：

(1)专题讲座——种火苗：在“两学一做”的基础上，通过专题讲座，有计划、有针对性地开展了一系列理论学习教育活动。如学院党委书记姜星莉，党委副书记宋俊杰、秦正保分别作了“依靠学习，走向未来”“坚定理想信念，做合格党员”“讲纪律，有规矩”的主题报告；分别邀请学校党委副书记沈壮海教授、袁银传教授、汪连天教授和杜莉老师作学习十九大会议精神和学习习近平新时代中国特色社会主义思想辅导报告等。这些专题讲座提高了研究生党员骨干的思想理论水平和政治修养。

(2)红色教育——寻火源：充分利用红色革命教育基地的资源，通过听取报告、重温入党誓词、参观基地等红色教育，加强党史教育、革命传统教育，使党员骨干坚定理想信念，增强坚持走中国特色社会主义道路的信心。如组织赴红安革命烈士陵园、湘鄂西苏区革命烈士纪念馆和武汉革命博物馆等红色教育基地参观学习。

(3)模范寻访——传火种：学院研究生党总支和研究生会联合开展了模范寻访的活动，采访了学院优秀研究生代表，宣传他们的先进事迹，用身边的典型，引导全院广大研究生党员进一步坚定理想信念、增强服务意识、提升服务水平。

(4)志愿服务(烛光温暖计划)——举火炬：组织研究生党员骨干作为我院“烛光温暖计划”温暖志愿者，定期拜访结队联系的离退休教职工，提供温暖服务，在服务的同时，也得到离退休教职工的学业指导和人生引导。

(5)职业走访——补氧气：组织研究生党员骨干进入企业，特别是到与专业相关的高新企业参观考察，探寻企业发展之路，让研究生党员骨干能把握时代脉搏，增强个人使命感，做好个人职业定位和职业生涯规划。如组织学员到宜都市东阳光集团、瑞锶科技公司、华阳化工公司和市政府考察学习；组织学员赴上海对生物医药行业进行研究生就业调研。

(6)素质拓展——添燃料：针对研究生特点，组织开展不同主题素质拓展活动，提高研究生党员骨干的综合素质和工作能力，为党建工作增添活力。如组织学员开展“破冰”“认识自己”“情绪调节”“团队沟通合作”“凝聚力建设”等主题的团体辅导活动。

(7)求职竞赛——借风力：举办了以提升学生就业竞争力、促进学生就业为目的的大型互动求职活动。组织开展“勇往职前”比赛和求职培训活动。

(8)交流研讨——聚能量：①开展党支部建设交流会等，互相学习好的做法，取长补短；②组织小组开展分享会，分享学习、实践等经验和体会；③针对研究生党建中的难点和问题，开展研究生党员骨干专题研讨会，通过理论学习、交流讨论、实践活动等环节提高研究生党员骨干的业务水平和综合能力。

3. 工作实效与经验

经过两年多的建设，学院在研究生队伍建设、活动载体和党员素质等方面探索出了一些经验，全面提高了学院研究生党建工作质量和水平，使学院研究生党建成为特色项目和精品项目，发挥项目示范、引领和辐射作用。具体取得了以下几个方面实效：

一是队伍建设有成效。培养出了一支党性修养高、服务意识强、工作能力佳的研究生党员骨干队伍，构建了研究生党员骨干队伍建设的长效机制。

二是活动载体有创新。通过多种形式的培训活动，推进党建创新特色活动，提升了研究生党建工作的科学化水平。

三是研究生素质有提升。通过研究生党员骨干的先锋模范作用，带动广大研究生党员一起努力，并在此基础上，推动生科院全体研究生一起进步。

三、案例点评

1. 案例典型特征

(1)载体新颖，内涵深刻。以当代研究生喜闻乐见的形式，如专题讲座、志愿服务、红色教育、模范寻访、素质拓展等为活动载体将“学习习近平新时代中国特色社会主义思想”这一主题融入其中，符合当代青年的思想特点和认知规律。

(2)覆盖面广、代表性强。学员从学院各党支部、研究生组织中产生，均为全院的研究生骨干，通过学习可以形成广泛的模范带动效应。

(3)重视宣传，辐射明显。通过自媒体等贴近研究生生活的新媒体传播，线上线下联动，形成了强大的辐射效应。

2. 案例推广价值

一名研究生党员骨干就是一面旗帜、一个标杆，通过榜样示范引领，潜移默化地影响研究生的思想和行为。在当前形势下，着力培养一支理想信念坚定的研究生党员骨干队伍，有利于带动更多研究生加强习近平新时代中国特色社会主义思想的学习，增强中国特色社会主义的道路自信、理论自信、制度自信、文化自信，从而不断推进中国特色社会主义伟大事业的发展。

3. 思考与建议

随着我国社会经济成分多样化，人们的思想显现多元化；随着信息网络飞速发展，人的交往模式也发生改变，人的思维越来越多元化，这些都会影响到研究生党员的世界观、人生观、价值观和理想信念，表现为研究生党员理想信念不够坚定、入党动机趋向多元；理论水平不高，辨别能力不强，应对挑战能力不足；工作能力不佳，党务水平不高，党员先锋模范作用难以体现。解决这些问题迫切需要加强党员培养和教育。加强党员培养和教育的关键是党员骨干的培养和教育，充分发挥研究生党员骨干在研究生成长成才中的模范带头作用，让党组织的政治核心和战斗堡垒作用落到实处。

（撰稿：艾天军　审稿：宋俊杰）

夯实工作基础　凝练品牌内涵

（武汉大学资源与环境科学学院）

“广大青年要坚定理想信念，志存高远，脚踏实地，勇做时代的弄潮儿。”党的十九大对青年提出了新要求、新期望。为做好研究生成长成才教育，培养德智体美劳全面发展的社会主义建设者和接班人，资源与环境科学学院坚持把立德树人成效作为检验学院一切工作的根本标准，结合学院学科专业特色，把理论育人、文化育人、实践育人融入研究生的学习、科研和生活中，着力提高研究生的品行修养、科研水平与实践能力。

一、以理论育人为基础，全面提升研究生思想政治素质

学院现有在读研究生 856 人（硕士生 616 人，博士生 240 人），研究生班级 30 个，研究生党支部 26 个，研究生党员 473 人（正式党员 413 人，预备党员 60 人），研究生入党积极分子 68 人。学院党委十分重视理论育人在思想引领中的重要作用，创新理论学习和活动载体，分类别、分对象、分重点开展多种形式的理论学习和培训。

1. 确保研究生思想教育常态化

学院定期召开研究生主要干部会，开展核心价值观教育、爱国主义教育、理想信念教育，组织学院全体研究生党团支部书记、班长集中学习党的十八大、十九大精神和全国“两会”精神，让研究生干部对党和国家的大政方针有较清晰的了解，努力提升政治素养；借助新生入学教育，组织全体研究生新生学习校史校况、校纪校规，让他们全面了解学校的基本情况，熟悉学校规章制度，培育研究生树立遵纪守法、爱校敬校的良好风尚；学院每周二召开学生党团学例会，组织干部学习全国高校思政工作、全国宣传工作、全国教育大会等重要会议精神，开展党员“四个意识”等专题教育；院研究生会每两周召开一次例会，主席团成员和各部门部长集中围绕“如何服务广大同学，加强干部队伍建设”进行研讨，引导干部牢记全心全意为研究生服务的初心，聚焦研究生精神成长、学习生活、成才发展的需求。

2. 实现研究生党员教育科学化

为保证党员发展质量，学院遵照《中国共产党发展党员工作细则》和《中共武汉大学委员会发展党员工作程序》要求，发展党员工作坚持严格计划、严格程序、严格标准，把政治标准放在首位，注重思想入党。在确定发展对象前，学院通过理论考查，了解入党积极分子对党的基本理论、基本知识的掌握情况，以保证发展对象思想的纯洁性与理论的牢固性。学院每年举办 2 次入党积极分子培训、2 次发展对象培训、2 次预备党员培训、1 次党员骨干培训。2018 年，学院围绕“学习贯彻党章，争做合格党员”“坚持党的领导，坚定道路自信”“全面从严治党，自觉践行使命”等主题，通过课堂讲授、研讨交流、案例分析等方式集中学习，实现教学相长、学学相长，提高了培训实效。

3. 着力研究生党建创新品牌化

依托学校“学生党建活力创新工程”，结合学院学科专业特色和研究生成长成才需要，自 2011 年以来，学院组织研究生党支部积极申报、有效实施。在学校优秀项目评选中，学院获评一等奖 1 项，二等奖 3 项，三等奖 5 项，学院获学校审批的立项数、受助金额和获奖数，均位居学校各院系前列。在学校 2016 年出版的《研究生党建活力创新工程案例选编》中，学院《“一站到底”研究生党支部建设新探索》等 7 个项目入选，入选数位居院系首位。以项目活动为纽带，“人人明分工、事事有协作”，支部成员的积极性、主动性得到显著提升，研究生党员、入党积极分子工作联系加强，思想交流活跃，党员的政治觉悟和担当意识得到提高。党支部创造力、凝聚力、战斗力明显加强，党支部建设成效明显。2018 年，在第二届全国高校“两学一做”支部风采展示评选中，学院土地资源管理专业 2016 级硕士生党支部提交的作品《我眼中的“两学一做”》和环境类 2016 级博士生党支部提交的作品《“两学一做”寻红色基因，“一带一路”展珞珈风采》，分别被评为“学生党支部微党课特色作品”和“学生党支部工作案例优秀作品”。

二、以文化育人为纽带，精心营造研究生团结进取氛围

学院注重文化建设，通过举办院徽、院训设计大赛，搭建海内外师生学术交流平台，鼓励发表高水平论文，挖掘师生先进典型，助力营造风清气正、积极向上的学院文化氛围。

1. 学术活动重载体

“思源论坛”作为学院研究生的一项传统的学术交流活动，创建于 2010 年，至今已成功举办 82 期，论坛围绕科研论文写作、经验交流、行业前沿、出国讲解等

内容展开，由我院教师、知名院友、在校研究生等进行专场讲座，已形成一定的品牌影响力，赢得测绘类、环境类青年学子的广泛认可。2017 年，学院精心策划、创办了“珞珈资源环境讲坛”，固定每周四下午由学院各系老师轮流为师生分享前沿成果、教书心得、研修收获。该讲坛目前已举办 19 期，为不同学科的师生提供了良好的学术交流平台，促进了学科间的交叉融合。学院积极竞标学校研究生学术科技节子活动，举办了多届“武汉大学测绘学科研究生学术报告竞赛”，并积极组织研究生参与其他子项目活动，充分营造学术争鸣氛围，提高学院研究生的学术创新意识。为大力弘扬学术诚信，学院每年举办学术诚信月系列活动，针对高校研究生学术诚信方面存在的问题，开展了学术诚信的展板展示、手册(书签)制作分发、知识竞赛、承诺签名、专题讲座等活动。

2. 学术成果重质量

据不完全统计，2017 年 1 月至 2018 年 6 月，学院发表 SCI 论文 219 篇，发表 EI/中文核心/CSCD/CSSCI 论文 107 篇，获国家发明专利 55 项。在这些科研成果中，研究生的贡献率在三分之二以上；在学校研究生学术创新奖评选中，学院获奖人数连续 3 年(2015—2017 年)位居全校第一(包括特等奖 1 人、一等奖 10 人、二等奖 21 人)；作为在华人社会具有广泛社会影响和良好声誉的“百人会英才奖”，学院 3 名研究生(邓红兵、曾晨、王婧颖)先后获此殊荣。从 2013 年起，学院连年组队参加中国研究生智慧城市大赛和全国研究生数学建模竞赛，学院研究生团队获一等奖 1 项，二等奖 7 项，三等奖 5 项，优胜奖 4 项。在 2018 年“创青春·汇得行”湖北省大学生创业大赛中，学院 5 个研究生项目获金奖。在 2017 年获得“互联网+大学生创新创业大赛”湖北省银奖的基础上，学院硕士研究生杜相辉团队的作品“芒果电单车——电单车动态网格管理系统”，获 2018 年全国“创青春”大学生创业大赛创业实践挑战赛金奖。

3. 典型人物重内涵

学院重视在研究生各项活动中表彰先进，树立典型，发挥示范引领作用。在学校各项评优评先、就业推荐等工作中，始终坚持德才兼备导向，助推品学兼优的研究生脱颖而出，被誉为“珞珈蛟龙”的学院 2013 级研究生邓晓龙是其中的优秀代表。2015 年 4 月 24 日下午，一名 6 岁左右的男孩坠入星湖(信息学部人工湖)，湖水即将没顶，在千钧一发之际，就餐途中的邓晓龙发现险情，迅速跳进湖中将孩子救起。救起后，邓晓龙细心观察孩子的身体状况，耐心安抚，并及时联系孩子家长，他还婉言谢绝了孩子父母的酬谢。邓晓龙同学作为一名共产党员、一名学生党支部书记，在群众生命受到威胁的紧急关头，奋不顾身，充分彰显了中华民族临危不惧、见义勇为的传统美德，充分展现了当代青年勇于奉献的时代情怀，是对社会主义核心价值观的高尚诠释与生动践行。学校为其专门召开了表彰会，并授予他“武汉大学见义勇为优秀大学生”和“武汉大学优秀志愿者”等荣誉称号。为宣传学院教师中为人师表、教书育人的典范，学院积极参加学校“我心目中的好导师”评选活动。学院杜清运、何宗宜、李霖、焦利民、蔡忠亮、汪的华6位老师先后获评“我心目中的好导师”。以此为契机，学院树立了一批关心学生、严谨治学、以德立身的标杆，他们为学院师德师风建设提供了强有力的现实支撑。

三、以实践育人为导向，扎实推进研究生成长成才教育

学院积极开展研究生实践育人工作，形成了以院级实践基地建设为突破口、科研项目实践为基础、挂职锻炼为抓手的全方位实践育人工作体系，连续四年获评学校“研究生实践育人优秀组织单位”。

1. 拓展院级实践基地规模

为提升研究生的实践能力与适应能力，学院与多个企事业单位签署战略合作框架协议，为研究生提供多样的实习实践平台。截至2018年6月，学院已与32个校外单位建立了实习实践基地，每年有大批学生进入其中进行专业实训。2018年，学院共有72名硕博士研究生赴北京、深圳、宁波等地进行了为期1—6个月的实践活动，他们在不同的行业用心积累实践经验，为职业发展打下了坚实的基础。

2. 落实校级挂职锻炼工作

为提高研究生的参与热情，学院广泛开展宣传动员工作，主动做好导师工作，定期召开挂职锻炼风采展示大会，并在研究生评奖评优中实施挂职锻炼计分措施，着力扩大挂职锻炼工作的影响力、号召力。学院每年参加挂职锻炼的研究生人数在理工科院系中名列前茅。2014—2018年，学院56名研究生分赴湖北黄冈、四川绵阳、新疆博州等多个校级基地，开展了为期1—6个月的挂职锻炼，获得了挂职单位和校院的一致好评。学院举办两届研究生挂职锻炼风采展示活动，为研究生提供了展示自我风采和挂职工作的平台，在一定程度上激发了研究生走进基层、了解基层、服务基层的热情。近三年，学院有45名毕业研究生被录用为各级选调生，他们在投身基层事业的工作中建功立业，实现人生价值。

3. 搭建科研项目实践平台

导师在整个研究生培养过程中处于主导地位，对于提高研究生培养质量，保证研究生健康发展起着至关重要的作用。学院学科具有鲜明的实践性，与国家社会经济发展联系十分密切。导师科研项目数量较多、内容丰富、专业性强，每年参与导师项目的研究生人数占研究生总数的80%以上，大量研究生分赴全国各地参与导

师项目。学院始终坚持把“项目驱动”作为提升研究生科研能力的重要手段，支持和鼓励研究生积极参与导师科研项目，承担部分研究任务，在实践中长见识、练本领、增才干、助成才。

（撰稿：华翔　审稿：江尧林）

学习十九大　团结你我他

（武汉大学电气与自动化学院）

一、案例综述

本典型案例为我院研究生党支部举办的“互联网+党建”主题党日活动。活动主题为“学习十九大，团结你我他”，活动时间为2017年10月29日，活动对象为武汉大学电气与自动化学院硕士2016级第3党支部和硕士2017级第3党支部及相应团支部成员，活动形式为“素质拓展+网络直播”，本次主题党日活动属于我院研究生党支部“活力创新工程”系列的党建创新项目。

本次主题党日活动旨在将党的十九大精神与素质拓展结合，创新“直播集赞大比拼”“翻牌核心价值观”“背夹气球猜红歌”“坐地起身团结聚”“蒙眼点球十九大”等活动形式。项目各具特色，富有挑战性，在学习十九大精神的同时，融合了竞争协作以及趣味性；另一方面，本次活动结合“网络直播”这一新型媒体形式展开实时性宣传，传播范围更广，互动力度更强，取得良好的反馈。不论是在活动实施环节上还是在宣传推广上，本次主题党日活动都办得相当成功。

二、案例解析

（一）案例思路与理念

习近平总书记在党的十九大报告中指出，青年兴则国家兴，青年强则国家强。在党的十九大召开之际，为展示电气与自动化学院硕士2016级第3党支部和硕士2017级第3党支部及相应团支部成员的精神风貌，学习宣传贯彻习近平新时代中国特色社会主义思想，此次活动设计一系列素质拓展环节，以丰富的形式将“党的十九大精神”融入各项环节；同时融合“直播”手段实时进行网络直播，并与其他党支部PK直播观看量；活动中全体成员以分小组的形式参与，通过小组间竞争与小组内协作完成每个环节的任务。本次活动让大家在挑战自我、合作共赢、增强身体锻炼、展现自我风貌的同时，充分调动学习“十九大精神”的热情，加深对习近平新时代中国特色社会主义思想的理解，同时增进研究生党员之间的紧密联系。

(二)案例设计与实施

1. 主播暖场和分组破冰

主题流程：(1)活动开端即同步在映客 APP 平台直播，除了现场活动主持人，另配备一主播专门进行直播解说。(2)根据现场总人数采取报数的方式，将大家分为 N 支队伍。(3)给每支队伍发放队伍名片卡：①互相自我介绍认识彼此；②选出队长；③确定队名、口号、标志；④在队伍名片卡正面写出队名、口号，背面画出队标。(要求队名必须出自《十九大报告》，口号要与队名相结合)限时 5 分钟。(4)每支队伍轮流向大家展示自己队伍的名片卡，齐声喊出口号。(小团队合影)

2. 直播集赞大比拼

主题流程：(1)各队伍建立每个队伍的微信群(面对面建群)。(2)主持人宣布开始，主播将直播链接分享到各班微信群，每个队伍成员分享此链接到微信朋友圈集赞，并注明：武大电气活力创新工程。(3)待素质拓展活动最后一个环节结束后，汇总每支队伍的集赞总数。(每个队伍成员将朋友圈截图发到小队微信群，由工作人员当场计算点赞总数。)

奖惩措施：(1)根据点赞总数确定各队的加分。点赞数最少的队伍加 2 分，其他队伍依次加 4 分、6 分、8 分、10 分等。(2)微信朋友圈点赞量最多的个人，将获得本次素质拓展的 MVP 荣誉——最佳个人奖，也将获得神秘大礼。

3. 翻牌核心价值观

主题流程：(1)事先准备好 N 组正面贴有“富强、民主、文明、和谐、自由、平等、公正、法治”的 8 张牌，将牌正面朝下随机打乱摆放在地上。(2)每个队伍站在起跑线上，所有成员依次跑到对面去翻牌，翻出的牌的顺序必须是“富强民主文明和谐自由平等公正法治”的顺序。如果所翻的牌的顺序不符，需把扑克牌继续扣过来，返回队伍继续让其他成员翻牌。最终哪支队伍最先按顺序翻牌成功，哪支队伍就是此环节的冠军。

奖惩措施：(1)根据每个队伍翻牌成功的顺序，最后一支成功的队伍加 1 分，其他队伍依次加 2 分、3 分、4 分、5 分等。(2)该环节共进行 2 轮。第 2 轮可增加难度，改为 12 张牌。

4. 背夹气球猜红歌

主题流程：(1)每支队伍出2人，分成N列站在起跑线上，其他人员围成一个大圈。工作人员站在B点，放一首红歌，让大家猜。(2)红歌播放10秒后，主持人下口令开始，每支队伍的代表背夹气球从A点运到B点。(3)气球运到B点后，2人要背靠背把气球夹破，获取抢答机会。(4)猜对则进行下一轮比拼，猜错就重回A点再次背夹气球运到B点猜红歌。

奖惩措施：(1)每支队伍猜对1首红歌，加1分。(2)该环节共进行10轮。

5. 坐地起身团结聚

主题流程：(1)首先每支队伍出4个人，背靠背围成一圈，坐在地上；4个人手挽着手，一同站起来；不能用手着地，只能用腿支撑发力。(2)4个人坐地起身之后，再依次挑战5个人、6个人、7个人等，直至在团队所有成员都参与情况下仍旧可以站起来。

奖惩措施：该环节计时10分钟，时间结束后每支队伍坐地起身成功的挑战人数是多少，该队伍就得多少分。如果该队伍的挑战人数是4人，那么就得4分。

6. 蒙眼点球将十九大

主题流程：(1)首先是十九大知识抢答。大家围着足球球门坐一圈，哪个同学抢答成功，则该同学可代表所在队伍执行一次点球。(2)点球：点球的同学要用眼罩遮住眼睛，原地转三圈后，开始点球。

奖惩措施：(1)每点进去1球，则进球队员所在队伍加1分。(2)该环节共进行10轮。

7. 点赞计分环节

主题流程：(1)给大家2分钟最后努力集赞的时间。(2)计算每支队伍的点赞总数。(3)计算点赞得分。(4)计算总得分。

8. 活动总结及颁奖环节

主题流程：(1)活动总结。(2)本次素质拓展活动共设置3个奖：冠军队伍奖、亚军队伍奖、最佳个人奖。(3)根据每支队伍的总得分，决出冠亚军。(4)根据个人微信朋友圈点赞量，决出最佳个人奖。(5)集体合影留念(拉横幅)。(6)主播活动后采访。

(三)工作实效与经验

1. 加强高低年级交流

通过2016级和2017级的两个党支部联合开展党建活动的方式，加强了不同年级党员间的交流，新同志可以从老同志身上学习到沉稳的品质，老同志可以从新同志身上看到活力，起到了以老带新，相互学习，相互进步的作用。

2. 提高政治思想素质

将“党的十九大精神”融入趣味活动，通过团队比拼、竞赛的形式，一方面使同学们对党的方针、政策进一步了解，深化政治思想学习，树立正确的人生观、世界观、价值观；另一方面以团队的形式开展竞赛，激发了同学们的斗志，锻炼了团队协作能力，潜移默化地引导同学们形成荣誉感、责任感、使命感。

3. 创新党建活动形式

采用“网络直播”的形式，不仅更加生动全面地记录了整个活动流程，形成珍贵的影视资料，而且通过网络平台向更多的人展示当代学生的精神风貌，凸显了学生党支部的战斗堡垒作用，有利于社会形成一种充满活力、健康、朝气蓬勃的氛围。

三、案例点评

(一)案例典型特征

1.“素质拓展+党建”有效融合

以“素质拓展”的形式开展主题党日活动，将习近平新时代中国特色社会主义思想学习过程嵌入竞技拓展中，增加学习的趣味性、竞技性以及参与感。通过集体活动，共同完成具有挑战性且需要彼此协作的任务，让党支部成员拥有美好的共同经历，提升研究生党支部的凝聚力。

2.“网络直播+集赞”裂变宣传

在活动开展前通过“集赞比拼”传播造势，在活动进行中通过“网络直播”实时宣传，利用了裂变营销的思维和新潮的直播软件映客APP，在年轻一代群体中接受度高，吸引性强，起到良好的宣传效果。

3. “高年级+低年级”结对共建

以“高年级+低年级”的结对共建形式，加深高低年级党员之间的紧密联系，促进学习、科研和生活的朋辈帮带，形成带、学、赶、帮氛围，提升研究生党支部的战斗力。

（二）案例推广价值

开展“党的十九大精神”主题教育，有助于提高大家的思想政治素质。

开展“素质拓展”党日活动，有助于提高党支部内部成员之间的凝聚力。

开展“网络直播”党建宣传，有助于提升党支部内研究生党员的归属感。

（三）思考与建议

1. 党建活动“多形式”创新

党建活动不应拘泥于固有形式，应采取多种多样的方法将习近平新时代中国特色社会主义思想融入到各类趣味活动中，让更多的同学愿意参与进来，从主观能动性上解决以往存在的枯燥、懈怠等问题。

2. 彰显活力“多维度”宣传

要合理运用当今社会发达的社交传播手段，如微信公众号、映客直播 APP、抖音 APP 等多类平台，将研究生共产党员先进、积极、活泼的一面通过互联网展示给更多的人，形成一股正能量的风气。

（撰稿：吕龙飞 孟威 审稿：孟威）

三级联动多措并举
促进工科研究生集中理论学习

（武汉大学水利水电学院）

一、案例综述

理论学习是党的思想建设的重要内容，是党的基层组织的基本任务，是加强教育、管理、监督党员和组织、宣传、凝聚、服务群众的重要抓手，是提高党组织的创造力、战斗力、凝聚力和发挥党员先锋模范作用的必要保障。如何系统而有效地组织好工科研究生的政治理论学习？这是水利水电学院党委一直思考探索的命题。学院党委依托实验室或课题组设立党支部，抓党建促德育、抓党团促科研，以支部带全部，以党员带全部，党团学联动，加强了研究生的思想教育，有计划系统地推进了研究生的理论学习，助力研究生德智体美高质量全面发展。

2018 年以来，学院党委顶层设计、宏观指导，研究生党总支组织搭台，研究生党支部具体落实，以组织生活会、主题党日活动、专题讲座和各类学生党员培训班为载体，辅之以社会实践、志愿服务活动，在研究生中广泛深入开展习近平新时代中国特色社会主义思想学习活动。集中学习的具体内容包括：党的十九大精神、全国“两会”精神、习近平总书记“五四”讲话精神、习近平总书记在马克思主义诞辰 200 周年大会上讲话精神，以及全国组织工作会议、全国宣传思想工作和全国教育大会等会议精神。在学习过程中，学院党委委员，专兼职辅导员和学生党总支委员联系指导或现场点评，支部认真组织，研究生全员参与，内容丰富，形式多元，取得了较好的学习效果，并涌现出一批优秀的研究生党支部和研究生党员典型。

二、案例解析

1. 案例思路与理念

按照“党委指导—总支搭台—支部落实”三级联动机制的工作思路，以学懂弄通做实为举措，依托纵向设置的党支部，依托组织生活会等载体，有条不紊地组织好研究生集中理论学习。坚持务实、创新、共享理念，注重学习效果，创新学习形式，扎实推动习近平新时代中国特色社会主义思想在研究生群体中入脑、入心、入行。

2. 案例设计与实施

(1)立足“两个依托”，实现学习对象全覆盖。学院研究生以课题组、实验室为基础纵向设置23个党支部，确保每一名研究生都能纳入支部统一管理。该模式与学院教学科研总体发展战略目标相一致，体现了高素质人才培养的要求，逐渐形成了“依托支部、立足科研、全面参与”的组织工作格局，党支部、依托支部每月组织生活会，采取自学与集中学习相结合的形式，使理论学习基本覆盖全体研究生。

(2)学院党委顶层设计、宏观指导。每季度学院党委通过党委会或书记办公会根据上次党委相关要求，设计和布置理论学习任务。院研究生党总支据此制定年度理论学习计划，通过研究生工作双周例会、每月党总支的联席会及支部书记会传达学习要求，布置学习任务，规范学习内容，明确纪律要求，以此增强支部的凝聚力、战斗力和向心力。

(3)坚持研究生党总支委员与党支部书记联席会制度。每月初召开研究生党总支委员与党支部书记联席会，总结交流上月工作，布置当月组织生活会学习主题和支部工作。要求学习活动主题明确、形式新颖、内容丰富，确保理论学习内容丰富、准确，并结合实际，学以致用。

(4)实施学院党委委员、辅导员、研究生党总支委员联系党支部制度。每个学院党委委员、辅导员、研究生党总支委员分别联系3~5个党支部，参加支部组织生活会，参与学生谈心谈话。学院党委委员、辅导员、研究生党总支委员能够现场有效地了解各研究生党支部工作开展的实际情况和学习效果，及时给予学习指导，同时全面地接触支部、实验室和课题组的每一名同学，全面掌握学生的思想和学习情况。

3. 工作实效与经验

(1)教育者先学一步，做好精神的层层传达。针对重要会议精神的传达学习，学院党委书记、副书记都会先学一步，并召开党委会、支部书记工作会和党课专题学习。分管研究生工作副书记召开工作例会，引导专兼职辅导员集中学习，再通过党总支及支部书记联席会布置传达，做到每一次理论学习主题，研究生党总支书记及辅导员先学一步、深学一层，形成层层有学习、层层有落实的学习格局。今年以来，党委书记、副书记累计为研究生讲党课10多次，邀请专家学者为研究生党员骨干作专题讲座5次，党总支召开理论学习专题布置会7次。

(2)党总支准备学习资料，内容充实且针对性强。针对每一次理论学习，研究生党总支统一提供学习参考资料，供各支部学习使用，内容丰富全面，形式多种多样，包括文字、视频、PPT、图书等资料，确保理论学习内容充实，为各党员理论学习提供了强大的内容保障和支撑。

(3)支部集中学习，氛围浓厚。23个研究生党支部每月定期召开组织生活会，进行理论学习。学习内容丰富，学习方式多样，通过支部集中讨论、视频收看、知识竞赛、心得分享、情景展示等多样化方式，使得理论学习寓教于乐，变枯燥为活泼，易于被大家接受，掀起理论学习热潮。例如，在学院组织的第三届研究生支部主题党日活动设计及实施比赛中，有的支部通过小品演绎“五大发展理念”，有的以脱口秀讲述十九大精神，有的以红歌唱响新时代，研究生不仅参与度高，而且学习效果显著。

(4)坚持“三层联系”，落实考核机制。“三层联系”指的是学院党委委员、辅导员和研究生党总支委员均联系研究生党支部，参加支部组织生活，从而更加有效地了解各研究生党支部运转的实际情况，总结支部工作中的成功经验，切身接触支部内的每一名同学，帮助支部更好发展。与此同时，通过层层联系，加强监督，落实考核，尤其注重考核结果的运用，为党员民主评议、“七·一”评优等做好参考依据。

(5)理论学习参与度高，覆盖面广。得益于纵向设置党支部，每次理论学习可以覆盖党员、积极分子和群众。据统计，2018年以来召开的历次理论学习会议，覆盖率达到了93%，基本上实现了学习全覆盖。同时，每一次理论学习会后，各正式党员、预备党员、积极分子交流并撰写心得体会，要求内容朴实，贴合实际，并及时反馈学习效果，党总支统筹安排，择优摘编成文进行宣传报道。今年以来，累计发布支部学习新闻161篇，通过公众号推送学习感悟近20篇。

三、案例点评

1. 案例典型特征

(1)学院党委、研究生党总支和支部三级联动机制是学院党委会、党总支及支部书记联席会和支部大会的三级响应，为开展研究生理论学习提供了强有力的组织保障。

(2)党委委员、辅导员和党总支委员三层联系机制畅通了党委与基层、老师与学生、学生与学生之间的沟通渠道，为组织好研究生理论学习提供了良好的工作基础。

(3)纵向设置党支部和每月坚持召开的组织生活会确保了学习对象的全覆盖，加之推行监督考核机制，能够有效保障学习效果，营造良好的学习氛围。

2. 案例推广价值

本案例立足于夯实研究生开展理论学习的组织基础和联动机制，以“两个依托”为载体，制订理论学习计划，组织好研究生理论学习。

通过党总支联席会布置、支部组织生活会实施、党员学习心得反馈的联动，学院党委委员、辅导员和党总支委员直接参与到理论学习的中心环节，可以直接观察到研究生理论学习的情况和效果，从而为进一步完善研究生培养模式提供借鉴和依据。

3. 思考与建议

本案例在实施过程中，也存在一些问题值得思考与改进。比如：一些党支部的学习方式过于单一，学习教育流于形式，没有达到预想的目的；个别支部在考勤管理方面做的不到位，没有做到学习对象全覆盖；针对一些理论学习请假的支部成员，没有实行“补课”机制；对于理论学习组织较好的支部，缺乏明确的鼓励机制等。因此，在下一步的工作中，应该在以下几方面努力：一是进一步提高大学生思想政治教育的站位，培养党员骨干的政治意识，让他们充分认识到理论学习的重要性，以点带面，辐射周边，带动全体；二是引入“奖励”和“补课”机制，对于组织得力的组织和个人要予以宣传表彰，对于学习后进的组织和个人要予以诫勉劝导，使得理论学习实现全方位覆盖；三是建立研究生理论学习的长效机制，在充分领悟、吃透文件精神的前提下，科学安排学习计划，大力开展广大工科研究生喜闻乐见而又不失严谨的活泼的理论学习活动。

（撰稿：孟勇　审稿：龚文德）

“教书育人奖”——我心目中的好老师

（武汉大学遥感信息工程学院）

一、案例综述

为贯彻落实中央和武汉大学关于加强和改进新形势下高校思想政治工作的意见，进一步强化人才培养的中心地位，突出教育为本、德育为先的教育理念，增强广大教师“立德树人、教书育人”的责任感和荣誉感，在全院形成爱岗敬业、奋发向上的工作氛围，并充分调动全院教师投身教育教学的积极性和创造性，遥感信息工程学院利用张祖勋院士个人捐赠款项设立“教书育人奖”，旨在评选表彰一批热爱教学、深受学生爱戴，在教书育人、教学改革与建设等方面表现突出的优秀教师。目前该奖项已连续评选两届，在全院范围内形成了关心学生、重视教学、重视育人的良好氛围。

“教书育人奖”的评选将思想引领和师德师风评价放在首位，突出了教师的实际贡献和教学水平，激励广大教师潜心教书育人，弘扬社会主义核心价值观，加强师德师风建设，坚持教书和育人相统一、言传和身教相统一、潜心问道和关注社会相统一、学术自由和学术规范相统一，坚守崇尚精品、严谨治学、注重诚信、讲求责任的学术品格和优良师风，努力做到有理想信念、有道德情操、有扎实学识、有仁爱之心。

二、案例解析

1. 案例思路与理念

遥感信息工程学院“教书育人奖”通过彰显导师风采以感恩师情、树立模范促进师风师德建设、师生互动增加师生情谊等方面向全院乃至全校弘扬“教书育人”的良好风气；同时展现教师风貌，发挥榜样教师的典范作用，树立好导师模范，进一步加强学院师德师风建设，营造学院良好教学氛围，融洽师生关系，倡导尊师重教、感念师恩的良好风气，鼓励学院在保证教学质量的同时提高学生的感恩意识和教师的教学科学性，在打造教学相长的和谐学院方面有重要的现实意义。

2. 案例设计与实施

活动从每年7月份开始，历时三个月，参与和投票人数高达300人，主要分为前期宣传和材料制作、网页链接及在线展示、进行投票和颁奖仪式三个阶段：

(1)广泛宣传，积极动员

遥感学院向全体研究生党支部发出“教书育人奖”的活动号召，并在学院官网发布公告，各支部积极发挥自身优势，充分利用微博、QQ、微信公众号等网络平台进行组织宣传，在全院范围内广泛推广，并在本次活动结束后持续推进“教书育人奖”获奖代表宣传工作，展示我院教育发展成就，规范教师从教行为，进一步营造尊师重道、以德育人的学院氛围。

(2)发挥专长，搭建平台

为扩大活动影响力，搭建更加全面的评价平台，加强并提高学院优秀教师师德师风的宣传力度和对外影响力，学院新媒体学生工作室积极发挥专业优势，组织技术人才搭建网上平台，制作教师网上风采展示平台和“教书育人奖”线上投票系统。同时，全体研究生积极响应，广泛搜集导师素材，展示导师风采。

(3)组织颁奖，扩散影响

在学院相关部门和研究生党支部的组织筹备下，学院隆重举行了第二届“教书育人奖”颁奖典礼。典礼现场，校党委书记韩进，中国工程院院士张祖勋教授，中国科学院院士、遥感信息工程学院院长龚健雅教授，院党委书记毕卫民出席会议，学院全体教职工及部分学生代表参加会议。会上十位学生代表手捧鲜花步入会场，依次宣读获奖教师颁奖词，并向获奖教师献上鲜花与祝福。韩进书记、张祖勋院士共同为获奖教师颁发荣誉证书。获奖导师代表在发言中表示荣誉的获得让他们倍感自豪，表示在今后的工作中将心系责任、做学生学习成长的引路人，走进学生、做学生交心知心的良师益友，更加致力于教书育人，为学院人才培养贡献师者的力量。张祖勋院士是“教书育人奖”发起人，他回顾了摄影测量与遥感学科奠基人王之卓先生做人做事做学问对自身发展和教育教学工作的重要影响，强调优秀教师对学生成长的重要性，希望教师们时刻谨记并认真履行教师责任，回归教育本质，勇于挑战创新，回报国家和社会。龚健雅院士感谢全体教师对学院人才培养工作所做的贡献，号召全体教工在全国教育大会精神的指引下，秉承以学生为本的理念，聚焦教书育人，潜心教育教学，培养更多全面发展的优秀人才。典礼最后，全体教师在受表彰教师的带领下，共同朗诵《师德铭》，并一致表示，将忠诚党的教育事业，爱岗敬业，甘于奉献，以德立身，以德立学，以德施教，争做“有理想信念、有道德情操、有扎实学识、有仁爱之心”的优秀教师，更好地担当起学生健康成长指导者和引路人的责任，为教育事业发展做出新的贡献。

3. 工作实效与经验

“教书育人奖”为广大研究生搭建了一个向导师表达感恩之情并传递师恩的多元化网络平台，在导师中树立典型，在典型中颂扬优良品德，既增进了广大研究生对导师优良品德和渊博学识的了解，也激发导师更加注重与学生之间的互动交流，进一步促进师生和谐相处，为推动学院建设，在全院师生中营造一个相互尊重理解的良好氛围，形成更加和谐的教育求学环境做出了贡献。

(1)搭建尊师德谢师恩的平台，促进师生互动交流

“教书育人奖”活动提供了师生相互了解、互动交流的平台，既增进了广大研究生对导师高尚品质和丰富学识的了解，加强了学生对教师的感恩意识，也激发导师更加注重与学生之间的互动交流，从而使教师了解学生的想法，尊重、关爱学生，关注学生的需求和成长，和学生融洽相处。此活动进一步促进了师生和谐相处。

(2)营造良好的教育教学氛围，推动学院和谐发展

“教书育人奖”活动充分地调动了每位研究生党员的主观能动性，同时也潜移默化地影响到每位导师对学生的态度，促进师生关系和谐发展，在全院师生中营造一个相互尊重、相互理解的良好氛围，形成和谐的教育求学环境，推动了和谐学院的建设。

(3)展示优秀教师的师德师风，积极传递正能量

“教书育人奖”活动以学生的眼光、立场、经历来评价导师，展示导师的师德师风，其评价内容和角度更为多元、更为生动地展示了优秀教师的风采。在全院乃至全校范围内弘扬“教书育人”的良好风气，在教师中树立先进典型，发挥榜样教师的典范作用，倡导学习榜样，积极传递正能量。

(4)创新研究生党建工作方法，增强党支部的凝聚力和战斗力

“教书育人奖”活动充分调动每位研究生党员的主观能动性，扩展了党员组织生活的空间，创新了党员组织生活的载体，转变工作形式和内容，进一步提高了党员教育的有效性。在活动中，同学们体会到相互尊重、相互理解的重要性，同时体会到导师的辛苦和不易，被导师高尚的品德和无私的精神所感动。同时，此次活动变传统意义的静态说教、灌输为以研究生为主体的动态互动、参与，实现工作内容从单板、单一的政治学习转为研究生喜闻乐见的活动，寓教于乐，收效显著，进一步扩大了研究生党支部在学生中的影响力，增强了研究生党支部的凝聚力和战斗力。

三、案例点评

1. 案例典型特征

该案例立足于遥感信息工程学院的学科特点，以专业为依托，以文化为载体，搭建多样化平台，用互动参与的方式来实现原来枯燥乏味的党员教育，让党员积极参与并在活动中获得成长。

2. 案例推广价值

该案例不仅在全院乃至全校范围内弘扬了"教书育人"的良好风气，还将"让最好的教师培养学生"的风气传下去，将严谨科学、实事求是的态度，踏实肯干、追求真知的作风传下去，而且活动在形式上具有创新性，充分体现了以创新来推动研究生党建的工作思路，取得了良好效果。此次活动使研究生党员理解了导师工作的不易，增进了学生和导师之间的尊重、理解，为建设和谐学院、和谐校园起到了重要作用，具有很大的推广价值。

3. 思考与建议

此次活动不是传统意义的静态说教、灌输的党员教育活动，而是结合学院学科特点，搭建多样化平台，充分调动每位研究生党员的主观能动性，提高党员的参与度和归属感，实现工作内容从单板、单一的政治学习转为研究生喜闻乐见的活动，寓教于乐，提高了党员教育的有效性，进一步扩大了研究生党支部在学生中的影响力，提高了研究生党支部的凝聚力和战斗力。

今后，我院会继续结合学科特色，以网络等为载体开展特色活动，增强学习的灵活度和互动性，改变传统枯燥乏味的学习状况，增加党员的参与感，使组织生活更丰富多彩。

（撰稿：仝春艳　审稿：何凌）

经纬之光　中国梦飞扬

（武汉大学测绘学院）

一、案例综述

“乘风好去，长空万里，直下看山河。”中国共产党从 1921 年到 2018 年，经历 97 年极不平凡的岁月，取得了举世瞩目的成就。这个历史悠久、底蕴深厚的国家正步入新时代，焕发着蓬勃的生机与活力。筚路蓝缕，以启山林；艰难困苦，玉汝于成。如今的我们，正站在前人开辟的道路上，使命与担当，任重而道远。测绘学院以此为契机，在“七一”期间，开展一系列学院师生学习宣传贯彻习近平新时代中国特色社会主义思想的思想政治工作。

本案例命名为“经纬之光”工程，“经纬”为测绘专业的标志，“光”寓意党的指导思想照亮前进的方向，分别从理论素养、实践服务、学术创新、历史传承、青年理想五个维度开展工作，覆盖广大师生学习工作的方方面面。

二、案例解析

（一）案例思路与理念

深入学习宣传贯彻习近平新时代中国特色社会主义思想，推动加强研究生思想政治工作体系建设，总结凝练、宣传推广我院师生学习宣传贯彻习近平新时代中国特色社会主义思想的先进做法和典型经验，教育引导广大师生增强“四个意识”，坚定“四个自信”，做到“两个维护”，为伟大事业建功新时代。

（二）案例设计与实施

1. 理论之光——党建知识竞赛

测绘学院通过开展研究生党建知识竞赛创新研究生思想理论学习形式。每年 5 月中旬，在测绘学院报告厅研究生党建知识竞赛都会如期举行，截至 2018 年已经举办了三届，每年都有十多个党支部的上百人参与。知识竞赛分为初赛和决赛两个阶段，初赛为笔试，内容涵盖习近平新时代中国特色社会主义思想、党章党规党史基本知识、十九大报告等，根据笔试成绩高低从报名的队伍中选出四支参赛队伍进入决赛。决赛为现场PK，分为基础必答题、听歌识曲题、风险抢答题、观众抢答等答题环节，内容包含党史、党章、时事政治、党员发展工作规范、红歌等方方面面，并环环相扣，增加了答题的趣味性以及观众的参与度，通过同学们喜闻乐见的形式达到了加强理论学习的效果，引起很好的反响，参与人数逐年增多。

2. 传承之光——“七一”表彰大会

“七一”表彰大会是测绘学院每年“七一”建党节前夕的常规活动。每年6月，学院组织评选先进学生党支部、优秀学生党务工作者、优秀学生党员，6月底，在学院报告厅组织召开“七一”表彰大会，全体学院领导、教师党员代表、学生党员代表共200余人参加，大会共分成奏唱国歌、宣读表彰决定、受表彰代表发言、学院党委书记讲话、重温入党誓词五个环节，大会对于传承党的优良传统、树立先进典型起到重要作用，勉励获奖支部和党员再接再厉，号召其他党支部和党员向先进学习，通过重温入党誓词，回忆入党初心，进一步发挥好党支部的战斗堡垒作用和党员的先锋模范作用。

3. 青年之光——主题党日活动

测绘学院严格落实“三会一课”制度，切实推进“两学一做”学习实践活动，通过开展丰富多样的研究生主题党日活动，加强理论联系实际，各研究生党支部平均每月会开展一次主题党日活动，支部全体党员同志参加，如开展学习习近平总书记讲话、支部晨读分享会、经典咏流传——马克思主义经典诵读、十九大报告朗诵接龙、“绘声绘影”主题党日活动、“品荆楚文化，做合格党员”荆楚文化学习主题党日活动、“湖泊每月清洁日”活动、收听收看庆祝改革开放40周年庆祝大会等，通过内涵丰富、形式多样的党日活动，提高研究生党员的党性意识，提升理论素养，付诸实践行动，在提升自己的同时服务社会。

4. 学术之光——党委专题学习

测绘学院党委通过党委委员轮流主讲的形式开展党委专题学习，丰富教职工党员理论学习形式，加强学院教职工党员理论素养，每年开展四次以上党委专题学习，学习主题包括学习《习近平在中国科学院第十九次院士大会、中国工程院第十四次院士大会上的讲话》、学习十九届三中全会和全国两会精神、学习党的十九大精神等。主讲老师认真备课，结合自己的工作生活实际，通过细致生动形象的讲解，增强了学院党委对时政热点的学习。如教育部长江学者特聘教授、国家杰出青年科学基金获得者姜卫平教授以“牢记使命，锐意创新；不计名利，努力奋斗”为题，从使命责任、自主创新、淡泊名利三个方面分享学习习近平讲话精神的心得体会。教育部长江学者特聘教授、国家测绘地理信息局科技领军人才许才军教授从“6个坚持”、“5个着力”、存在的“5大问题”、当前的主要“5点任务”、习近平对科技工作者的希望和关爱，逐条剖析习近平总书记讲话的内涵与精神。

5. 实践之光——“七一”走访慰问

每年“七一”，学院教师党员和学生党员都会慰问困难党员群众，慰问对象包括生产工作一线的党员，重点是奋战在“三大攻坚战”一线和省内在建重大工程重点项目的党员、生活特别困难党员、因病致贫的特困群众、生活确有困难的离退休党员干部、基层党务工作者、工作在基层一线生活确有困难的基层干部等。党员领导干部带头，采取上门看望、座谈访谈、短信祝福等多种形式，开展“七一”走访慰问活动，并根据学校标准为困难党员群众发放慰问金，深入听取慰问对象的意见，力所能及地帮助他们解决具体困难。

(三)工作经验

(1)周密筹划，有备无患。各项工作事先需进行周密的筹备和计划，对于其中的关键环节要反复推演和调试，并且在策划时人员与时间均需留出“预备队”以应对突发情况。

(2)因材施教，与时俱进。各项工作进行时应充分考虑到不同受众对象的特点，采取合适的方式与形式，不断结合新理念、新技术辅助活动高效开展。

(3)痕迹管理，后事之师。各项工作结束后要注重对工作成果的总结，反思实施过程中存在的问题，讨论优化和改进的方案，并做好记录，确保真正“学有所获”。

三、案例点评

(一) 案例典型特征

1. 内容覆盖面广

相关内容既包括对党的基本理论知识、重要指导思想以及习近平系列讲话的“学”，也包括践行为人民服务的宗旨，慰问困难党员群众的“做”；既包括对广大师生政治思想的教育，也包括对专业技能和学术创新能力的要求；既包括对革命历史的纪念和红色精神的传承，也包括为新时代伟大梦想而不懈奋斗的决心。从不同的角度和维度设计方案细则，针对不同的受众群体个性化体现工作重点，环环相扣，因材施教，确保实现思想教育和学习贯彻的最佳效果。

2. 形式丰富多彩

不拘泥于书本和授课的传统形式，而是引入诸如知识比赛、先进表彰、慰问走访等形式，促进党建工作的活力，调动师生参与的积极性；针对学习材料也引入观看新闻视频、朗诵重要讲话、进行专题辅导报告等方式增强师生的参与感与获得感，做到真学真懂真信真用。与此同时，注重新媒体和互联网的应用，及时发布学习资料和活动宣传信息，利用自主研发的若干计算机程序辅助日常工作及有关活动的开展。

3. 结合专业特色

“科技兴国，教育强国”，习近平总书记对高校教育工作者和科研工作者提出了新的更高要求。在理论学习的同时，结合测绘学科自身的特色，切身体会“创新是发展的唯一途径”，深入思考如何将专业领域的知识应用在国家发展建设过程中，如北斗导航、人工智能、云计算、大数据应用等，在专业升级改造中积极主动创新，优化学科体系、教学体系、管理体系，培养创新人才，为实现“中国制造2025”和中华民族的伟大复兴贡献测绘力量。

（二）案例推广价值

案例可操作性和可扩展性强，具有较好的推广价值。可操作性具体体现在各方案步骤明确、清晰易行，受环境设备等外在因素影响较小，示例很容易进行复制和推广。可扩展性具体体现在围绕主题的前提下，各项工作高度模块化，彼此间不受干扰，可根据实际情况和专业特点对个别模块重新组装和设计，并且不影响其他工作的开展。

（三）思考与建议

“浩渺行无极，扬帆但信风”，高校思想政治工作要注重时效性，尤其是进入新时代，我国社会不断发展，中国特色社会主义理论体系不断完善，各领域成果凸显，需要紧跟时代步伐，及时开展教育和宣传工作，充分利用新媒体和互联网等工具和平台，提升宣传教育的效率和广度。与此同时，思想政治工作也要与专业实际相结合，让师生站在自身专业背景的角度理解和思考党和国家的方针政策，增强师生的参与感，变被动获取为主动思考，变思政与专业分离为两者共同促进，增强思想工作的效果。

（撰稿：迟宗宝　审稿：张朝龙）

第六章　奋进之笔

武汉大学研究生“双百”创建

根据《中共教育部党组关于高校党组织“对标争先”建设计划的实施意见》(教党〔2018〕25号)和《教育部办公厅关于开展高校“百个研究生样板党支部”和“百名研究生党员标兵”创建工作的通知》(教思政厅函〔2018〕28号)安排和评审工作方案,经组织推荐、专家通讯评审、教育部党建工作领导小组成员单位集中审议、结果公示,遴选产生97个研究生样板党支部,100名研究生党员标兵,2019年1月,教育部办公厅公布了首批高校“百个研究生样板党支部”“百名研究生党员标兵”创建名单。

武汉大学资源与环境科学学院环境类2016级博士生党支部、水利水电学院水文系研究生第一党支部获评全国高校首届研究生“样板党支部”;马克思主义学院2016级博士研究生张瑜、电气工程学院2016级硕士研究生杨铮获评全国高校首届研究生“党员标兵”。我校推荐的2个研究生党支部、2名研究生党员双双入选,获奖率100%,获评总数量排名全国第二,仅次于清华大学。

一、紧扣时代脉搏,锻造支部“三力”

武汉大学资源与环境科学学院环境类2016级博士研究生党支部成立于2016年9月。这个拥有11名党员的支部注重突出博士生特色,坚持创新发展,引领大家共同成长,勇担社会责任。该支部入选全国高校“百个研究生样板党支部”,承担的党支部活力创新工程重点项目获评学校一等奖,并荣获全国高校“两学一做”支部风采展示活动“学生党支部工作案例优秀作品”。

1. 建章立制,强化支部管理

支部成立以来,全面学习贯彻习近平新时代中国特色社会主义思想和党的十九大精神,扎实推进“两学一做”学习教育常态化制度化,切实加强支部各项建设,党支部的创造力、凝聚力和战斗力得到提升。为建立和健全自身的组织体系,支部在成立之初就建立了各项机制,对支部的整体运行进行了规范化与制度化,并且坚持“细化到位、执行到位、检验到位”的措施。在做好支部的“规定动作”之外,还创新性地建立了与学院其他支部的联席会议制度、以党建带团建制度等。

2. 思想引领，锤炼党性修养

在理论学习方面，支部坚持“夯实学习基础、创新学习形式、深化学习内容”。在组织党员深入开展学习贯彻习近平新时代中国特色社会主义思想、党的十九大精神、全国高校思想政治工作会议精神等活动的基础上，支部还创立了“先进人物事迹学习午餐会”；开展赴红色教育基地为支部成员过“第二个生日”；“线上线下学习教育双结合”等已成为常态化的活动，切实让支部党员达到心灵上震撼、精神上洗礼、思想上升华，真正做到“一个支部一面旗，一名党员一盏灯”。自成立以来，支部共开展活动64次，其中现场活动达37次，实现了党员教育“理论与实践、课堂与现场”的有机结合。

3. 练好内功，对话青春信仰

作为博士生，科研任务重。支部坚持抓党建促科研，党员教育与学术研究齐头并进，支部党员要在学术科研方面发挥模范带头作用。多位成员获得研究生国家奖学金、国家励志奖学金、专项奖学金等。同时，支部成员在多项国际会议中获得优秀论文奖，承担科研项目40余项，7名成员有出国/境学术交流和联合培养经历。支部成员发表论文44篇(SCI论文20篇、中文核心论文14篇、会议论文10篇，人均4篇)、实用新型/发明专利11项，参加国内/际会议20余次，获相关奖励证书60余份。

4. 服务群众，弘扬奉献精神

在志愿服务方面，支部在坚持定期开展志愿活动的基础上，努力做到丰富活动内容、创新活动形式、打造活动名片。支部成立以来，共开展志愿活动12次，其中支部成员董祎挈同志献血次数高达60余次，荣获“全国无偿献血奉献金奖”。在学术、生活以及社会服务的活动中辐射带动了身边的党员和群众，为支部建设打下了良好的群众基础。

5. 总结推广，打造工作品牌

支部着力打造自己的工作品牌，建立了专属微信群、QQ群与“珞珈星火”微信公众号。其中，“珞珈星火”公众号除了推送涵盖了政治、生活、学习、军事、文化等各方面的时政热点与文化精粹外，还将传统宣传方式(如宣传册等)与“互联网+”新媒体(如MAKA H5、微信推送、官方网站等)宣传方式有机结合，形成了横纵辐射网，扩大了支部建设活动的宣传面、覆盖面。据不完全统计，总浏览量已达20000余次，单篇浏览量高达2200余次。

二、不积跬步，无以至千里

水利水电学院水文系研究生第一党支部成立于2005年9月，现有成员55人，其中正式党员30人，预备党员4人，积极分子21人。14年来，党支部坚持“党建引领促发展”的工作思路，切实加强基层党组织建设，通过制度创新、典型引路和辐射带动，逐渐打造出一支经验丰富、努力向上、具有较强战斗力和凝聚力的集体，书写了“不忘初心，青春建功”的壮丽篇章。支部成员多点开花，近三年获评国家级奖项21项，省级奖项11项，校级奖项132项，奖项覆盖科研、创新创业、社会实践、文体活动及志愿服务等众多领域。支部成绩突出，曾于2016年获评湖北省高等学校先进基层党组织。

1. 制度创新，全环节打造坚强战斗堡垒

一个团队的优秀，首先要归功于制度的先进。刚开始支部人数众多，分散于5个实验室。“要想将这么多学生统一管理并充分调动，我们要在每个实验室分设管理者，并制定统一的签到制度。”谢艾利书记这样的管理想法促成支部依托实验室纵向设置，将硕士、博士统一纳入管理，并形成了有效的实验室学生主任责任制、周签打卡制、安全卫生责任制、学术不端零容忍制等。

党员的培养培优是重中之重，“我们党的历史并不遥远，党的现在也并不复杂，只有知道怎么来的，才能知道身在何处，才能知道去往何方。”这样的信念引导支部坚持将理论学习放在首位，深入贯彻落实“三会一课”，规范党员发展、教育、管理和监督。

如何将一套复杂的培养流程安排的生动，又不失审查的严格性？为了破解这一难题，支部着手开展工作制度的创新，逐步形成一套广泛教育、重点培养、择优发展的“三步走”足迹成长的特色发展模式，采用足迹卡打分制对支部全员进行综合评价，定期统计公示；建立“点对点”帮助制度，根据积极分子学习和生活的特点，一对一指定党员联系帮扶，提升党员联系培养的针对性；实行发展党员预审制，严把党员培养每个关口，每一名发展的新党员都需完成“三个一”，即一次理论学习交流、一次会议记录、一次通讯稿；推行预备党员公开承诺制，到期转正需兑现承诺，党员成长过程更加量化具体。

今年刚刚转为正式党员的2016级博士生潘正可同志说：“在一年的预备期中，我多次参与党的理论学习，在组织生活会上，师兄师姐们给了我很多有用的建议，我的努力方向更加明确，也更清楚了身为一名正式党员所要承担的职责义务。”

2. 典型示范，多领域先锋模范作用凸显

榜样，是成员的灯塔，照耀前行之路。为了更好发挥身边优秀党员的示范作

用，发挥榜样力量，支部注重树立、宣传、推广研究生典型人物、典型事迹，形成了浓厚的创先争优风气。理论武装，高仕达、李赫先后入选校十九大精神博士宣讲团，带头学习时政理论；弘扬学术，杨光、李立平等主讲“弘禹论坛”；立足国际，冯茂源、桂梓玲等多位党员出国交流学习，参加国际学术会议；勤学务实，闫磊、谢艾利等多人次荣获国家奖学金；红色传承，“红军后人”刘章君同志组织支部进行红色传统革命教育。

“水利人”“实践者”“创客”这三个标签诠释了榜样党员尹家波博士的多重角色。他是中美青年领袖百人会英才奖获得者，领衔42项国家专利，创办武汉润渠科技有限责任公司，获得百万“风投”，今年10月还在国际权威杂志《自然·通讯》上发表文章。他多次在组织生活会上发表精彩言论，传授学术经验，分享处事之道。

“矢志笃行显青年担当”，这是对2017级博士研究生高仕达的最好印证。他曾任武汉大学研究生会主席，现任武汉大学研究生会博分会主席，先后获得“雷军奖学金”、全国大学生水利创新设计大赛特等奖。本科毕业后，他毅然选择赴新疆支教，获评团中央“奋斗的青春最美丽”新疆优秀志愿者。作为武汉大学代表，他在北大师生交流会上畅谈青年梦想，其言论荣登《人民日报》。

3. 党团共建，全方面多元服务共享成才

支部坚持规范提质、服务同学的理念，以党建促德育，以党建促科研，以支部带全面，以党员带全体。服务自我，薪火相传。学术交流——发扬支部“传帮带”的优良传统；就业指导——为支部成员在就业之路上增添经验；心理关怀——及时帮扶困难同学，从源头上保证党肌体的健康活力。服务院校，辐射带动。高仕达在新生典礼上分享个人经历，寄语新生需全面成才；谢艾利在联席会上分享党建工作经验，为学院党建工作助力。服务社会，实现价值。捐书送暖——为贫困山区的孩子送去知识；关怀老兵——捐赠款至铁血老兵公益基金；新疆支教——为西部建设贡献力量；创新就业——为行业输送专业人才。

支部在活动中广泛征求意见，以评促建，以评促改。支部党日活动入选武汉大学“头雁一期训练营”的情景教学模拟环节，以94%以上的观众满意度获得了第一名的好成绩。支部三年来囊括学院党日活动风采大赛一等奖、学院“羽林争霸”羽毛球赛、篮球赛一等奖……各项活动成了支部的宝贵舞台，排演中成员们互相熟识，共同努力，默契度越练越高，凝聚力越聚越强。

支部还积极搭建新媒体平台，建设“互联网+”支部，通过微博、微信、个体账号“武小文”等沟通渠道，发挥新媒体便捷、快速、高效的优势，将理论学习开在线上，定期转发前沿的党建理论和时政要闻，推送特色活动，分享学术前沿知识，保证党员沟通效率，提高支部凝聚力。这种线上互动的模式得到了大家的认可，提

高了成员参与积极性。“你好，旧时光”——纪念改革开放四十周年的系列推送获院级公众号推送转发，党日活动微博话题“温暖老兵爱在路上”阅读人数达 6.7 万，讨论人数达 147，话题排到公益话题榜第 85 名。

支部书记安日辉表示：“荣誉是激励，更是鞭策。我们将以此为新起点，不断增强党支部的凝聚力、创造力和战斗力，助力基层党建工作再上新台阶。”

三、高举旗帜聚人心 自觉担当青年马克思主义者的神圣使命

张瑜，中共党员，武汉大学马克思主义学院 2016 级思想政治教育专业博士研究生。

她是坚定的信仰者。张瑜同学自入党以来，就一直注重提高自己的政治站位、坚定自己的信仰信念，并在工作生活中时刻以共产党员的标准严格要求自己。她多次获得武汉大学“优秀研究生标兵”“优秀党员”“优秀学生干部”等光荣称号，更在 2017 年度当选武汉大学“十大珞珈风云学子”。

她是积极的学习者。张瑜同学本硕博均获得“国家奖学金”，她不断提升自身科研能力，所发文章以独立作者身份两次被人大复印资料全文转载，撰写的报告作为专家咨询建议被湖北省委采用并上报到中央办公厅，更在《光明日报》发文，号召青年一代勇担民族复兴大任。

她是有力的传播者。她是武汉大学博士生宣讲团的团长，同时还是武昌区委理论宣讲团和武汉市青年宣讲团的成员。她持续深入武汉大学多个院系研究生党支部，帮助引导青年大学生们及时正确地认识、认同和践行党的最新理论成果，并多次深入武汉市武昌区街道、黄石市、红安县、贵州省贫困山区、福建宁德、深圳罗湖区和厦门市集美区进行理论宣讲，给党员干部和群众讲看得见、摸得着的获得感、幸福感和安全感。她近 30 次登上宣讲的讲台，受众人数千余人。作为新时代理论宣讲工作者的一员，张瑜同学的理论宣讲不仅观点新颖、视角独特，更具备一定的理论深度、视野广度和思想高度，更难能可贵的是，她一直将理论宣讲作为自己的信仰，带着情感温度去敬畏、带着赤子之心去全身心投入。

2018 年暑期她还受邀参加中共中央宣传部召开的学习宣传贯彻习近平新时代中国特色社会主义思想系列研讨会第四场研讨会，作为唯一受邀参会的青年学生代表，作了题为《为推进新时代改革开放 凝聚强大青春正能量》的发言，得到了与会领导、专家学者的普遍好评，认为她很好体现了青年马克思主义者的风采、新时代青年的责任担当。

她是忠实的践行者。她知行合一，把优秀共产党员的标准融入自身工作和生活中。她多次负责学院举办的全国重要会议的会务工作，她还主动帮助生活上有困难的同学。她身体力行，多次深入基层、深入人民群众之中，上山下田、走村入户，为当地发展献计献策，同时还看望当地留守儿童，对他们进行心理辅导。

张瑜同学真学、真信、真用、真行党的最新理论，她以自己较高的理论水平、理性的观察思考、深切的人民情怀、通俗的话语表达，发挥着理论宣讲的示范引领作用，在彰显马克思主义理论温度的同时，更体现了她作为马克思主义者的情感温度，为周围同学树立了良好的青春榜样。

四、立鸿鹄志，练真本领——做伟大工程之“工匠”

杨铮，男，汉族，1994年2月出生，现为武汉大学电气与自动化学院2016级硕士研究生。作为工科党员，杨铮坚持以“工匠精神”磨砺党性，矢志向前。他将自己定位为一个根植理想信念，永葆入党初心，勤恳奋勉，为老师分忧，为同学解难，为实现伟大梦想、建设伟大工程的“工匠”。

砥砺奋进，勤于创新。他谨记党员的责任与使命，发扬新时代“工匠精神”，始终坚守于服务第一线。本科期间曾组织筹办支部与学校党办党支部的结对共建活动。研究生担任学院党总支副书记期间，他进一步深化师生结对共建、推进朋辈帮带、精准扶困脱困、聚焦电力发展前沿、深挖“党建促科研”的引领作用，通过创新“互联网+党建”等新形式开展支部工作，活动期间网络直播总时长超过15小时，实时在线观看人数共达3899人。

示范导航，求真克难。他作为技术骨干参与国家自然科学基金、国家科技支撑计划等国家级科研项目，发表EI检索论文10篇，公开实用新型专利10项，获评研究生国家奖学金2次。为了传递学术正能量，助力大学生科研素质提升，他和实验室学术能力强的几位党员一道开展了本科生科研技能培训讲座，认真指导本科毕业设计，科研成果产出比例高达80%。他在科研学习上充分发挥研究生党员的先锋模范和辐射引领作用，发扬做事专注、勇于创新的“工匠精神”。

以学促行，全面发展。他曾获省部级以上学科竞赛奖项6项，在中国研究生数学建模竞赛中获全国一等奖。他致力于公益活动，常活跃于学科学术年会、开学迎新、校园樱花季志愿服务等活动中；积极策划“小亭支教队”志愿服务，与党支部同学赴湖南新宁开展关爱留守儿童活动，深入走访调研，传承“小亭精神”。作为青年党员，他知行合一，正能量满满，时刻践行习近平新时代中国特色社会主义思想，积极投身到新的伟大工程的建设中。

（撰稿：梅菲　孟勇　张瑜　杨铮　校核：司文超）

武汉大学博士生宣讲团“珞珈弘”和“E·宣”双引擎行动计划

武汉大学学习习近平新时代中国特色社会主义思想博士生宣讲团(以下简称“博士生宣讲团”)自2017年11月成立以来，致力于用青年视角、青年话语将习近平新时代中国特色社会主义思想讲透彻、讲清楚、讲明白，以“争做时代先锋，勇当民族脊梁”为宗旨，以“理论宣讲上出思想、理论研究出成果、骨干培养出人才、整体工作出机制”为导向，以“学生教育学生、回答学生、带动学生、团结学生”为目标，大力实施“珞珈弘”和“E·宣”双引擎行动计划，多次深入学校、基层社区、企事业单位等进行理论宣讲，并就理论热点与实践问题开展社会实践调研，受到社会各界广泛关注，多次被《人民日报》《光明日报》“全国高校思政网”等媒体宣传报道，已成为具有全国影响力的学生理论宣传平台，并培育选树一批优秀博士生典型：宣讲团成员彭思成、高仕达、吴汉勋获评“武汉大学十大杰出青年”称号；张瑜、王肃之获评“武汉大学十大珞珈风云学子”。

一、思路与理念

2017年11月，十九大刚刚落幕之时，湖北省高校首个学习习近平新时代中国特色社会主义思想博士生宣讲团在武汉大学成立。宣讲团由14个院系的18名优秀博士生党员骨干组成，围绕“新时代的中国特色外交”“生态文明”“依法治国”“社会保障”“青年责任与担当”“建设海洋强国”“健康中国”“全面从严治党”等主题开展宣讲，努力把习近平新时代中国特色社会主义思想用青年的视角、青年的思维讲明白、讲透彻，送到学生党支部，传播给身边的同学，切实达到以学生教育学生、回答学生、带动学生、团结学生的目标。宣讲团成立后，大力推进实施“E·宣”和“珞珈弘”双引擎行动计划，全角度重实践，既深入到学院、街道、社区、科研一线进行宣讲，也充分利用“两微一端”等新媒体平台，不断推动习近平新时代中国特色社会主义思想落地生根，获得了良好的社会反响。

宣讲团以“争做时代先锋，勇当民族脊梁”为宗旨，以“理论宣讲上出思想、理论研究出成果、骨干培养出人才、整体工作出机制”为导向，建立健全集体研讨、共同备课、试讲观摩、正式宣讲、评价反馈、品牌塑造等工作的链条体系，全力打造具有全国影响力的学生理论宣传平台。组织开展博士生宣传团建设研讨会、博士生宣讲团骨干训练营、习近平新时代中国特色社会主义思想大调研等活动。充分利用“两微一端”等新媒体平台，推进实施“E·宣”的行动计划，打造一批示范性的讲座，遴选一批优质的课件进行重点的培育和推介。定期地邀请学校宣讲团的领导和专家共同备课、交流思想，有效营造了学习宣传贯彻习近平新时代中国特色社会主义思想的浓厚氛围。

二、设计与实施

武汉大学学习习近平新时代中国特色社会主义思想博士生宣讲团的成立，是学校学习宣传贯彻习近平新时代中国特色社会主义思想和党的十九大精神的创新举措，能够激发博士生党员骨干的责任担当意识，充分发挥学生自我教育和朋辈教育的重要作用，引导广大学生自觉学习、宣传、践行党的十九大精神。

2018 年 2 月 3 日，武汉大学哲学学院 2017 级博士生孔婷在哈尔滨市南岗区基层社区面向一百余名群众开展了党的十九大精神宣讲活动，她的宣讲主要围绕新时代、新矛盾、新思想等要点展开，为基层群众重点宣讲了习近平新时代中国特色社会主义思想的基本内容和深刻内涵，宣讲现场气氛热烈。这是武汉大学学习习近平新时代中国特色社会主义思想博士生宣讲团活动的一个缩影。自从 2017 年 11 月宣讲团成立以来，宣讲团成员不仅深入基层开展宣讲活动，更是将党的十九大精神带到了广阔无垠的大海上。

1. 用青年话语解读党的十九大精神

青年开风气之先，时刻走在时代的前沿。博士生宣讲团成员、测绘学院 2016 级博士生陈冠旭远赴山东青岛市灵山岛附近海域进行一线科研任务，面向一线科研工作者进行宣讲。国家深海基地管理中心员工刘惠化同志听了陈冠旭博士的宣讲后表示，“听了陈博士的宣讲，我深深地感受到祖国的强大、国家的高速发展，以及对基层科研人员的重视。只有强大国家才有强大的个人，个人的力量是微小的、有限的，但千千万万中华儿女的力量汇集起来将是无穷的，我相信我们的国家在千千万万中华儿女的共同努力下一定会变得更加富强、美好。”

博士生宣讲团成员、马克思主义学院 2016 级博士生张瑜，同时也是武汉市武昌区委宣讲团成员，她以生动形象、通俗易懂的语言，采取喜闻乐见的方式来阐释党的十九大精神，将党的十九大精神传播到机关、社区，让党的十九大精神家喻户晓、深入人心。张瑜曾赴武昌区总工会为区工会、团区委、区妇联、区科协、区残联的机关干部、党员、职工、离退休干部进行党的十九大精神的宣讲，得到在场同志的一致好评。武汉市武昌区徐家棚街党工委书记金光伟表示，张瑜同学的宣讲既有理论高度，又有实际操作性，对街道、社区群众准确理解和全面把握党的十九大精神具有指导性意义。

博士生宣讲团成员腾跃、王萌赴湖北宜昌市西陵区学院街四方堰社区，聚焦以人民为中心和民生问题，开展“理论热点面对面”党的十九大精神基层宣讲系列活动。

为在全校研究生中进一步掀起学习宣传贯彻党的十九大精神热潮，有效发挥博士生宣讲团的示范引领作用，武汉大学组织开展“学习宣传贯彻党的十九大精神——学习习近平新时代中国特色社会主义思想博士生宣讲团校园巡讲活动”。校园巡讲分为六组进行，每组对口一个学部的有关院系，通过进课堂、进支部等形式开展巡讲。历史学院团委书记周翠云老师听了张瑜、谭文天两位博士生宣讲团成员的宣讲后指出，博士生宣讲团通过巡讲的形式，不仅帮助了学生党员理解党的十九大精神，还促进了青年党员之间的交流，希望不同学院的党员可以聚在一起，以不同学科的视角共同深入学习探讨十九大报告。

2. 学懂弄通做实党的十九大精神

博士生宣讲团积极通过与中央宣讲团成员及权威专家“面对面”，学懂弄通党的十九大精神。中央宣讲团成员、最高人民法院党组成员、副院长姜伟作党的十九大精神宣讲报告，博士生宣讲团成员、党内法规研究中心党内法规专业 2017 级博士研究生王萌发言，汇报学习体会并就学习党的十九大精神中的“疑惑”进行请教。

党的十九大代表、光明日报社总编辑张政紧紧围绕习近平新时代中国特色社会主义思想，从“初心、民心、核心、信心、决心”五个关键词切入，分享了党的十九大精神的学习体会，引起广大研究生强烈共鸣。博士生宣讲团的同学重点围绕青年学子如何坚守初心等问题与张政总编进行了深入交流。

教育部思政司原司长、北京师范大学思想政治工作研究院院长冯刚教授与博士生宣讲团面对面交流，在听了三位博士的微宣讲之后，冯教授对宣讲内容和宣讲过程做了指导建议。宣讲团成员们向冯教授提出自己在宣讲过程中发现的问题，得到冯教授耐心又富有指导意义的解答。

3. 共筑研习党的先进理论的坚强前哨

在“E·宣”行动计划中，博士宣讲团的同学积极参与“我讲十九大”研究生党支部书记微党课大赛的开展，指导 38 个研究生培养单位 68 位研究生党支部书记设计、完善作品，有序推进作品在线上平台发布，累计阅读量超过 34000 人次，点赞率超过 3000 次。在面向全校研究生党组织开展“我为十九大点赞”线上接力“UP”活动中，博士宣讲团的同学通过支持和协同院（系）研究生党组织、研究生党建研究会、研究生会组织开展内容丰富、形式多彩的线上接力“UP”活动，30 余个研究生培养单位积极参与，为十九大“出镜”点赞的研究生已经超 2000 人次，网上点赞超 15000 人次，让广大研究生在收获知识、友谊和美好体验的同时，以“学、听、看、悟”的方式学习宣传贯彻党的十九大精神。

宣讲团的博士生们纷纷表示，在校园宣讲过程中，通过和不同学科的青年学生、同辈群体深入交流对话，自己的学术视野得到扩展、学术思维得到锻炼。宣讲团成员、马克思主义学院2017级博士生吴汉勋说：“忆往昔，青年毛泽东在荆楚大地奔走，在巷间田野传播马克思主义真理；看今朝，新时代湖北讲习所也正在呼唤着当代青年担当大任，走在前列。”宣讲团团长、电气工程学院2015级直博生彭思成动情地说：“进入新时代，开启新征程，博士生宣讲团将高高举起新时代青年讲习所的旗帜，不断发挥引领作用，围绕着理论学习、理论研究和理论宣传的主责主业，久久为功，牢固构筑起珞珈研究生研习党的先进理论的永久工事，为培养一代又一代的珞珈青年马克思主义者做出青春贡献！”

三、实效与经验

1. 工作实效

协同联动，营造氛围，扎实推动习近平新时代中国特色社会主义思想和党的十九大精神落地生根。18名博士生宣讲团成员先后到全校6大学部37个研究生培养单位，重点围绕新时代的中国特色外交、生态文明、依法治国、社会保障、青年责任与担当、建设海洋强国、健康中国、全面从严治党等主题进行宣讲，累计宣讲200余场次，参与宣讲的研究生达到1.8万余人次，努力把习近平新时代中国特色社会主义思想用青年的视角、青年的思维讲明白、讲透彻。宣讲团的博士生们在深入社区、基层宣讲过程中，通过和机关干部、社区工作者积极互动沟通，掌握了基层人民最关注的理论和实践问题，不断调整宣讲内容，使党的十九大精神更加贴近人民生活实际、更好满足人们对美好生活的向往。

《人民日报》《光明日报》《湖北日报》“全国高校思政网”以及“湖北高校思政网”等媒体先后对武汉大学博士生宣讲团给予了宣传报道。

2. 典型经验

武汉大学学习习近平新时代中国特色社会主义思想博士生宣讲团以“争做时代先锋，勇当民族脊梁”为宗旨，大力实施“E·宣”和“珞珈弘”双引擎行动计划，组织开展研讨会、骨干训练营、新思想大调研、“领袖在指引·先锋在前沿”实践项目等，用青年的视角和思维，将新思想新精神传递给身边的同学和社会，将学习宣传贯彻习近平新时代中国特色社会主义思想不断引向深入，培育新时代青年的理想与担当。博士生宣讲团的同学积极传播马克思主义科学理论，为同学们的理论教育和价值引领提供指引，以亲身实践践行全国高校思想政治工作会议精神，以青年话语发青年声音，以青年声音讲青年故事，以青年故事树青年榜样，走出了一条独具珞珈特色的宣讲 Style。

一是项目的学科支撑完备。18 名宣讲团成员来自学校人文、社科、理学、工学、信息学、医学等 6 大学部的 14 个院系，其中 13 人来自人文、社科学部，6 人来自“世界一流学科”建设学院：马克思主义学院、法学院、经济与管理学院。

二是增强了新时代青年的政治自觉。博士生更多地是专注于学术，但十九大召开后，作为高校学术能力最强的博士生，普遍认为需要加强大学生的政治自觉、理论自觉和担当自觉。

三是强化了学生的“四个自信”。不同于很多灌输式的宣讲，我们将宣讲定位为服务同学的一种方式。青年是社会的中坚力量，担当复兴大任，青年学术水平再高，不能融入时代也很难有所作为。理论宣讲要讲到同学们的心里，激励同学们将个人前途融入国家命运，争做伟大梦想的坚定者、科研创新的奋进者、攻坚克难的开拓者。

四是线上线下有机结合。推进实施“E 宣”和“珞珈弘”双引擎行动计划，全角度重实践，既深入到学院、街道、社区、科研一线进行宣讲，也充分利用“两微一端”等新媒体平台，不断推动习近平新时代中国特色社会主义思想落地生根，引起良好社会反响。

四、思考与规划

2018 年 11 月 28 日，新二届博士生宣讲团成立，校党委副书记赵雪梅出席并讲话。她对博士生宣讲团的全体成员提出了殷切希望和具体要求：一是要坚定理想信念，牢固树立“四个意识”，坚定“四个自信”，永远听党话、跟党走。二是要提升能力素质，立足讲深讲透，做到学深悟透，不断提高思想政治理论水平。三是要创新工作方式，以建好建强基层党组织为目标，善于研讨，敢于突破，创新性地开展工作。四是要改进工作作风，要做“学生友”，不做“学生官”，不断提升工作亲和力和针对性。她强调，博士生宣讲团的全体成员要进一步提高政治站位，积极投身于学校的理论宣讲、党建工作、学生工作中，加强联动，发挥群体效应，做广大研究生党员的排头兵、桥头堡，在研究生成长成才和时代新人塑造方面发挥更大的作用。

2019 年，武汉大学将聚焦博士生宣讲团内涵式发展，加快建设国内一流宣讲团，进一步加强博士生宣讲团支持指导和功能发挥，充分发挥学生自我教育和朋辈教育的重要作用，在武汉大学深入和持续形成学习、宣传、践行习近平新时代中国特色社会主义思想的良好氛围，引领更多的群众学习宣传贯彻习近平新时代中国特色社会主义思想，将新思想撒播在祖国大地上，在社会发挥示范引领作用。

1. 提高站位，用科学的理论武装头脑

着眼学习，先学一步、学深一步，邀请知名专家学者和领导共同备课、交流思想，全面准确掌握马克思主义基本原理和方法，真正地学懂弄通做实十九大的精神，在将习近平新时代中国特色社会主义思想入脑入心的基础上讲透说清，全力打造一批示范性的讲座，遴选一批优质的课件进行重点的培育和推介。

2. 围绕主线，用科学的理论引领学生

开展“铭记初心使命，畅写珞珈华章”——武汉大学博士生宣讲团“支部巡讲”活动。博士生宣讲团“支部巡讲”活动为期半年，从 2018 年 12 月开始至 2019 年 5 月结束。分阶段安排：(1)2018 年 12 月—2019 年 1 月，设有研究生党总支的培养单位应组织开展不少于两场(次)的支部巡讲活动；没有设立研究生党总支的培养单位应至少开展一场(次)活动。(2)2019 年 3 月 31 日前，各有关分党委开展的支部巡讲活动至少覆盖研究生党支部和研究生党员总数的一半，实现双过半。(3) 2019 年 5 月 31 日前，各有关分党委开展的支部巡讲活动应覆盖到所有研究生党支部和全体研究生党员。

3. 答疑解惑，用科学的理论指导实践

组织开展好“领袖在指引 · 先锋在前沿”暑期社会实践项目，以及走访调研与理论宣讲深度融合的实践活动，促进知行合一，将新思想撒播在国家改革开放最前沿。树立“菜单订制”意识，多渠道搜集受众反馈，及时完善和改进宣讲内容和方式，充分运用各种符合实际、深受广大研究生喜爱的鲜活方式进行宣传。针对不同群体的学生特点，优化宣讲内容，切实做到围绕学生、关注学生、服务学生，提高宣讲的亲和力和针对性。

4. 完善机制，打造具有全国影响力的学生理论宣传平台

探索在博士生宣讲团中建立临时党组织，增强政治性、先进性与组织纪律性，开展示范性组织生活。组建“珞珈研习社”，研究将宣讲团挂靠在珞珈研习社，作为珞珈研习社的精英骨干和外宣核心团队。继续办好“珞研论坛”全国高校研究生领袖峰会及理论研习宣讲专题分论坛，与全国研究生理论研习社团骨干进行交流互动。通过不断丰富和完善宣讲团的内涵建设，提高直接服务基层、直接服务学生的能力和水平。

5. 提高质量，将“双引擎行动计划”推向新高度

在“珞珈弘”基层宣讲方面，结合“新时代湖北讲习所”“千万师生共上一堂课”

等平台，围绕总书记考察湖北、与北大师生座谈、在纪念马克思诞辰200周年大会上讲话、改革开放40周年等热点内容开展校园巡讲，聚焦学生党支部，增强互动性；继续拓展基层宣讲、科研宣讲形式与方法。在“E·宣”网络教育传播方面，借助“珞珈红”微信公众号平台开展线上宣传，注重宣传宣讲情况和理论研习成果；借助“珞珈风云学子”“十大杰出青年”等评优平台，打造宣讲团优秀典型，增强传播效应。

（撰稿：司文超　审核：左征军）

武汉大学研究生兼职辅导员队伍建设与发展

2018年，经过层层选拔，60名研究生获批担任首批武汉大学兼职辅导员，他们将在服务广大同学的过程中受教育、增本领、长才干，助力学校思想政治工作质量的不断提升。校党委副书记赵雪梅出席综合面试会。

为深入落实“以学生为本”的培养理念，学校于4月初出台了《武汉大学研究生担任兼职辅导员管理办法(试行)》，启动了首批研究生担任兼职辅导员的招聘工作。此次招聘是按照专职辅导员的招聘程序和流程，严格把关、严格标准、严控质量，确保选拔一批又红又专、德才兼备、全面发展的研究生担任学生兼职辅导员。

经报名、资格审查、笔试、无领导小组面试和综合面试，由相关职能部门和学院(系)分管学生工作的副书记所组成的评委团对应聘研究生进行了打分，最终60名研究生脱颖而出。面试会上，应聘的研究生纷纷表达了自己对辅导员岗位的认识，以及对这份工作的认同和向往：

“因为自己在大学期间遇到的辅导员给了我很多温暖，我希望通过兼职辅导员的岗位将这份温暖传递下去。”

“报考的初衷是想获得一份全新的体验，但在一轮又一轮的选拔过程中，我对辅导员的角色定位有了更深刻认识，更加坚定了自己对这份职业的向往。”

“作为一名博士研究生，我的每一步成长都离不开学院的培养，我有义务反哺学院，愿意通过兼职辅导员的工作为学院的人才培养贡献一份力量。”

据悉，实施研究生兼职辅导员制度，是学校深入贯彻落实《普通高等学校辅导员队伍建设规定》，进一步加强我校辅导员队伍建设的重要举措。通过遴选政治素质好、业务能力强、学有余力的研究生担任兼职辅导员，有利于发挥研究生与大学生身份相同、年龄相近、专业相通的优势，提升我校大学生思想政治工作水平，同时，也使研究生在担任兼职辅导员的工作中同受教育、共同提高，实现双赢。

附：武汉大学研究生担任兼职辅导员管理办法(试行)

第一章　总　则

第一条　为充分发挥研究生与大学生身份相同、年龄相近、专业相通的优势，通过遴选政治素质好、业务能力强、学有余力的研究生担任兼职辅导员，使得研究生在担任兼职辅导员的工作中同受教育、共同提高，进一步加强我校辅导员队伍建设，根据《中共中央国务院关于加强和改进新形势下高校思想政治工作的意见》《普通高等学校辅导员队伍建设规定》(教育部令第43号)、《教育部关于做好研究生担任助研、助教、助管和学生辅导员工作的意见》(教研〔2014〕6号)有关文件精神，结合学校学生思想政治工作实际，制定本办法。

第二条　研究生兼职辅导员是经过学校统一选聘，从事学生思想政治教育和管理服务工作的全日制非定向博士研究生或硕士研究生。

第三条　本办法适用于由学校统一选聘到各培养单位的研究生兼职辅导员。

第二章　选聘与配备

第四条　研究生兼职辅导员选聘的基本条件：

(一)中共党员，具有较高的政治素质和坚定的理想信念，坚决贯彻执行党的基本路线和各项方针政策，有较强的政治敏感性和政治辨别力；

(二)热爱大学生思想政治教育事业，具有较强的事业心和责任感；

(三)具备相应的政策、理论水平和专业知识，具有较强的组织协调能力，一般应担任过主要学生干部；

(四)身心健康，品学兼优；

(五)学有余力，可在岗工作时间不少于1年；

(六)鼓励研究生申报所在学院(系)兼职辅导员岗位。

第五条　研究生兼职辅导员选聘程序：

(一)学院(系)根据辅导员队伍配备情况向学生工作部门报送研究生兼职辅导员招聘计划；

(二)学生工作部门研究审批研究生兼职辅导员招聘指标、发布招聘通知；

(三)应聘研究生填写报名表，并经导师及所在院(系)党委审核同意后向学生工作部门提交报名材料；

(四)学生工作部门进行资格审查，组织笔试、面试，对拟录用者进行考察、公示，公布录用名单，并确定录用岗位；

(五)学生工作部门、学院(系)与被录用人员签订“三方协议”；

(六)学院(系)与被录用人员签订岗位目标任务书；

(七)学生工作部门对被录用人员进行岗前统一培训。

第六条　学校根据学院(系)学生规模和专职辅导员配备情况统筹配备研究生兼职辅导员，优先配备专职辅导员缺编院(系)，相关经费由学校承担。

第七条　每名研究生在同一聘期内只能获聘一个兼职辅导员岗位。

第三章　职责与要求

第八条　研究生兼职辅导员的主要工作要求是：在学生工作部门和学院(系)党委的领导下，由学院(系)党委副书记(学生工作负责人)进行业务指导，积极围绕学生、关爱学生、服务学生，不断提高学生思想水平、政治觉悟、道德素质、文化素养，帮助学生培育和践行社会主义核心价值观，引导学生正确认识世界和中国发展大势，正确认识中国特色和国际比较，正确认识时代责任和历史使命，正确认识远大抱负和脚踏实地，培养学生成为又红又专、德才兼备、全面发展的中国特色社会主义合格建设者和可靠接班人。

第九条　研究生兼职辅导员工作职责包括：思想理论教育和价值引领、党团和班级建设、学风建设、学生日常事务管理、心理健康教育与咨询、网络思想政治教育、校园危机事件应对、职业规划与就业创业指导、理论和实践研究等。具体工作内容和工作要求由院(系)参照《研究生兼职辅导员岗位目标任务书》制订。

第十条　研究生兼职辅导员在岗时间至少 1 年，应按照不少于专职辅导员工作量的 1/3 投入工作。

第十一条　学院(系)原则上不得安排研究生兼职辅导员从事辅导员岗位职责以外的其他工作。

第四章　培养与发展

第十二条　学校将研究生兼职辅导员纳入全校辅导员培训体系，对研究生兼职辅导员统一开展上岗培训，为培训合格的研究生兼职辅导员颁发聘书。

第十三条　学院(系)要加强研究生兼职辅导员的教育、培养和管理，积极为他们的工作和生活创造便利条件，在工作津贴、办公条件等方面为研究生兼职辅导员提供必要保障。

第十四条　导师要支持研究生参与兼职辅导员工作，关心帮助担任兼职辅导员的研究生，为他们的工作提供有利条件。

第十五条　学校按国家“三助一辅”规定向研究生兼职辅导员发放工作津贴。工作津贴标准为 2000 元/月，寒暑假在岗发，不在岗不发。院(系)可根据研究生兼职辅导员的实际工作情况给予相应的工作津贴。

第十六条　研究生兼职辅导员入住所指导的学生楼栋的，学校按照两人一间的标准提供宿舍和必要的生活设施，免交该宿舍住宿费和水电费。

第十七条　学校每年对表现优秀的研究生兼职辅导员进行评选表彰。

第十八条　学校将研究生兼职辅导员工作情况纳入研究生奖助学金评价体系；在推荐学生到企事业单位就业的过程中，对聘期考核优秀的兼职辅导员在同等条件下给予优先推荐。聘期考核优秀的兼职辅导员如应聘学校专职辅导员，在同等条件下优先录用。

第五章　管理与考核

第十九条　研究生兼职辅导员实行学生工作部门和学院(系)双重领导。学生工作部门是研究生兼职辅导员的主管部门。学院(系)对研究生兼职辅导员进行直接领导和管理。学院(系)党委书记是研究生兼职辅导员工作的第一责任人，学院(系)党委副书记是研究生兼职辅导员工作的直接责任人。

第二十条　研究生兼职辅导员实行岗位聘任制，原则上聘期为1年。

第二十一条　研究生兼职辅导员的考核分为平时考核和聘期考核，平时考核由院(系)依据兼职辅导员的日常工作情况进行考核；聘期考核由学校组织学生工作相关部门依据《研究生兼职辅导员岗位目标任务书》进行考核。考核结果分为优秀、合格、基本合格、不合格四个等次。

第二十二条　对于考核合格的研究生兼职辅导员，可以续聘；考核优秀的人员，学校可予以优先续聘。对于平时考核、聘期考核不合格或基本合格的人员，学校予以解聘。

第二十三条　研究生兼职辅导员因工作失职而造成责任事故，将直接予以解聘，并按学校有关文件对相关责任人进行问责；研究生兼职辅导员在工作期间违纪违法的，在解聘的同时移交相关部门处理，并依法依纪对相关责任人进行责任追究。

第二十四条　研究生兼职辅导员应如实填写《武汉大学兼职辅导员工作手册》，聘期结束时提交用人单位审查备案。

第二十五条　研究生申请不再担任兼职辅导员的，应提前不少于30日向用人单位提出书面申请，并做好学生档案资料及相关工作的交接，经学院(系)审批同意后报党委研究生工作部备案。

第六章　附　则

第二十六条　本办法自通过之日起施行。

第二十七条　学院(系)可根据实际情况制定研究生兼职辅导员管理实施细则，并及时报学生工作部门备案。

第二十八条　本办法由党委研究生工作部负责解释。

（供稿：司文超　审核：左征军）

武汉大学研究生“珞珈自强”发展型资助计划

为了促进贫困学生全面成长，党和国家明确要求推进学校学生资助工作由保障型资助向发展型资助转型。教育部党组《高校思想政治工作质量提升工程实施纲要》(教党〔2017〕62号)、《中央部属高校学生资助工作绩效考评暂行办法》(教助中心〔2013〕91号)以及《2017年中央高校研究生资助绩效考评标准》均有规定。特别是，中央高校资助工作考评指标体系已将“发展型资助”作为重要内容。2018年9月25日上午，校长窦贤康在行政楼二会议室主持召开学校学生资助工作领导小组会议，听取了学校资助工作汇报，就改进我校学生资助工作的有关问题进行研究，副校长李建成、党委副书记赵雪梅及相关职能部门负责人出席会议。会议确定我校设立学生发展型资助专项经费，本科生、研究生各100万元。根据工作要求和任务分工，由研究生工作部牵头制定发展型资助方案，出台相关管理办法。

附1　武汉大学“珞珈自强”发展型资助计划实施办法

第一条　为了进一步落实好党和国家关于大学生资助工作的政策要求，促进学生全面成长，推进学校学生资助工作由保障型资助向发展型资助转型，根据教育部党组《高校思想政治工作质量提升工程实施纲要》(教党【2017】62号)、《中央部属高校学生资助工作绩效考评暂行办法》(教助中心【2013】91号)以及《2017年中央高校研究生资助绩效考评标准》等要求，结合学校实际，特制定本实施办法。

第二条　学校设立“珞珈自强”发展型资助计划(以下简称资助计划)。资助计划专项经费每年200万，分别资助本科生、研究生各100万元。学生资助管理中心、研究生工作部是项目具体管理单位。项目经费实行专款专用，不得用于项目之外的支出。

第三条　资助计划的资助对象应为经武汉大学认定并纳入学校家庭经济困难学生信息数据库的全日制本科生、研究生。

第四条　资助计划坚持以社会主义核心价值观为引领，坚持“扶困”与“扶智”“扶志”紧密结合，坚持物质帮助、道德浸润、能力拓展、精神激励有效融合，着力培育和提升受助学生的理想信念、良好品质、素质技能、实践能力和人文素养。实施办法坚持遵循教育规律、贫困学生成长规律、本科生研究生阶段性发展特点规律，坚持以公平、公正、接受监督为原则，以项目化为运作方式。

第五条　学校学生资助工作领导小组全面领导和统筹资助计划的组织管理工作，指导和监督各项目的开展。学生资助管理中心和研究生工作部分别负责资助计划的本科生、研究生项目的设置、公开发布、申请受理、日常管理及跟踪服务等工作。

第六条　本科生项目以提升综合素质为重点，内容主要包括学业发展提升、社会实践锻炼、综合素质及技能培养、励志典型引领等板块。研究生项目以提升创新能力为重点，内容主要包括社会实践锻炼、国际视野拓展、励志典型引领、创新创业扶持等板块。

第七条　项目申报、中期考核和项目结题的工作要求：

第八条　项目由学生个人(团队)自主申报，培养单位推荐，学生资助管理中心和研究生工作部组织评审、确定立项、划拨经费。

第九条　受资助学生个人(团队)应严格按照申报计划和相关要求实施，并自觉接受学生资助管理中心或研究生工作部的监督、检查。

第十条　项目实行中期考核制度，对不按计划实施或未通过中期检查的学生个人(团队)，应根据情况给予项目指导或项目中止。

第十一条　项目结题时，受资助项目负责人需向学生资助管理中心或研究生工作部提交结题报告和相关材料，由学校组织评审结题。

第十二条　项目实行公示制度，立项、中期考核、结项均应在一定范围公示，自觉接受监督。

第十三条　学校对通过相关项目评审、考核、结题且完成质量较高的学生个人(团队)，给予适当奖励，并优先列入下期资助计划。各单位组织各类学生评优评先时，应将相关个人(团队)成果作为参考依据。对于项目考核中弄虚作假或未按规定时间结题的个人(团队)，不得进行下一年项目申报。

第十四条　本办法自 2019 年 1 月 1 日起实施，由学生资助工作领导小组负责解释。

附 2　“珞珈自强计划”项目列表(研究生)

项目类别	项目名称	项目简介
社会实践锻炼	“一带一路”海外实训计划	选派家庭经济困难优秀学生赴“一带一路”国家进行调研，提升学生对“一带一路”的深刻认识，加强对他国经济、文化、教育、历史等方面的深入了解，增进与他国的民间文化交流
	“中国梦，我的梦”国内社会实践	围绕生态环境建设、精准扶贫等主题，组织家庭经济困难学生的专项社会实践活动，引导他们在实践中了解社会、学会感恩、培养奉献精神，进一步增长才干

续表

项目类别	项目名称	项目简介
国际视野拓展	“助梦启航”国际学术交流支持	助力家庭经济困难学生拓宽学术视野，追踪国际学术前沿，促进国际学术交流与合作，培养具有国际视野和国际竞争力的创新性人才
励志典型引领	“励志之星”评选	挖掘我校家庭经济困难学生中直面困难、勇于担当、追求卓越的学生榜样，传递“自强、进取、感恩”的正能量
	主题征文比赛	举办“助学·筑梦·铸人”主题征文比赛，大力宣传国家资助政策及成效，激励受助学生奋发自强、立志成才、感恩奉献
	“励志讲坛”	遴选品学兼优或励志典型人物进行专题报告，给同学们树立良好的模范带头作用，激发其励志成才的信念
创新创业扶持	“创新扶志”计划	资助家庭经济困难学生参与国家级学术科技竞赛，主持学术创新与创业实践项目，提升创新实践能力等

（供稿：徐晖）

武汉大学“我心目中的好导师”

2010年武汉大学研究生工作部主办，武汉大学研究生会承办了首届“我心目中的好导师”评选活动。自此，“我心目中的好导师”系列活动在百年珞珈生根发芽，结出累累硕果。

不同于其他类型的评选活动，每年荣获“我心目中的好导师”称号的十位导师是由我校全体在籍研究生遴选出来的，导师们都很珍视这份荣誉，它代表了学生对老师的尊重和肯定。2017年第八届“我心目中的好导师”获得者程虹老师在颁奖典礼上这样说：“这个证书我要带着一辈子……这是学生对我最高的褒奖。”

自2010年以来，这一活动始终秉持着学生提名、学生评选和学生颁奖的举办原则，至今已历八届。80位导师成功入选“我心目中的好导师”，他们中有“继往开来，古稀之年推陈更出新”的国家教学名师第七届好导师马费成教授；有匠心育人、77岁仍奋战在教学科研一线的中国科学院院士第八届好导师张俐娜教授；有春风化雨、勤谨治学，活跃在马克思主义理论界的学者第八届好导师孙来斌教授；有敦本务实、言传身教的第六届好导师吴根友教授；有心系武大、潜心研究的学界领军人物第一届好导师江国华教授……言不尽的是关于好导师的感人故事，守得住的是一首由武汉大学师生共同创作的诗歌——《师德铭》：“荧荧红烛，巍巍师魂/身立杏坛，首修人品/忠于职守，信仰坚贞/以德执教，至真至诚/廉洁奉公，爱校爱生/传道解惑，诱导谆谆/治学严谨，术专业精/淡泊名利，自励自省/仪态端庄，作风纯正/自强弘毅，求是拓新/同心协力，与时俱进/东湖水碧，珞珈山青/湖山共鉴，惟铭是遵。”

“我心目中的好导师”，它不是一个冰冷的称号、一声普通的呼唤、一份微薄的献礼，它是一颗滚烫的真心、一声亲切的问候、一片厚重的真情。一届届“我心目中的好导师”用关爱和奉献，担起了为师者的责任，撑起了珞珈山的脊梁。

一、目标与思路

“国将兴，必贵师而重傅”。对武汉大学这样一所百年名校、研究型大学而言，培养出世界一流的研究生是我校最重要的育人使命之一。因而我校应当推崇把立德树人作为自身的首要职责，深受学生爱戴，为人、为师、为学堪作广大师生榜样的好导师。

为全面贯彻党的教育方针，深化我校研究生教育综合改革，努力造就一支有理想信念、扎实学识、仁爱之心的武汉大学研究生导师队伍，树立一批学高身正、深受学生喜爱的优秀研究生导师典型，集中展现我校研究生导师的良好风貌，旨在弘扬尊师重教、崇智尚学的校园风尚，营造尊重人才、尊重知识、有利于人才培养的校园软环境，“我心目中的好导师”系列活动应运而生。

二、方法与过程

为切实用好校园文化阵地，“我心目中的好导师”系列活动采取贴近师生实际、行之有效、感染力强的形式来保证实施。

1.“我心目中的好导师”诗歌散文大赛

面向全校所有在籍研究生征集作品，题目自拟，能够反映“我心目中的好导师”这一主题的作品均可参赛。大赛主办方要求参赛作品内容新颖，健康向上，时代感强，凸显导师在为人师表、指导学生、教学科研、社会贡献等方面的先进事迹，富有真情实感，弘扬尊师重道主旋律。其中，第八届“我心目中的好导师”评选活动首次增设“朗读者”原创音频作品征集及评选活动，得到了热情响应。

2.“好导师”标准问题大讨论

每个学生对好导师的评选标准各有不同，因此“我心目中的好导师”应在持续不断的交流、调研等过程中找到最大公约数。武汉大学博士生文化沙龙曾就此话题展开了深入探讨：研究生会博士生分会沈建波同学认为，好导师评选标准应包括严谨的治学态度、高尚的人格魅力以及高超的授课水平；武汉大学马克思主义学院研究生曾鹏认为，应将习近平总书记指出的理想信念、道德情操、扎实学识、仁爱之心四项标准细化。

除此之外，活动主办方通过调查问卷及访谈交流等形式，在各大网络平台上进行投票，从不同途径、不同群体了解好导师的评价标准，这对维持评选活动的公平性、公正性、公开性和扩大评选工作的辐射力起到了积极作用，使得活动代代传承、精益求精。

3.“我心目中的好导师”评选

“我心目中的好导师”的推选方式有学生推荐、导师自荐、院系推荐三种，以学生及院系推荐为主。院系推荐的提名导师也需通过学生投票、讨论等相关程序推选。投票环节由网站投票、微信投票和现场投票三个部分构成，主要针对在校研究生的后两种方式占比较高，这符合由学生评选的原则。对于“我心目中的好导师”这一荣誉称号，“我”指广大研究生，好导师被授予光荣称号，好学生理所当然地成了颁奖者，师生共同分享这份难得的喜悦，这就是好学生为好导师颁奖的原则。

4.“我心目中的好导师”颁奖典礼

颁奖典礼是研究生与导师亲密无间的盛大聚会，是我校贯彻尊师重教、立德树人教育理念的集中体现。颁奖典礼是倾听好导师内心声音的平台，启发了一颗颗师生的心；师生同台献唱拉近了彼此间的距离，同时也是见证好导师职业幸福感的时刻。此外，校长、分管学生工作的校党委副书记、各职能部门的主要负责人等均出席颁奖典礼，与广大师生一同尽意地“我赞我师”“我奖我师”。

三、成效与经验

《教育部关于全面落实研究生导师立德树人职责的意见》明确指出：“研究生教育作为国民教育体系的顶端，是培养高层次专门人才的主要途径，是国家人才竞争的重要支柱，是建设创新型国家的核心要素。研究生导师是我国研究生培养的关键力量，肩负着培养国家高层次创新人才的使命与重任。”

1. 以文化人，树立“四有”导师优秀典型，打造校园文化活动新品牌

我校“我心目中的好导师”系列活动注重文化育人，宣传一批践行社会主义核心价值观，有理想信念、有道德情操、有扎实学识、有仁爱之心的先进导师典型；弘扬社会主义核心价值观，推进“一校一品”特色校园文化建设；培育大学精神，滋养师生心灵、引领社会风尚。正如同学们在文中所说：“好导师就如春夜喜雨，用其智慧以及知识滋润着莘莘学子。”

2. 师生互动，加深了解，展现和谐师生关系

投票评选阶段通过“导师巡礼”的形式，将每位候选老师的先进事迹在网络平台上展播，以便全校师生更全面地了解候选人。

在前七届评选活动的基础上，第八届活动在诗歌散文大赛环节增设“朗诵者”项目，获得了热烈反响！并且，主办方精心组织获奖学生参与颁奖典礼中的“诵诗魂”节目，与化学学院张莉娜院士一起首次呈现了师生同台表演节目形式，生动描绘了广大研究生导师引领研究生全面成长的形象。

3. 校内外互动，传播正能量，再掀尊师重道热潮

“我心目中的好导师”活动自举办以来，成效颇丰，得到了师生及社会大众的热烈支持，“好导师”们的一些经典语句在师生中广为流传，如马克思主义学院“好导师”孙来斌教授说的：当好导师，无外乎几个心，一个是父母心，第二个是朋友心，第三个是师傅心。如计算机学院“好导师”杜博教授所说：学生是夸出来的，

也就是学生需要更多的鼓励和包容……更重要的还是要给他以鼓励和自信。“好导师”系列活动还受到了校外各大新闻媒体的广泛关注与肯定，由长江日报和长江商报追踪进行的数次报道先后被包括新华网、人民网、中国新闻网、凤凰网、新浪网、中国教育新闻网、中国教育信息网、华禹教育网、荆楚网等全国 20 余家媒体争相发文报道或转载。

习近平总书记指出：“高素质教师队伍是由一个一个好老师组成的，也是由一个一个好老师带出来的。”武汉大学“我心目中的好导师”评选系列活动的成功举办，深情讲述了百年来武汉大学师德与学术薪火代代相传的珞珈故事，树立并表彰了一批热爱学生、关心学生、受学生爱戴的研究生导师典型，集中体现了我校研究生导师的良好风貌与和谐的师生关系氛围，为促进全校研究生导师在立德树人中建功立业发挥了引领示范作用，为我校形成新时代建设“双一流”的师生强大合力做出了积极贡献。

（撰稿：王丹　审核：左征军）

武汉大学研究生辅导员“双清单”考核

2018 年，为落实“学生为本年”理念，武汉大学坚持过程与结果、自评与他评、量化与定性相结合的方式，对辅导员工作考核进行科学设计和具体安排，结合学校工作实际，将辅导员九大工作职责细化为九大工作职责 76 项考核指标。学校首次采用负面清单的方式对全校 160 余名专职辅导员进行了考评。学校组织 10 个考察组，深入全校各学院(系)面对面访谈 2000 余名师生，系统查阅辅导员工作记录与台账。经过辅导员面向全院(系)师生述职、院系考评、学校考察、学校评优四个环节，对全校辅导员的履职情况与工作实绩进行全方位考察。学校通过层层选拔优秀辅导员参加标兵评选，形成良好示范和导向效应。

附 1　武汉大学专职辅导员工作考核自评表(研究生辅导员适用)

（　　年度）

培养单位：　　　　　　　　　　　　　　填表日期：　　　年　　月　　日

姓　　名		性　　别		出生年月	
入职时间		最高学历		职务职称	
负责工作					
工作基本情况	(1)所带学生数____名，学生班级数____个。 (2)党员学生占年级学生数比例____，学生党支部____个。 (3)本年度与学生谈话次数____，本年度深入学生宿舍、实验室(课题组)次数____，本年度听课次数____。 (4)所带学生集体获奖____项，其中国家级____项，省部级____项，学校____项。 所带学生个人获奖____项，其中国家级____项，省部级____项，学校____项。				

续表

武汉大学研究生辅导员工作考核自评打分

一级指标	二级指标	评分内容	分值	得分
思想政治教育（10分）	思想引领	(1)认真组织研究生学习宣传贯彻党的十九大精神、习近平新时代中国特色社会主义思想等学习教育活动，所带学生了解党的路线、方针、政策	1	
		(2)有效引导研究生在思想上政治上行动上与以习近平同志为核心的党中央保持一致，牢固树立“四个自信”和“四个意识”，坚决做到“两个维护”	1	
		(3)协同研究生导师提升研究生思想政治素质，教育引导研究生培育和践行社会主义核心价值观	1	
	主题教育	(4)积极推进“两学一做”学习教育常态化、制度化	1	
		(5)结合传统节庆日、重要时间节点等开展爱国主义教育、民族团结进步教育和时代精神教育等主题教育活动	1	
		(6)定期开展校园文化活动，打造校园文化活动品牌	1	
		(7)有效开展入学教育、毕业生文明离校教育	1	
	日常教育	(8)学生谈心谈话全覆盖，能及时掌握学生思想动态	1	
		(9)学生自我教育、自我管理、自我服务作用发挥充分	1	
		(10)建立思想政治教育专题网站，建立了官方网站登记、备案制度	1	
党的建设（10分）	党员教育	(11)建立党校为主体、基层组织专题学习为重点、网络学习教育为辅助、主题教育实践为支撑的多层次、多渠道的学生党员经常性学习教育体系	1	
		(12)组织党员骨干参加全校学习党的十九大精神专题培训班、学习贯彻全国高校思想政治工作会议专题研讨班等培训活动；开展院系层面的党员教育学习培训	1	

续表

一级指标	二级指标	评分内容	分值	得分
党的建设（10分）	党员管理和作用发挥	(13)支部党员大会每季度不少于1次；党员上党课每学期不少于1次；支部委员会、党小组会(设党小组的支部)每月不少于1次；专题组织生活会每年不少于1次；研究生党组织主题党日针对性强，记录完整；谈心谈话、民主评议党员触及思想灵魂，突出解决实际问题	1	
		(14)离校前进行党员教育、建立工作台账，台账能按照学校要求完整反映相关信息，落实跟踪管理措施	1	
		(15)严肃执行党规党纪，没有出现学生党员违规违纪、违反社会公德、学生党员失信违约等情况，及时对不合格党员依规进行处置	1	
		(16)党支部战斗堡垒作用发挥、党员示范引领作用明显	1	
	制度建设	(17)严格落实发展学生党员制度、党员教育管理服务制度、党支部(党总支)工作考评制度	1	
		(18)落实院(系)党委委员联系指导学生党支部工作制度、教职工与学生党支部共建制度；建立学生党支部交流沟通、素质拓展平台	1	
	保障机制	(19)有学生党建工作相对固定场所，建立网上党建园地、网上党校	1	
		(20)落实每名学生党员活动经费100元以上标准，并做到专款专用、规范使用	1	
意识形态（10分）	阵地管理	(21)略	2	
		(22)略	2	
	抵御渗透与应对处置	(23)略	2	
		(24)略	2	
		(25)略	2	

续表

一级指标	二级指标	评分内容	分值	得分
研究生学术科技（10分）	学术科技	(26)组织申报研究生学术科技节、学术诚信月等活动项目，能够推进项目落实到位	2	
		(27)按要求组织学生参加学术科技节开幕式、好导师颁奖典礼及科学道德与学术诚信教育报告会等活动	1	
		(28)相关学科积极宣传全国研究生创新实践类系列赛事，认真组织研究生参加全国研究生创新实践类系列赛事或与学科有关的其他高端学术竞赛	2	
		(29)依托学科特色在研究生中深入开展学术科技教育、学术诚信教育等活动	2	
		(30)协同研究生导师培养研究生学术创新能力，引导研究生在学术研究上进行原创性、创新性研究	1	
	典型塑造	(31)组织研究生申报“研究生学术之星”并进行相关优秀研究生典型事迹宣传	1	
		(32)宣传动员“我心目中的好导师”活动	1	
研究生实践育人（5分）	挂职锻炼	(33)及时落实学校有关挂职锻炼通知要求，在研究生中进行挂职锻炼宣传动员和组织落实，参加学校组织的挂职锻炼研究生比例适度	1	
		(34)落实研究生参加挂职锻炼安全教育和安全管理，未出现研究生挂职锻炼安全事故	1	
	实践育人	(35)协同研究生导师培养研究生实践创新能力，增强研究生社会责任感，培养研究生的家国情怀	1	
		(36)建立学院研究生实践育人基地并组织学生开展实践育人工作	1	
		(37)及时按学校有关要求提交实践育人相关材料；及时提交本单位研究生实践育人年度工作总结	1	

续表

一级指标	二级指标	评分内容	分值	得分
心理健康教育与咨询（10分）	心理问题排查和疏导	(38)档案健全，信息完整，更新报送及时	2	
		(39)把握学生心理状况，针对心理危机事件，做好心理危机疏导、转介、记录及预后工作	2	
		(40)积极配合大学生心理健康教育中心做好心理测评工作，并协助进行约谈工作，落实研工部、大学生心理健康教育中心的指导意见	2	
	心理健康教育宣传	(41)积极参与院系心理健康教育咨询室建设，成效显著	1	
		(42)积极开展“秋阳”等心理健康主题活动，学生参与度高	1	
		(43)积极参加心理健康教育相关培训，提高心理辅导技能	1	
		(44)协同研究生导师加强对研究生的人文关怀，关心研究生生活和身心健康，不断提升研究生良好心理素质	1	
学生日常事务管理（10分）	日常管理	(45)经常深入课堂、宿舍、实验室(课题组)了解学生各方面情况	1	
		(46)严格住宿和退宿审批管理，及时更新校外租住学生信息，掌握学生动态	1	
		(47)学生请销假记录、少数民族学生台账、宗教信仰学生台账信息完整	1	
		(48)在开学典礼、毕业典礼、迎新活动、学位授予等重大活动中组织工作到位	1	
	奖助工作	(49)认真落实上级部门相关工作部署和要求，及时传达学校各类奖助管理政策和规定	1	
		(50)院(系)奖学金评审机构、制度健全，程序规范，报送及时	1	
		(51)奖助学金发放及时、未出现错发漏发现象	1	
		(52)采取典型示范等有效措施发挥各类奖学金激励导向作用	1	

续表

一级指标	二级指标	评分内容	分值	得分
学生日常事务管理（10分）	安全教育	(53)经常性开展人身财产安全主题教育，对校园贷等非法贷款和诈骗活动进行宣传解读，开展预防诈骗、抵制不良信贷等安全教育	1	
		(54)严格落实宿舍消防安全检查，对违规使用大功率电器学生进行处理和批评教育	1	
校园危机事件应对（10分）	安全稳定	(55)略	2	
		(56)略	2	
		(57)略	2	
	危机干预	(58)略	2	
		(59)略	2	
职业规划与就业创业指导（5分）	职业规划	(60)积极为学生提供科学的职业生涯规划教育	2	
	创业教育	(61)积极开展学生创业指导，培养学生创新精神、创业意识和创造能力	1	
	就业创业指导	(62)积极为学生提供有效的就业指导以及相关服务，帮助学生树立正确的就业观念，引导学生到基层、到西部、到祖国最需要的地方建功立业	2	
辅导员作风与队伍建设（10分）	职业能力	(63)认真落实学院党委、分管副书记有关学生工作要求	2	
		(64)主动学习和掌握大学生思想政治教育方面的理论与方法，按时参加各种培训和学习	2	
	作风建设	(65)工作有计划有总结，工作记录完整	2	
		(66)没有无故缺勤学生工作会议及活动的情况	1	
		(67)按时提交工作材料	1	

续表

一级指标	二级指标	评分内容	分值	得分
工作业绩与特色（10分）	工作特色	(68)中央媒体、教育部简报专题报道3分，湖北省媒体、湖北省简报专题报道2分	2-3	
		(69)获“互联网+”“创青春”大赛金奖加3分；创新实践赛事特等奖加2分，获一等奖加1分，各类获奖累计不超过5分	1-5	
		(70)全校“活力创新工程”一等奖3分，二等奖2分，三等奖1分	1-3	
		(71)“三当三联三示范”研究生党建工作特色基地考核优秀3分，考核良好2分，考核合格1分	1-3	
		(72)获评校研究生实践育人优秀组织单位、学术科技活动优秀组织单位加1分	1	
		(73)研究生获评“研究生十大学术之星”或学院导师获评“我心目中的好导师”加0.5分	0.5	
	自身能力	(74)获评国家级荣誉加3分，省级荣誉加2分，校级荣誉加1分	1-3	
		(75)主持/参与国家级学生工作研究课题、项目加3分，省级加2分，校级加1分	1-3	
		(76)独撰或以第一作者发表工作研究论文，中文社会科学引文索引来源期刊(含扩展版)加3分，核心期刊2分，其他公开刊物1分	1-3	
总　分			100	

续表

<table>
<tr><td>教学
科研
培训
情况</td><td>(1)承担形势与政策教育、心理健康教育、就业指导、党课、团课等课程教学情况：________________
____
(2)撰写相关著作____部，发表研究论文____篇，其中核心期刊____篇，普刊____篇，具体如下：________________
____
(须注明署名顺序)
(3)参加工作研究情况(项目名称、承担工作、完成情况)：________________
____
____
(4)撰写工作调研报告或学生工作案例____篇，被学校采用____篇，被校外采用____篇。
(5)参加培训情况：参加校级以上培训____次(培训等级、培训组织单位、培训内容)：________________
____
________________</td></tr>
<tr><td>获奖
情况</td><td>本年度获得的荣誉：</td></tr>
<tr><td>诚信
承诺</td><td>本人承诺以上内容属实，若发现有弄虚作假行为，本人愿意承担相应责任。
签名：____________
年　月　日</td></tr>
<tr><td>学院
党委
意见</td><td>签名：　　　　盖章：
年　月　日</td></tr>
</table>

附 2　武汉大学专职辅导员工作考察评分表(研究生辅导员适用)

<table>
<tr><th>一级指标</th><th>二级指标</th><th>分值</th><th>考评方式</th><th>评分办法</th><th>扣分</th></tr>
<tr><td rowspan="10">思想政治工作(15 分)</td><td rowspan="3">思想引领</td><td rowspan="3">3</td><td>查记录
问卷法
和座谈</td><td>(1)未认真组织研究生学习宣传贯彻党的十九大精神、习近平新时代中国特色社会主义思想等学习教育活动，所在院系学生对党的路线、方针、政策等不清楚不了解的扣 1 分</td><td></td></tr>
<tr><td>查材料
查记录</td><td>(2)未协同研究生导师提升研究生思想政治素质、教育引导研究生培育和践行社会主义核心价值观的扣 1 分</td><td></td></tr>
<tr><td>查材料
查记录</td><td>(3)教育引导研究生培育和践行社会主义核心价值观不力的扣 1 分</td><td></td></tr>
<tr><td rowspan="4">主题教育</td><td rowspan="4">7</td><td>查材料</td><td>(4)“两学一做”学习教育开展不规范的扣 2 分</td><td></td></tr>
<tr><td>查记录
材料审核</td><td>(5)没有结合传统节庆日、重要时间节点等开展爱国主义教育、民族团结进步教育和时代精神教育等主题教育活动的扣 1 分</td><td></td></tr>
<tr><td>查材料</td><td>(6)没有定期开展校园文化活动的扣 1 分；没有打造校园文化活动品牌的扣 1 分</td><td></td></tr>
<tr><td>查材料</td><td>(7)未有效开展入学教育的扣 1 分，未有效开展毕业生文明离校教育的扣 1 分</td><td></td></tr>
<tr><td rowspan="3">日常教育</td><td rowspan="3">5</td><td>查记录
问卷法</td><td>(8)学生谈心谈话没有全覆盖的扣 1 分，未能及时掌握学生思想动态的扣 1 分</td><td></td></tr>
<tr><td>问卷法</td><td>(9)学生自我教育、自我管理、自我服务作用发挥不充分的扣 1 分</td><td></td></tr>
<tr><td>查材料</td><td>(10)未建立思想政治教育专题网站的扣 1 分，没有官方网站登记、备案制度的扣 1 分</td><td></td></tr>
</table>

续表

一级指标	二级指标	分值	考评方式	评分办法	扣分
党的建设(10分)	党员教育	2	查记录	(11)没有建立党校为主体、基层组织专题学习为重点、网络学习教育为辅助、主题教育实践为支撑的多层次、多渠道的学生党员经常性学习教育体系的扣0.5分	
			查记录	(12)没有组织党员骨干参加全校学习党的十九大精神专题培训班、学习贯彻全国高校思想政治工作会议专题研讨班等培训活动的扣1分；未开展院系层面的党员教育学习培训的扣0.5分	
	党员管理与作用发挥	4	查记录 查文件	(13)支部党员大会每季度少于1次的，出现1例扣0.2分；党员上党课每学期少于1次的，出现1例扣0.2分；支部委员会、党小组会(设党小组的支部)每月少于1次的，出现1例扣0.2分；专题组织生活会每年少于1次，出现1例扣0.2分；党组织学习内容针对性不强，记录简单的，出现1例扣0.2分	
			查台账 查记录	(14)离校前没有进行党员教育的、没有建立工作台账的，或台账未按照学校要求完整反映相关信息的扣0.5分，未落实跟踪管理措施的扣0.5分	
			查资料 查记录	(15)未严肃执行党规党纪，出现学生党员违规违纪、违反社会公德、学生党员信教、学生党员失信违约的，每1例扣0.5分，未及时对不合格党员依规进行处置的扣0.5分	
			查资料 查台账	(16)党支部战斗堡垒作用发挥不合格扣0.5分，党员示范引领作用不明显的扣0.5分	
	制度建设	2	查文件 查记录	(17)未落实发展学生党员制度、党员教育管理服务制度、党支部(党总支)工作考评制度的各扣0.5分	
			查文件 查记录	(18)未建立学生党支部交流沟通、素质拓展平台的扣0.5分	
	保障机制	2	实地勘察	(19)没有学生党建工作相对固定场所的扣0.5分，没有建立网上党建园地、网上党校的扣0.5分	
			查台账 查记录	(20)未落实每名学生党员活动经费100元以上标准，或虽然达到标准，但没有做到专款专用、规范使用的扣1分	

续表

一级指标	二级指标	分值	考评方式	评分办法	扣分
意识形态安全（10分）	阵地管理	4	查记录	(21)报告会、研讨会、讲座、论坛的管理不善，没有严格实行“一会一报”制的扣2分	
			查台账 查记录	(22)未落实辅导员听课制度的扣2分	
	抵御渗透与应对处置	6	查记录	(23)略	
			查记录	(24)略	
			查记录	(25)略	
学术科技与创新（10分）	学术能力培养	8	查记录 查资料	(26)未组织申报研究生学术科技节、学术诚信月等活动项目的扣1分，申报项目并获批，但项目落实不到位的扣1分/项	
			查记录 查资料	(27)未按要求组织学生参加学术科技节开幕式、好导师颁奖典礼及科学道德与学术诚信教育报告会等活动的扣1分/项	
			查记录 查资料	(28)相关学科未积极宣传全国研究生创新实践类系列赛事的扣1分，相关单位近两年未组织研究生参加全国研究生创新实践类系列赛事或与学科有关的其他高端学术竞赛的扣1分	
			查记录	(29)未依托学科特色在研究生中深入开展学术科技教育、学术诚信教育等活动的扣2分	
			查记录	(30)未协同研究生导师培养研究生学术创新能力，引导研究生在学术研究上进行原创性、创新性研究的扣1分	
	典型塑造	2	查记录 查资料	(31)未组织研究生申报“研究生学术之星”或无其他研究生典型事迹宣传的扣1分	
			查记录 查资料	(32)未宣传动员“我心目中的好导师”活动，近三年未推荐导师参评的扣1分	

续表

一级指标	二级指标	分值	考评方式	评分办法	扣分
实践育人（5分）	挂职锻炼	3	查记录 查资料	(33)未及时落实学校有关挂职锻炼通知要求、在研究生中进行挂职锻炼宣传动员的扣0.5分，全年无研究生参加学校组织的挂职锻炼的扣0.5分	
			查记录 查资料	(34)由于本单位安全教育和管理不到位，导致研究生挂职锻炼期间出现安全事故的扣2分	
	实践育人	2	查记录	(35)未协同研究生导师培养研究生实践创新能力，增强社会责任感，培养研究生家国情怀的扣1分	
			查记录 查资料	(36)未建立学院研究生实践育人基地，或已建立基地但未组织学生开展实践育人工作的扣0.5分	
			查记录 查资料	(37)未及时提交本单位研究生实践育人年度工作总结的扣0.5分	
心理健康教育与咨询（10分）	心理问题排查和疏导	6	查记录 查资料	(38)略	
			查记录 查资料	(39)略	
			查记录 查资料	(40)不积极配合大学生心理健康教育中心做好各项心理测评工作的扣0.5分；未能协助大学生心理健康教育中心进行约谈工作的扣0.5分；不落实研工部、大学生心理健康教育中心给出的指导意见的扣1分	
	心理健康教育宣传	4	查记录 查资料	(41)参与院系心理健康教育咨询室建设不积极或成效不显著的扣1分	
			查记录 查资料	(42)未积极参与申报“秋阳”心理健康等主题教育活动或活动质量不高的扣1分	
			查记录 查资料	(43)不积极参加心理健康教育相关培训的扣1分	
			查记录	(44)未协同研究生导师加强对研究生的人文关怀，不关心研究生生活和身心健康的扣1分	

续表

一级指标	二级指标	分值	考评方式	评分办法	扣分
学生日常事务管理（15分）	日常管理	4	查资料	(45)未能经常深入课堂、宿舍、实验室(课题组)了解学生各方面情况扣1分	
			查资料 查记录	(46)未能严格住宿和退宿审批管理，未能及时更新校外租住学生信息、掌握学生动态的扣1分	
			查资料 查记录	(47)学生请销假记录、少数民族学生台账、宗教信仰学生台账信息不完整的扣1分	
			查记录	(48)在开学典礼、毕业典礼、迎新活动、学位授予等重大活动中组织工作失误的扣1分	
	奖助工作	5	查资料 查记录	(49)未能认真落实上级部门相关工作部署和要求的扣0.5分，未能及时传达上级各类奖助等管理政策和规定的扣0.5分	
			查资料 查记录	(50)院系奖学金评审机构、制度不健全、程序不规范的扣1分，材料报送不及时的扣1分	
			查资料 查记录	(51)助学金发放不及时、出现错发漏发现象的扣1分	
			查资料 查记录	(52)未采取典型示范等有效措施发挥各类奖学金激励导向作用的扣1分	
	安全教育	6	查资料 查记录	(53)未能经常性开展消防安全主题教育的扣2分，未对校园贷等非法贷款和诈骗活动进行宣传解读，预防诈骗、抵制不良信贷等财产安全教育不力的扣2分	
			查资料 查记录	(54)未能严格落实宿舍消防安全检查、对违规使用大功率电器学生进行批评教育的扣2分	

续表

一级指标	二级指标	分值	考评方式	评分办法	扣分
校园危机事件应对（10分）	安全稳定	6	查资料 查记录	（55）略	
			查资料 查记录	（56）略	
			查资料 查记录	（57）略	
	危机干预	4	查资料 查记录	（58）略	
			查资料 查记录	（59）略	
职业规划与就业创业指导（5分）	职业规划	2	查资料	（60）未能为学生提供科学的职业生涯规划教育的扣2分	
	创业教育	1	查记录	（61）未开展过学生创业教育的扣1分	
	就业创业指导	2	查资料 查记录	（62）不能为学生提供有效的就业指导以及相关服务，不能帮助学生树立正确的就业观念的扣1分，未积极开展宣传教育引导学生到基层、到西部、到祖国最需要的地方建功立业的扣1分	
辅导员作风与队伍建设（10分）	职业能力	4	查文件	（63）未能认真落实学校党委、学院相关工作要求的扣2分	
			查记录	（64）没有主动学习和掌握大学生思想政治教育方面的理论与方法，年度无培训/学习记录的扣2分	
	作风建设	6	查记录	（65）学院学生工作无品牌无特色的扣1分，学院学生工作从未获得过校级及以上工作奖励的扣1分	
			查记录	（66）工作无计划和总结的扣1分，工作无记录或记录不完整的扣1分	
			查记录	（67）无故缺勤学生工作会议及活动，缺勤一次扣1分	
			查记录	（68）未按时提交工作材料，或无故不提交工作材料的扣1分	
得分＝100分－扣分					

（供稿：陶孝芳　审核：左征军）

武汉大学研究生谈心谈话“温馨行动季”

谈心谈话是研究生思想政治工作的基本功，是辅导员素质能力大赛的必考环节，是辅导员工作考核测评的重要内容。为贯彻落实习近平新时代中国特色社会主义思想和全国教育大会精神，切实解决研究生的思想问题和实际问题，推动提升研究生工作队伍谈心谈话和调查研究的能力和水平，进一步提高研究生思想政治工作的亲和力和针对性，武汉大学于 2018 年 10 月至 12 月组织实施研究生谈心谈话“温馨行动季”。

随着校园里暖黄的路灯渐次亮起，高等研究院研究生辅导员谢章斌结束了与学生的谈心谈话，在与学生畅所欲言的谈话中，不知不觉已是夜幕降临。

这是学校开展研究生谈心谈话“温馨行动季”以来，很多研究生辅导员的工作状态。该活动由党委研究生工作部推出，以问题导向、服务学生，逐个面谈、全面覆盖，重点突出、分类开展为原则，通过谈心谈话了解学生、关心学生、关爱学生、关照学生、引导学生。

活动自 2018 年 10 月开启，历时 4 个多月，各研究生培养单位各显身手，研究生辅导员、导师与同学们通过各种方式相约畅谈，“和老师们聊了什么”成为最近研究生们私下热议的话题。

一、培养单位：精心搭建师生交流互动平台

营造氛围，“解忧小栈”传欢声笑语。在政治与公共管理学院温馨的“解忧小栈”里，来自台湾高雄的田蕴祥老师轻松登场。他凭借多年的瑜伽练习经验，进行现场教学，以放松颈部的瑜伽动作作为开场引导，几个动作教学过后，“解忧小栈”传出一阵阵轻松的欢笑声，充满温情的师生谈心谈话活动便在轻松、温馨的氛围中开始了。

创新形式，绿道徒步身心双赢。为更好地推进谈心谈话活动，让研究生在轻松愉悦的环境中谈心里话，部分学院的辅导员、研究生导师不断创新谈心谈话形式。操场、东湖绿道、珞珈山环山路……校园的广阔天地都成了大家谈心谈话的场所，师生在徒步珞珈的脚步中，既倾吐了心事，又锻炼了身体。此外，还有老师采用了桌游谈心、跑步谈心各种各样的“招式”，八仙过海，各显神通，创造条件让研究生在轻松愉悦的环境里吐露心声。

分类谈话，围绕学生解决困难。有的学院在活动开展过程中针对困难研究生科学设计了谈话维度，从日常直接接触层面、不定期直接接触层面、间接相关层面，对参与人群、谈话内容进行了科学设计，并按照推进状况适时进行调整，务求谈心谈话取得实效，帮助学生解决实际困难。

二、研究生：老师用真心温暖了我们

“老师是我的生发液。”由于繁重的科研压力，经常的熬夜和焦虑情绪，很多研究生都在担心“脱发”问题。谈心谈话中，导师和辅导员总能从面色状态和言行举止中察觉到学生的不安。信息管理学院某同学表示周围同学都很优秀，师门科研任务重，自己学业压力很大。谈话中辅导员给她讲述自己的求学故事，传授有效的解压经验和方法。“辅导员现场帮我联系导师，并侧面了解了情况。后来我主动找到导师深入交谈了一次，导师理解了我的想法，我也明白了导师的意图。”该同学说。通过谈话发现问题，以辅导员老师为桥梁，让导师和同学不会因为学术压力而逐渐疏远，从而增进理解，这种方法在各学院得到了广泛的推广。

“老师是我的导航仪”。计算机学院某同学最近遇到情感问题，与男友产生矛盾，导致自己的学习生活受到影响，辅导员听闻找到她来谈心。该同学表示，“感觉老师直接切换到‘知心大姐姐’模式，倾听了我所有的烦恼，再以‘过来人’的身份直击问题的要害，简直是‘火眼金睛’，感觉成了‘情感专家’”。此外，有些同学与室友、同门相处不愉快，辅导员会和他们分别交流，因人而异地“溶解锋芒”，搭建友谊的桥梁。

“老师是我的强辅助”。马克思主义学院某同学在谈话中向老师提到自己面试后，迟迟等不到进入下一环节的通知。辅导员在第一时间想办法帮助他询问，得知落选后，除安慰和鼓励外，还陪着他一起分析经验，帮他修改简历，手把手教他面试技巧。该同学表示“走出学院时虽然天色已暗，但我仍觉着心中有一丝光亮”。除此之外，辅导员们在谈话中还会利用专业的职业测试或协同研究生导师帮助同学们了解自己的未来职业定位，并提出参考建议，帮助他们顺利求职。有些同学在生活上出现难题，老师们也会主动了解情况，为其推荐“三助”岗位、实习机会和资助项目，通过各类渠道帮助同学们解决困难。

三、研究生导师：全方位倾听，延伸培养途径

强化职责引导学生。导师不仅是学业上的导师，更是学生健康成长的指导者和引路人。“我心目中的好导师”、中国科学院院士、化学与分子科学学院张俐娜教授结合自己谈心谈话体会表示，作为导师要热爱并尊重教育，导师和学生的关系是师生关系又胜过师生关系。作为导师，要像长辈、家人一样爱学生，师生携手才能促成学校奔向“双一流”。动力与机械学院副教授夏热表示，“作为一名青年教师，

深感责任重大”，“学生将很多平常不愿提及的情感、需求、建议等表达出来，激励着我在今后的工作当中，充当学生的知心朋友，帮助他们答疑解惑，更好地改善工作方式方法”。

敞开心窗答疑解惑。物理科学与技术学院党委书记王建波教授多年来一直坚持与学生谈心谈话，他认为，“相比本科生，研究生常常承担的责任更重、背负的压力更大、难言的苦衷更多，但往往缺乏主动倾诉的勇气。因此导师应该主动‘敞开大门’与学生谈心谈话，把学业指导和人文关怀送到学生身边，把握他们的思想动态和现实情况，这对学生的全面发展尤为必要”。

导学相长共同提高。导师在和学生谈心谈话的过程中，普遍反映进一步了解了年轻一代的想法和思维，拉近了代际差异，接收了新思想，感受到新活力。信息管理学院安璐教授建议活动可以常态化，她认为，“谈话交心是师生之间非常必要的环节，这种了解和沟通也会有利于之后老师和学生在学术科研上的交流”。文学院李松教授表示通过谈心谈话活动，他和学生的关系更好了，不仅是师生更是友人。他表示，“我也更能感受到学生的努力和知晓年轻人比较有个性的想法”。在看到优势的同时，导师也能看到年轻人身上的“不成熟”的气息。城市设计学院副教授谢波认为，“时代变化带来了新一代90后独有的特性，他们更强调自我需求的满足，某种程度上缺乏规则意识和刻苦努力的精神，而且对未来的迷茫在他们这一代身上的落影更加明显”。面对这种情况，导师应因势利导，循序渐进，发挥年轻人的优势，帮助他们正确认识自己，让他们能够更好地适应社会的发展，收获更好的未来。

四、辅导员：为学生点亮理想的灯，照亮前行的路

面对面倾听是最好的交流。谈心谈话活动创造了一个用最直接最常用最有效的方式建立联系沟通的空间，在这样一个空间内，眼神、举止和声音形成交互，问题、思想和观点产生碰撞，情感、思绪和心理发生共鸣。经济与管理学院辅导员王晨茜模仿心理咨询师的做法，不急于提出自己的看法和观点，通过反问引导学生主动思考，帮助他们探寻内心真实的想法，在引导中帮助学生自己找到解决问题的路径。

“知心朋友”是聊出来的。电子信息学院研究生辅导员徐闯表示，“‘温馨行动季’给忙碌的下半年增添了更多‘加班’，但一个个研究生把我当成‘知心朋友’的时候，我觉得一切都是值得的”。经济与管理学院兼职辅导员刘千惠目前完成了与53位研究生的谈心谈话，“通过一段时间的谈心谈话，我感到自己与学生之间迅速拉近了距离，更多的学生能够认识我、依靠我，也不断激励自己更加努力地为学生做好管理和服务工作”。第二临床学院研究生辅导员胥欣在分享中谈到，有学生说，“老师，我跟您讲的这些话我从没跟其他人说过，甚至我的父母，我觉得你可以理

解我，帮助我分析解决问题”，“学生把自己内心的迷茫、矛盾、脆弱与无助都展示出来，是对我的最大肯定与信任”。

为每个学生挖潜拓源。电气工程学院研究生辅导员吕龙飞在分享中谈到，繁杂的事务让辅导员与研究生之间的交流常常局限于解决问题，但通过“温馨行动季”，让大家更加全面地了解了学生。“在与学生谈心谈话中，我发现有的学生篮球打得特别棒，有的学生本科期间就已经是学生骨干，有的同学特别擅长某一类艺术，他们都那么优秀，这简直给我将来开展活动建立了一个人才储备库。”

据党委研究生工作部部长楚龙强介绍，“温馨行动季”活动的原则就是“问题导向、服务学生”。通过谈心谈话，学校涌现了不少教师立德树人的感人故事，也收集了大量的意见建议。通过谈心谈话，不仅可以促进导师、辅导员深入走进学生、了解学生、关爱学生，而且强化了辅导员队伍和导师责任，对于学校深化研究生教育教学协同育人机制，加强改进学生思想政治工作，落实立德树人根本任务具有重要意义。谈心谈话“温馨行动季”活动虽然已经告一段落，但温馨行动、助力成长将永远在路上。

（供稿：陶孝芳　李沐妍　审核：左征军）

武汉大学研究生工作"大调研"

学生工作调研是分析研判学生思想政治状况、准确掌握学生思想动态、变化规律和特征的重要途径，为高校在敏感期科学决策，完成立德树人根本任务，落实"学生为本"培养理念，维护学校稳定起到了正向、积极的作用。2018 年，为了进一步准确把握学生思想政治状况，武汉大学党委研究生工作部组织开展了学生党建工作、导师立德树人状况、学生宗教信仰状况等专项调研，并受教育厅委托，组织开展了全省研究生思想政治状况调查工作。

一、大调研概况

作为全国高校师生思想政治状况滚动调查的观测点学校，调查在经济与管理学院、马克思主义学院、政治与公共管理学院、水利水电学院、计算机学院、测绘学院、健康学院、历史学院等 8 个院系进行。共随机发放调查问卷 1435 份，回收有效问卷 1435 份，有效回收率为 100%。学生党建工作调研，共计抽取 1500 名学生党员进行调查，回收 1450 份问卷，其中，有效问卷数为 1417 份，有效回收率为 94.5%。导师立德树人状况调研，共计抽取 2598 名研究生参与此次调查，回收 2504 份问卷，其中，有效问卷数为 2456 份，有效回收率为 94.5%。学生宗教信仰状况调研共访谈在校研究生 2402 名，涵盖少数民族研究生、汉族研究生、港澳台研究生 3 个不同群体，硕、博士研究生 2 个培养层次。少数民族研究生访谈人数为 490 人，占比 20.4%，汉族研究生 1874 人，占比 78%，港澳台研究生 38 人，占比 1.6%，基本符合在校研究生民族结构、生源结构。

总体看，今年的综合调查工作主要有五个新的特点：一是问卷设计的准确性。二是样本抽取的科学性。考虑到施测群体具有院系分布、学生类别、教师职称、性别等多个维度的影响因素，除了宗教信仰状况调研外，均采用多阶段分层抽样的方法，进行随机抽样，使得样本更有代表性，抽样误差更小。实现了发放问卷数量和有效问卷回收率的双提升。三是施测过程的严肃性。四是调查形式的多样性。五是分析方法的多元性。目的是为了进一步提升数据分析和报告阐述的科学性、客观性，准确把握学生思想状况。

二、研工部长向校学评会汇报研究生思想状况

2018 年 6 月 14 日，武汉大学学位评定委员会第十届委员会第四次会议在行政

大楼第一会议室举行。校长、学位评定委员会主席、中国科学院院士窦贤康，党委书记、学位评定委员会副主席韩进，副校长、学位评定委员会副主席、中国科学院院士舒红兵，人文社科资深教授马费成等委员出席了会议。会议听取了研究生院关于学位授予、研究生教育工作汇报；听取了党委研究生工作部部长楚龙强关于当前研究生思想政治状况综合调研情况的报告。

楚龙强在报告中指出，2017 年以来特别是党的十九大以来，我校研究生的思想主流继续呈现积极健康向上态势。广大研究生衷心拥护、高度信赖以习近平总书记为核心的新一届党中央领导集体，高度认同习近平新时代中国特色社会主义思想，四个意识不断增强；充分肯定当前党和政府各项工作，“四个自信”不断提升；普遍关注中国和世界发展大势，民族自豪感、时代责任感和历史使命感持续增强；积极弘扬和践行社会主义核心价值观，立志成为担当民族复兴大任的时代新人。学校“以学生为本”的育人优势不断凸显，研究生思想政治工作质量逐步提升，继续呈现创新发展、向上向好的态势。围绕当前研究生思想政治状况存在的一些值得重视的倾向性、苗头性问题，楚龙强向学位评定委员会提出精准摸清思想状况、积极开展正面教育、守好安全稳定底线、强化育人体系建设等建议意见。

校长窦贤康充分肯定了研工部长向学位评定委员会汇报研究生思想政治状况的做法，认为这是一次教育教学协同共进的成功尝试，也是提高学位评定委员会会议质量的成功尝试。他希望研工部门坚持问题导向，准确把握学生思想状况、认真倾听学生呼声诉求、围绕学生关切来贯彻落实学生为本，更加聚焦学术观、思政观、满意度等方面的调研与访谈，积极探索向学评会和各分委员会反馈调查结果，推动研究生招生、培养、学位工作改革创新，推动各培养单位研究生教育质量提升。

党委书记韩进高度肯定了本次学位委员会会议，认为是一次真正意义上讨论研究生教育的会议。他强调学校应进一步加强教育教学协同，切实将思想政治工作体系融入学科体系、教学体系、教材体系、管理体系中，各培养单位应进一步提高研究生教育管理的能力水平，不断提高研究生教育管理各环节质量标准、提升落实标准的操作水平，积极破除积习弊端，真正体现尊重学术、学生优先。

据悉，党委研究生工作部主要负责人向校学位评定委员会汇报研究生思想状况的做法在我校尚属首次。这一举措是全面贯彻落实学位条例要求、完善学校教育教学协同育人机制、借鉴清华大学等高校既有制度惯例的积极探索，对于落实“学生为本”的理念和要求、推进“三全育人”改革创新、培养担当民族复兴大任的时代新人具有重要意义。

（撰稿：司文超　审核：楚龙强）

后　记

武汉大学党委研究生工作部在学校党委行政的正确领导和大力支持下，紧紧围绕深入学习贯彻习近平新时代中国特色社会主义思想和党的十九大精神，紧紧围绕培养担当民族复兴大任的时代新人，紧紧围绕学校“双一流”建设，紧紧围绕学校“学生为本年”的重要举措，高举旗帜、创新体系、提升质量、培育新人，各项工作写出奋进之笔，创出得意之作，成就精彩华章。

为深入学习贯彻落实习近平新时代中国特色社会主义思想，落实立德树人根本任务，党委研究生工作部组织开展了“大学习、大调研、大谈心、大考评、大落实”工作。其中，“大学习”即全面布置学、领导带领学、专家辅导学、党团组织学、线上线下学、实践深化学、骨干宣讲学，教育引导广大研究生激起学习热情、兴起学习热潮，切实增强“四个意识”，牢固树立“四个自信”，坚决做到“两个维护”。“大调研”即系统开展研究生思想政治状况滚动调查、全国高校师生思想政治状况调查、研究生导师立德树人状况调查、学生党建综合调查、研究生信仰宗教情况专项调研等，全面了解研究生关注的热点焦点问题，准确把握研究生思想动态。“大谈心”即坚持“问题导向、服务学生”“逐个面谈、全面覆盖”“重点突出、分类开展”“走进学生、锻炼队伍”的原则，实施为期三个月的研究生谈心谈话“温馨行动季”，进一步了解学生、引导学生、关心学生、关爱学生、关照学生。“大考评”即采用正面负面双清单的方式，将辅导员九大工作职责细化为 76 项考核指标，深入全校各学院(系)面对面访谈 2000 余名师生，系统查阅辅导员工作记录与台账，对全校 160 余名专职辅导员进行科学全面的考评。“大落实”即坚持底线思维，全力防范研究生各类风险挑战，通过明确工作思路、研究制定方案、加强专项培训、优化政审管理、维护学生权益、完善工作队伍、层层落实责任等，直接指导、干预并妥善处置多起研究生心理危机事件，多举措有力维护学校和社会的安全稳定。研究生思想政治工作的“大学习、大调研、大谈心、大考评、大落实”，提振了研究生工作队伍的精气神，增强了研究生辅导员队伍的事业心、认同度和归属感，更为研究生辅导员开展理论研究与工作实践提供了新舞台、新方向、新路径。

学校党委一直高度重视辅导员队伍建设发展，把加强辅导员队伍建设作为落实全国教育大会和全国高校思想政治工作会议精神，提升思想政治工作质量，构建“三全育人”体系的重要举措，通过强化管理考核、创新工作形式、优化培养培训，推动辅导员工作提质升级和辅导员队伍专业化职业化发展。学校组建辅导员与思想政治理论课教师跨学科课题研究组、跨领域工作协同创新小组，打造思想政治教育研究共同体、实践共同体。近5年设立大学生思想政治教育工作专题研究项目、辅导员工作精品项目、教育教学协同育人项目近百项。举办研究生辅导员沙龙、“一案一析”工作坊，聚焦研究生思想政治工作的重点难点，开展案例剖析、专家解读、现场模拟、实操培训等，以提升辅导员政治素质与职业能力。

武汉大学党委研究生工作部部长楚龙强同志对全书进行框架确定、内容把关、审核统稿、书稿审定并撰写序言和第一章概述。楚龙强同志一年来先后主持召开15次副书记专题会议，向校学位评定委员会汇报研究生思想状况，向学校党委多次专题汇报研究生思想政治工作，首次提出“八个如何”意识形态管理落实要求，及时沟通、疏导、化解研究生各类矛盾问题及利益诉求。在本书的编写过程中，楚龙强同志提出并积极推动面向全省高校(科研院所)、面向全校各研究生培养单位征集研究生学习习近平新时代中国特色社会主义思想、研究生导师立德树人典型案例，会同其他领导和专家会评立项支持武汉大学2018年研究生思想政治工作专项项目7项。党委研究生工作部副部长左征军同志积极推进“三当三联三示范”研究生党建工作特色基地建设，多次到基地调研并推动落实相关工作。在开展“大学习、大调研、大谈心、大考评、大落实”的奋进实践中，部领导与院系副书记、专兼辅导员深入交心谈心，挖掘了不少加强和改进研究生思想政治工作方面的好经验好做法，在总结凝练和宣传推广这些单位经验举措的基础上，编写小组择优遴选了6个单位的基地巡礼、10个单位的典型案例。

在左征军同志的直接带领和具体指导下，本书编写小组成员司文超、陶孝芳等同志，认真完成搜集文献、汇编案例、特色展示、“奋进之笔”等材料，积极组织开展辅导员沙龙、研讨会和座谈会等活动，多次深入院系一线开展实地调研，对全书的章节内容进行深入交流研讨。

科学而高效的调查、充实而全面的材料，为本书顺利付梓打下了坚实基础。在编写过程中，现有相关资料和研究成果，给予了本书诸多灵感和启发，在此，特向相关作者与出版单位一并表示感谢。但由于时间紧迫，篇幅有限，未能一一列明，如有疏漏之处，谨在此致以诚挚歉意！

本书是全校研究生工作系统协同创新的研究成果，是全体研工同仁通力合作的智慧结晶。在此，对为本书编写倾注了心血的各位老师和长期以来关心支持武汉大学研究生思想政治工作的各位领导、同行表示衷心的感谢。因编者精力和水平所限，书中难免有所疏漏，敬请广大读者批评指正。

本书的编选和出版得到了武汉大学出版社的大力支持，责任编辑齐翠红为本书的顺利出版付出了大量心血，在此一并表示衷心的感谢。

本书编写组

2019 年 6 月